周运清 男，1948年生，湖北省荆州人，1975年毕业于武汉大学哲学系马克思主义哲学研究生班，1980年参加费孝通先生主持开办的“中国社会学讲习班”，现任武汉大学社会学系教授，兼任亚太房屋网络中心中国委员，中国住房制度研究会特聘专家，中国社会学会常务理事，湖北省社会学会副会长，湖北省社会工作者协会副会长，湖北省经济类高级职称评委主任，湖北省家教报告团团长，武汉市房产经济学会副会长。

1996年9月~1997年8月，作者作为亚洲基督教高校联合访问学者赴香港浸会大学研究公共住房政策；1999年12月~2000年4月，赴香港树仁学院任访问教授，讲授“中国文化与中国社会”；1998年主持汉港合作研究项目“可持续发展与房地产市场”；1992年受中国住宅社会学学术委员会邀请，主持编写《住宅社会学导论》；2002年主持省级重点基地启动项目“长江流域变态环境研究”；2002年1月，受武汉市政府委托，策划并操作全市住房调查与政策研究；曾先后主持国家教委博士点基金课题“大中城市房改模式研究”、湖北省重点课题“现代化与文化变迁研究”等十多项课题研究。

25年来，主讲社会学本科专业的“社会学概论”、“中国社会专题分析”和“社会方法论”；社会学专业研究生的“社会学基础理论”、“社会学方法论”、“发展社会学”和其他一些专题课。1980~1984年参加编写了中国社会学恢复重建以来的第一部社会学教材《社会学概论》，1991~1992年参加编写了第一部全国自学考试教材《社会学概论》，1988年主编出版了武汉大学社会学专业第一部社会学教材《社会学》。

其专业研究和相应成果涉及“社会学理论”、“农村社会学”、“城市社会学、“发展社会学”、“经济社会学”、“住宅社会学”、“环境社会学”、“儿童社会学”等上十个领域。其“儿童社会学”及其应用研究成果《从零岁开始的亲子家教》和《全脑开发亲子教程》已在全国各地广泛推广。其他领域的近期成果有的已经出版了，有的即将出版，如《新编发展社会学》、《长江流域的变态环境》、《市场行为的信誉资本》、《挑战围城的三个自变项》、《拉动与转型》、《个人与社会》等。

参编的《社会学概论》曾获国家教委优秀教材一等奖，主编的《住宅社会学导论》获皖版优秀图书二等奖，论文“长江流域可持续发展的前沿关系探索”获2002年全国社会学学术年会优秀论文二等奖，“城市居民社会分层的住房分配因素分析”获2003年全国社会学学术年会优秀论文一等奖。

新编
社会学大纲

周运清 等 著

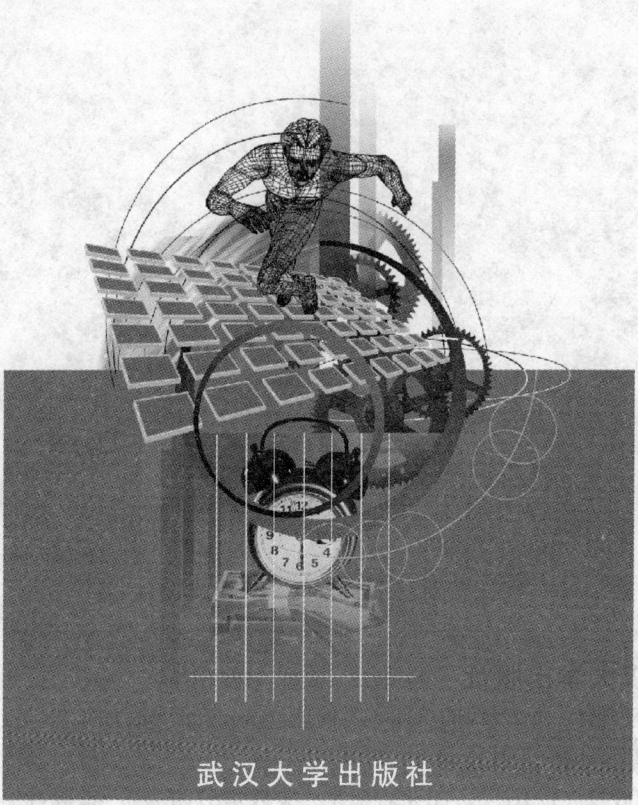

武汉大学出版社

图书在版编目(CIP)数据

新编社会学大纲/周运清等著 .—武汉：武汉大学出版社，2004.6
(2016.10 重印)
ISBN 978-7-307-04178-3

Ⅰ.新…　Ⅱ.周…[等]　Ⅲ.社会学　Ⅳ.C91

中国版本图书馆 CIP 数据核字(2004)第 024371 号

责任编辑:一　弓　　责任校对:刘　欣　　版式设计:支　笛

出版发行：**武汉大学出版社**　(430072　武昌　珞珈山)
(电子邮件：cbs22@whu.edu.cn　网址：www.wdp.com.cn)
印刷：荆州市鸿盛印务有限公司
开本：720×1000　1/16　印张:25.5　字数:467 千字　插页:1
版次：2004 年 6 月第 1 版　　2016 年 10 月第 7 次印刷
ISBN 978-7-307-04178-3/C·141　　定价:35.00 元

内 容 提 要

《新编社会学大纲》按照大学生专业素质培养新要求，根据作者20年的社会学概论教学经验，参照国内外同类最新和最成熟的研究成果，以个人与社会的关系为主线，集国内外业内关注的最前沿的基本知识、基本理论和基本方法，实现了教学内容重组。全书共18章（每周1章），每章以核心概念为主导，知识点系统、清晰，构筑线索新颖，信息量大，既适应学生自学，又为课堂教学留下空间，是社会学概论的创新版。本教材既适用于社会学、社会工作专业本科教学，也可以用于新闻、社会保障、公共管理类专业的本科教学。

目 录

第一章 绪 论

一、引 言

社会学是什么？社会学研究些什么？学习社会学能够做些什么？

我们认为，社会学是解释学，是关于人的行为、社会关系、社会生活、社会交互作用和社会发展的解释学。

如果你留意观察，许多刚走出校园的大学毕业生会把自己的学位证书紧紧的攥在手中，似乎这样一个小小的证书就是自己的护身符，是自己职业生涯的敲门砖。在你身边，一份同样的工作，甚至是相同的职业，那些学历高的人获得的报酬总是多于那些学历低的人，学历已正在成为一种以“符号”表现出来的资本，可以换来很多额外的利益。因此，问题也就接踵而来。各种新的“产业”应运而生，假证的制造甚至超过了假钞，高学历与低学历之间的不平等，假学历与真学历之间的不公平，早已成为社会关注的热点。

在很多场合，人们已经习惯于以衣帽取人。有没有道理呢？从整个社会来看，在一般情况下，人们总是根据自己的财富、声望和地位量身打造自己的吃、穿、住、用、行。这究竟是出于个人的品位，还是社会本身就需要这样来维持一种结构或秩序？

在社会转型、经济体制转轨的过程中，犯罪活动的猖獗，“前卫”文化的兴起，城市人际关系的淡漠，等等，这些现象是必然要发生，还是可以预防的呢？当我们用我们自己的价值观去审视这些问题的时候，需不需要去担惊受怕呢？当新闻报道中都说那些“49岁现象”“59岁现象”是个人修养不够的时候，社会学家们又是怎样去研究和解释的呢？

在热卖“婚外情”的时候，我们实行的是一夫一妻制，这种选择是基于道德观，还是人类在进入文明时代后本来就应该这样？在一些国家，至今还规定男人可以娶多个妻子，在有的地方，一个“土王”甚至拥有100多个妻子。与之相反，社会人类学家的调查却发现，在一些游牧民族，一妻多夫制反而更有利于种族的繁衍。针对这种情况，我们在研究各类婚姻制度产生的原因时，究竟应该怎样判断和解释呢？

再如，国家是怎样架构起来的？宗教在社会生活中是如何发生作用的？人们在社会生活过程中是依靠什么相互交往的？

诸如此类，一切都发生得那样自然，以至于当人们对周围的事物已经习以为常的时候，却不知道社会学家们对这些“习以为常”的事物正在进行深入的研究。应该说这些研究与思考已经回答了社会学在干什么。当那些伟大的社会学家们把自己的研究成果用科学的逻辑和理性的分析做成相框包装起来的时候，一部部社会学的经典理论著作便呈现在我们面前。一个个社会学的门外汉正是通过拜读这些经典著作而走上了通向社会学宝藏的殿堂。常听人说社会学没有理论，其实，社会学理论博大精深。

在这里，我们希望通过对那些已经被世界社会学界所公认的经典理论进行一个概括性的介绍，来引导那些对社会学有着浓厚兴趣的同道者走进社会学的殿堂，以有利于对无尽的社会学宝藏的开发。

有必要指出的是，“任何科学研究都牵涉到确定一批符合同一个定义的现象。因此，社会学家首先必须对他要研究的事物下一个定义，以便使大家知道，也使社会学家自己知道问题的所在，这是取得证据进行考证的首要的和最必不可少的条件。事实上，一个理论，只有在人们善于承认它所研究的事实时，才能够得到检验。既然科学研究的对象是由这个最初的定义构成的，那么这个对象到底是不是一个事物，就要看这个定义是怎样做出的了”。①

社会学是什么？一本德国工具书的解释是这样的：

“社会学是使用一定的概念、理论和方法来记述社会的结构、功能和发展的各种联系，并从一般原理的角度解释这些联系的自成体系的个别学科。”②不管是基于历史，还是基于现状，一个让大多数人都接受的社会学定义仍然还没有出炉。即使是一位完全不懂社会学的门外汉，当他回答你“社会学不就是研究社会的学问嘛”，或许你也无法去反驳它。社会学研究的范围是如此之广，以至于很多人认为它是一门包含一切的“帝王学科”。那么，作为一门学科，社会学究竟在研究些什么呢？

在我们看来，社会学的全部意义，构筑在其对人类社会及社会行为的解释力上。这里实际上综合了韦伯的社会行为说以及帕森斯的社会系统说。有一点必须要说明，这里所讲的“解释力”实际上包含了两个层面：一是社会学对研究对象的描述和直接反映。比如说，中国实行一夫一妻制，巴基斯坦的国教

---

① ［法］迪尔凯姆：《社会学方法的规则》，华夏出版社1999年版，第34页。

② ［德］富克斯：《社会学辞典》，见北川隆吉主编：《现代社会学》，中国人民大学出版社1994年版。

是伊斯兰教。这种描述更接近于自然科学。下雨时你说雨水从天上掉下来，这就是一种描述，至于为什么，你不用去管。二是社会学对研究对象的思考与解释。本书开头提出了很多问题，这是一种描述，但是社会学的真谛不在于此，它要求我们求解答案，解释出为什么是这样。我们所看到的社会学的理论就是在回答这些问题，不管是在哪个方面，从哪个角度，但主旨却没有改变。

对哪个方面做出解释就涉及到社会学的研究主题问题。如何确定社会学的研究主题？英克尔斯在《社会学是什么》中指出了三种方法。第一种可以称之为历史的方法，就是研究经典社会学著作在研究些什么；第二种是经验的方法，研究社会学的现状，从诸多成就中了解社会学家比较注意的问题是什么；第三种是分析的方法，同其他社会学科作比较，从逻辑的假定中判断社会学应该做什么。①

应该说社会学的奠基者们只能采取第三种方法，比如孔德，但他们为后来人提供了多种选择方案。这里我们采用第一种方法。虽不敢言“窥一斑而知全豹”，但优点却总是有的。一方面可以从社会学的经典著作中和读者一起探讨社会学的研究主题，另一方面可以让初学者初步了解社会学的经典理论。

二、社会学理论经典概述

1. 社会学的奠基理论——百科全书时代（孔德、孟德斯鸠与斯宾塞）

对所有学习和研究社会学的人来说，都应当对社会学的理论渊源有一个大致的了解。如果社会学的著作读了一大通，却不知道孔德②的名字，那就会像中国的文人不知道鲁迅一样受到人们的嘲笑。孔德在其《实证哲学教程》中提出了“社会学”这个名词，并为社会学研究定下了门规：社会学研究应该走一条实证主义的经验研究的道路，以区别于那种形而上学的冥想。尽管孔德本人并没有做出真正意义上的实证研究，但他却对社会学做出了开创性贡献，鉴于此，后人将他的理论称为“实证社会学理论”。

实证社会学理论是建立在孔德对人类社会和人类智力发展的阶段划分的基础之上的。在孔德看来，人类社会的发展和人类智力的发展一样，都要经历神学阶段、形而上学阶段和实证阶段。在人类进入工业时代之后，人类智力已经发展到了实证阶段，因而形而上学在科学中的统治地位就走到了尽头，孔德满怀激情地预言了科学中的实证时代的到来。

---

① ［日］北川隆吉：《现代社会学》，中国人民大学出版社 1994 年版，第 23 页。

② Auguste Comte（1798~1857），法国著名思想家、实证主义哲学、西方社会学的创始人。

在《实证哲学教程》中，孔德指出，社会学为了保证其“实证性”，首先必须借鉴自然科学的研究方法。那些观察与实验的方法在研究社会秩序的社会静力学规律与研究社会发展的社会动力学规律的指导下进行时，显得是如此的卓有成效。孔德由社会静力学与社会动力学所组成的社会学体系，以及他对年轻人与老年人对社会作用的论述，至今仍吸引了很多人的目光。

法国是社会学的发源地，但很多法国人对社会学的讨论却是从孟德斯鸠开始的。那些思想界的伟人们往往会被说成一个无所不知的智者，社会各界都会给他们戴上很多光环，即使是在学术领域也不例外。在法国，这位启蒙思想家被誉为文学家、历史学家、哲学家，但是他却没有想到他的著作《论法的精神》使后人把他列为社会学的奠基人。这本书也被称为早期法社会学的经典理论。你可以从他对法的论述中去体味其思想的宏大：

“从最广泛的意义上来说，法是由事物性质产生出来的必然关系，在这个意义上，一切存在物都有它们的法。上帝有他的法；物质世界有它的法；高于人类的‘智灵们’有他们的法；兽类有它们的法；人类有他们的法。”①

该书从社会背景的方方面面探讨了法律、政治、礼仪、风俗等社会现象，开创了政治社会学与法社会学理论。

最早传入中国的社会学理论却源于斯宾塞②，当清末著名的翻译家严复把他的名著“The Study of Sociology”翻译为《群学肄言》③，献给中国在黑暗中摸索的勇士们的时候，中国的近代社会学就宣告诞生了。斯宾塞由于一部试图囊括人类所有知识的百科全书式的作品—《综合哲学》而被欧美思想界誉为“维多利亚英国的亚里士多德”。

斯宾塞是一位哲学家，但是他和孔德一样极力将实证科学方法引入社会研究领域。在《群学肄言》开篇的第一章，他就写道：“格物之学，无论天地人物动植身心，遇一回穴之题，疑似之理，以实测以求至确之证，明辨而运至精之思，比及会通，然后标为公例，不妄断也。”④

斯宾塞用一种生物学类比的方法提出了他的社会有机体理论，这种社会达尔文主义的分析方法一度在德国和日本盛极一时。但是当他把社会比作一个生物有机体的时候，这种强调社会的协调和整合使得人们找不出他对社会中各种冲突的有效解释。这种理论在工业时代两大阶级严重对立的时候失去了庞大的

---

① ［法］孟德斯鸠著，张雁深译：《论法的精神》，商务印书馆 1961 年版，第 1 页。
② Spencer（1820~1903），英国社会学大师，社会学奠基者之一。
③ 文明编译局 1903 年版，商务印书馆 1981 年重印，现多称为“社会学研究”。
④《群学肄言》，商务印书馆 1981 年版，第 5 页。

市场，从而沦落为社会冲突论者攻击的靶子。

在中国，很少有人会想到被国人尊为革命导师的马克思会成为欧美社会学界的经典人物，人们已经习惯于把他称为经济学家、哲学家或者是马克思主义创始人。但是他的“异化劳动论”、“物质生产决定论”以及“社会动物理论”却当之无愧地被称为社会学的经典理论。

“人们为了能够‘创造历史’，必须能够生活。但是为了生活，首先就需要衣、食、住以及其他东西。因此第一个历史活动就是生产满足这些需要的资料，即生产物质生活本身。”① 该观点已成为很多社会研究的基本假设。

需要指出的是，马克思的“社会动物理论”指出了社会学的研究思路。“人是最名副其实的动物，不仅是一种合群的动物，而且是只有在社会中才能独立的动物。”② 因而，马克思认为，有些社会学家从孤立的个人出发来研究社会生产以至个人现象只是一种“鲁滨孙故事的错觉”。

当社会学刚脱胎于哲学母体的时候，这些奠基理论只能勾勒出社会学的大体轮廓，为社会学的研究提供最基本的思路和方法，去指引后人将这个初生的婴儿抚养长大。

2. 社会学的解放——“百花齐放”的时代（齐美尔、滕尼斯、韦伯、迪尔凯姆与帕累托等）

当历史的长河淌入19世纪末期的时候，社会学也进入了一个全新的发展时期。这时，它已经摆脱了哲学和历史学的束缚，开始和其他成熟的学科并驾齐驱。在这个时期，社会学的天空群星璀璨，涌现了一大批光耀千古的人物，他们共同缔造了社会学的“百花齐放”的时代。

德国社会学家韦伯（Max. Weber）无疑绽放着最耀眼的光芒。这位烂醉的格斗士在世界社会学中的地位决不下于歌德之于德国文学界，他的思想深深地影响着经济学、法学、政治学与宗教学等各个学科。今天，翻开任何一本韦伯之后的社会学著作，几乎都可以从中找出韦伯的影子。可以说，正是这位思想界的巨人点燃了很多人对社会学的激情，引导他们走上了社会学的道路。

韦伯著述极丰，其中对学术界影响最大的是其未竟的遗著《经济与社会》③。在该书中，韦伯用各种文明、各个时代、各种社会作为自己思想的舞台，对经济社会学、法社会学、政治社会学以及宗教社会学进行了全面的

① 《马克思恩格斯全集》第3卷，人民出版社1960年版，第31页。

② 《〈政治经济学批判〉导言》，《马克思恩格斯选集》第2卷，人民出版社1972年版，第87页。

③ 韦伯1904年去世后，《经济与社会》由玛丽安妮·韦伯于1922年出版。

论述。

为了解决如何在涉及到主观思想的社会学科中寻求“客观有效真理”的问题，韦伯提出了两个解决方法。其中一个是被当今社会学界普遍接受的“价值中立”原则，另一个是“理想类型”的方法。所谓“价值中立”，简单的说，就是不能将价值判断带入“科学的研究”，价值判断是科学以外的事情。而对于“理想类型”，“它不是‘假设’，但它为假设的构造提供指导；它不是对现实的描述，但它旨在为这种描述提供明确的表达手段”①。我们必须明白一点，“理想类型”不是乌托邦，而是根据经验基于事实进行的一种思维建构，是为了便于研究和理解而建立的一种精确而有效的抽象概念体系。

这里介绍几个由韦伯构造的重要的“理想类型”。

社会行动的四种类型②：(1) 目的合理性行动；(2) 价值合理性行动；(3) 情感行动；(4) 传统行动。

合法统治的三种类型③：(1) 传统型统治；(2) 卡里斯马型统治（又称个人魅力型统治）；(3) 法理型统治。

如果要认识现代社会结构，韦伯的“科层制”无疑具有很强的解释力，这种理性化的方式受到韦伯的极力鼓吹，影响极为深远。

另外，韦伯在其《新教伦理与资本主义精神》中集中论述了资本主义的合理性、宗教在资本主义发展中的作用以及资本主义精神的实质，该书是宗教社会学的经典著作。

这个时期，比较重要的理论家还有齐美尔、滕尼斯以及帕累托等。

齐美尔（G. Simmel）对社会学的主要贡献在于他的“形式社会学”、“文化社会学”及“货币哲学”理论。这些理论分布在他的《齐美尔的社会学》、《货币哲学》等一系列著作中。滕尼斯则试图“尝试对社会生活的基本问题进行新的分析”④，他提出了人类群体生活中的两种结合类型，即“共同体与社会”，而这些概念是建立在他对人的意志划分上，他将人的意志划分为“本质意志”（包括本能的冲动、习惯以及记忆等）和“选择意志”（包括深思熟虑、决定以及概念等）。这些思想直到今天仍然能给予我们很多启示。

正是由于帕累托（Vilfredo Pareto）的存在，让人们把目光投向意大利社

---

① 《1844 年经济学哲学手稿》，人民出版社 1985 年版，第 48 页。

② ［德］韦伯：《经济与社会》，商务印书馆 1997 年版，第 54 页。

③ 根据《经济与社会》第 240~280 页整理，参照侯均生、徐道稳：《西方社会学理论教程》第 5 章。

④ ［德］滕尼斯：《共同体与社会》，商务印书馆 1999 年版，前言第 1 页。

会学界。这位著名的经济学家和社会学家以一部鸿篇巨制《普通社会学总论》而获得广泛的国际声誉。为了更好地普及自己的思想，他接受了朋友的意见，托人把著作简化为《普通社会学纲要》。在该书中他首创了“剩余物”和“派生物”的概念，提出了精英阶层循环理论，并设计了一套社会学的研究方法和思路。

不得不承认的一个事实是，“符号互动理论”越来越受到人们的青睐。它的创立者米德（George Herbert Mead）是在西方学术界享有盛誉的哲学家、社会心理学家。他在《心灵、自我和社会》中对“主我”与“客我”、个人与社会关系的论述，让人耳目一新。本书在“社会互动”这一章中将对符号互动理论及其发展做全面的介绍。

19 世纪末 20 世纪初，社会学在大师们的抚养下慢慢成长。随着理论与方法的逐渐成熟，作为一门独立学科的社会学已经显现出了她无穷的魅力。

3. 社会学理论的整合与分化（帕森斯、默顿、科塞、霍曼斯、布劳、舒茨与戈夫曼等）

由于和哲学、经济学、历史学、心理学以及人类学的诸多渊源，没有哪一门学科像社会学这样显得杂乱无章。没有几个社会学理论是使用共同的基本假设，它们关注的对象也越来越分化。由于没有采用共同的理论模式和规则，当理论出现冲突的时候，各个理论流派就陷入了口诛笔伐之中。

帕森斯（Jalcott Parsons）试图结束这样的局面。这位著名的社会学家的名字后来被看作是结构功能主义的同义词。尽管他希望能建立一套指导整个社会学的宏观理论，但这种努力却遭到了同行们的批判。

理论解释的范围越广，其抽象程度往往也越高，这种理论就更接近于哲学的思辨。帕森斯所构造的理论正是如此，这恐怕也是他的理论为什么那样晦涩难懂的原因。

无论怎样划分社会学的理论流派，结构功能主义都将占据重要的一席。帕森斯一生都致力于对社会行动系统的分析和解释，他的主要思想体现在他的著作《现代社会的结构与过程》中。该书收录了作者撰写的 10 篇论文，这些论文精辟地阐述了四部分内容：（1）正式组织的分析；（2）社会结构和经济发展；（3）政治系统的结构与过程；（4）若干社会功能的结构背景。

特别需要指出的是，同米尔斯（Mills，Charles Wright）在《权力精英》中的观点不同，帕森斯认为，米尔斯“直接影响美国政府的权力结构在具体化过程中成为顶层实业—军事‘寡头与较弱小的政治’小伙伴的联合”① 的

① ［美］帕森斯：《现代社会的结构与过程》，光明日报出版社 1988 年版，第 172 页。

观点是错误的，它忽视了教会、教育和律师的作用，米尔斯和凡勃伦等人实际上是在根据自己的“玄学的见解来控诉现代工业社会”①。

帕森斯所开创的结构功能主义流派很快成为当时社会学界最为重要的理论流派，他的功能主义分析方法至今仍然在世界各地被广泛使用。

中国是举世闻名的文明古国，四大发明成为中国人引以为荣的资本。其中，火药的发明把人类带进了热兵器时代。经过千百年的传播与使用，当西方人把它用来做弹药的时候，而在中国，火药仍然是爆竹的原料，这曾经一度成为东洋人的笑料。那么，究竟是什么力量把科学家和发明家的兴趣引导到特殊的领域？是完全出于个人兴趣，还是由于社会及文化背景的原因？默顿（Robert K. Merton）对此做出了卓越的研究，并创立了科学社会学的奠基理论。

默顿和帕森斯同是功能主义学派最重要的代表人物，作为帕森斯的学生，他却是帕森斯关于社会学的宏观理论的有力批判者之一。他认为试图在社会学科中建立一种统领性的理论是徒劳的，因此，默顿试图建立一种社会学的中层理论。这种理论界乎“宏大理论”与“专门理论”之间，科学社会学奠基理论便是这样一种理论，该理论主要包含在其成名作《十七世纪英格兰的科学、技术和社会》以及《科学社会学》之中。

在《十七世纪英格兰的科学、技术和社会》这本书中，默顿一方面肯定了科学理论的发展是通过对科学内在逻辑的探索取得的，同时也是由于科学的外部因素促成的。默顿用四个步骤来证明这些社会因素对科学发展所起到的促进作用：（1）考证科学兴趣中心的转移；（2）考察清教与科学的关系；（3）论证经济和军事对科学技术研究的影响；（4）探讨人口和人际互动与科学的关系。

如果说默顿开创了科学社会学并提出了一套考察科学与社会相互关系的系统方法，那么贝尔纳（John D. Bernal）和本戴维（Joseph Ben. David）则从不同的角度开创了科学社会学新领域。贝尔纳在《科学的社会功能》中，引用大量的文献资料，对自然科学本身进行历史的、社会的综合研究，以便把科学导向有益于人类福祉的目的。戴维在其代表作《科学家在社会中的角色》中，描述了科学家这一社会角色的出现和发展，他把研究的侧重点放在制约科学活动的社会条件和科学活动的客观后果上。戴维还提出了科学社会学的四种基本研究方法，并把自己的研究归结为对科学活动体制的研究。

随着整个世界对科学的愈益重视，科学社会学仍然具有极大的发展空间。

① ［美］帕森斯：《现代社会的结构与过程》，光明日报出版社 1988 年版，第 180 页。

足球是圆的，这似乎谁都知道。当足球运动在世界各地如火如荼地开展的时候，谁能把它和“安全阀”制度联想起来呢。社会学家就有这样的一份好奇心，促使他对各种各样的社会现象进行深入思考，去找出现象背后的故事。足球之所以受到人们的喜爱，受到政府的特别关注，部分国家甚至玩起了“足球政治游戏”，这仅仅是因为足球的欣赏性强，给人青春与活力吗？冲突理论的解释是，足球的重要在于它的欣赏性加强了各群体间的沟通与互动，那种近乎暴力的运动也为人们提供了一种情绪宣泄的途径，从而减少了对社会造成破坏性冲突的可能性。

社会冲突理论在美国备受推崇，目前，也越来越受到中国学者的重视。科塞（Lewis Coser）高举着社会冲突理论的大旗，将冲突理论演绎到了极高的水平，其代表作是《社会冲突的功能》。科塞认为，“可以将冲突看作是有关价值、对稀有地位的要求、权利和资源的斗争，在这种斗争中，对立双方的目的是要破坏一致、伤害对方”①。科塞将冲突区分为现实的冲突和非现实的冲突。“当人们在追逐受挫的要求和期望获得的某种结果发生抵触时，现实性的冲突便产生了”②，比如工人的罢工。而非现实的冲突针对的并非直接的敌对目标，而是其替代物。例如，一个受到父亲责备的孩子，往往会把他的不满迁怒于其他孩子身上。另外，科塞创造性地提出了“安全阀”制度，受到了各国政府的普遍重视。

冲突学派的另一代表人物是德国社会学家达伦多夫，他通过对当时占统治地位的功能主义的批判，提出了自己的辩证冲突论思想。他对社会冲突形成的根源、程度及其结果做出了独到的论述。

在这个时期，非常有影响的还有交换理论学派。霍曼斯将心理学视角引入社会学，并用来分析个人的行为，从而创立了“行为主义交换理论”。而布劳（Blau）舍弃了霍曼斯侧重个人的研究方法，创立了“结构主义交换理论”，并提出了复杂社会结构中各种人群的基本交换过程：吸引—竞争—分化—整合。他的交换理论主要体现在他的著作《社会生活中的交换与权力》。

本书开始曾提到过，社会学的意义在于它对研究对象的解释力上。同其他社会科学一样，社会学家们对同一对象的解释往往被赋予了主观的认识，从而使社会学很难获得思想上的统一。“横看成岭侧成峰，远近高低各不同”，不同的理论使用了不同的视角，或许这也是社会学的理论为什么这么丰富多彩的原因了。

现象学社会学以及日常生活方法论就为我们提供种种丰富多彩的解释。

---

①② ［美］科塞：《社会冲突的功能》，华夏出版社1989年版，前言、第41页。

“我知道我会死，但是我害怕死。我们建议把这种基本体验称为原始焦虑。其他所有预期都是以这种原始预期发源的。”① 从对这种原始焦虑的分析开始，奥地利学者舒茨②在社会学中开辟了一块现象学研究的园地。他的主要思想被收录在《社会世界的意义构造》及《舒茨文集》中。

日常生活方法论（又称戏剧理论）由戈夫曼所创，该理论在“日常生活”一章中有详尽的论述。

4. 社会学理论的最新发展与中国本土社会学理论（费孝通、吉登斯与哈贝马斯等）

这个时期的理论研究主要是对原有理论的反思、批判和重组。

在对帕森斯功能主义的发展上，比较有影响的有亚历山大提出的新功能主义和卢曼提出的系统功能主义。另一位理论学家科尔曼提出了理性选择理论，影响也与日俱增。

和美国的实用主义不同，德国的历史主义传统塑造的社会学家总不那样单纯，他们涉猎广泛，哲学、历史学、心理学、经济学以及文学等，几乎无所不包，韦伯、马克思还有滕尼斯无不如此。这时，哈贝马斯（Habermas）成为法兰克福学派第二代杰出代表，他在社会科学及人文科学上均有颇多建树。在社会学理论方面，他提出了“沟通行动理论”，在西方学术界产生了极为深远的影响。

中国的社会学理论研究从总体上来说，走的是唐三藏“西天取经”式的道路。孙本文就是其中的佼佼者，他对西方社会学理论的理解与引进，在近代中国，几无出其右者。然而，真正植根于中国大地的社会学经典理论，则非费孝通“差序格局理论”莫属。

费孝通在《乡土中国》中指出，中国的传统社会结构是一种差序格局。“以己为中心，像石子一般投入水中……而是像水的波纹一样一圈圈推出去，愈推愈远，也愈推愈薄。”③ 这种差序格局以“我”为中心，且富有伸缩性，使得“私”心获得在这样的格局下滋长无阻，其结果是，在“中国传统社会里，一个人为了自己可以牺牲家，为了家可以牺牲党，为了党可以牺牲

---

① ［美］舒茨：《舒茨文集》第1卷，英文版，马丁努斯·尼伊哈夫出版社1962年版，第228页。

② Alfred Schutz（1899~1959），出生于奥地利，1939年移民美国，现多称之为美国社会学家。

③ 费孝通：《乡土中国》，生活·读书·新知三联书店1985年版，第25页。

天下"①。

《乡土中国》对中国传统农村的结构和秩序进行了深入的分析，成为西方社会学界了解中国农村生活的凭借。"差序格局"理论的出现成为中国本土社会学理论发展的标志。

对部分读者来说，要明白一门学科究竟是什么模样，对其进行简单明了的梳理是一种非常有效的方法。金庸小说系列纷繁复杂，但读者却能够明白其中的恩怨情愁，这与武林派别的划分是分不开的，"少林"、"武当"、"华山"、"峨眉"大家耳熟能详。当然，这里讲出来并不是说社会学也是一个江湖世界，但是为了便于认识和理解，社会学界对社会学的各种理论与领域也做了一些划分。

目前，比较成熟的划分方法主要有两种。

按照理论流派划分有：生物进化论学派、功能主义学派、社会冲突论学派、社会交换论学派、结构主义学派、互动主义学派、社会批判学派等。

需要指出的是，各种理论学派有的互相冲突，比如说社会冲突论学派与功能主义学派；有的互相糅合，如功能主义学派与结构主义学派，需要由读者自己去体味。

另一种划分方法是按照应用领域划分，已经被学术界承认的有：经济社会学、发展社会学、城市社会学、宗教社会学、文化人类学、家庭社会学等。

这种划分需要学科历史发展的检验，并非一成不变。随着理论的发展和应用领域的拓展，必然有新的理论流派产生。

三、社会学的功能

根据我的观察，至少在中国，人们对社会问题及其"病理"越来越显示出强烈的兴趣。一些人为了提高自己解释的"分量"，往往搬出"某种理论"来为自己的论点提供支撑。当他们找不到一种合适的理论的时候，可能会把"某位社会学家说"、"社会学理论认为"来作为自己救命的稻草。虽然真正的社会学研究者或许会感到滑稽可笑，但是却不能否认，他们这种行为使得中国正在形成一种"社会学观念"的受众市场。但是，社会学只是用来作为"挡箭牌"或"添加剂"吗？远非如此！

仍然要重复一遍，社会学以其多样的研究方法为人类社会及社会行为提供解释，这也决定了这门学科对于我们社会生活的作用与功能。对于社会来说，

① 费孝通：《乡土中国》，生活·读书·新知三联书店1985年版，第27页。

社会学的功能体现在哪里呢？这里初步总结如下：①

1. 社会诊断与社会咨询（政策选择，企业诊断与策划等）

政策选择很大程度上是针对政府来说的。真正意义上的社会学理论将社会作为一个整体来进行分析，对于社会的构成与运行，提供了很多有益的解释。这对于政府基本政策的制定无疑具有参考价值。

一个典型的例子就是马尔萨斯对人口的研究。他以“两个公理”作为自己推论的起点，他认为人的食欲和性欲是天生的，一定要得到满足。接着他引出了有名的“两个级数”的命题。“人口，在无妨碍时，以几何级数率增加。生活资料，只以算术级数增加。”②“依照人口原理来说，人类有一种比粮食增加更快的趋势。”③这样，人多物少，饥饿、贫困以及很多由于人口过剩带来的问题都是不可避免的。如何解决？马尔萨斯提出了“两个抑制”的手段：积极抑制和道德抑制。所谓积极抑制就是通过不卫生的职业、残酷的劳动、极度的贫困让人口自然削减。道德抑制就是在社会上造成少生孩子的风气，谴责多生者。如果我们对人口的增长置之不理，那么社会上产生的各种严重危机，就是我们在自食苦果。

马尔萨斯的人口论深受一些政府的欢迎，同时也震惊了欧洲社会各界，这并非由于他对两种增长的分析，而是他得出的结论：

无产阶级和劳动群众的贫困和苦难，不是由于资本主义制度造成的，而是由“两个级数”的规律造成的，所以没有必要进行革命以改变社会制度。那种试图通过革命的火焰来烧毁资本主义制度这张“使人堕落的罪恶的暖床”，只是“一个美丽的想像的幻影”。

虽然马尔萨斯的结论并不为国人所接受，但是他对人口及食物增长的分析却有很多合理的地方。当马寅初将人口论的基本推理引入中国的时候，却被认为是资产阶级的伪科学遭到了无情的批判，但是藐视科学的苦果最终还需要国人自己来品尝。如今，世界上很多国家都在自觉不自觉地应用马尔萨斯提出的抑制人口的手段。

我们还可以通过社会学的原理和方法进行社会调查，分析民意走向，为政策方针的制定奠定民意基础，比如对住房制度、社会福利制度、医疗制度等关系人民切身利益的政策，必须尊重广泛的民意。在一些国家甚至用来进行政治预测，如美欧一些国家，尤其是在美国，对总统和州长的选举进行预测时，只要方法和手段科学合理，准确地预测出结果已经不是新闻。

---

① 参考［美］波谱洛：《社会学》第10版，中国人民大学出版社1999年版。

②③ ［英］马尔萨斯：《人口原理》，商务印书馆1961年版，第5、445页。

如果你留意观察，在中国的“麦当劳”和“肯德基”几乎不会做亏本生意。它们的分店为何总是顾客盈门呢，这不仅仅是一个品牌的问题，更重要的是它们在选择分店地址前会做出较科学的市场调查，帮助它们进行正确的决策。这让中国的企业也学了些乖，越来越多的企业通过市场调查来制定它们的企业策略。很多擅长进行市场调查的社会学研究者们无疑找到了用武之地。

2. 社会批评（人性的弱点、社会病态、社会问题与环境治理等）

从一个人拥有了两个人的食物那一刻起，社会批评就产生了。这种社会批评主要有两个目的：一是催人警醒，让普通大众明白社会事理；二是希望引起决策者的注意，让他们知道已经存在或即将发生的不合理的状况并加以改善。比如说，在改革开放伊始，社会上普遍流传的是“拿手术刀的不如操杀猪刀的，搞原子弹的不如卖茶叶蛋的”，这实际上是知识界人士对社会分配不公的一种控诉。这种批评通过“民谣”式的宣传，在大众中引起了强烈的反响。作用是很明显的，经过政策调整，这种状况已经获得较大程度的改善。

社会学做出的社会批评不同于专门的评论家，它主要是通过对社会的实证调查，在掌握大量的事实依据的情况下做出的，因而具有很强的说服力。

3. 社会解释与未来策划

这里所讲的社会预测不是预言家的空想，也不是简单地根据自己的生活经验经过大脑加工后所得的社会图景。你可以从两个方面去理解社会学的社会预测功能，其一是对“社会事实”的描述与解释；其二是对“社会事实”中秩序或状况的监测。

对社会秩序或状况的监测越来越为政府所重视，尤其是在复杂、紧张或对立的社会中。若有对国际时事感兴趣的读者，相信一定会看到许多关系到民众态度的新闻。在美国，就有许多大型民意或民情调查机构，它们事实上充当了社会预警机构的角色。在发动战争前，那些调查机构会向政府反映有多少人支持战争，有多少人反对战争，从而使自己的战争机器能够更加顺利的开启。另外对基尼系数的调查可以很好地反映社会收入分配的不平等程度，让政府对社会阶层的紧张状况有一个更科学的把握，从而制定相关的政策来保持社会的稳定。

一个让中国社会学研究者兴奋的事实是，“中国社会预警中心”在南京成立，这是利用社会学的理论和研究方法对中国的社会运行进行分析和预测的重要机构，随着改革开放的深入和阶层利益分化的加剧，其作用必将更加凸显。另外，国家对中国社会分层的研究也更加重视，在政府的资助下，多项对社会分层的研究课题正在国内著名高校的社会学系组织进行。

社会学对社会运行状况的分析和预测，能够向政府提供社会冲突程度的警报，让决策者及时采取措施来缓和社会矛盾。对社会各阶层的科学了解，能为制定重要的社会政策（如福利政策、税收政策、医疗政策、教育政策等）提供依据，有助于社会良性运行。

4. 社会实验与评估（包括对已经实施的项目、方案的效果进行评价）

社会学的重要功能之一是社会实验。社会实验不是拿整个社会做实验场地，而是为了某一目的选择某一具有代表性的个案，将风险控制在小范围内，经过实验为整个社会提供丰富的经验。中国在深圳设立经济特区，朝鲜在新义州开辟特区，都是一种社会实验，在西方国家尤其是在美国，这种功用已获得普遍认同。

对已经进行的社会实验以及各种项目、方案的效果进行评价，我们称之为评估研究。我们说，深圳的社会实验成功了，这种评价的根据是什么？很多国家不断修订社会保障政策，实施的效果如何？社会学的评估研究可以列出各种指标对已经实施的方案进行测量。比如要对深圳特区和海南特区的实验效果进行评估，就可以用各种经济指标和社会指标来对其进行测量并进行解释。

社会学的功能是多元的，可以从很多方面进行总结。对于普通的读者来说，必要的社会学知识甚至可以很好地帮助你做出日常生活的重要决策，它可以让你以一种更广阔的视野来观察和认识社会、认识自己，终生受益。

四、社会学的研究方法

很多人会问，社会学是否有一套统一的并让学术界都承认的研究方法。不知是不是一种遗憾，社会学至今仍然没有一种被普遍承认的独立的研究体系。

社会科学毕竟不是自然科学。从知识的进程上看，那种用神学或形而上学的方式解释自然科学的一切企图都被钉在历史的墓碑上。在社会科学领域，却不乏宗教观念和形而上学的市场，那种哲学的思辨在很多人看来仍然具有令人信服的解释力。当代英国社会学家吉登斯极力反对将社会科学同自然科学做类比。他在《社会学方法的新规则》中就明确指出，社会科学在解释“本质”上的问题时，必须进行哲学层次上的思考。

虽然孔德和斯宾塞的信徒们力图创立一套属于社会学自己的“科学方法”，以使社会学区别于人文学科，成为“科学”大家庭的一部分，但是自社会学开创以来，对社会学是否是一门“科学”的争议却从来没有停止过。这可能是由于在社会学的研究对象中，一些问题似乎到目前为止还不能通过一种超脱意识形态的“科学”的“研究范式”去思考和研究。对这些不适合作为实证研究的对象的思考，我们不能简单的说它“正确”或“不正确”，而只能根据自已的体验和思考去评价它是否“有说服力”或是“可以理解”。

由此一来，就有两种研究方法供研究者们选择：其一是走“实证主义”道路，其二是走“人文主义”道路。

具体一点来说，我们在进行社会学研究时，可以选用以下三种方法：

(1) 理论批判。一方面，可以通过对某种理论的仔细阅读，找出其中不符合“逻辑关系”的地方。有些近乎哲学的理论事实或许是在进行一种逻辑上的诡辩，可以通过严格的“逻辑考证”，在不能对那些“装腔作势的推理”进行修正的情况下，作出自己的批判。另一方面，可以通过对各种理论的比较，找出其中的差异，并作出相关的分析，或发扬或批判。当然这需要足够的理论背景知识和逻辑思考力。吉登斯是理论研究的佼佼者，他对实证主义、功能主义以及进化论的批判被现代社会学者奉为经典，从而成为当代著名的批判理论学家。

(2) 思辨解释。社会学也是一门“寻找规律”的学科，人为社会“立法”的呼声远比“人为自然立法”的呼声来得有力。一种通过“内心自省”的方法来解释社会想像和人类行为的方法仍然还有市场。尽管一些调查至上论者拒不承认，但在目前来说，思辨的解释被当作社会学研究与思考的方法之一。我们可以从很多哲学论述被认定为社会学理论的解释中得到证明。

(3) 实证研究。这是一种极力将社会科学从“主观意识阶段”推向“客观实际阶段”的有效方法，也被认为是最能显示出社会学学科特点、将社会学区别于哲学或其他非自然学科的研究方法。

其实，“每一种方法都有其可选用的场合，反过来说，每一种方法都有其不适用的时候。将一种方法吹捧得过高而贬低其他方法这一倾向，会使研究人员看不到各种各样的方法在根本上互补的性质”①。

为了突出社会学的特色，这里将重点介绍社会学的实证研究方法。

最早实践实证主义原则的是法国著名社会学家迪尔凯姆。他在对欧洲社会自杀现象的研究中采用了一种实证研究的策略，其研究结果以《自杀论》的发表而轰动欧美社会各界。这里以该研究为例，希望读者可以从中领悟社会学研究的原理与方法。

迪尔凯姆选择这个研究题目，主要有两个诉求。一是想贯彻自己所倡导的实证主义研究方法，为后来者提供一个可以参考的蓝本，甚至可以说是希望自己的研究模式成为社会学研究的标准。二是想了解社会学的研究对象——“社会事实”与社会结构中的其他社会事实会有哪些联系。具体来说，自杀究竟是一种个人行为，还是一种社会行为？是心理因素在起主要作用，还是社会

① [美] 贝利：《现代社会研究方法》，上海人民出版社 1986 年版，第 8 页。

因素在起主要作用？

接下来是提出假设和澄清概念。迪尔凯姆根据自己的构想与理解，将自杀分为四种类型：利己型、利他型、失范型和宿命型，不同的自杀类型分别由不同的社会因素所决定。

迪尔凯姆认为，一个社会事实要用其他社会事实来解释，而不能在该社会事实本身中去寻找答案。将自杀行为定义为“行为者自身完成的死亡行为”则只能用个体心理原因来解释，这不是社会学所要做出的定义。迪尔凯姆将自杀定义为“任何由死者自己完成并知道会产生这种结果的某种积极或消极的行动直接或间接地引起的死亡”。那种跳楼、上吊以及举枪自杀可以看作积极行动，而那种绝食或明知有死亡危险却不闪避可以视作消极行动。这里就将自杀的概念“操作化”了。社会学所研究的是普遍的社会事实，如何将之与个人的自杀行为区分开来？这里迪尔凯姆将自杀率（即在某种社会中每10万或百万人口中的自杀人数）作为自己的分析对象。

他收集了欧洲国家如意大利、法国、英国等10多个国家在1866年至1875年的自杀率（各国标准统一）。为了了解自杀与气候因素的关系，他收集了意大利北部、中部以及南部各年的自杀率。此外，他还分别对各国自杀者的宗教信仰、年龄、性别、婚否等多项内容进行了资料采集。

将所得的资料汇总之后，迪尔凯姆对各种资料进行了分门别类的统计分析，并从中找出了各种社会因素与自杀率的联系。比如，宗教对自杀就有着很大的影响。统计数据表明，主要信奉天主教的国家要比以新教为主的国家的自杀率低，在同一个国家内，不同的区域自杀率也随着宗教信仰的不同而不同，信奉天主教的区域自杀率也低于信奉新教的区域。在与家庭结构相干的自杀率中，已婚者的自杀率低于未婚者和鳏寡者。在已婚者中，没有孩子的夫妇自杀率高于有孩子的夫妇。而气候因素对自杀率的影响几乎看不出来。

通过这些统计数据及各种情况的对比，他开始对各种联系进行解释。迪尔凯姆承认，个人自杀事件几乎都有心理与行为上的“征兆”，个人的动机、性格和遭遇是自杀的直接诱因。但是，他在统计分析中发现，自杀率因国家和社会群体的不同而变化，这绝不可能从心理学的角度去解释，只能用其他的相关社会性因素去解释。迪尔凯姆选择以社会整合为突破口，研究这些数据与自己构想之间的关系。

通过对宗教、家庭等因素如何影响自杀率的深刻分析，迪尔凯姆认为，利己型自杀与失范型自杀大多数是由于社会整合程度低引起的，而利他型自杀和宿命型自杀大多是由于社会整合程度过高造成的。迪尔凯姆也特别指出，各种自杀类型并非水火不容，它们也可能出现在同一个自杀案例中。

这项研究结论的作用也在迪尔凯姆提出的建议中表现出来。最后，迪尔凯姆认为，要从社会的角度降低自杀率，必须恢复社会组织的统一性，使个人产生对集体的依恋感情，同时也要保留给个人一定的自由空间。而这种社会组织，应该是一种职业团体。

尽管后人对他的分析与结论提出了质疑，但是他的一套研究范式却成为社会学的宝贵财富，并为很多社会学家所接受。目前的社会学的调查研究，几乎都以“自杀论”研究为蓝本，可以说迪尔凯姆实现了他的初衷。

对于社会学的初学者来说，应用社会学的方法进行实证研究，解释社会现象的原因和功能，要经过三个阶段：筹划阶段—执行阶段—总结阶段①。

筹划阶段的工作主要有：

(1) 选择研究题目。对研究题目的选择往往是根据需要和兴趣而进行的，因而即使带有研究者的价值取向也不足为奇。如果你来自农村，你可能更关心农村的发展和农民的生活问题。如果你生活在城市，你可能会更关心城市问题以及当前的失业率等等。不管选择什么研究题目，只要在研究过程中具有科学精神，就能保证研究与分析的客观性。

选择的研究题目要具有“可操作性”，要能够进行实证研究。比如说，如果试图对夫妻和睦程度进行研究，就会遇到很多操作上的难题。生活经验告诉我们，夫妻之间的表现在“台前”和“幕后”往往迥然不同，在陌生人面前显得恩爱有加，但在两人世界里则可能怒目相向。即使进行调查，其可信程度不一定能得到保障。另外，也不要选择过于抽象的命题作为研究题目。比如，要证明“恻隐之心，仁之端也，羞恶之心，义之端也”之类的命题，却不知道怎样将其具体化，操作起来更不知如何下手。我们可以选择一些具有较好的“可操作性”的研究题目。比如“父母对子女的职业期望”、“城市居民支出流向”、“制约农村经济发展的社会因素”等题目都可以进行实际操作。

(2) 初步探索。在选择了恰当的研究题目后，就要对该题目进行初步探索。这个阶段的工作主要有：收集相关文献资料，包括报刊、书籍以及前人的研究成果等；召开座谈会或进行专家访谈，进一步了解所要研究的题目；通过正式研究前的调查（如进行个案研究），形成对“原假设”的预期。这个阶段所有的工作就是对研究题目和研究对象有一个清晰的了解。

(3) 建立假设并进行理论解释与澄清概念。这一点相信读者在我们对迪尔凯姆“自杀论”的研究分析中有所认识。你也可能常常听一些女性不服气地说：“谁说女子不如男！”这句话也意味着在很多人看来，女人总是比不上

---

① 李沛良：《社会研究的统计应用》，社会科学文献出版社 2001 年版，第 5 页。

男人。如果想弄清楚这个道理，我们可以做一个假设：在大学里女生的学习成绩要好于男生。该假设中需要澄清的概念恐怕就只有学习成绩了。你可以将必修课或者包括选修课的得分解释为学习成绩。如果你的社会学研究是对宏观群体的研究，假设和概念就没有这么简单了。

有两点必须牢记：假设要明确，概念要具体。比如说，“伙伴对孩子的行为有影响”就称不上是一个好的假设，若改成“好的伙伴可以引导孩子做出好的行为”就可以进行操作了。目前，中国大学生就业状况严峻，很多女大学生会满腔气愤地说一些企事业单位重男轻女，实在太不公平。若想要进行研究，了解中国男女平等的现实状况，首先就要将男女平等的概念具体化。你可以将其转化为性别与教育、性别与经济活动、性别与工作负担和时间分配、妇女参政水平等一系列指标。当然你也可以列出其他可行的指标，总而言之要“可操作化”。

(4) 确定研究策略。主要是进行研究设计，或者说选用何种操作方法。这里介绍两种：实验法和社会调查法。

实验法借鉴于心理学研究，它对实验中各种条件的控制性强，易于操作，而且逻辑严密，解释性强。但是社会学的研究对象比较宏大，而且很多情况都是不能进行实验的，比如说，各种社会条件对自杀率的影响就不可能用实验得出。

社会调查法是社会学最常用的研究方法。你可以选择问卷调查也可以选择实地观察等。但是这种研究设计在操作过程中，要受到很多和研究无关的因素的干扰，从而使得它的解释力往往受到质疑。另外在问卷调查中，你的基本假设要求调查对象都是诚实的，即能如实地回答你的问卷。但是，在一些敏感问题（如夫妻生活、政治倾向等）的回答上可能口是心非，在这样的基础上进行推论，犯的错误无疑是可笑的甚至是致命的。

有一点需要说明的是，社会学的实地研究往往要借鉴人类学的研究方法。目前，无论中外，社会学和人类学分野都不是很清楚。这种实地研究方法我们可以从英国人类学家马林诺夫斯基那里得到许多启示。这位在波兰攻读物理和数学的学生，在拜读了弗雷泽的人类学名著《金枝》之后，从叹服到沉迷，并将兴趣转向人类学研究。他仿效弗雷泽，在非洲新几内亚的原始部落进行了长达6年的实地观察，并参与他们的生活试图深刻了解他们的文化。他的思想和方法在其著作《文化论》中得到很好的反映，后人将其思想称为功能主义文化论，他的参与观察的方法也在其学生费孝通先生的努力下在中国获得广泛传播。

从目前的情况来看，一项复杂的社会学调查研究往往综合了多种研究方法。所谓确定研究策略，只是说在实证研究的过程中侧重于何种操作方法，而并非是非此即彼的关系。因而，只要是需要所驱，那些被学术界承认的研究方法都可以在一项研究中各尽其能。

执行阶段的主要工作有：

（1）抽取样本。如果你去问社会学中调查至上学派最为得意的手笔是什么，你得到的答案十之八九会是："我有一套抽取样本的方法。"个中玄机，非深入研究不得以知之。

抽取样本的原理很简单，就是以部分代总体。古人说"窥一斑而知全豹"就是这个道理。但是，这如何"代"法，却要好好考究一番。从广义上来说，抽样方法主要有四种，即普查、抽样、典型调查和个案调查。普查是对所有的调查对象进行调查，大家比较熟悉的中国政府主持的全国人口普查，目前已经进行了5次。但是，从严格意义上来讲，这并非社会学的抽样调查。由于受人力、物力和时间所限，社会学研究基本上不用普查的方法。典型调查和个案调查在选取上可能受到主观因素的影响，其代表性往往受到质疑，部分社会学研究者甚至不承认其是社会学的研究方法，这里也不多言。

抽样是社会学项目研究中比较正统的方法。根据实际需要的不同，可以选择的方式有简单随机抽样、系统抽样、分层抽样和整群抽样等。以上是实证研究的重要工作，涉及大量的专业知识，初学者需要认真读一些专业著作。限于篇幅，这里推荐由袁方先生主编、北京大学出版社1997年出版的《社会研究方法教程》，相信读者可以从中学到更为全面的实证研究知识。

（2）收集和整理资料。总结阶段的主要工作就是分析和解释研究结果。

"今天，社会学的重要任务是发展一种适合社会研究的特殊方法，而不在乎这种方法众人是否同意。这样可以使社会学研究得到更高的信誉，研究结果也将更具有权威性。因为社会学一日不摆脱政党的争论，一日不摆脱浅俗的思想，一日不摆脱普遍概括的解释，则社会学就永远也离不开感情和臆断去从事自己的专门研究，也就难以指望社会学的提高。诚然，社会学成为一门真正的学科路途尚远，但是为了这个目的，社会学者必须从今日做起。"①

① ［法］迪尔凯姆：《社会学方法的规则》，华夏出版社1999年版，第120页。

第二章 社会结构

学习目的与要求：结构既是一种社会学研究视角，又是一种实体存在。本章主要介绍了社会、社会构成、社会结构和功能理论。学习本章要求重点了解社会、社会结构的内涵、社会结构理论和社会结构的功能，掌握社会结构的基础知识和社会结构的基本理论，提高从整体上认识社会和解释社会的能力。

社会结构及其功能是社会学研究的重要对象。结构是指社会内部各要素的相互关系。功能是指社会各部分在社会运行中所发挥的作用。社会结构的协调与功能的耦合是社会良性运行的基本条件。本章主要论述了社会的构成要素及其协调发展、社会结构以及相关的理论、社会功能以及相关的理论。

第一节 社 会

一、社会的涵义与特征

1. 社会的涵义

社会是以一定物质资料生产为基础的、个人以角色的名义参与他人相互作用而联系起来的人类生活共同体。人类最初怎样结成社会的，那是史前的事，至今还在探讨。在汉语中，"社会"一词最早出现于唐代的古籍中。《旧唐书·玄宗上》（本纪第八）中就有记载："礼部奏请千秋休假三日，及村闾社会。"此处"社会"一词是目前见到的社会两字最早的连用，意思为村民集会。它是一个动名词，由"社"和"会"两字演进而来。"社"原指祭神的地方。《白虎通·社稷》说："封土立社，示有土也。""会"为聚集之意。后来两字连用意指人们为祭神而集事在一起。古籍中有时也有"社"指志同道合者集会之所，如"文社"、"诗社"，或指中国古代地区单位，如"二十五家为社"。① 社会学

① 陈宝良：《中国的社与会》，浙江人民出版社 1996 年版，第 1~6 页。

着重阐明的是现实社会。现实社会由人、文化和自然组合而成。相对虚拟社会而言，现实的社会是一个由各种关系组成的有机体。

2. 社会的基本特征

社会作为一种关系系统，具有如下一些主要特征：

(1) 社会以人群为主体。人是社会系统最基本的要素，是社会生活的开拓者。人的本质的具体体现是社会关系。只有以一定数量和质量为基础，并按特殊方式组织起来的人群，才能成为社会的主体。单个人无法生存，不能进行创造社会的实践活动。所以，社会学研究特别关注社会的群体状态，包括家庭、家族、邻里、民族等。

(2) 社会以人们的物质生产活动为基础。人是特殊的自然。由于人的自然和社会等多种属性的驱使，人们首先需要满足吃、穿、住等基本需求，因而需要在一定的生产力状态下从事物质资料的生产，以解决衣食之源和解决其他方面的物质条件。在这个意义上说，没有物质生产活动，就不会有人，更不会有人的社会。

(3) 社会以人与人的交往为纽带。人与人的相互交往使社会成为一个系统，社会要素在这个系统中流动，社会就成为一个大的有机体。人与人交往的范围越大，社会系统就越大，社会要素的流动范围也越大。从原始部落到“地球村”，就是人与人交往范围扩大的结果。同时，人与人交互作用的层次越深，社会系统的内容也就越丰富。从单纯的谋生过程到宇宙天体的开发，无一不是通过人与人的交往而创造的，任何社会状态都是特定的人与人交互作用的产物。

(4) 社会来源于自然又超越自然。社会是自然的一部分，但又超越了自然状态，是特殊的自然。其主要表现是：社会是由人与自然、人与人、人与物组成的特殊关系和结构；社会的一切活动都受规范与制度控制；人的生活具有目的性、主动性和创造性；人能认识和改造自然，推进社会的进步和发展。

3. 社会的主要功能

社会的功能主要有：整合功能，包括文化整合、规模整合、意见整合和功能整合；交流功能，即社会创造了人类交往的工具，提供了人类交往的场所；导向功能，即社会有一套行为规范，规定和指导着人们思想、行为的方向；积累和发展的功能，人类创造的文化通过社会得以积累和发展。

二、社会的基本要素及功能

社会的构成要素是多种多样的。郑杭生教授把社会的构成要素分为地理与自然环境、人口要素、心理因素、行为要素、群体要素、经济要素、政治要素、文化要素等8个方面。通常认为，自然环境、人口和文化是社会赖以存在和发展的基本要素。

1. 自然环境

自然环境是社会赖以生存和发展的外部条件，是与人类活动相关联的全部自然条件的总和，可分为地理位置、气候和资源三个部分。

人类社会与自然环境是相互作用的。首先，人类是自然界长期发展的产物，自然环境是人类社会赖以生存和发展的必要条件，因而人类对自然环境一方面具有依赖关系，同时，人类也改变和利用自然环境。随着社会生产力的发展，特别是科学技术的发展，人类周围的自然界越来越多地被打上了人类活动的印记，日益成了人化的自然，由社会生活的外部条件变成内部条件。

自然环境对社会的影响是十分深刻的：(1) 自然环境影响了人们衣食住等基本需求的内容和方式，包括相应的风俗和习惯。(2) 自然环境影响人们获得物质生活资料的多寡和方式。(3) 自然环境影响人们的行为模式和交往规模。(4) 自然环境提供人们生存和发展的场所和制约人们的新陈代谢过程。自然环境影响社会的政治、教育、文化和关系构成，等等。社会学肯定自然环境是人类社会生存和发展的首要条件，又强调人类自身的能动性。为什么同样的自然条件下，传统社会贫穷落后，现代社会兴旺发达呢？这是人对自然所发挥的作用不同造成的，也正因为人对自然开发和利用的深度和广度不断发展，尊重规律，保护自然环境的问题被提上了议事日程。工业化的历程告诉我们，在人与自然的相互作用中，人虽然可以改造自然，但不能滥用“权力”，否则，人类会受到自然的严厉惩罚。

2. 人口

人口是指在特定地域内具有一定数量、质量和关系的人的总称。以一定数量、质量和关系结合起来的人，是构成社会的重要要素。

根据人口社会学的研究，人口可分为动态人口和静态人口两个方面。动态人口指与人口的出生、死亡、迁移、流动相联系的人口现象，如人口数量增减、素质变化、职业转变等。静态人口主要涉及人口的结构与关系，包括人口的自然结构，如人口的性别、年龄等自然分布和组合方式；人口的社会结构，如教育程度分布、阶级组成、群体构成等。

人口作为社会的基本要素之一，与社会有着特殊的关系。人口的数量和质量对社会的生产和生活影响深刻。按照一般规律，在一定生产力状态下，保持一个相对数量的人口，是社会生产和社会生活持续发展的重要条件。所谓相对数量的人口，是指与物质生产发展之间保持适当比例关系的人口，包括人口总数、人口密度、出生率、死亡率等。仅就人口数量而论，过剩与不足，都会破坏人口与社会之间的协调关系。特别是在经济落后的国家和地区，人口过剩，对经济发展的阻力更大。在科学技术不发达的古代，人口质量主要表现在自然生理方面，相互之间差别较小，因而对社会生活影响较小。在科学技术日新月异的现代社会，人口素质已经成了社会进步的指标之一，人口素质的差别导致社会发展水平的差别。可见，人口素质对社会的影响越来越大。

现在，世界性的人口问题集中表现为人口数量过多和人口质量偏低这两个方面，因此，研究人口素质，不能不注意控制人口数量和提高人口质量这两个方面的研究。中国是世界上人口最多的国家，也是人口质量较低的国家。因此，我们一方面坚决贯彻计划生育的基本国策，大力节制人口生育，还要特别注重优生优育优教工作，包括改善社会环境，加大智力投资，合理使用人才等方面。

3. 文化

文化一般有广狭之分。广义的文化是指人类在劳动过程和整个社会实践活动中所创造的物质财富和精神财富的总和，而狭义的文化则是人类创造的制度文化。社会学看重制度文化。

人类创造了文化，也就离不开文化，文化是社会存在和发展不可缺少的条件。文化对社会的作用可以归纳为如下几个方面：（1）文化加强了人们认识、改造和征服自然的能力，推进社会的发展。（2）文化提供人生活所需要的各种方法，包括行为模式。（3）文化影响整个社会的生产和生活方式，特别是经济制度和政治制度对生产和生活方式的制约尤为深刻。（4）文化能满足人们的物质和精神生活需求。（5）文化推进人类历史的进程。（6）文化是民族分野的标志。

社会各要素之间相互促进，从而保持一种和谐关系，被称为功能耦合。在这种情况下，社会能够保持协调发展。但是在现实社会中，由于人类的破坏，社会各要素之间的协调被打破，出现了诸多的社会问题。一是人口问题。人口问题表现在人口数量、质量、结构三个方面。人口数量问题是指人口数量过于庞大和过快的增长对社会运行和发展造成阻碍。人口质量问题是指人口在思想素质、文化素质等诸多方面存在欠缺和不足，不适应社会发展的需求。人口结构问题指由于人口类别之间的比例失调，对社会运行和发展造成阻碍。人口结构问题包含很多方面，如人口受教育结构不均衡，性别比例失调问题等。二是环境资源问题。人类对环境的破坏和对资源的任意开采造成了人类生存环境的恶化和资源的逐渐枯竭。环境资源问题成为阻碍社会发展的又一大难题。

三、社会的可持续发展

当代社会发展中出现的人口、资源和环境问题促使人们对先前的发展观念进行了检讨。人们发现，传统发展观基本上是一种“工业化发展观”，它以工业增长作为衡量发展的惟一指标，表现为单纯追求经济的增长。痛定思痛，人们提出了社会的可持续发展。所谓可持续发展，就是既满足当代人的需要，又不威胁后代人满足需要的发展。可持续发展要求人们慎重对待人与人、人与自然的关系。社会可持续发展的本质是人的可持续发展。在社会各要素关系协调的基础上，谋得社会的不断发展和人们生活水平的提高。各国在制定本国的发展计划和目标时，要采取负责任的态度。不仅要考虑本国的可持续发展，还要从全球范围内来看发展问题。因为全球化已成为社会发展的必然趋势，发展问题也不会仅仅是某个国家的问题，而是全球问题。然而，人与自然、人与人之间的矛盾具有不可调和性。虽然已经有180多个国家和地区承认可持续发展战略，但无论发达国家还是发展中国家，都未能充分履行它们就可持续发展所做出的种种承诺。目前，要做到可持续发展，最重要的是缓解贫困问题。目前发展中国家经受着贫困和生态恶化的双重压力。贫困是导致生态恶化的重要根源，生态恶化又加剧了贫困。因此缓解贫困问题是当务之急。转化和运用科学技术是缓解贫困的重要途径。

四、社会的类型分析

在社会学的发展史上，社会学家们对社会的类型提出了不同的看法。

1. 孔德的社会三阶段理论

孔德（Auguste Comte）认为人类社会的发展经历了三个阶段。首先是神治的社会，社会活动以战争为主。其次是重视人权、法制的社会，社会活动中战争仍存在，工业活动不断发展。最后是工业社会，社会活动中工业处于支配地位。孔德认为，人类社会的三种形态的更替不是顺次出现的，而是交叉进行的。

2. 礼俗社会与法理社会

滕尼斯依据社会结合关系的不同，将社会划分为礼俗社会和法理社会。社会结合关系的区别标准是其中所包含的集合意志。滕尼斯把集合意志划分为自然意志和本质意志、理性意志和选择意志。代表自然意志、本质意志的社会结合关系所构成的社会就是礼俗社会，代表理性意志和选择意志所构成的社会就是理性社会。

3. 机械团结与有机团结社会

迪尔凯姆根据社会分工的不同，将社会划分为机械团结和有机团结两种社会。在机械团结的社会中，社会分工不发达。社会成员在道德和思想方面是同质的。社会个体受传统的支配，没有个性。人与人之间的关系是机械关系，社会的整合是建立在思想和道德同质基础上的。在有机团结的社会中，社会分工发达，社会成员在道德和思想方面是异质的。社会分工导致传统力量的衰退，社会个体个性增强。人与人之间的关系是有机关系，社会整合是建立在社会分工基础上的。

有的社会学家以社会生存方式为标准把社会区分为：狩猎或采集的社会、畜牧的社会、初农社会、农业社会、工业社会、后工业社会。

五、西方学者的经典社会观

西方社会学者对社会的解释多种多样，其中影响较大的有四种：

1. 正统派唯名论

唯名论否认一般的客观实在性，否认概念的客观内容，认为只有个别事物才是真实存在的。用唯名论的哲学思想看待社会，就形成了社会唯名论。社会唯名论的主要代表有法国的卢梭，英国的霍布斯，以及德国的韦伯等人。他们把社会看成是一群“同心的人”的集合体，是代表许多人的总和。社会唯名论者认为，社会只是单纯的名称，只有个人才是真实的存在。正因为如此，唯名论派的社会学家们把个人行为作为社会学的研究对象。

2. 社会唯实论

社会唯实论也称社会现实主义，来源于中世纪欧洲经验派哲学的正统派唯实论。与唯名论相反，早期唯实论依据柏拉图的理念论，主张一般脱离个别而存在。后期的温和唯实论则以亚里士多德的“形式”学说为依据，主张一般作为从个别事物中抽象形成的概念，存在于人的理想之中。社会唯实论的主要代表人物是英国的斯宾塞、法国的迪尔凯姆等人。社会唯实论者把社会看成是超越人类个体的客观存在物。他们认为，社会先于个人而存在，并且事先规定了个人的存在，是一种交互作用的实在，有集体意识和集体的特征。据此，迪尔凯姆把社会本身及其制度作为社会学的研究对象，齐美尔则认为群体代表社会，社会学应当研究群体。他们都强调从实体出发，把社会作为具体事物来描述。社会唯实论因片面强调一般的实在性，否定个人的主体性，结果不能把握社会的实质。

3. 功能主义

功能主义理论的根本观点是：社会是一个具有自我适应力的组织，是一个活的有机体。为了自身的存在，社会组织的每一部分都具有一定的合乎目的性的功能，如效力、作用、关联等，而这种执行一定功能的各个部分，就是社会结构。一般认为，传统功能理论的创始人是斯宾塞，第二次世界大战前后传入美国，发展成为结构功能主义理论，代表人物有帕森斯、默顿等人，其中以帕森斯为典型代表。帕森斯认为，结构功能是社会体系的概念，结构是一个生命体系诸部分之间的关系，而功能则是决定生命体系运行的各种条件的一种理论构造。功能影响体系的稳定。帕森斯理论最大的优点是运用系统论的观点来研究社会的结构与功能，尤其是他注重对系统内部功能平衡的研究。他认为，社会系统一般处于平衡状态，系统内部结构关系和功能过程以及系统与环境之间的相互作用，可以使系统保持相对稳定。由于过分强调功能平衡和系统的稳定，帕森斯忽视了社会中大量存在的矛盾和冲突，以致不能解释当时社会中的事实，所以到了20世纪60年代中叶，开始受到批评，以后影响开始减弱。

4. 冲突理论

冲突理论是把社会当作一个矛盾冲突实体来研究的理论。一般认为，冲突理论大多注重权力问题，把社会看成一个不停的为权力而角逐的竞技场。冲突理论集中研究权力的产生、分配和作用，以及社会生活中的冲突现象，包括人与人、阶层与阶层之间的冲突。主要代表人物有美国社会学家米尔斯、联邦德国的达伦多夫（Ralf Dahrendorf）等。

当代西方社会学中冲突论者的观点并非完全一致。如米尔斯认为，社会学家应该在道义上承担起批判现实社会的责任，主张勇于指出社会的不公正、不平等现象，并提出改变这些现象的措施。他们还认为，从原则上看，没有冲突的人类社会是可能出现的。而达伦多夫等人的观点正相反，认为冲突是社会结构固有的内容，是社会生活不可避免、永远存在的一个方面，人类社会永远也摆脱不了冲突的困扰。

当代西方冲突社会学的代表们自称其理论来源于马克思，并大量引用马克思的经典理论论述作为其理论依据，然而，他们片面强调的只是社会冲突的表面特征，忽视了冲突内部的社会经济根源和阶级实质。①

六、马克思主义社会观

马克思主义的社会观是科学的社会观。马克思主义的社会观主要包含有以下三个方面：

1. 社会是人们交互作用的产物

马克思认为不管其形式如何，社会是人们交互作用的产物。在生产力发展的一定状况下，就会有一定的交往和消费形式。在生产、交换和消费发展的一定阶段上，就会有一定的社会制度、一定的家庭、等级或阶级组织。按照马克思的思想，对社会的科学认识，既不在于整体，也不在于个人，而在于人与人

---

① 参见周运清：《社会学概论》，武汉大学出版社1988年版，第48~51页。

之间的关系。马克思关于社会的基本观点有两个方面：(1) 人是社会的主体，但社会不是单个个人的简单堆积，而是人们之间相互作用的产物，是全部社会关系的总和。(2) 人们的交往首先是在生产、分配、交换、消费中发生的经济交往，因此，人们之间的最基本的关系是生产关系。生产关系是不依人们的意志为转移的客观物质关系，是社会的基础和本质。

2. 人类社会发展是一个自然历史过程

马克思曾明确指出："我的观点是：社会经济形态的发展是一个自然历史过程。不管个人在主观上怎样超脱各种关系，他在社会意义上总是这些关系的产物。"① 在这方面，列宁发挥了马克思的观点，指出："只有把社会关系归结于生产关系，把生产关系归结于生产力的水平，才能有可靠的根据把社会形态的发展看作自然历史过程。"② 这就深刻地告诉我们，社会是一种特殊的关系状态，来源于自然，与自然的诸种关系形态有许多共同点，但与自然界不同，具有自己独特的特征。人类社会同自然界一样，它的存在、发展和更替，是一种不以人的意志为转移的、必然的、合乎规律的客观发展过程。

把人类社会的发展看作是一个有自己内在规律支配的自然历史过程，这就克服了以往各种社会观的唯心主义或形而上学倾向，就能使人们对社会关系及其各种表现形式的研究，像自然科学一样，成为真正精确的科学。正如列宁所说，把马克思的发现与达尔文的学说相比，是完全正确的："达尔文推翻了那种把动植物物种看作彼此毫无联系的、偶然的、'神造的'、不变的东西的观点，探明了物种的变异性和承续性，第一次把生物学放在完全科学的基础上。同样，马克思也推翻了那种把社会看作可按长官意志（或者说按社会意志和政府意志，反正都一样）随便改变的、偶然产生和变化的、机械的个人结合体的观点，从而探明了作为一定生产关系总和的社会经济形态这个概念，探明了这种形态的发展是自然历史过程，第一次把社会学放在科学的基础之上。"③

（三）劳动是理解全部社会发展史的钥匙

关于劳动，马克思从社会学意义上作了说明。马克思认为，所谓劳动，"只是指人们用来实现人和自然之间的物质交换的一般人类生产活动，它不仅已经摆脱一切社会形式和性质规定，而且甚至在它的单纯的自然存在上，不以社会为转移，超乎一切社会之上，并且作为生命的表现和证实，是还没有社会化的人和已经有某种社会规定的人所共同具有的"④。马克思主义认为，劳动

① 《资本论》第1卷，人民出版社1975年版，第12页。

②③ 《列宁选集》第1卷，人民出版社1995年版，第8~9、10页。

④ 《资本论》第3卷，人民出版社1975年版，第921页。

是人从自然界中分化出来的决定力量；劳动不仅改变自然而且改变自身；劳动是社会向自然吸取物质资料，创造社会财富，满足人们生存和发展需要的惟一途径；劳动是全部社会生活的动力。

第二节 社会结构

一、社会的基本结构

1. 社会结构的涵义

社会结构一般指社会诸要素之间在相互作用过程中形成的相对稳定的社会关系。日本学者富永健一认为："社会结构是指社会系统的构成要素间相对稳定的关系，这种关系使社会系统具有形态特征。"① 社会的区分是以其内部的要素关系即结构为标准的，不同的要素关系就有不同的社会形式。富永健一把社会结构看成一个描述性概念，从横断面上对社会形式进行划分。斯宾塞是最早、最明确使用社会结构概念的社会学家。斯宾塞认为，结构和功能是社会学分析的两个对应的基本概念。斯宾塞从生物进化的角度来研究社会，认为社会进化是结构层次上社会异质性的扩大和功能层次上各部分间相互依赖性的增强。在社会较为原始的阶段不存在结构分化现象，社会是等质的，因而功能也不存在分化。在社会较为发达的阶段，结构异质性增大，功能上的相互依赖增强。随着生产力水平的提高与生产关系的变革，新的社会结构类型将会不断涌现。

2. 社会结构分析的出发点

人们对社会结构的分析有很多出发点，归纳起来主要有四个方面：

（1）心理。这种出发点主要受心理学特别是格式塔心理学的影响。在弗洛伊德的心理学分析中，他把人类的心理分为本我、自我、超我三个组成部分，三个组成部分相互作用，形成人类的各种行为模式。格式塔心理学也把人类的心理看成是具有结构的。从心理结构出发分析社会结构的社会学家认为，社会结构与人类的心理结构密切相关。以心理结构作为研究社会结构的出发点又分为两种，一是认为心理结构反映社会结构，比如迪尔凯姆；二是认为社会结构反映心理结构，比如列维-斯特劳斯。

（2）形式。从这种出发点研究结构的主要代表是齐美尔。齐美尔注重挖

① 富永健一著，严立贤等译：《社会学原理》，社会科学文献出版社 1992 年版，第 155 页。

掘个体和群体互动中的永恒互动形式，而忽略互动中的内容或互动性质。这些永恒的互动形式就是人类行为的潜在模式，也就是社会结构。齐美尔强调：“尽管从目的性和一般意义来看，社会群体最为变幻莫测，不过，群体内部个体成员之间仍然具有同样的行为模式。我们在国家、教区、反叛者群体、经济团体、艺术学校甚至家里，都能发现优越与卑从、竞争、劳动分工等不可胜数的相同特征。无论这些联系的旨趣相距多大，但对旨趣的认识形式却可能是相同的。”①

(3) 行为。人类的互动过程生产和再生产社会结构。从行为结构出发研究社会结构的社会学家们认为，人类行为与社会结构有着密切的联系。这方面的奠基人是米德（George Herbert Mead）和舒茨（Alfred Schutz）。米德认为，个体具有调整自己以适应环境的行动能力。个体的行动能力包括三个方面：(1) 角色认知，即认清自己需要扮演什么样的角色。(2) 角色调整，即根据自我感知来对自己的行为进行调整，以应付不同的情景。(3) 角色参与，根据自己习得的行为模式，积极参与角色互动。米德认为，通过个体之间的相互解读与个体的反思性衡量，社会结构得到有效建构和维持。舒茨强调外在规范对社会个体的约束，规范、价值、信仰和角色规定行为的经验和路线。

(4) 需求。持这种出发点的社会学家认为，社会结构是人类需求结构的反映。人类需求种类的多样性，决定了社会结构的多样性和复杂性。人类需求的不断发展，将导致社会结构的不断变迁。马克思主义的社会结构观就是以需求为出发点的。马克思、恩格斯认为，人类的需求导致了物质生产活动和精神生产活动的产生，而物质生产活动和精神生产活动需要人们以一定的关系结合起来，于是各种社会结构就产生了。

3. 社会的主要结构

社会的主要结构有社会经济结构、社会上层建筑、阶级和阶层结构、人口结构、民族结构、家庭结构。(1) 社会经济结构是指一定历史发展阶段上的生产关系的总和，包括生产资料的占有关系，人们在生产过程中的相互关系和产品分配关系三个方面。(2) 社会上层建筑是建立在一定的经济结构之上的意识形态和与此相应的各种制度和设施的总和，上层建筑结构包括思想上层建筑和政治上层建筑两个部分。(3) 阶级和阶层结构是社会学分析社会结构的重要范畴。虽然阶级和阶层的涵义在不同的社会学家那里有所不同，但是它们的基本涵义都是指社会成员按照一定的标准被分为不同的层面。(4) 人口结

① 参见特纳著，邱泽奇译：《社会学理论的结构》，华夏出版社 2001 年 1 月版，第 151 页。

构。人口结构是指具有不同性质的人口的构成关系。人口的性质可以分为性别、年龄、职业、文化教育程度等方面。因此人口结构相应的有性别结构、年龄结构、职业结构、文化教育结构等。(5) 民族结构是指社会的民族成分、分布状况和发展程度。(6) 家庭结构。家庭结构是各种类型的家庭及其内部的恒定关系。家庭结构是人类社会最稳定的社会结构之一，与其他各种社会结构具有密切的关系。

二、社会结构理论

1. 早期的结构主义理论

(1) 马克思的结构理论

马克思所关注的是社会结构的生产、再生产和发展变化。马克思认为，社会结构的生产、再生产和发展变化依赖于行动者当中的资源分配，其中主要的是经济资源的分配。行动者利用各自所具有的资源进行社会互动，互动的结果是生产和再生产了社会结构以及这种社会结构条件下的资源分配。社会结构成了行动者在互动中所拥有的符号、物质和政治资源。简单地说，社会结构规制了社会互动，并通过社会互动生产自身。如果按照这种逻辑，社会结构将会一成不变。然而，马克思认为行动者具有充分的主观能动性，是能够根据自身的意愿来实践的，行动者并不单纯地受制于社会结构。于是矛盾这一概念就被马克思引入了其社会结构的理论。矛盾使社会结构的变化成为可能。

马克思把社会分为经济基础和上层建筑两大部分，又把经济基础分为生产力和生产关系两大部分。生产力或社会生产力，是社会与自然之间进行交换的实际能力，是不以人们意志为转移的物质力量。生产力与生产关系相联系而存在。可以从三个方面把握生产关系的结构：人们对生产资料的关系，即劳动者与生产资料的结合形式；劳动者在生产中相互交换活动的关系，即分工合作方式；劳动产品的分配关系以及由它所直接决定的消费关系。生产关系是复杂且多层次的经济结构体系，是相互联系相互制约的有机整体，其中人们对生产资料的关系是最基本的关系。在物质生产活动中，生产关系和生产力是相互联系的两个方面，其中生产力决定生产关系，生产关系要适应生产力的性质，并且反作用于生产力。生产力和生产关系共同构成社会的经济基础。在社会的基本结构中，经济基础决定上层建筑，上层建筑反过来为经济基础服务。特定的经济基础和上层建筑共同构成特定的社会形态，是和生产力的一定阶段相适应的社会统一体。

社会的基本结构是具体的、历史的存在和发展的。在生产力发展的不同阶段，生产关系、经济基础和上层建筑都有不同的内容和表现。生产力的发展将导致生产关系和上层建筑相应的发展变化。社会的基本结构是决定社会的一切其他构成的东西，从这一观点出发，任何其他社会构成都是社会基本结构的派生和表现。

(2) 迪尔凯姆的结构理论

迪尔凯姆的结构理论是与其所看重的社会整合密切联系在一起的。迪尔凯姆认为社会通过四种基本的机制来解决社会整合问题：文化机制、结构机制、人际机制、认知机制。迪尔凯姆着重讨论这些机制是如何把社会要素整合为各种社会结构的。迪尔凯姆结构理论分析的重点是在“数量”、“性质”、部分或成分的相互关系上。迪尔凯姆并没有确认结构到底是心理的、文化的还是物质性的。但是，迪尔凯姆确认思维的结构反映了社会关系的物质结构。例如，迪尔凯姆在《宗教生活的基本形式》中提出，图腾等圣物及神圣观念，实际上是对社会的崇拜。

(3) 齐美尔的形式结构主义理论

齐美尔的结构理论注重挖掘潜在的个人和群体联系的潜在形式。齐美尔相信在社会结构中存在“永恒的行为”，形式社会学的任务就是找到这些永恒互动的潜在模式。互动内容或实质性的社会学意义的重要性远不如它们的基本形式。社会结构就是互动的形式或结构。

(4) 微观结构主义

结构的生产、再生产由互动完成，互动理所当然成为结构分析的重点。米德认为，个体具有将自己视为客体以适应环境的能力。人们通过符号相互解读，从一般化他人的角度对自我进行估计，以及通过反思性衡量的方式来构建互动。人们的互动最终将制度化，并形成群体与组织。

2. 文化人类学的结构理论

当迪尔凯姆的功能主义从结构的物质观点转向心理视角时，就形成了两种不同的人类学结构传统，一是以法国人类学家列维-斯特劳斯（Claude Leve-Strauss）为代表，一是以英国人类学家布朗（A. R. Radcliffe-Brown）和纳德尔（S. F. Nadel）为代表。

列维-斯特劳斯认为，社会结构仅仅是基本精神过程的表象。列维-斯特劳斯的结构理论受到了结构语言学的影响。结构语言学的创始人之一索绪尔认为，说话仅是更为基本的精神过程的一个表象，语言不是谈话或书面语，而是一套特殊的思维方式。索绪尔的观点被列维-斯特劳斯引入到了他的社会结构理论中。结构语言学的另一位创始人雅克布森认为，语言中潜在的精神思维是以二元对立出现的。受这一观点的影响，列维-斯特劳斯认为二元对立的潜在精神现实是由一系列“内在符号”或规则组织而成。总而言之，列维-斯特劳斯的结构主义主要是根据人脑的生化结构为基础的普遍心智过程来理解文化和社会模式，是唯灵论的和还原论的。

布朗认为结构功能主义必须强调结构。社会系统是个体相互联系形成的自然系统。社会系统与心理系统有着明显的差别，心理系统研究个人内在的联系。社会结构是现实的存在物。纳德尔认为结构是一种部分之间的有序安排。结构要将视角放在关系的特质，特别是那些固定不变和经常发生的关系的特质，而不是行动者之上。纳德尔进一步指出，社会结构是有能力进行角色扮演的行动者之间关系的模式或网络。结构里面存在着各种关系类型的“亚群体”。这样，社会结构就是一个有着不同层次和簇群的关系网络。

3. 帕森斯的结构功能理论

帕森斯从分析单位行动出发，提出了自己宏大的社会结构理论。单位行动是行动者达到某种目标的行动，它包含行动者、手段、情景、规范、价值观和目标等要素。帕森斯单位行动的分析已经表达了他将要提出的社会结构理论。单位行动通过互动产生了固定模式，这种模式就称为社会系统。根据行动者的动机和价值，帕森斯提出了人格系统和文化系统。人格系统主要指动机和角色扮演技能的结构，文化系统指价值观、信仰、规范等观念的有机体。这样，对于行动的分析就过渡到了社会系统是如何被文化系统和人格系统所制约的。后来帕森斯又加上了行为有机系统。这样整个社会就被划分为四大系统，即行为有机系统、人格系统、社会系统和文化系统。

这些子系统分别承担一定的功能，即适应、目标实现、整合和模式维持功能。适应是指系统必须有能力从外部环境获取生存资料并分配给整个行为系统。目标实现是指系统调动资源实现自己的目标。整合功能是指系统协调各组成部分之间的关系。模式维持是指系统根据自己的价值观，保证行动系统的连续性。这四个功能项就是著名的 AGIL 模式（每个功能项首个字母的组合）。所以帕森斯的社会结构理论又被称为社会结构功能理论。

4. 吉丁斯的结构化理论

结构二重性是吉丁斯结构化理论的基础。结构二重性是指结构既是行为的中介，又是行为的结果。结构并不外在于行动，而是内涵于行动。结构化社会理论的任务是揭示行动如何被结构化，同时行动又生产出结构化的资源和规则。

社会实践是吉丁斯结构化理论的核心概念。社会实践具有连续性和反思性。社会实践的连续性是指社会实践使行动者的主观意图得到展现，同时社会实践创造出社会互动存续的条件，社会实践由此在时间和空间两个层面上不断展开。社会实践的反思性指的是社会实践包含着行动者的主观意图。吉丁斯认为，行动者的意图并不能使社会实践按某种特定的模式进行，相反社会实践完全可能产生行动者意图之外的后果，这种意外的后果又构成未被行动者认识到的外在条件，这种外在条件对社会实践构成新的制约。所以，吉丁斯认为，行动始终受到意外后果和未被认识到的行动条件的制约，行动具有能动性和被约束性。社会实践的反思性是建立在行动者认知能力基础上的。吉丁斯认为认知能力是行动者对行动环境背景的认识，这种认识构成行动者的知识库存。在社会实践中，行动者的知识库存成为行动者的工具，知识库存也是解释行动者意图的根据。

结构是吉丁斯结构化理论的另一个核心概念。吉丁斯认为，结构是指行动者在社会互动中利用的规则和资源。在具体的时空中，行动者在社会实践中利用这些规则和资源维持和再生产出结构。规则是社会实践中暗含的影响因素。有的规则比较明确，而有的规则却含混不清。规则指导行动，使行动者有章可循。资源是社会实践中行动者的工具。资源分为配置性资源和权威性资源。配置性资源指的是物质资源，包括自然环境及人工制品。权威性资源指的是支配地位。权力不是资源，资源的运用产生权力。在行动者的互动中，他们就利用权力来构建别人的行动乃至结构。

吉丁斯强调，规则和资源相互关联，共同存在于社会实践中。行动者利用资源来进行互动从而达到某种目的，利用规则作为社会互动的指导，达到行动者之间的相互适应。资源和规则成为社会关系的纽带，发挥了中介的功能。在具体的时空中，行动者利用资源和规则不断地维持、创造和转化各种社会关系。通过社会实践，规则和资源能够被组合成不同的模式，即结构。

总之，吉丁斯把社会结构看成被行动者所用的资源与规则，而不是外在于行动者的社会实体。行动者在社会实践中生产和再生产资源和规则。这样，社会实践和社会结构相互融合，彼此间不再是对立的关系。

5. 社会结构的文化理论

文化结构理论不仅强调文化与个体行为及社会互动相关联，而且强调与行动的制度相关联。

(1) 乌特诺的文化结构理论

乌特诺（Robert Wuhnow）把文化结构分析的主题称为道德秩序。乌特诺认为道德秩序包括：道德秩序的结构；仪式的表现；动员资源创造和维持这些规则及仪式。

道德秩序的结构包括三种基本的规则类型。一是承诺的对象与真实计划。承诺的对象属于想干什么的范畴，真实计划属于怎么做的范畴。比如你想使你的生活变得更好，你便开始计划努力读书并不断增加社会经验。二是自我与扮演的角色。自我与角色扮演中展现的“自我”的差别叫做“角色距离”，它说明角色低于个人的尊严或自我价值的层次。三是不可抗力与主观控制。道德对主观能够控制的行为做出道德评价，而忽略由于不可抗力产生的行为。没有上面的三种区别，道德秩序及其所处的制度体系将会面临危机，并开始崩溃。仪式是对集体价值的戏剧化，并表明了个人为实现集体价值所负担的责任。仪式是维持道德秩序的一种基本机制。仪式还被用来处理社会关系的不确定性以及创造新的道德秩序。行动者使用资源来维持道德秩序并生产新的道德秩序。除了资源外，行动者还必须依靠他们所属的组织中所包含的权力、领导关系等要素，也就是相应的制度结构。所以，道德秩序与制度结构紧密相连。另外，乌特诺认为，道德秩序的动力是意识形态的竞争所产生的优胜劣汰。而意识形态的竞争又产生于群体中社会关系的不确定性。

(2) 布迪厄的文化结构理论

布迪厄（Pierre Bourdieu）的文化结构理论的核心在于社会阶级以及与这些阶级相联系的文化形式。布迪厄的文化结构理论受到了马克思阶级理论和韦伯阶级阶层理论的影响。布迪厄提出社会结构中存在着四种资本：经济资本，即生产资料；社会资本，即群体和社会网络中的地位与关系；文化资本，即非正式的人际技术、习惯、态度、语言、风格、教育程度、格调与生活方式；符号资本，即使用符号使占有不同层次或形态的其他三种资本合法化。布迪厄认为在一定范围内这些资本可以相互转化，不同资本之间的相互转化的程度取决于在社会斗争中存在的风险。比如，以经济资本“购买”文化资本会受到人们的鄙视而受到限制。

不同群体占有相应的资本总量，社会中因此存在客观的阶级结构。统治阶级占有数量最多的经济、社会、文化和符号的资本；中层阶级次之；下层阶级最少。在每个阶级内部，又因两种因素而区别为不同的集团，这两种因素是：自身占有资源的构成或结构；个体拥有一种特殊形式或结构的资本所需要的社会背景或时间总量。在每个阶级中又可以分为统治集团、中间集团、被统治集团。每个阶级中的统治集团控制绝大部分的经济或生产成本；底部的集团则占有本阶级的绝大多数文化和符号资本；中间的集团掌握着适中的经济、文化和符号资本。

当不同的阶级和集团进行斗争以控制资源和争取自己的合法性的时候，它们就动员其社会资源组成利益群体和网络。由于各种资本间的转化是受限制的，所以不同阶级和集团的组织能力受到其他形式社会资本的制约。因为如此，特定的利益群体、网络可以反映阶级、集团所占有的经济、文化和符号资本的特殊结构。

可以看出，阶级关系不是一个简单的高低等级次序。处在不同阶级的地位相似的集团间也存在同质性，这种同质性在于各集团所占有的资本的同质性，比如，统治阶级中的富裕资本家和中层阶级中的小商业主在控制社会物质资料生产方面具有相似性。这样，各阶级间的冲突就会错综复杂。因为同时并存着不同阶级中集团的统一，又存在着因其地位处于不同阶级之中集团的分裂。另外，即使是在同一个阶级中的同一个集团中，人们也会由于社会出身和生长轨迹的不同而造成意识形态的冲突。比如，已经富有的人认为新暴富的人没有品位，喜欢“摆阔”。

6. 社会结构的网络分析

社会结构的网络分析看重社会单位间关系的模式。网络分析的基本概念是结点和联系。结点指任何可能与另一个实体发生联系的实体，比如人、位置等。联系指结点之间的关联。联系也经常被概念化为资源。个体间由于交换资源而发生联系。网络中的资源流一般分为三种类型：物质的、符号的和情感的。

结点间的联系有不同的模式，这种模式就是结构。网络分析描述这种结构的纬度主要有：联系的数量、方向，联系的互惠，联系的传递，联系的密度，联系的力度，桥梁，中介，中心和等效。其中，联系的互惠是指结点间资源的流向是单向的，还是互惠的；联系的密度是指结点间可能联系的最大数量；联系的力度是指结点间资源流动的容量和层次；桥梁是指使不同结构连接起来的联系；中介是指把不同结构联系起来的结点；中心是指与其他结点相比具有更高比例的社会资源通过的结点；等效是指一些点与另一点有相同的联系。

7. 布劳的宏观结构理论

布劳（Peter M. Blau）认为人口的分类根据有两种参数：一是类别参数，它将人口中的成员区分为不连续的类别，比如性别、种族和宗教等；二是等级参数，它将成员放入连续的等级次序中，比如收入、教育年限、年龄、权力、财富、社会经济地位、特权，以及其他规定次序的等级。人口类别参数差异的程度决定了宏观结构的异质性程度。人们所属的群体数量越多，分化程度越大，异质性就越高。人口的等级参数差异的程度决定了人口中不平等的程度。越少的人掌握了社会资源，资源的分配就越不平等。这样，社会人口就存在着特定的宏观结构。布劳认为，宏观结构最重要的外在特征是参数相关的程度。一个群体的成员在等级参数上都处于较低的位置上，包括收入、财富、特权等，那么参数就相互关联起来。参数的关联越高，参数的相互整合越高，一定人口中不同成员的社会互动与社会流动就会有更多的障碍。相反，参数关联越低，人口中不同个体的社会流动就较为顺利。总而言之，宏观结构是一定的人口按照社会不平等与异质性程度的类别参数和等级参数而形成的分布与分化程度。为了进一步说明宏观结构，布劳提出了3个基本假设：个体间社会交往的可能性取决于他们相互接触的机会；在多维空间中，个体间的相似性增加社会交往的可能性；与其他群体或阶层交往会有利于向这些群体或阶层的流动。在3个基本假设的基础上，布劳又提出了14个基本命题。所有的基本假设和基本命题都是为了说明：一定数量的人口分布于不同的结构位置，这些结构位置又限制了他们社会交往的机会；宏观结构不仅为社会交往提供了机会，也对将与谁发生交往关系产生一种限制。①

第三节 社会结构的功能

一、功能的涵义

功能是社会系统或者结构体系为实现系统目标和系统适应环境所发挥的作用。斯宾塞从生物有机体的角度对社会结构的功能做了说明，认为社会结构具有与生物体器官相似的功能。日本的富永健一认为，“所谓功能，是将系统的要素和多个作为要素集合体的子系统，或者说整个系统所负担的活动、作用、职能解释为与系统实现目标和系统适应环境所必须满足的必要性条件相关时，对这些活动、作用等所赋予的意义”②。在这里，富永健一对活动和功能、作用和功能做了区分。富永健一认为，只有将活动、作用与系统的目标、环境适应相联系的时候，这些活动和作用的后果才成为功能，或者发挥正功能，或者发挥反功能。

有人认为功能这一概念含有目的论的成分，即人类为了满足自身的目标而设计出不同的社会结构以发挥不同的功能。对这个问题，应当从两个方面来看。一方面，社会结构确实是为了满足人类的需求而创造出来的；另一方面，却又具有客观性的、不依赖人的意志为转移。简而言之，社会结构的产生既具有意识的成分，又具有非意识的成分。所以，作为社会结构运行结果的功能也同样具有两面性。

二、结构与功能的关系

第一，结构不涉及价值，是描述性概念。功能则涉及价值，是解释性概

① 参见特纳著，邱泽奇译：《社会学理论的结构》（下），华夏出版社2001年1月版。
② 富永健一著，严立贤等译：《社会学原理》，社会科学文献出版社1992年版，第162页。

念。社会结构是恒定的社会关系。社会学在使用社会结构一词时，主要用它说明社会关系的性质、类型、范围、层次等方面。比如我们用社会经济结构表示人与人在社会经济活动中结成的关系。社会经济结构说明社会经济关系是社会生活中最基本的关系之一，是整个社会结构的基础。功能则是直接与人的需求和社会的目标直接相联系的，因而不可避免的涉及到价值问题。

第二，结构是功能的载体，功能是结构运行的结果。社会结构通过多种方式把社会要素调动起来，分配于不同的社会生活领域，使社会各部分的资源相协调。这样，社会结构一方面满足了人的需要，一方面使社会保持整合，使社会适应了自然。比如社会经济结构把经济资源按其本身特有的方式分配于不同的社会生产部门，满足人们的物质需求。可见功能实现要依赖相应的结构，结构的运行必然会产生相应的功能。

第三，结构必要条件和功能必要条件。列维把功能必要性条件解释为"为了维持系统而必须具备什么"，把结构必要条件解释为"为维持系统所必须的东西为什么是必须的"。其实功能必要性条件与结构性必要条件是相通的。简单地说，功能必要性条件是指为了维持社会系统的存续，社会结构必须发挥什么功能，社会结构必要性条件是指为了发挥一定的功能必须要有什么样的结构。但是结构与功能并不是一一对应的。不同的结构可能发挥相同的功能，而即使是相同的结构在不同的条件下也会发挥不同的功能。比如资本主义的政治体制有很大的差别，但是不管是君主立宪制还是议会制都发挥了维护资产阶级统治的功能。

第四，结构与功能都是具有普遍意义的方法概念，并不是社会学所独有的。结构和功能这两个概念都广泛用于生物学、物理学等学科领域。虽然在各个学科里面的涵义不尽一样，但是基本意思都是相通的。社会学借用结构和功能这两个概念来说明社会的构造、运行以及运行的结果。①

三、社会结构功能理论

1. 社会有机体功能理论

受生命科学的影响，法国社会学家孔德最先把社会与生物有机体类比，对社会功能进行了论述。孔德认为，生物有机体可以被分解为要素、组织和器官，对社会的分析也同样可以这样分析。社会有机体可以分为家庭、阶级或种族、城市与社区三个层面。孔德称家庭为社会真正的要素或细胞，称阶级或种

---

① 富永健一著，严立贤等译：《社会学原理》，社会科学文献出版社1992年版，第171页。

族为社会真正的组织，称城市与社区为社会的器官。

在孔德研究的基础上，斯宾塞充分发展了社会有机体功能理论。斯宾塞认为，社会和有机体之间有着众多的相似之处：生物有机体和社会的发展都会带来结构的分化；结构的分化伴随着功能的分化，每一分化的结构都担负着一定的功能；结构和功能通过相互依赖实现整合；结构本身是一个系统，系统整体总受其组成部分的系统过程影响；整体解体后，有机体和超有机体都能继续存在一段时间。有机体与超有机体除了以上相似之处外，也有相异之处：关联程度不同，相对于有机体，超有机体的组成部分之间的关联较为松散；关联方式不同，相对于有机体，超有机体多用符号连接；在意识和自觉程度上，超有机体中所有单元都有一定的主观能动性，而有机体中只有某一部分有这种性能。

根据对有机体和超有机体的比较分析，斯宾塞发展了必要条件功能主义的思想，即为了适应环境，有机体和超有机体必须具备某些必要条件。比如，生物有机体为了生长发育，必须有一套营养摄取系统。社会为实现整合，就必须有权力机构，通过权力的运用，社会秩序得以维持。这种必要条件功能主义可以综合成四个方面：结构功能必须满足某种基本需要，比如获取和传输资源等；群体、社区、地区或整个社会都显示出同样的需求；满足这些基本需要是各层次系统的重要动因；这些基本需要得到满足，则社会越能适应环境。

必要条件功能主义使得对有机体和超有机体的分析变得简单。人们只需考察四种需要就能很好地分析有机体：不同部分整合的需要、维持系统各部分的需要、生产和支配信息及物质的需要、政治调整和控制的需要。当系统很简单时，这些需要由系统中的要素就能满足；当系统变得复杂时，这些需要就必须由一定的结构满足。

迪尔凯姆继承了孔德的社会有机体功能理论。迪尔凯姆认为社会自身可被看做是一个实体，社会由各个组成部分构成，但各个组成部分又不能被简单地还原。各个组成部分是完成整体基本功能和需要的必要条件。迪尔凯姆提出了社会“常态”和“病态”的概念，认为社会的病态与常态是和整体需要是否得到满足相关的，整体需要得到满足社会就是常态，否则就为病态。所以，社会系统存在着一个均衡点，围绕着这个均衡点的功能得到了满足则社会就会正常运行。迪尔凯姆注意到了有机体功能理论中潜在的目的论的危险，即事件的功能就是它产生和存在的原因。对于这一点，迪尔凯姆虽然力图极力避免，但还是陷入了目的论的旋涡。

布朗与马林诺斯基都受到了迪尔凯姆的影响，但是他们也各自形成了自己的不同观点。拉德克利夫-布朗认为，功能主义的主要弊端就是其目的论的倾向。为了避免迪尔凯姆功能理论中的目的论，拉德克利夫-布朗用“存在的必要条件”去替代“需要”一词。拉德克利夫-布朗这样做的理由是无须假定存在着普遍的人类或社会的需要，而什么是生存所必须的条件才是一个值得思考的问题。于是结构分析与功能分析的基本逻辑就变成：社会组成部分最低程度的整合是社会存在的必要条件之一；功能是维持最低限度整合的过程；因此，可以用对社会整合的作用来说明社会具有的结构性。根据这种逻辑，布朗认为可以用社会结构对团结和整合的需求来解释文化要素，如宗族准则和宗教仪式对整合的作用。但拉德克利夫-布朗没有详细指出如何评估使社会系统存在下去的功能统一的必要程度以及检验这种假设所必须的操作步骤，所以其功能理论陷入一个同义反复：因为社会存在，所以它必定存在着最低限度的整合。

马林诺斯基的功能理论为了消除功能理论的目的论缺陷，重新引入了斯宾塞的研究方法，实现了功能理论的回归。马林诺斯基引入两个概念：一是系统层次，二是在各个层次上，需求复杂多样。系统有三个层次：生物的、社会结构的和符号的。生物系统处于底层，社会结构处于中层，符号系统处于上层。结构和符号系统对社会学的分析是重要的。每个层次上都有基本的需要和生存的条件，这些需要和条件得到满足是社会结构整体和文化一致的前提。某一层次系统需要的满足必然制约着靠近它的系统层次需要的满足方式。马林诺斯基强调制度分析对于分析结构系统层次的必要性。在他看来，制度是满足必要条件的行动被组织成的普遍的、相对稳定的模式。

2. 默顿的功能理论

默顿的功能理论被称为经验主义分析的功能理论。默顿认为，宏大理论的建设必须以经验为基础。功能主义理论最大的缺陷是太过于宏观却没有相应的理论基础。默顿认为功能主义应建立中层理论。中层理论既包含了定义清晰的操作化概念，又能对有限社会现象的关系进行论述。默顿的操作方法是用功能主义的特定范式来阐述中层理论。默顿的目的是最大限度地减少功能主义假设。默顿认为功能主义理论有三个问题的假定，即功能一致性假定、功能普遍性假定、功能不可或缺性假定。功能一致性假定忽略了社会整合的类型、方式、程度、范围以及社会系统各部分中既存事件的各种影响。功能普遍性假定忽视了社会事件不单单具有正功能，而且还具有负功能、显功能、潜功能。功能的不可或缺性假定忽视了社会系统内部各种类型的“功能替代物”的存在。

从经验分析出发，默顿提出了自己的功能分析方法。默顿的功能分析坚持从“纯粹描述”个体和群体行动开始，通过研究行动意图、顺从倾向和越轨动机来说明行动模式所发挥的功能情况，通过研究一些潜在模式的作用来了解行动模式的潜功能。这样，功能分析就能解决行动模式所发挥功能的均衡问题，简单地说，就是对行动模式所发挥的功能做了全面考虑，解决了早期功能主义理论存在的问题。①

本章小结

1. 社会是个人以角色的名义与他人相互作用而联系起来的网络，是以一定物质生产活动为基础、具有相应历史特征的、无限丰富的人类共生方式。社会的基本形式是物质生产活动的构成方式，因而社会是一种变化发展的自然历史过程。

2. 社会的基本特征是：社会以人群为主体，社会以人们的物质生产活动为基础，社会以人与社会的交往为纽带，社会来源于自然又超越自然。

3. 人只有在社会里并通过社会才能生存和发展。从社会对人的关系层面分析，社会的基本功能集中表现为整合功能、交流功能、导向功能和文化继承与发展功能。

4. 马克思主义的社会观把社会关系归结于生产关系，把生产关系归结于生产力的高度，揭示了社会及其变化的自然历史属性，克服了传统社会历史观的主要缺点，成为科学社会观。

5. 社会学从不同的角度对社会作了分类。社会的类型是随着社会的发展而不断变化的。

6. 社会的基本结构有社会经济结构、社会上层建筑、阶级和阶层结构、人口结构、民族结构和家庭结构等。

7. 社会关系及其系统都是由要素构成的。社会构成的基本要素是环境、人口和文化。自然环境是社会赖以生存和发展的外部条件，可以划分为地理位置、气候和资源三个部分。人口是指在特定地域内具有一定数量、质量和关系的人的总称。以一定数量、质量和关系结合起来的人，构成社会的基本要素之一。文化是人类社会活动的成果，包括物质要素和精神要素两个方面。

8. 人口、资源与环境之间的矛盾和冲突已经成为制约现代社会生存与发展的基本问题，可持续发展的观念与战略应运而生。所谓可持续发展，是指一种既能满足当代人的需要，又不对后代人满足他们需要的能力和机会构成威胁的发展。

9. 人们从不同的角度对社会、社会结构、结构功能提出了不同的见解。在所有这些理论中，人们所着重探讨的是个人与社会是如何相互作用的、社会运行如何成为可能、社会运行及社会结构的功能等方面。

---

① 参见特纳著，邱泽奇译：《社会学理论的结构》（上），华夏出版社 2001 年 1 月版。

思 考 题

1. 什么是社会？社会有哪些特征？社会的功能是什么？

2. 社会有哪些构成要素？分别有哪些功能？

3. 人口、资源与环境存在的主要问题是什么？

4. 什么是可持续发展？可持续发展的意义是什么？

5. 社会学提出了哪些经典的社会类型范畴？

6. 社会观有哪些派别？为什么说马克思主义的社会观是科学的社会观？

7. 什么是社会结构？有哪些主要社会结构？研究社会结构的出发点有哪些？

8. 社会结构的理论有哪些？这些理论分别从哪些视角对社会结构进行了研究？

9. 什么是功能？结构与功能的区别与联系是什么？

10. 社会学家提出了哪些功能理论？它们之间的相互区别是什么？

第三章　社　会　人

学习目的与要求： 人的全面发展是社会学关注的前沿课题。本章以人的现代发展为主题，重点论述了人的基本属性和人的现代化问题。通过本章的学习，要求了解人的本质、人性和天赋人权的内涵，把握什么是现代人和人的现代化的涵义，深入认识人的现代化途径和人的全面发展。

社会是人与人相互交往和作用的产物。无论是从学习和研究社会学的需要出发，还是从认识和协调社会生活的需要出发，都必须首先对社会生活中的个人有一个基本的了解。为什么人的生活离不开社会？为什么人与人之间要相互交往？为什么人类要千辛万苦地创造和经营一个与大自然共存又竖立其上的社会环境？诸如此类的问题引出了众多的专门学科和研究家的强烈兴趣。由于历史的原因，人类对自身的认识还比较肤浅。本章以人的现代发展为主题，重点论述人的本质和人的全面发展问题。

第一节　什么是人

一、人的本质

古希腊德尔斐神庙门上有“认识你自己”的神谕。古希腊哲学家柏拉图认为，人是没有羽毛的两腿动物。亚里士多德认为，人是政治动物，人既具有动物的某些特性，又能进行高级的政治活动。康德、黑格尔强调人是理性的，人能够通过思维活动来认识整个世界。西方某些哲学人类学家认为人是文化人，人创造了文化，又利用文化来更好地生存。中国古代的《尚书·泰誓》已经提到人在宇宙中的地位，认为人是万物之灵，人能够驾驭他物为自己所用。墨子认为，禽兽用羽毛、利爪等自身肢体来保障自己的生存，而人则依靠劳动来生存。儒家认为人是道德人，人在与他人的社会关系中来实现自身的价值。综观各种关于人的本质的观点，人的本质可以归结为三个方面。

1. 人的自然属性

生物进化论以确凿的证据证明人是从动物进化而来的。人在最初意义上只是一种自然物。人的生物性表现在饮食、安全、繁衍等方面。与动、植物一样，人必须不断地与自然界进行物质和能量的交换，平衡自身的新陈代谢，以维持躯体的存在。安全本能是动物在自然界优胜劣汰的残酷竞争中存活下来的重要机制。出于安全的本能，狼多疑、凶残，狐狸狡猾，老虎凶猛。在人身上可以看到动物的安全本能的特征。人既可能多疑、狡猾，又可能凶残。与动物一样，人也要进行种的繁衍，通过两性之间的结合，繁衍后代。人也有生老病死。某些病毒和细菌既能侵害人类，也能侵害动物。比如，炭疽，它既能侵害羊、猪等家畜，也能侵害人类。现代科学技术已经证明，人的基因与很多动物的基因很相似。人也能像克隆动物一样克隆自身。总之，人与各种生物都生活在地球这个大环境中，人是自然界的一个组成部分，人具有自然性。

2. 人的社会属性

中国古代的思想家荀子早就指出了人的社会性。人的社会性集中表现为人的交互作用性。从原始社会的部落交往到今天的全球化交往，说明了人的交往范围是不断扩大的。现在有些国家已经向太空发射了航行器，希望与外星人取得联系。人与人之间的交往是通过一定的符号进行的。这些符号包括语言、礼物、姿势等。通过标准化的符号，人与人之间就能够顺利的实现交往。人还能组成各种各样的生活群体。社会中最基本的群体是家庭。在群体内部，人与人之间结成各种各样的关系。总的说来，人与人之间结成的关系有生产关系、婚姻家庭关系、结合关系、对立关系等。在这些关系的基础上，人们建立了各种各样的制度以维护这些关系。这样人们不再像动物那样单纯地让本能来支配自身的行动。人们的行动受到社会关系和社会制度的制约。在社会发展的今天，任何单个的人都不能离开社会而独自生活。个人必须不断地接受社会的教化，不断实现自身的社会化，才能在这个日新月异的社会中生存与发展。现实生活中虽然出现了狼孩等由动物抚养大的人，但是从这些狼孩身上所表现出来的特征来看，他们已经不再是完全意义上的人类了，他们的很多生活特征与动物相似。

3. 人的精神属性

人具有发达的大脑。在人的进化进程中，人脑的形成使人与动物有了根本的区别。人通过大脑能够迅速地对环境信息进行思考并做出判断，并且把形成的认识、观念储存起来，这样，人类的关于客观世界的认识越来越多，并且能在前人的基础上不断获得对世界的新的认识。人脑的存在还使人具有了人类特有的情感。人们能够通过相互之间情感的感知来指导交往活动。由于人脑的存在，人类更是创造了辉煌灿烂的人类文明。在古代，人类创造了四大文明古国。今天，人类正在创造着新的辉煌。人的思想性不仅表现在对社会和自然的认识，还表现在对自身行为的反思。在社会发展的今天，人与人之间的关系，人与社会的关系，人与自然的关系还出现了很多问题，比如诚信问题，环境污染等。这些问题已经成为人们探讨的热点。

人具有自然属性、社会属性和精神属性三种属性。上面提到的论点在一定程度上都触及到了人类本质的某些方面。这些论点的缺陷是孤立地谈论人的某种属性，割裂三者的相互联系，或者相互对立起来，因而不能从三者的联系上去理解人的本质，把人的本质抽象化。马克思主义认为，在社会实践的基础上，人的三种属性是统一的。马克思承认人的自然属性，但是，在生产劳动基础上的人的自然属性，不同于动物的纯粹自然属性。在人与自然的关系中，人与自然都在生产劳动中被社会化了，因此，人的自然属性是社会化了的自然属性。马克思主义认为，人是一切社会关系的总和。从实践观点去理解，人的本质就其现实性来说，必然表现在社会关系上，但它也不能脱离人与自然、人的主观性与客观性的关系。

人的本质是不断发展的。社会实践既创造了人，又不断推进人的发展。在不同的历史条件下，人的本质在内容、程度和性质上也是各不相同的。由于社会实践受到历史条件和主观因素的制约，人在一定的社会发展阶段上只能部分地实现自己的本质。因此，在现实性上，不同历史条件下人的本质就有不同的表现。随着历史的进步，人类不断创造着愈来愈符合人的本质要求的客观和主观条件，使其展现出来的人的本质也就愈充分、愈丰富。①

现实的人的社会实践方式的多样性，决定了人的本质的多样性。从个性与共性的角度讲，人不仅具有个性，而且具有共性。个性就是处于不同社会历史条件下，个体所具有的不同特点和属性，它是由许多个性要素构成的某种统一整体。人的自然禀赋是其个性的自然要素，个性的社会要素是由社会关系创造出来的。人的本质通过个性表现出来，脱离了个性，人的本质就被抽象化了。马克思主义不仅肯定人的个性，也肯定人的共性。在阶级社会里，人们分属于不同的群体、阶级。不同的社会存在和阶级地位，决定了不同的共同利益和要求，使人的本质具有群体性、阶级性。不同民族由于历史发展阶段的不同，造成了不同的文化传统、不同的经济政治发展道路，形成了不同的民族性。群体性、阶级性、民族性对于个体而言是共性，而对于整个人类而言又是个性。不论是肯定个性，而否认、抹杀群体性、阶级性、民族性，还是肯定群体性、阶

① 参见张国祺：《马克思对人的本质的发现》，《社会科学研究》1996年第3期。

级性、民族性，而否认抹杀个性，都不能全面把握人的本质。

二、人 性

人们对人性的认识有四种：人性善，人性恶，人性无善恶，人性善恶兼有。性善论是中国传统文化的主流。性善论尤为儒家所推崇。儒家认为，人性不仅是善的，而且是向善的。与中国的性善论相反，在西方占主流的人性论思想是性恶论。在基督教思想中，原罪是它的理论核心，人生来就是有罪的。中国古代思想家荀子提出人性既不善也不恶。战国时期也有人认为，人性有善也有恶。那么人性究竟是善还是恶呢？要回答这个问题得从人的需要说起。

人作为一种生物性的存在，必须与自然不断的交换物质与能量，才能生存下去。人作为一种社会性的存在，必须在社会关系中才能满足自身各种社会性的需要。不仅如此，人的需要是不断变化和发展的。马斯洛把人的需要划分为五个层次：生理需要、安全需要、爱的需要、尊重需要和自我实现的需要。马斯洛认为，五种需要组成人的需要发展的阶梯，一种需要的满足既是另一种需要的基础，又会推动人对更高层次需要的渴望。如果生理需要得不到满足，那么人的生存就成了问题，安全需要等更高层次的需要就不可能得到满足。而生理需要得到满足，人必然会渴望安全需要。人是永远不会满足的。一个人只要正常存在，就必然会竭力满足自己的各种需要。

然而人的各种需要的满足受到各种条件的限制。限制人满足自身需要的因素有自然因素、生产力因素、社会制度、风俗、习惯等。人从自然界中获得物质生活资料受到自然资源多寡的限制。生产力发展水平直接影响人类从自然界获得物质资料的多少和方式。在社会关系中，人与他人合作的同时，还与他人竞争。在与别人的激烈竞争中，人可能运用社会法律、道德所不允许的手段击败对手从而获得稀缺资源。一定时期的社会制度、风俗和习惯对人们需要的满足也构成限制。在具体的社会互动中，人必须遵循一定的规范，运用人们所共同认可的手段，才能使社会互动顺利进行下去。这样，人为了满足自己的需要，就可能与周围的环境特别是社会道德、风俗、习惯发生激烈冲突。如果法律、道德、风俗、习惯对人的需要过分压制的话，人可能会绕过甚至破坏它们以便满足自身的需要。

这样看来，人性的问题就不能以简单的善恶标准来评论了，不然就会把人性问题抽象化，不能把握人性问题的实质。马克思主义人学在社会实践的基础上把人性与需要联系起来，从而科学的解决了人性问题。马克思说：“个人怎样表现自己的生活，他们自己也就怎样。因此，他们是什么样的，这同他们的生产是一致的——既和他们生产什么一致，又和他们怎样生产一致。”① 很明显，马克思认为，人性与社会实践是一致的。人通过社会实践与社会、自然发生联系，改造社会与自然，同时又不断的改造自己。马克思主义人性论强调人性是不断变化发展的，不是抽象静止的。人性是在社会实践中逐步发展的。有什么样的社会实践条件，人性就有相应的发展水平。社会需要引发人的社会实践。马克思把人的需要分为生存、享受、发展三个层次，恩格斯根据这个观点，把人的消费对象分为生活资料、享受资料和发展资料。从社会结构角度看，人类社会可以划分为经济、政治、文化三大领域，这三大领域既是人的需要的产物，又具有满足人的各种需要的独特社会功能：经济活动满足人的物质需要，政治活动满足人际交往和自我实现的需要，文化活动赋予人生更高层次的享受。人的需要总是多种多样的，如果人过分追求某一种需要，必然会导致人性异化并将社会实践引入歧途。

马克思强调人的自由而全面的发展。人的自由全面发展的前提是人的需要被全面、最大程度的满足。人的需要的丰富性、人的全面发展、人的活动的多样性是统一的，它们共同统一于人的社会实践过程之中。基于对人的本性的全新理解，马克思赋予“富有”和“贫困”以全新的涵义。在马克思那里，富有和贫困同国民经济学上的富有和贫困的涵义全然不同。在马克思那里，贫困不是指物质财富的贫乏，而是指需要的单一，富有同样不是指物质财富的富有，而是指需要被全面地、最大程度地满足。

三、天赋人权

人具有自然性、社会性和思想性，人的需求是多样的并且是不断发展的。在阶级社会中，统治阶级需要的满足建立在剥夺被压迫阶级需要的基础之上。就一般情形而言，强势群体通过剥夺弱势群体来满足自身需要。就单个的人来说，为了满足自身的需要，人与人之间也会残酷竞争。在奴隶社会和封建社会中，权力成了人们争夺的目标。一旦人们获得权力，人们就建立专制统治，以剥夺他人来满足自己的需要，以暴力镇压人们的反抗。人们只所以反抗专制统治，是因为专制统治剥夺了满足自身需要的机会。这种反抗与压迫贯穿于奴隶社会与封建社会的发展过程。在封建社会末期，新兴的资产阶级受到封建势力的压迫，资产阶级的启蒙思想家提出了人权思想。他们通过思想的启蒙与舆论的传播为自己争取经济和政治上的利益。他们认为，获取经济利益，参与政治活动，自由发表言论是人的基本权利。在资产阶级的人权思想中，天赋人权的

① 《马克思恩格斯全集》第3卷，人民出版社1960年版，第24页。

思想影响最大、最具有代表性。天赋人权是指每个人都享有与生俱来的权利。早期的天赋人权思想是以自然法为基础的。自然法是宇宙间自然存在、普遍适用、永恒不变的法则。在自然的状态中，人是自由、平等、独立的，人们拥有处理自身一切事务的权利。在资产阶级革命的过程中，天赋人权的思想获得了主导地位。美国的《独立宣言》宣布：人人生而平等。法国的《人权宣言》规定：人人具有不可侵犯的公民权利和自然权利。当代的资产阶级人权思想家们把抽象的“人性”、“人的尊严”作为天赋人权的根据。他们认为，社会必须保障人的财产、生命与安全，必须满足人起码的生存权与发展权。概括起来有7种权利：生存权、公正权、获得援助权、自由权、诚实对待权、礼貌权、儿童照料权。马克思主义认为，资产阶级的天赋人权思想对人类历史的发展发挥了积极的作用，但实质上它只是一种唯心主义的政治理论。针对资产阶级的人权思想，马克思主义科学地论述了人权问题。

马克思主义认为：第一，人权根本不是天赋或与生俱来的权利，人权是社会历史发展的产物，是随着商品经济的发展而出现的。第二，在阶级社会里，人权不是普遍的、超阶级的观念或法规，而是具有鲜明的阶级性。人权总是统治阶级的特权。统治阶级认为剥夺他人是自己天赋的权利，被统治阶级则认为，推翻统治阶级的统治，实现自身经济政治的解放是自己首先要争取的人权。第三，人权不是抽象的，而是具体的，人权受一定社会经济文化条件的制约。不同国家、不同地区的人权标准是有所差别的。第四，不存在绝对的、不受任何限制的人权。在享受一定权利的同时必须负担相应的义务。第五，人权是不断发展变化的。随着人的需要的不断满足，人权的内容必然会越来越丰富。第六，要实现人的全面发展，确立真正、彻底的人权，就必须在一定的历史条件下消灭私有制。只有消灭了私有制，才能消灭统治阶级，实现人与人之间的真正平等，人权才成为全体人民的权利。①

第二节 现 代 人

一、社会发展的实质

马克思主义的社会发展理论认为社会发展的实质是人的发展。人是人类一切行为的最高原因和最高目的，是衡量一切事物的基本标准。关于人的发展与社会进步的相互关系，马克思指出：“人的依赖关系（起初完全是自然发生

① 参见吴倬：《“天赋人权”与“人权外交”》，《思想论坛》1998年第6期，第25页。

的)，是最初的社会形态，在这种形态下，人的生产能力只是在狭窄的范围内和孤立的地点上发展着。以物的依赖性为基础的人的独立性，是第二大形态，在这种形态下，才形成普遍的社会物质变换，全面的关系，多方面的需求以及全面的能力的体系。建立在个人全面发展和他们共同的社会生产能力成为他们的社会财富这一基础上的自由个性，是第三个阶段。第二个阶段为第三个阶段创造条件。"① 在社会发展的第一个阶段，人对他人具有强烈的依赖关系，在这种情况下，人的交往是非常有限的，人的社会性本质不可能得到充分的发展。在社会发展的第二个阶段，由于人与人之间的关系不再以情感、权力、地域等为中介，而是以能够被广泛认同的物品作为关系中介，比如货币，这样人们的交往范围就扩大了。在社会发展的第三个阶段，人与人之间的关系是建立在个性自由基础之上的，这样人的本质得到了最大程度的发展，人性得到了最大满足。每一经济形态优于前一经济形态的根本原因，就在于它更能发展人的本质，更能满足人性。可见，社会的真正发展是以人的本质的不断发展和人性的不断满足为标志的。

二、社会发展的困境

既然真正的社会发展表现为人的本质和人性的不断发展，那么这就意味着社会发展必须处理好人与自然、人与人、人与社会之间的关系。这些关系中的任何一种关系出了问题，都会导致人的异化。

传统的社会发展理论由于不能全面地把握人与自然、人与人、人与社会的关系，结果出现了这些关系中一种或几种关系的不平衡，不仅社会发展本身受到阻碍，而且人本身的发展也受到限制。传统社会发展理论的一个主要特点是强调科技理性、经济理性，把社会发展自然化、理性化、实证化，排挤人文精神，漠视人的存在。比如20世纪40年代，法兰克福学派提出了"工业文明观"，认为工业的增长是衡量发展的惟一尺度。在传统社会发展观的指引下，社会发展出现了诸多的矛盾与问题。

第一，社会财富的增加与人口贫困。科学技术的进步和生产力的发展给社会带来了巨大的财富。但是，在全球范围内，贫困人口问题却没有得到解决，贫富差距越来越大。从国家和地区的角度看，发达国家和发展中国家的经济发展水平差距不仅没有缩小，反而逐渐加大。从人口的角度看，不仅发展中国家的人口贫富差距拉大，而且发达国家的人口贫富差距也逐渐拉大。在全球化的今天，这种贫富差距的逐渐拉大无疑为世界范围内的和平与稳定设置了障碍。

① 《马克思恩格斯全集》第46卷（上），人民出版社1968年版，第104页。

第二，经济增长与环境污染。当今社会经济的增长是以环境污染为代价的。环境污染现象在发展中国家尤为严重。发达国家在经过发展以后，开始注意环境保护。但是有的发达国家是通过向发展中国家转移污染源来治理环境污染的。它们一方面向发展中国家转移高污染企业，比如钢铁企业，另一方面向发展中国家直接输出污染物品，比如生活垃圾、工业废渣等。

第三，物质文明繁荣与精神文明衰退。精神文明衰退一个突出的表现是社会诚信问题严重。2002 年安然、世界通信等美国大公司的倒闭所暴露的企业诚信的丧失，对国际社会造成了巨大影响。因为在一般人看来，美国的公司是最讲诚信的。《圣经》上说，撒谎是犯罪；你想让别人怎样对待你，你就必须首先这样对待别人。这两条训诫对以诚信为核心之一的“美国精神”的形成和发展有着非常关键的作用。在“9·11”事件后，布什曾说过这样的话，“恐怖分子可以摧毁美国最高的大厦，但是他们无法动摇美国的根基……”他的讲话令美国人鼓舞万分，但谁也没有料到美国大公司相继爆出重大丑闻，美国人不明白了，他们的根基还是那么稳固吗？在社会转型期，中国社会诚信也受到了严重冲击。企业诚信问题成了困扰社会经济发展的一个突出问题。不仅是企业，个人的诚信问题也成为一个日益突出的社会问题。社会诚信的解体将比战争更可怕。

“重物轻人”的发展观念使人的自由和谐全面发展遭到破坏，使人与人、自然、社会的协调关系失衡，人性异化。它启示我们：人类的生存、社会的发展、文明的进步，只有在人与世界的相对平衡关系中才能实现；一旦人们在实践上同周围世界的关系变成超常性、病态性时，就会不可避免地产生负面的、反人性的异化效应。

三、社会发展与现代人

社会发展的实质是人的发展，社会发展呼唤人能够全面认识自身以及人与自然、人与社会关系的现代人。什么是现代人呢？英克尔斯提出了现代人应具有的 12 个品质特性：乐于接受新事物、准备接受社会的变革、思路广阔头脑开放、注重现在未来并守时惜时、强烈的个人效能感、重视有计划的生活与工作、尊重知识探索未知、可依赖性和信任感、重视专门技术、乐于选择新职业并对传统敢于挑战、相互了解尊重与自尊、了解生产及过程。大体上可概括为三个方面：开放性，乐于接受新事物；自主性，进取心和创造性；对社会有信任感，能正确对待别人和自己。① 针对发展中国家现代化问题，现代化问题的

---

① 周荫祖：《关于社会现代化与人的现代化的哲学思考》，《社会发展研究》1997 年第 12 期，第 6 页。

研究者提出了现代人标准的具体规定：（1）为谋求国家富强、人民幸福而献身的精神；（2）准备和乐于接受他未经历过的生活经验、新的思想、新的行为方式；（3）准备接受社会的改革和变化，以非传统的行为方式去生活、创造；（4）思路广阔、头脑开放，尊重并愿意考虑各方面的不同意见和看法；（5）注重现在与未来，守时惜时；（6）强烈的个人效能感，对人和社会的能力充满信心，办事讲求效率；（7）计划性强；（8）注重对事实的考察和尽可能多地去获得知识；（9）可依赖性和信赖感；（10）重视专门技术，有愿意根据技术水平来领取不同报酬的心理基础；（11）乐于让自己和他的后代选择离开传统所尊敬的职业，对教育的内容和传统智慧敢于挑战；（12）相互了解、尊重和自尊；（13）了解生产过程，在生产过程中发挥自己的才能去创造。总之，现代化的人思想不保守、僵化，更不偏狭、固执。他们能够正视现实、正视自己，敢于坚持真理，修正错误，喜欢思考问题，善于应付变化，对于与己不同的思想和行为，有理解和宽容的精神；对于不了解或不懂的事情，不盲目轻率地肯定或否定；对于自然、社会和人生，能够力求采取科学、理性、明智的态度；他们立足现实，而又不拘泥于现实，能够面向外部世界和未来；他们憧憬外部世界和未来，而又不至于陷入不切实际的幻想，能够脚踏实地，开拓进取，等等。① 可以看到，现代人的涵义是非常丰富的。现代人是包含了很多方面素质的综合体。在所有的现代人素质当中，现代思维方式尤为重要。现代思维方式具有以下基本特征：

第一，创新性。社会是不断发展变化的，新问题、新情况层出不穷。科学技术是第一生产力，科学技术的进步不仅不断地催生新的行业、产业，而且深刻的改变着人与人之间的关系。人与人、国家与国家之间的竞争日趋激烈。能否在激烈竞争中立于不败之地，关键在于是否具有创新性思维。只有那些具有开拓创新精神的人，才能面对纷繁复杂的社会问题，才能找到解决问题的途径；只有那些具有开拓创新精神的人，才能不断的创造新的技能、知识和先进文化；只有拥有创新精神的人的民族、国家，才能在民族竞争、国家竞争中不被淘汰。那些刻舟求剑、缘木求鱼的人，注定落伍于时代；那些故步自封、墨守成规的人注定要被淘汰；那些自高自大、不肯创新的人注定不会有远大的前途。

第二，开放性。当今社会正在走向全球化，各国之间在政治、经济、文化、环境保护和国际犯罪等方面的合作正在逐步加强。历史的发展要求任何一

---

① 刘黎明、侯保顺：《论人的现代化与人的素质培养》，《河南大学学报》1999 年第 1 期，第 91~92 页。

个国家都必须面向世界，加强同世界各国的联系，全面参与国际合作，在与世界的互动中把握时代的脉搏，吸取世界先进文化与经验，以加快自身的发展。这就需要现代人的思维方式必须具有开放性。

第三，多面性。人处于各种复杂的联系当中。人与人、人与社会、人与自然都是现代人所必须面对和处理的三种关系。现代人只有妥善处理这三种关系，才能满足自身各方面的需要，使人性不断得到张扬。在当代社会发展过程中，由于人们忽视了这三种关系，造成了各种严重后果，使人异化，人的本质的发展受到困扰。现代人在处理这三种关系时，必须全面思考，谨慎对待。

第四，动态性。当代社会政治、经济和思想文化领域发生的巨大变化要求人们的思维方式必须是变动、不断进取的。动态思维就是要求人们坚持思维与社会发展同步，与时俱进，从而提高在动态中处理信息的能力。

第五，独立性。社会的迅速发展，特别是科学技术和市场经济的迅速发展，使得社会决策、社会实践的风险性增加。这种情况要求人们能够独立的分析问题和处理各种关系，独立的做出决策。由于历史和现实的种种原因，缺少独立性是我们民族素质中存在的一个现实问题。主要表现为：唯上、唯书、唯权威。这种思维的依赖性往往会丧失很多机会，并且使得个人没有活力，个性不能张扬，社会死气沉沉。要培养思维的独立性就必须实事求是，不迷信权威，不为他人左右。

第三节　人的现代化

一、什么是人的现代化

人的现代化是人们普遍关心的一个课题。有人认为，人的现代化的涵义有广义和狭义两种：广义的人的现代化是指整个人类状况的现代化，即包括适应社会现代化要求的人口素质的现代化和人的主体意识的现代化；狭义的人的现代化主要是指人的个体素质的现代化以及个体素质与社会现代化协调统一发展。① 有人认为，人的现代化是指作为社会主体的人所具备的与现代社会相适应的思想观念、价值取向、道德水平、精神境界、思维能力、心理特征、文化心态、科技意识、劳动技能等各种素质的总称。② 有人把人的现代化涵义总结

① 杜金亮：《人的现代化与人的全面发展》，《山东社会科学》2000年第4期，第5页。

② 李德玲：《浅谈人的现代化》，《理论学刊》1998年第3期，第33页。

为两点：一是人的理性的增强，二是人的主体性的增强。人的理性的增强表现为人与自然、人与人之间的关系日趋科学、道德和法律化；人的主体性则表现为人在同世界的相互作用中更加自主、能动并且具有创造性。人的主体性是其理性的基础，而人的理性是其主体性的反映。主体性是人的现代化不可或缺的因素，人的主体性的确立乃是人的现代化的核心所在，也是人的现代化的本质内涵。所谓人的主体性，就是人区别于客体、区别于动物的基本属性。它是人类进化的结果，是人的本质的表现，然而，它并不是与生俱来的。人的主体性是在社会实践中得以确立和确证的。①

人的现代化本质上是人的社会化。通过人的现代化，使人的思维方式、实践方式实现根本转变，从而人能够更好的建设人与人、人与社会、人与自然的和谐关系，实现社会可持续发展，不断发展人的本质，张扬人的个性，实现人的全面发展。在中国现阶段，人的现代化就是实现“四有”新人，“四有”即有理想、有道德、有文化、有纪律。

关于人的现代化与社会现代化的先后关系，有人认为人的现代化应当先于社会现代化，没有人的现代化就没有社会现代化，理由是人是社会的主体，只有现代化的人才能建设社会现代化。有人则认为社会现代化应当先于人的现代化，理由是人的社会存在决定人的素质与观念。其实，人的现代化与社会现代化在本质上是一致的，因此也没有必要非要分出谁先谁后的问题。马克斯·韦伯在他的名著《新教伦理与资本主义精神》里探讨了资本主义产生的文化心理机制，在他看来，资本主义的产生很大程度上受到文化心理的影响。对于发展中国家来说，在与西方发达国家进行经济政治文化交流的过程中，并不是经济政治体制首先受到影响，倒是人的思想首先起了变化，然后再影响经济政治文化体制。

二、人的现代化途径

人的现代化过程是一个多种因素起作用的过程。因此，要实现人的现代化，必须明确各种因素所起作用的性质，然后建立有效的机制促进人的现代化。要实现人的现代化，就目前来说应当从以下三个方面着手：

1. 建立和完善市场经济体制是实现人的现代化的有效手段

到目前为止，人类社会出现的经济形态主要有三种：自然经济、计划经济和市场经济。在每种经济形态中，人与人之间的联系方式、性质以及规模是不

① 刘黎明、侯保顺：《论人的现代化与人的素质培养》，《河南大学学报》1999年第1期，第92页。

相同的。

（1）在自然经济中，人与人之间的关系类型主要有地缘关系、血缘关系、政治关系、宗教关系等。在地缘关系中，人们由于生活在同一地域内，相互之间非常熟悉，相互之间具有比较深厚的情感，所以关系强度大，很容易形成地缘群体。这种地缘群体具有首属群体的性质，它对群体内的成员保护，对群体外的成员排斥，所以它的群体规模在很长时间内是不会发生改变的。即便在今天，我们仍然可以看到在城市中有很多地缘群体，这种群体往往集中从事某一行业，并且定期聚会，讨论本群体内存在的问题。每个成员都不能背叛群体，否则会受到严厉惩罚，因此地缘关系对人的社会交往是具有极大限制性的。在血缘关系中，人们之间由于生育和婚姻而发生紧密联系。这种关系由于成员间具有情感依赖关系，并且具有不可替代性，所以这种关系所形成群体的规模也是有限的。在血缘关系中，相互之间的依赖性也限制了社会个体的交往规模。特别是在自然经济条件下，生产关系与血缘关系是叠加的，这就更限制了个体的流动。在自然经济中，政治关系是人们扩大其社会交往的主要途径。但是由于地缘关系和血缘关系的影响，政治关系中也掺杂着地缘关系和血缘关系，形成地缘政治集团和血缘政治集团。所以在政治关系中，条块分割的情况大量存在，形成众多的政治帮派。宗教关系虽然能够使个体可能在更大范围内建立社会关系，但是这种关系并不是建立在现实基础上的，这种关系不但不能发展人的本质，相反他却扼杀人性。总而言之，在自然经济中，各种社会关系的规模都是有限的。它们都限制人的社会交往向更广、更深层次发展，限制了人的眼界。

（2）在计划经济体制下，人与人之间的关系主要有政治关系、单位关系等。在计划经济中，由于社会经济的发展主要靠行政指令，所以政治系统掌握经济资源的分配，政治权力成了支配一切的力量。在这种情况下，政治体制容易形成“官本位”体制，上、下级之间是绝对服从的关系。人变得不再重要，任何人只要在某一职位上，他就有相应的权力。对一个人的评价标准也变得单一，那就是政治标准，人变成“单向政治人”。每个人都生活在某一个单位或者系统当中，每个人的衣食住行、生老病死都由单位承担，个人离开了单位根本无法生存。在这种经济体制下生活的人们思想毫无活力，唯本本、唯权威，领导怎么说自己就怎么做。可见，在计划经济体制下，不但人的社会交往被限制在单位或系统以内，而且人的主体性被扼杀。

（3）市场经济是商品经济发展的高级阶段。在市场经济中，商品交换能够使人们的社会关系突破地域、血缘、政治等因素的限制，人们交往的范围不断扩大。商品交换关系给人们社会关系带来的变革主要是由于它改变了人们交往的媒介。在地缘关系中，人们的交往发生在一定地域内，地域的固定性和独特性使人们之间的交往受到较大限制。在血缘关系中，人们交往的媒介是生育和婚姻，由于生育和婚姻被一定文化严格限制，所以人们靠血缘关系也不可能使交往范围不断扩大。在政治关系中，人与人之间的交往围绕权力而展开，这种交往关系只能限制在政治系统内，并且这种关系十分重视权力等级的差别，因而在政治系统内部人的交往也会受到严格限制。商品交换的发展，使人与人之间的关系媒介发生了彻底改变，货币作为一种新的交换媒介出现并迅速影响了人们的社会交往。作为交换媒介的货币在最初是由贵重金属做成的。金属作为一种自然物质，具有以下特点：不易损坏、物理特性不因产地而改变、能够被精确的计量。这些特性使得商品交换能够在不同的地点、不同的人之间进行交换，从而使得社会交往范围不断扩大，并且成为一种趋势。商品交换讲究平等性，两个不等值的物品是无法发生交换的。商品交换的平等性导致了交换主体的平等。在货币作为交换媒介的条件下，人的自身价值往往是由占有货币量的多少来确定的。这样，人为了增加自身价值，往往与别人展开竞争以获得稀缺资源。每个人都充分发挥自身的潜力，不断地学习，努力工作。在货币这种社会交往媒介的刺激下，人的活动空间范围不断扩大，人类的社会实践活动也向更深处发展，在市场经济体制下，人的社会交往不断扩展，人的本质力量能够得到不断的确证。

但是，市场经济是一把双刃剑。货币作为一种交换媒介在扩大人们的交往的同时，却又给人们设下了圈套。货币作为交换媒介具有普遍的特性，所以在现实生活中，货币看起来是万能的。货币成了人们所追求的对象，甚至不择手段。本来，市场经济使人摆脱了人身依赖关系，是一个巨大的历史进步。但是，对货币的追求又使人与人、人与社会分裂，导致人的经济化、片面化。其深刻的根源即在于商品经济所特有的个人劳动和社会劳动的分离。

社会主义市场经济体制不仅从经济关系上促进独立的主体的形成，而且通过推动人的实践活动的发展和社会交往活动的发展两大途径，增强人的主体性。但是，在社会主义市场经济的初级阶段，人对物的依赖关系依然存在，并出现了与资本主义相似的社会问题，拜金主义的泛起、个人利己主义的盛行，人在一定程度上成为“单向经济人”。所以，社会主义市场经济体制只是为人的现代化提供了一种可能性，要实现这种可能性，还必须进行社会主义精神文明建设。

2. 加强精神文明建设是实现人的现代化的重要保证

在中国现阶段，为了实现人的现代化，在建设物质文明的同时必须建设精神文明，坚持“两手抓，两手都要硬”。精神文明建设有三个层面：科学文化素质、思想道德修养、民主法制观念。科学技术是第一生产力，只有掌握了先进的科学文化，才能使人不断地加深对自然和社会的认识，才能不断地改造自然和社会为人服务。思想道德建设关系到人们能否树立正确的世界观、人生观、价值观，而正确的世界观、人生观、价值观是人不断地得到全面发展的重要前提。树立民主法制观念是实现人与人之间和谐共处，社会有序运行的重要保障。

中国精神文明建设的指导思想是邓小平理论。邓小平建设有中国特色社会主义理论包含着极其丰富的关于精神文明建设的思想。邓小平同志强调，有中国特色的社会主义不但要有高度的物质文明，而且要有高度的精神文明。强调精神文明建设包括思想道德建设和教育科学文化建设，要教育人民成为“四有”人民，教育干部成为“四有”干部，特别要教育好青年、教育好后代。强调必须坚持马克思主义，坚持四项基本原则，反对资产阶级自由化。强调要继承和发扬民族的优秀文化传统和党的优良传统，吸收和借鉴人类社会创造的一切文明成果，反对封建主义残余影响，抵制资本主义腐朽思想的侵蚀。强调要尊重知识、尊重人才，培养一大批优秀的科学家、教育家、文学艺术家和其他各种专家。强调思想政治工作和思想政治工作队伍决不能削弱，对思想上的不正确倾向要以说服教育为主，开展批评与自我批评，不能简单粗暴，也不能不闻不问。强调党要加强对精神文明建设的领导，必须狠狠地抓，一天不放松地抓，从具体事件抓起，关键是党风建设和领导干部以身作则。

在实际的工作中，精神文明建设要做到：提高对精神文明建设的重视程度，深刻认识精神文明建设对社会现代化和人的现代化的重要意义；领导与群众相结合，既要领导抓紧抓好精神文明这项工作，又要发动群众积极参与；投入与产出相匹配，既要加大精神文明的投入，又要检验建设的效果，做到投入一点，收获一点；工作要到位，要各负其责，狠抓落实，有布置、有检查、有效果。

3. 实施全方位、多渠道、多形式的“大教育”，是培养“四有”新人，造就人的现代化的基础工程

教育是决定一个人的现代化的重要因素。美国学者英格尔斯等人进行的测试表明，在受教育程度很低的人中，具有现代化特质的人的比例是13%，而在受教育程度较高的人中，这个比例上升到49%。“大教育”是以现时代中国的整个历史主体为对象，并涉及社会生活的一切领域，它要求动员全社会力量，展开全民教育、终身教育。就当前而论，应从以下四个层面同时开展“大教育”工作：

(1) 学校教育层面。提高劳动者素质，学校教育是最具规模、最有效的

渠道和手段。必须树立“科技富国，教育兴邦”的宏图大略，要有“再穷不能穷教育，再苦不能苦孩子”的教育意识，大力发扬尊师重教的社会风气。尤其要研究、落实江泽民提出的教育工作面临的“两个重要转变”：一是教育要全面适应现代化建设对各类人才培养的需要，二是要全面提高办学质量和效益。为此，要进一步优化教育结构，关键是要在办好基础教育和高等教育的同时，大力发展职业技术教育和成人教育，为各地经济建设和社会发展广开“才”源；在加大教育投入的同时，必须促进教育事业由外延式发展向内涵式发展转变，提高教育资源的合理配置和利用率；还要研究和解决德育如何才能切合实际的问题，应试教育向素质教育、基础教育转型的问题等。

(2) 社会教育和社会文化层面。创造良好的社会人文环境、文化氛围，是提高民族文化素质不可缺少的条件。很难想像，在一个“文化沙漠”和“文化粗食”有扩张之势、而文化工作滑坡却日趋严重的国度里，会孕育出现代人的品格。为此，社会各界应通力合作，形成维护社会公德的强大舆论，关心和支持各种文化设施、文化阵地的建设，共同营造有利于提高人的素质的人文环境和文化氛围，消除毒化社会环境的各种文化污染。

(3) 家庭教育和家庭文化层面。家庭是社会的细胞，是人成长的第一摇篮，是优秀民族文化传统赖于流传的场所，因而是提高民族文化素质不可缺少的重要阵地。良好的家庭文化环境和良好的家风家教，对提高人的文化素质尤其是青少年的成长，具有举足轻重的作用。很难想像，热衷于打麻将的家长会有良好的家风与家教。

(4) 个体成员自我教育层面。上述三个层面的教育工作，只是提高个体文化素质的不可缺少的外部条件，最终还是要通过个体成员的内因起作用。这就要求他们对不断提高自身文化素质要有自觉性、主动性和责任感；在社会主义精神文明建设中，使自己成为“四有”新人。为此，要勤于学习，变“自在”为“自为”；勇于实践，变被动为主动；善于思考，不断使感性上升到理性；恒于修养，不断优化品格等。其中，尤其要强调国家公职人员，特别是领导干部要在这方面起表率作用，这实乃国家民族希望之所在。①

本章小结

1. 人具有自然属性、社会属性和思想属性三种性质。从本质上说，人是

① 周荫祖：《关于社会现代化与人的现代化的哲学思考》，《社会发展研究》1997年第12期。

社会关系的总和。人的本质是不断发展的。

2. 人性不是抽象的。把人性与人的需要联系起来，在社会实践的基础上探讨人性是科学的人性探讨方法。

3. 人的权利不是抽象的。天赋人权思想虽然对社会的发展起到了重要的推进作用，但是在实践上是站不住脚的。人权具有阶级性、民族性和时代性。

4. 社会发展的本质是人的发展。人是社会的主体，只有人全面发展了，社会才能实现真正意义上的发展。

5. 传统的社会发展理论，将人与社会、人与自然的有机联系人为地“斩断”与“阉割”，直接导致社会发展方向的严重偏离。如果社会的发展不以人的发展为目的，就会出现人的本质的异化。

6. 社会发展的困境迫切需要社会发展的主体——人重新建构自身。现代人是社会持续发展的真正主体，现代人在思维方式、文化素质等方面需要不断更新。

7. 人的现代化的目标是培养“四有”新人。完善市场经济，加强精神文明和物质文明建设，提高教育水平是人的现代化的主要途径。

思 考 题

1. 人的本质是什么？
2. 如何看待人性的善恶？
3. 人权的内涵是什么？在社会发展的现阶段，存在普遍的人权吗？
4. 社会发展的本质是什么？
5. 社会发展为什么会出现“无主体”的困境？
6. 什么是现代人？现代人应具备哪些素质？
7. 人的现代化的目标是什么？人的现代化有哪些途径？

第四章 社会角色

学习目的与要求：本章比较完整、系统地介绍了社会角色的基本知识。学习本章应着重把握有关社会角色的经典解释以及它的基本要素和基本特征；深入理解和掌握诸如角色丛、角色类型、角色学习、角色扮演和角色失调等有关进行角色分析的基本概念和重点知识；了解角色理论的产生和发展以及社会角色本身的变迁发展过程和规律等。

"角色"原本是戏剧中的一个术语，指演戏的人化妆打扮后所扮演的剧中人物，也称为"脚色"。后来人们发现，现实社会与戏剧舞台有着许多相似之处，认为舞台是社会的缩影，社会是扩大了的舞台，因此，他们把角色的概念进行了广泛推广，并应用到社会生活的各个领域。文艺复兴时期的莎士比亚在其名剧《请君入瓮》中的一段台词就曾十分精彩地描述到：整个世界是一个大舞台，所有的男男女女都是演员，他们有时上台有时下台，每个人在一生中扮演着许多不同的角色。

20世纪20~30年代，一些社会学者将这一概念引入社会学和社会心理学，从此以后，社会角色的概念就成了西方社会学理论中分析社会结构、社会行为的重要概念。戏剧中的角色是指舞台角色，把这个概念借用到社会学中来，指的则是社会角色。不过，在社会学著作中，角色与社会角色是同义的，可以相互替代使用，之所以要使用社会角色这一概念，只是为了明确地使之区别于舞台角色的概念①。那么什么是社会角色？它与舞台角色有什么区别呢？本章首先阐述了社会角色的基本界定，具体讨论了角色分析的基本概念，接着分别介绍了符号互动论和结构功能论这两种理论视野中的角色概念，最后阐释了社会角色在人类历史长河中的产生、变迁与发展。

---

① 丁水木、张绪山编：《社会角色论》，上海社会科学院出版社1992年版，第19页。

第一节 社会角色的基本界定

一、社会角色的涵义

1. 社会角色的经典解释

"什么是社会角色"，至今众说纷纭。特纳（Jonathan H. Turner）认为，社会角色是社会学中最模棱两可的概念之一①。为了理清思路，让读者获得对角色概念的一个大致印象，还是先来看一看国外社会学者在使用这一概念时是如何界定的。

20世纪20年代，美国社会学家、社会心理学家米德首次把角色概念引入社会学和社会心理学领域，用以分析个人在不同情境中的行为方式。米德认为，角色首先是指人，是处于一定地位并按其相应的行为规范行动的人，要理解某一角色，就是要理解他符合社会期望或他所处的特定地位所被要求的行为。因此，在米德看来，角色就是在社会或某一群体中处于一定地位并按相应的行为模式行为的一类人②。1936年，美国人类学家林顿（Ralph. Linton）在其所著的《人的研究》一书中正式使用了"社会角色"这一概念，用于研究社会。林顿认为，社会角色是指在任何特定场合作为文化构成部分提供给行动者的一组规范。他区分了角色和地位，认为地位是权力和责任的一种简单的集合，角色体现了地位的运动方面；在社会中，个人被置于某种地位上并通过对其他地位的关系而占据这个地位。当他实现构成地位的权力和责任的时候，他就在扮演着某种角色③。在米德和林顿之后，为角色概念努力作出界定的社会学家越来越多。罗伯特·帕克（Robert E. Park）认为，角色是与人在社会中的结构位置相联系的，自我是与在社会结构位置的限制下进行角色扮演密切相关的。在帕森斯看来，角色是附着于社会地位之上的被期待的行为或行为规范；个人在社会体系中占据一个社会位置并按照社会体系所规定的规范和规则来履行这个地位的义务，就是社会角色。日本社会学家横山宁夫认为，社会性行为的主体——人，在社会中具有特定的地位，不管是基于出身的地位还是基于业绩的地位，这些地位的权利和义务的整体——其功能，便是角色④。特纳

①③ 特纳著：《现代西方社会学理论》，天津人民出版社1988年版，第489、441页。

② 宝毅：《社会地位与角色》，《社会》1987年第1期。

④ 横山宁夫著：《社会学概论》，上海译文出版社1983年版，第85页。

认为，社会角色是一套套规范，适用于扮演着可辨认的角色的行动者①。英国社会学家米切尔（D. Mitchell）主编的《新社会学词典》则把社会角色定义为，“是与社会职位、身份相联的被期望的行为”②。

2. 国内学者对角色概念的界定

中国恢复社会学和社会心理学的研究后，国内学者在对角色概念的界定方面，也作了较多的探讨。归纳起来，大致有以下几种界定：角色是指与个人的某种社会身份有关的规定了的行为模式③；个人在一定的社会关系和社会组织中处于特定的地位，并按照这个地位的规定行为办事，这就是人的社会角色④；社会角色是指与人们的某种社会地位、身份相一致的一整套权利、义务的规范和行为模式，它是人们对具有特定身份的人的行为期望，是构成社会群体或组织的基础⑤；社会角色是指与个体的地位相符的一套行为模式，是占据某一社会地位的个体行为契约化、规范化和制度化⑥；社会角色是指社会关系两端位置上的行为类型、行为模式⑦等。

3. 社会角色的定义

尽管国内外学者对社会角色概念的表述各不相同，但从他们对社会角色的上述解释中，我们仍然可以归纳出一些共同点：（1）社会角色与社会位置、社会地位或社会身份密切相关；（2）社会角色对应于一系列角色期望，是一整套社会所规定的或期待的权利、义务的规范和行为模式；（3）这种行为模式是个人的，它有赖于个体的认知和实践能力；（4）社会角色是社会关系的基础。当然，上述共同点只是我们在社会角色概念发展和完善之后所作的归纳，而不是米德当初借用角色概念时的内涵。因为在米德看来，角色首先是指人，是处于一定地位并按其相应的行为规范行动的人，不是行为规范和行为模式，也不是行为本身。

综合诸多学者对角色概念的讨论成果，我们认为，社会学意义上的社会角色就是指，由人的互动行为所表现的特定社会地位、身份所决定的一整套权利、义务的规范和模式行为，既指人们对具有特定地位和身份的人的行为的一种期望，也包括人们的相应行为，是构成社会群体和社会组织的基础，并随着

① 《中国社会学函授大学教学参考资料（五）》，第117页。
② 邓肯·米切尔主编：《新社会学词典》，上海译文出版社1987年版，第265页。
③ 王康主编：《社会学词典》，山东人民出版社1988年版，第206页。
④ 杨心恒、宗力编：《社会学概论》，群众出版社1986年版，第92页。
⑤ 郑杭生主编：《社会学概论新修》，中国人民大学出版社1994年版，第140页。
⑥ 章人英主编：《普通社会学》，上海教育出版社1990年版，第99页。
⑦ 于真、许德琦主编：《调查研究知识手册》，工人出版社1986年版，第314页。

社会实践的发展而不断更新内容。

二、舞台角色与社会角色的异同

戏剧中的舞台和社会舞台有异有同，因此两种舞台中的角色概念也必然有异有同。一方面，正是因为具有相同之处，社会学才得以把角色这一概念从戏剧中借用过来；另一方面，社会学中的角色已经部分地改变了舞台角色的涵义，并注入了一些新的意义，因此两种角色概念又必然有着许多不同的地方①。

1. 社会角色与舞台角色的相似分析

(1) 两种角色都是独立于个人而存在的。在舞台上，即使扮演着某个角色的某个演员消失了，这个角色依然可以存在着，也就是说，戏剧中的各种角色不过是根据剧情需要而安排的各种位置。舞台角色如此，社会角色也是如此。一个县要有县长，县长可以易人，但是作为一个社会角色，县长这个位置却是不可缺少的。即使不叫县长而该叫其他的什么职务名称，这个位置依然存在。

(2) 两种角色都有角色所规定的行为规范。舞台角色要按照剧本所规定的人物的行为和姿态来说话和行动，这种规范有其专用的词汇，叫做程式。表演程式，就是指剧中人物表演动作规范化。类似地，社会角色也要按照社会所规定的适合该角色的规范来说话和办事。社会角色实际上就是指人们在某一特定社会位置上与他人进行交往所遵循的行为规范。在社会中，就社会角色而言，不管是哪个人担任县长这一职位，都必须按照社会对县长的要求来说话办事，否则，这个人就不能担任或担任不好县长。

(3) 两种角色都与社会现实生活密切相关。毫无疑问，社会角色就是人们在现实生活中所担任的角色。尽管舞台角色经过艺术加工，但它也是以生活中的原型为蓝本，是对现实生活的反映。有些戏剧和电影中的角色甚至直接表现了现实生活中的某个人物。如话剧《陈毅市长》中的陈毅，原型就是陈毅元帅；当今许多刑事侦缉大片，多以现实生活中的一些大案、要案为根据，采用纪实手法制作等。

2. 社会角色与舞台角色的相异分析

(1) 舞台角色与社会角色是反映与被反映的关系。就模式而言，社会角色是人们现实社会生活中的具体行为模式，舞台角色则是通过艺术加工后反映

① 丁水木、张绪山编：《社会角色论》，上海社会科学院出版社 1992 年版，第 20~21 页。

人类生活的舞台模式。舞台表演反映生活，但它是经过艺术加工甚至是通过变形的方式反映出来的，按照戏剧理论的说法，是“虚拟”的。人类的社会生活是活生生的，戏剧艺术要在有限的时空范围内表现广阔的活生生的人类生活，就不能完全按照生活的本来面目去反映。反映者和被反映者之间并不是等同的，而是存在着一定的差异。社会角色是人类生活中的现实角色，舞台角色是表演角色。

(2) 两种角色的行为目的不同。社会角色是人们为了生产和生活的需要而必须担任的角色。如在家庭中，家庭成员只有认真担当他们所承担的家庭角色，才能过上美满协调的家庭生活；个人也只有在社会中认真担当社会分配给他的职业角色，他才能得到社会给他的一份合适的报酬来满足自己和家庭生活的需要。舞台角色的扮演则并不是为了直接想尽某种义务和享受某种权利，而是通过表演使广大观众得到休息、娱乐或精神上的享受和教育等。

(3) 两种角色行为规范的根据不同。社会角色的行为规范产生于人类的社会生活。如作为一种社会角色，父亲的行为规范是根据他在社会中的谋生方式，以及由谋生方式派生的社会权利和应尽的社会义务所确定的。随着社会的变迁和发展，父亲的行为规范也会发生一定变化，但这种变化是社会发展的结果，而非任何个人想怎么改变就可以改变的。相反，舞台角色的行为规范，则是根据剧本的内容和导演的要求以及演出的具体条件所决定的。

(4) 两种角色感情投入的要求不一样。一般来说，社会成员在扮演社会角色时，感情投入是自发、真诚和实实在在的，而演员在舞台上扮演角色时，感情是“体验性”地投入。

(5) 两种角色满足社会的需要不同。社会角色是人类社会实实在在的生活角色，人们担当任何一种社会角色，总是为了达到一定的物质的或精神的目标。而舞台角色则纯粹是一种表演，演员担当舞台角色，只是通过表演以满足观众的精神需要。舞台角色在舞台上的任何行为，都是剧本或导演预先规定好的，演员通过这种行为扮演，除了获得艺术创造的愉快外，不过是在那里“做戏”而已。

三、社会角色的基本要素

构成社会角色的要素有哪些呢？正如前面所说，社会角色是一个动态的概念，它是对社会地位的动态描述，因此社会角色的构成要素也需要从动态角度来加以理解。每一种角色对社会都有一定的功能，社会角色的功能是通过完成角色义务的形式表现出来的，为了履行角色义务，角色扮演者必须具有一定的权利，按照社会所规定的行为规范行动。因此，角色义务、角色权利和角色规范就构成了社会角色系统结构中的基本因素，即社会角色要素①。

1. 角色义务

角色义务就是指社会对社会角色所规定的应尽的社会责任。在日常生活中，每一种社会角色都要承担相应的社会责任，这种责任也就是角色义务。如炼钢工人要炼出合格的钢来，科研人员要拿出有实用价值的科研成果来，处在各级领导岗位上的党政干部要用他们的政绩来表现他们的尽心尽职等。角色义务有一个显著特点，即义务的确定性，表现为同一种社会角色具有相同的角色义务。如粮区农民的任务是为社会生产粮食；棉区农民的任务是为社会生产棉花；各个不同岗位上的劳动者都有各自的义务，且他们的义务都是确定的。一般来说，角色义务的确立取决于两个方面：一是社会的需要为角色义务确定了范围；二是个体的行为必须能够满足社会的需要。角色义务一般经由两种形式得以确立：一种是自然确立，即有些角色义务是人们的行为习惯的结果，具有约定俗成的性质，如社会成员都有尊老爱幼、见义勇为的道德义务；一种是通过行政方式，即通过制定法律、法规、制度和纪律等来确立，如公民都有保卫祖国的神圣职责，学生必须遵守各项学生守则等。许多职业角色的义务都是采用这种方法来加以确立的。

2. 角色权利

有义务就必然有权利，权利是同义务相对应的。角色权利是保证社会角色履行角色义务的基本条件和动力。角色权利不明确或者不为社会清楚地了解，角色义务也就无法履行。具体来讲，角色权利包括角色权力和角色权益两方面，前者指角色扮演者履行角色义务时必须具有的支配他人或使用所需的物质条件的权力，后者指角色扮演者在履行角色义务后应当取得的物质和精神报酬。角色权力包括运用一定的物质手段的权力，如工具、设备、土地、矿藏等，没有这种权力就难以履行角色义务；以及同交往对象进行交往的权力，即社会角色还必须同其他社会角色进行交往和合作，没有这种权力，也不能履行角色义务。角色权力具有目标性、限定性和确定性这三种特性。也就是说，角色权力的目标就是履行角色义务，并且权力使用的范围也只能限定于角色义务。同角色义务的确定性一样，社会赋予社会角色的权力也是确定的，不能随意改变的。角色权利则具有直接性和明确性两种特性。直接性是指角色权益可以直接由角色扮演者获得，因而可以用来直接满足他的某种物质或精神需要。明确性是指角色扮演者所拥有的权利不是隐含的、模糊的，而是具体、明确的，这种明确性通常用文件标明，如工人与企业所签订的合同，既规定了合同工

① 丁水木、张绪山编：《社会角色论》，上海社会科学院出版社 1992 年版，第 42 页。

的角色义务，也明确规定了合同工应享的权利，包括工资待遇、劳保福利等。

3. 角色规范

角色规范是社会所规定的角色的行为要求或行为模式，同角色义务和角色权力相比，它具有外显性。一般来说，人们往往通过角色规范来认识和理解角色义务和角色权利。纵观人类历史，可以看出，角色规范是在长期的社会生活中形成的，并在个体的社会活动中表现出来，是调节人类个体行为使之符合社会需要的指示器。角色规范在社会生活中具有以下主要功能：其一，保证角色权利的运用和角色义务的履行，防止角色扮演者行为越轨；其二，在社会影响个人时起中介作用；其三，是维护社会稳定的重要手段。

四、社会角色的基本特征

正如其他任何事物一样，社会角色也具有一些固有特征。

1. 客观性

社会角色的产生和存在是客观的，任何一种角色都不是人为地制造出来的，而是一种社会文化历史积淀的结果，是社会生产和生活发展的结果。一定的社会需要要由一定的社会角色的活动来满足，脱离社会需要而由人们头脑中想像出来的社会角色（如观世音菩萨和玉皇大帝等）在现实生活中都是不存在的①。

2. 规范性和期待性

角色首先就是一整套指导人们行动的行为规范、行为模式和行为习惯，人们担当一定的角色，就要按照相应的角色要求来说话行事。既然角色首先是一整套行为规范，所以当个人处于特定角色位置时，人们自然就会对处于该角色位置的个人提出与之相应的要求或寄托特定的期望。如作为一个消防队员，在发生火灾时，他所处的角色位置就要求他必须不顾个人安全，奋力抢险救灾，保护国家、集体或他人的生命与财产，而不能像一般群众那样，为了个人安全赶快撤离火灾现场，否则就是失职，即不符合人们对消防队员这一角色的期待和要求。②

3. 惟一性和对应性

无论哪一种社会角色，它在社会中都是只此一种，是惟一的。也就是说，不管是已经被历史淘汰的角色还是现存的角色，都是在特定社会互动中产生的，具有惟一性。此外，任何一种社会角色都是对应于另一种社会角色而存在

① 丁水木、张绪山编：《社会角色论》，上海社会科学院出版社 1992 年版，第 39 页。

② 宋超英、曹孟勤主编：《社会学原理》，警官教育出版社 1991 年版，第 85~88 页。

的，没有相对应的角色作为前提，这种角色也就不复存在，如没有父亲就没有儿子，没有老师就没有学生等，反之也一样。

4. 扮演性

好比演员在舞台上扮演舞台角色一样，人们在担任一种社会角色时，也具有“化妆演出”的特性。演员必须按照剧本的规定和导演的指示，表演“他我”；社会成员在担当某种社会角色时也必须按照社会对该角色的要求来说话和行动，即他的言语举止带有一种扮演的性质。比如，一对夫妻吵架，恰遇客人来访，双方立即收起怒容，笑脸相迎，热情待客。他们这时所表现出来的热情就可以说是一种“伪装”，是为了接待客人的需要而不得不装出来的，也就是一种扮演。美国社会学家戈夫曼在其《日常生活中的自我呈现》一书中，就曾深入、详尽地研究了这种角色扮演。

5. 发展性

即角色的行为规范随着社会生活的发展或个人所处的特定环境的变化而不断更新发展。角色的发展性具有两个方面的意义：一是角色的行为规范随着社会实践的不断深化而不断丰富自己的内容，如社会对男女性别角色期望的变化；二是角色的行为规范随着个人地位的变化而变化，如孩子长大成人，第一次拿到工资时，他可能开始对父母的嘱咐毫不在意，而父母对此也可能无能为力。

6. 基础性

社会角色并非孤立存在的，而是和其他社会角色发生着不同的社会关系，也正是这种纷繁复杂的社会关系构成了社会群体或社会组织。比如，厂长、各科科长及科员、工程师、经济师、工人、保管员和门卫等角色组成的工厂；由军长、师长、旅长、团长、营长、连长、排长、班长和士兵等组成的军队。社会角色是构成社会群体和社会组织的基础单位，如果离开了这些角色，社会群体和社会组织也就不复存在。

第二节　角色分析的基本概念

一、角色丛

角色丛是指围绕主要社会地位而存在的诸多社会角色的有机集合，也被称为角色集，它是社会成员在社会中以错综复杂的方式与他人相互联系的产物①。

① 丁水木、张绪山编：《社会角色论》，上海社会科学院出版社1992年版，第26页。

如前所述，对应性是社会角色的基本特性之一，任何一种角色都不能单独存在，任何一个人也不可能仅仅承担某一种角色，而总是要承担多种社会角色，他所承担的多种角色又总是与更多的社会角色相互联系，从而构成了角色丛。比如，一位女教师相对于丈夫来说是一个贤惠的妻子，相对于子女来说是一个慈爱的母亲，相对于母亲来说则是一个可爱的女儿，相对于工会会员来说是一位工会主席，相对于党员来说还是一位党支部书记。此外，在学校里，她还可能是学术团体成员和先进工作者，在日常生活中，相对于老同学来说她又是朋友，相对于来访客人来说又是主人等。这样围绕着教师这一主要角色她还担任着很多其他的社会角色：妻子、母亲、女儿、工会主席、党支部书记等。角色丛包括两种情况：一种情况是多种角色集中于一个人身上，构成了特定社会成员的社会面貌；另一种情况是一组相互依存的角色，特指人与人之间的关系。个体在不同的生活领域由于表现的角色不同，其交往的角色对象也不相同，这些各不相同的交往对象构成了特定个体的角色丛，这样一组组相互依存的角色集合了不同个体的现实的社会关系。

二、角色类型

目前对社会角色类型的分析和研究，社会学界还没有形成统一、成熟的理论框架。学者们从不同的角度出发，把社会角色区分为多种类型。下面介绍常见的几种分类法：

1. 先赋角色与自致角色

根据人们获得角色的方式，可以将社会角色分为先赋角色和自致角色。这种分法最早源于美国社会学家林顿对社会地位的研究。他把社会地位分为两种，“基于出身的地位”和“基于业绩的地位”。英克尔斯把这两种地位分别称为“先赋地位”和“自致地位”。后来，社会学家们把它应用到角色的划分上，从而产生了先赋角色和自致角色①。

先赋角色亦称归属角色，是指个人与生俱来的，建立在血缘、遗传等先天的或生理因素的基础上的社会角色，或者个人在成长过程中自然而然获得的角色。具体来说，先赋角色包括三种情况：一种是由遗传、血缘等因素决定的角色，如性别角色、种族角色和民族角色等；一种是个体在生命过程中由必经的某一阶段所决定的角色，如儿童、少年、青年、中年和老年等角色；一种是个人出生时由社会预先规定好了的角色，这是一种制度性的先赋角色，主要是指在奴隶、封建社会里，由社会制度因素所确定的社会角色，如阶级角色和职业

---

① 宋超英、曹孟勤主编：《社会学原理》，警官教育出版社 1991 年版，第 100 页。

角色。当时，社会流动非常少，皇族的子孙世袭王位，贵族的子孙生下来就是贵族，而农奴的子孙只能是农奴，与生俱有，无法改变。一般而言，前两种先赋角色在任何社会中都存在，也是无法改变的。后一种制度性先赋角色则不是永久性的，它随着社会规定的变化而变化，当社会剧烈震荡、社会制度发生根本变化时，这类角色就或者被自致角色所替代，或者随社会规定的条件发生变化而变化①。先赋角色的内容和比重在不同社会历史条件下有不同的反映，社会越是落后，先赋角色的内容就越丰富，比重就越大，但随着社会的不断向前改革和发展，先赋角色的内容和比重也就日趋减少，特别是自人类进入工业社会以来，一些原来的先赋角色发生了很大变化，如职业、社会声望、个人在社会群体中的地位等，都不再主要是由先天来决定，而主要依靠人们的后天努力来获得②。

自致角色亦称成就角色，是指个体在社会生活中通过自己的活动和努力而获得的角色。现代社会中的学校角色和职业角色，绝大多数都是自致角色。个体自致角色的获得离不开必要的主客观条件③：一是个人的主观努力，二是社会的需要，三是有需要的单位通过一定的方式对个人的努力给予承认，确认该个体具有担当这一角色的能力。如聘任制中的厂长、经理，任命制中的局长、部长，选举制中的人民代表、省长、市长等角色，都是根据一定的程序和手续，按照一定的标准对角色扮演者的能力进行考核审议后产生的。自致角色具有明显的竞争性，同时由于它主要靠个人后天的努力，因此还具有很大程度的选择性和可变性④。按照获得的途径和所需要的条件，可以把自致角色分为自我成就角色和社会分配角色⑤。前者是指通过个人努力，达到一定成绩甚至创造出了显著成绩，在社会上显示了某种较好的能力因而获得的社会角色，如作家、艺术家、政治家和理论家等，都是表现出了卓越成绩以后而为社会所承认的角色。从社会条件来看，社会给予社会成员获得自我成就角色的机会大体上是公平的，能否获得的关键则在于个体的努力程度等主观因素。后者则是指社会成员按照社会一定的规定要求，通过招工、考试、组织分配而获得的角色，主要是职业分配角色，且大部分是功利性角色，是创造社会财富、促进社会发展进步的角色。与自我成就角色的不同之处就在于，社会分配角色可能符合个体意愿、理想和爱好，也可能不符合，而自我成就角色则都是符合个人意愿和

①③⑤ 丁水木、张绪山编：《社会角色论》，上海社会科学院出版社 1992 年版，第 77~84 页。

②④ 宋超英、曹孟勤主编：《社会学原理》，警官教育出版社 1991 年版，第 100~101 页。

理想的。

2. 规定性角色与开放性角色

根据角色规范化程度的不同，即社会对角色有无明确具体的规定以及角色如何执行这些规定，可以把社会角色划分为规定性角色和开放性角色。

规定性角色，是指其角色的权利、义务和行为规范都有十分明确和严格规定的角色。亦即，应当做什么，不应当做什么，应当怎样做，不应当怎样做，都规定得清清楚楚，个人不能按自己的理解，也不能带有感情色彩去行为办事，如行政干部、财务人员、公安司法人员、党员和团员等。一般情况下，正式组织中的成员在组织中的角色都属于规定性角色，且一个组织在社会活动中的重要性越大，社会对其成员的角色期望就越高，要求也就越严。① 比如，尽管同为规定性角色，但社会对党政领导机关和公安司法机关人员的要求就比对学生的要求更为严格。

开放性角色，是指其角色的权利、义务和规范都没有明确和严格规定的社会角色，个人可以根据自己对所承担角色的理解以及社会对角色的期望而比较自由地从事活动，父母、夫妻、子女、亲戚、朋友、同学、顾客、乘客等大量日常生活中的角色都属于这一类。一般来说，家庭和非正式组织以及日常生活中的角色都是开放性的。因为没有严格明确的规定，因此，人们在扮演这些角色时，有很大的选择余地，只要遵循几个基本原则，具体行为方式则可以依个人的习惯、爱好和能力而定②。比如，对妻子这种角色，基本的原则是与丈夫互敬互爱，关心体贴丈夫，但至于如何实现这一原则，在行为方式上则是各具特色。有的妻子被动服从丈夫，丈夫叫干什么就干什么；有的妻子主动干预丈夫，把丈夫的衣食住行安排得十分周到；有的妻子则忙于事业，很少照顾家庭，尽管可能引起丈夫的不满，自己也常常感叹不是个好妻子，但社会对此并没有多大指责，因为社会对妻子角色的权利、义务并没有作出十分严格、明确的规定。

3. 功利性角色与表现性角色

根据角色的行为动机、效果以及所得报偿方式，可以把社会角色划分为功利性角色和表现性角色③。

功利性角色，是指那些以追求效益和实际利益为目标的社会角色。这种角色行为的价值就在于获得实际利益，如商人、经理、企业家等从事各种生产、经营性活动，并以盈利为目的的社会角色，就属于这一类。功利性角色扮演成

①② 风笑天主编：《社会学导论》，华中理工大学出版社 1999 年版，第 104~105 页。

③ 丁水木、张绪山编：《社会角色论》，上海社会科学院出版社 1992 年版，第 66 页。

功与否的标准是能否实现效益目标，当然，一个人在扮演功利性角色时，并不排斥他会同时扮演其他角色。表现性角色，是指那些不以获得经济上的效益或报酬为目的，而是以表现社会制度与秩序、社会行为规范、某种价值观念、思想信仰或道德情操为目的的社会角色，如传教士、思想家、艺术家、革命家、政府官员、法官、警察、战士、医生、护士以及教授和学者等，都属于这一类角色。他们之所以去履行自己的角色行为，主要是出于对个人地位的责任感、义务感和事业上的自我实现，而非主要着眼于实际报酬。当然，这也并不否认表现性角色的扮演者获得个人的正当利益。

4. 永久角色、长期角色与临时角色

依据角色伴随个人时间的长短来看，可以把社会角色划分为永久角色、长期角色和临时角色①。

永久角色，是指个体从出生开始一直到生命终止都一直在扮演的某种角色，如性别角色、民族角色以及某种先天遗传或后天疾病致残的角色等，都属于这类角色。个体在家庭、学校与职业岗位上所扮演的角色，一般都是长期角色。家庭角色随着个体年龄的增长和家庭结构的变动而有所变化。具体来说，个体在生命初期，一般扮演着儿子（女儿）、弟弟（妹妹）、孙子（孙女）等角色，随着时间的推移，以后开始扮演哥哥（姐姐），结婚以后，则扮演丈夫（妻子）、父亲（母亲），再以后则扮演祖父（祖母）、外祖父（外祖母）等角色。在学校，个体则依次扮演着小学生、中学生、大学生等角色。参加工作，走上社会以后，除少数人工作变动极快外，大多数人一般都不会三个月或半年就跳一次“槽“，所以职业角色也是长期角色。长期角色伴随人的时间短则三四年，长则二三十年，对个人的生活与人生发展影响都很大。临时角色则包括两种情况，一种是指在社会中发生突然变化时临时扮演的角色，如突然发生火灾时，个体就会临时担任一名救火队员。这种临时角色带有突发性，时间短促，且多属于没有明确规范的开放性角色以及表现性角色；另一种是个人在闲暇时间或休假日临时扮演的角色，如旅游者、购物的顾客、求医的病人、剧场的观众等。这类临时角色或者是为了改善个体或家庭的生活条件，或者是为了调节个体的生活节奏，因而也是生活中不可缺少的。

5. 正式角色与非正式角色

根据角色是否符合一定的社会期望，可以将社会角色划分为正式角色与非正式角色②。

---

① 丁水木、张绪山编：《社会角色论》，上海社会科学院出版社 1992 年版，第 70 页。

② 吴铎主编：《社会学》，高等教育出版社 1992 年版，第 88 页。

正式角色，是指符合一定社会期望的角色。通常情况下，社会对其成员所扮演的各种角色都有一定规范，有的是成文的，有的则是不成文的，甚至有的比较模糊并难以执行，但毕竟都有一种角色规范。遵守或基本遵守这些规范的角色就是正式角色。一般来说，个体在社会结构中都占据着各自的社会位置，这些位置也是社会所必需的，因此，个体在这些位置上所扮演的角色都是正式角色。正式角色是社会结构的细胞，前面所提及的各类角色都属于社会结构中的正式角色。

非正式角色，是指偏离或违反一定的社会期望的角色。在社会中总有一些成员，他们在行动中超越、游离、背叛或否定了他们自己所扮演的角色规范，他们的行为违背了社会的规定，是社会不需要的或不知道的，社会本来就没有为他们设置过一个位置，在这种情况下，他们所扮演的角色就是非正式角色。非正式角色又可以根据他们的行为和对社会的作用分为两类：病态角色和新角色。正如前面所讲，正式角色是社会所需的，因而也就是常态角色。相反，病态角色则是指那些在正常的社会生活中本来不应该有但却实际存在而起着破坏正常社会生活作用的社会角色。这些角色危害和破坏着社会的正常秩序与稳定，为社会多数成员所讨厌、反感、反对和管制，如盗窃、贪官、流氓和赌棍等。新角色则是相对于社会原有角色而言的，亦即社会中还有一些成员，尽管他们也在行动中超越、游离、背叛或否定了社会原先为他们规定的角色规范，但又不同于病态角色，他们是社会过去所不知道、不熟悉、不理解的新角色。新角色刚出现时，社会还没有为他们准备好明确的权利、义务和行为规范，有些角色可能在相当长一段时间内还不被社会所承认和接受。这些非正式角色会随着社会的发展而发生变化或分化，其中对社会发展起积极作用的将可能发展成为社会的正式角色，而对社会发展起消极作用的将很快被历史所淘汰①。

三、角色学习

为了能有效地扮演好自己所承担的各种社会角色，社会成员还必须进行角色学习。所谓角色学习，就是指社会成员掌握社会理想角色的行为准则、技能，提高角色认知水平，缩短与理想角色的差距的过程。角色学习既是角色扮演的基础，又是个体社会化的重要途径。角色学习的内容是由扮演角色所需要的知识和技能来决定的，主要包括角色义务、角色权利和角色行为规范，以及角色的情感和态度。一些学者把角色义务、权利和规范这部分内容的学习称为

---

① 丁水木、张绪山编：《社会角色论》，上海社会科学院出版社1992年版，第72~76页。

角色学习中的“硬件”，而把角色情感和态度这部分内容的学习称为角色学习中的“软件”。①

角色学习具有以下几个特点：（1）操作性。社会角色是社会所规定的个人行为模式，因此，角色学习的内容，诸如角色义务、权利和角色规范等都具有很强的实践性和操作性，这在职业角色中体现得尤为明显。比如，干部培训、技术培训和职业学习等岗位培训，就具有很强的指导操作的特点。（2）综合性。由于角色义务、角色权利和角色规范以及角色情感和态度等内容在指导个人的行为中是有机地联系在一起的，因此，角色学习具有综合性的特点。如一个教师，如果只知道教师的义务是教书育人，却不知道如何利用教学设备，不知道如何为人师表以及如何去管教学生，他就当不好教师。也就是说，角色学习的内容是有机地结合在一起的，一项内容学不好，或者在学习中缺少了一项内容，角色行为就会与社会期望的行为模式不相符合。（3）相互性。社会角色具有对应性，不能单独存在，这种性质决定了在角色学习中，不仅要学习自己所扮演角色的角色义务、角色权利、角色规范、角色情感和态度，还必须学习与之互动的角色的义务、权利、规范、情感和态度，这就是角色学习中的相互性。（4）连续性。角色学习的连续性包括以下三种情况：一是社会成员在社会生活中需要扮演很多角色，学习完一种角色后，又要学习另外一种角色，如学会了做儿子，接着要学会做父亲等。二是角色本身也是不断变化发展的，比如，同是厂长，在计划经济体制下和在市场经济体制下，他的角色义务、权利和规范就不一样，因而需要进行不断的学习。三是社会的发展和变化，使社会不断产生一些新角色，个体的位置也常常在社会的发展与变化中流动变化。比如，工作变动、职务升迁、离职跳槽等，都会中断正在扮演的角色，而要去扮演原来不熟悉的角色，从而需要重新进行角色学习。

四、角色扮演

角色学习的归宿是为了有效地扮演角色，当个体在社会互动中按照一定的行为模式活动，他就是在扮演某种社会角色。从某种意义上说，社会互动过程就是角色扮演过程，角色扮演是社会互动的基本机制②。

1. 角色意识和角色互动

角色意识是特定角色对自己的地位、作用、形象理解和掌握的自觉性、准确性和倾向性的总体反映，包括角色地位意识、角色作用意识和角色形象意识

---

①② 丁水木、张绪山编：《社会角色论》，上海社会科学院出版社1992年版，第110、127页。

三个方面。角色地位意识是角色对自我在社会中所处的位置，以及自己与其他有关角色关系的自觉、准确和带倾向性的理解和执行状态；角色作用意识是以对自己角色义务的理解和掌握为核心的功能领悟；角色形象意识是对与自己地位、作用相应的修养、风格、言行举止、习惯等的理解和掌握状态。衡量角色意识主要依据三个方面：第一，看角色意识是否明确，即是否清醒地理解和掌握了以角色权利、义务为核心的角色要求；第二，看角色意识是否坚定，即是否自觉地坚持角色标准、履行角色义务；第三，看角色意识是否优良，即能否按社会规定理解和执行角色要求，如果角色意识掺杂了很多同社会规定异向或反向的意图，就是劣质的。尽管人们所处的社会地位以及由这些地位所决定的相应的角色规定是客观的，但它在每个人头脑中的反应是不一样的，因此，受角色意识支配的角色行为总是呈现出个性特点。也就是说，角色扮演者的具体行为在很大程度上取决于角色意识的培养①。

角色互动则是指角色伴侣之间的交互作用及其过程，它是角色扮演的基本形式②。角色互动首先要选择适当的、为双方都理解的话语、声调、表情、身体姿态和服装等，向对方传达信息，影响对方，引起对方的反应。角色互动还需要经常从自己的多种角色扮演中选出合适的方式，以适应角色伴侣的行为。

2. 角色扮演的条件

实现角色扮演需要具备一定的条件，包括主观条件和客观条件两个方面。角色扮演的主观条件，是指角色扮演者进行角色扮演应具备的基本能力，包括角色认知能力、角色扮演能力、角色行为能力和角色扮演心理。角色认知能力是指个人通过了解他人扮演的角色来认识自己所扮演的角色的能力，即通过他人所表现出来的各种行为（包括语言、表情、动作、姿势等）了解互动对方所扮演的角色，以确定自己的角色行为。它包括两个方面：一是对角色期望的认知，二是对角色观念的认知。角色观念认知能力和角色期望认知能力合在一起就构成了完整的角色认知能力。角色认知能力是角色扮演取得成功的前提条件，角色认知能力越高，角色扮演成功的可能性就越大，扮演的质量也越高。角色扮演能力具体表现在两个方面：一是角色扮演数量的多少，二是角色扮演所花费的时间与精力的多少。一般而言，角色扮演能力与扮演数量成正比，与花费的时间和精力成反比。角色行为能力主要取决于个体的角色扮演技能。角色扮演技能是指角色承担者为履行角色义务所需要的智慧、能力、技术和经验的总和，包括一般技能和特殊技能。角色扮演技能越高，角色行为能力也就越

① 宋超英、曹孟勤主编：《社会学原理》，警官教育出版社 1991 年版，第 91 页。

② 风笑天主编：《社会学导论》，华中理工大学出版社 1999 年版，第 110 页。

强。角色扮演心理则是指角色扮演者在扮演一种角色时，由一般心理转化为角色扮演心理的状态，从而形成角色扮演心理。角色扮演心理具有集中性和排他性，否则，角色扮演就不能有效地进行。

此外，角色扮演还需要一定的客观条件，即适合角色扮演的舞台，保证角色扮演的后台准备，以及道具（某些物资设备）和仪表服饰等。

3. 角色扮演过程

角色扮演是一个动态过程，通常要经历以下几个阶段：

（1）角色期望。它是指社会对某一角色的期望和要求，亦即社会对处于特定社会地位上的成员所规定的一套角色义务、权利和规范。人们在社会获得某一角色时，首先遇到的就是社会对这一角色的期望。角色期望分为两个不同的层次：一是对角色的一般期望，二是对角色的特殊期望①。角色期望作为一种社会观念，它能影响一个人的角色行为。一般来说，为了能更好地扮演角色，个人应尽力了解社会或他人对某一角色的要求或期望。

（2）角色领悟。角色领悟也叫角色认知，是指角色扮演者对自己扮演的角色的理解，是自我对角色的认知形态。如果说角色期望是一种社会观念，是外在的力量，那么角色领悟则是一种个人内心的观念，是角色扮演的内在力量。人们在扮演某种角色时，不仅要受制于外在角色期望，更重要的是取决于其内在力量——角色领悟。由于人们的思想觉悟、认识水平、价值观念以及所处环境的不同，对同一社会角色的理解常常存在差异，甚至截然相反。怎样处理这种领悟上的差别呢？一般而言，个人应该尊重社会上多数人的看法，努力缩小自己的领悟和社会期望之间的差距，因为，一种角色扮演成功与否，最终是以社会的评价而非个人的评价作为标准②。

（3）角色实践。角色实践也叫角色行为，是角色扮演的实际过程或活动，是角色领悟的发展。如果说角色领悟是一种个人观念，那么角色实践则是一种个人的社会行为。一般情况下，个人的角色领悟与角色实践是一致的，但由于主、客观条件的影响或制约，在某些特殊情况下，人们的角色领悟与角色实践也存在一定的差距。比如，一个新上任的官员，他信奉的信条是“廉洁奉公，全心全意为人民服务”，但由于受到社会不良风气的影响或工作中各种矛盾、困难的阻挠，他逐渐变得玩世不恭，甚至蜕变为社会的蛀虫。

（4）角色建设。角色期望、角色领悟和角色实践是社会角色扮演的一般过程。角色建设是指人们在实践角色时，遇到了很多先前料想不到的困难、挫

---

① 吴铎主编：《社会学》，高等教育出版社 1992 年版，第 98 页。

② 沙颂主编：《社会学概论》，中国经济出版社 1999 年版，第 70 页。

折或新情况，角色扮演者不得不随机应变地创造出一些过去为这一角色所不具有的行为规范①。比如随着时代的变迁，改革开放前的青少年同改革开放后的青少年已经大不相同了，这就给当前的青少年政治思想工作者提出了角色建设的任务。因为，要有效地教育今天的青少年，简单照抄照搬老一套做法早已不合时宜，因而必须摸索、创造出适合当代青少年特点的教育方法。

五、角色失调

人们对社会角色的扮演从来都不是一帆风顺的，在角色扮演过程中，不仅会出现角色差距，而且常常会产生矛盾，遇到障碍，甚至遭到失败，这些就是角色扮演的失调现象，统称角色失调。常见的角色失调包括以下几种情况：

1. 角色冲突

角色冲突是指在社会角色扮演中，在角色之间或角色内部发生了矛盾、对立和抵触，妨碍了角色扮演的顺利进行。角色冲突可以分为三种情况②：一种是角色伴侣之间的冲突，即角色外冲突，它是发生在两个或两个以上的角色扮演者之间的冲突。这种冲突一般是由于角色扮演者利益的不同，或者相互的期望和各自的领悟不同，以及由于某种原因一方没有按角色规范行事等原因引起的。比如，当丈夫认为妻子应该全心全意照顾家庭，而妻子则认为她的精力应该主要放在事业上时，就极易产生冲突和矛盾。第二种是角色丛内的冲突，即角色间冲突，它是指发生在同一个人所扮演的不同角色间的冲突。这种冲突一方面是因角色紧张引起的，另一方面是因不同的角色规范相互矛盾而引起的。比如，在家庭中，当婆媳发生矛盾时，就往往使得既为人夫又为人子的男子汉处于两难境地，因为，作为儿子，其角色规范要求他维护母亲的尊严，但作为丈夫，其角色规范又要求他维护妻子的利益。这种在两种角色之间左右为难的现象就是角色间冲突的典型表现。第三种是单一角色内的冲突，简称角色内冲突，是指发生在同一个人所扮演的同一角色内部的冲突。对于同一个角色，社会的期望也是复杂的，有时甚至是矛盾的，从而免不了会引起角色内的冲突。如推销员在推销产品时，毫无疑问应该向用户宣传其产品的优点，但出于对用户负责，他也应向用户说明其产品的缺陷，但这就有可能会影响到他的销售业绩，从而使他处于内心的冲突状态之中。角色冲突往往会使角色扮演者处于力不从心、左右为难的角色紧张状态中。

2. 角色不清

---

① 郑杭生主编：《社会学概论新修》，中国人民大学出版社 1994 年版，第 156 页。

② 风笑天主编：《社会学导论》，华中理工大学出版社 1999 年版，第 113 页。

指社会大众或角色的扮演者对于某一角色的行为标准不清楚，不知道这一角色应该做什么，不应该做什么和怎样去做。角色不清表现为两种情况①：一种是角色规范本身具有较大的伸缩性和模糊性，也就是说，对于一个角色应当做什么或不应当做什么，自己负多少责任，负多大程度的责任以及对谁负责等，只有抽象而缺乏具体的规定，各个角色承担者可以凭自己的理解自行其是。另一种情况是角色概念本身明确而角色履行者有意或无意模糊，这是从角色扮演的个体角度来说的。造成角色不清的主要原因是社会的急剧变迁。在社会变迁的过程中，往往会产生一些新角色，当一种新角色初次来到社会上时，社会还没来得及对它的权利、义务和行为规范做出明确规定，角色承担者本人不清楚，其他人的看法也有分歧，角色不清便由此产生。比如，改革开放之后，私有企业经营者、租赁承包者的发展由于时间短，社会还没来得及对他们做出规定，私营者、租赁者和承包者自己也不明确，这就使得他们在发展初期遇到困难。只有社会为他们制定了明确的规范后，才有可能消除这种角色不清。此外，在社会与文化迅速变迁时期，很多社会角色也都在发生变化，人们会感到很多角色的行为都超出了他们过去习以为常的范围，结果便是很多人对这一角色的行为规范究竟应是什么样子“不得而知”。

3. 角色中断

角色中断是指一个人在不同场合或不同时期前后相继所承担的两种角色之间发生了矛盾的现象②。人是一个多面体，一个人在社会生活中所扮演的角色总是因时因地变化不定，如果一个人在两种不同社会角色的转换过程中发生停滞、冲突，就会导致角色中断。角色中断通常表现为两种情况：一种是不同空间的角色转换中断。人们从一种熟悉场合向另一种陌生场合过渡的过程中，由于自己缺乏充分的精神准备和必要的能力培养，从而造成角色衔接障碍。如一个工人在工作上兢兢业业，不断创新技术，为此多次受到单位表扬。作为一个工人，他无疑是一个出色的扮演者，但让他在全厂职工大会上介绍自己的突出贡献，他就可能由于缺乏足够的心理准备和必要的演讲表达能力，而不能胜任这一角色，因此，他无疑又是一个拙劣的扮演者；另一种是不同时期的角色转换中断。即人们在承担前一种角色时并没有为后一阶段所要承担的角色做好准备，或前一种角色所具有的一套行为规范与后来的新角色所要求的行为直接冲突。比如，一个一心渴望上大学的农村青年，因高考分数不够，突然成为青年农民，这大大出乎他的意料。他从来没有做任何当农民的准备，也不知道当农

①② 宋超英、曹孟勤主编：《社会学原理》，警官教育出版社 1991 年版，第 105~106 页。

民还有什么出息。此外，农民的角色与他原来的高中生的角色在社会声望和行为规范方面均有较大差异，甚至是冲突性的。这些都势必会在这位青年的心理上造成压力，从而产生角色中断，甚至酿成不良后果。

4. 角色失败

角色失败是指由于多种原因使角色扮演者无法进行成功的表演，不得不半途终止表演，或者虽然还没有退出角色，但已经困难重重，每前进一步都将遇到更多的矛盾①。角色失败是角色扮演过程中发生的一种极为严重的失调现象，尽管这种现象只是少数，但由于它会给社会造成恶劣后果，并使角色承担者受到重大打击，因此也应予以重视。从角色失败的结果上看，它包括两种情况：一种是角色的承担者不得不半途退出角色。例如夫妻双方闹矛盾闹到不可调和的地步，最终只有以离婚来停止夫妻角色的扮演。另一种是虽然还处在某种角色的位置上，但其表现已被实践证明是失败的。如经常考试不及格的学生，经常不能完成任务的工人以及经常出车祸的司机等。角色失败通常是件坏事，会给个人或社会带来不利影响，甚至恶劣后果，但如果处理得当，也可能把坏事变成好事。

第三节　社会角色的重要理论

尽管“角色”一词作为日常用语早就出现了，但长期以来，该词中所隐含的社会学意义却并没有被人们所意识到。最早创立角色理论并赋予角色概念以重要意义的，是符号互动理论和结构功能理论②。不过，在介绍这两种理论之前，还应该先简要介绍一下角色理论的渊源，以便使读者对角色理论的产生和发展过程有一个大致的认识。

一、角色理论的渊源

角色理论的渊源最早可以追溯到德国社会学家格奥尔格·齐美尔（Georg Simmel），他从微观角度研究社会，认为社会学是以个体间的相互作用作为研究主题，研究社会交往形式的，虽然齐美尔没有创建出一套角色理论，但他具体分析了在社会交往关系中形成的个人特性，这些特性类似于“角色”的概念，如“异乡人”、“穷人”和“贵族”等个人特性形式。齐美尔指出，人的社会联系和社会活动是被一系列既定条件所制约的，个人行为只是个人动机及

---

① 郑杭生主编：《社会学概论新修》，中国人民大学出版社 1994 年版，第 160 页。

② ［日］富永健一著：《社会学原理》，社会科学文献出版社 1992 年版，第 88 页。

其对环境结构的瞬时反应的结果。齐美尔只是偶尔使用了角色概念，这一概念后来为其他社会学家所发挥，成为分析不同类型的个人行为的重要范畴①。

美国心理学家詹姆斯（William James）是第一个在社会科学中明确提出“自我”概念的人，他认为，和其他动物不同，人类具有把他们自己当做客体来对待的能力，并从这种能力中发展出自我的观念和正视自己的态度。詹姆斯把“自我”分成“物质我”、“社会我”和“精神我”三个方面。“物质我”是指人的物质存在，“社会我”是指个体在与他人交往中产生的自我感，“精神我”则是指具有个人特征的个体的一般认知风格和认识潜力。之后，美国社会学家库利（Charles H. Cooley）修正和发展了詹姆斯关于“自我”概念的思想。库利在分析自我概念的发展中谈到了个人与社会之间的相互依赖关系，他认为，个体间彼此互动，相互理解对方的意思，并从他人的观点中看到自己。他把人们从他人如何评判自己中认识自己的过程称为“镜中我”，意思是说，个人所处的每一种社会关系都表现为自我的反映，这种反映构成他的身份。每一个人都有各自不同的复杂多样的社会关系，每一种关系都是某种特殊的反映，因此，人们可以被认为是生活在镜子的世界里，每一面镜子从不同的侧面和角度反映了他的“自我”。詹姆斯和库利关于自我的思想对后来的角色理论的创造者米德产生了重大影响。

二、符号互动论

符号互动论中的角色概念是建立在个人层次上的，它认为角色是在相互行动的过程中逐渐形成的，其创始人是提出自我理论的米德，因而，这种角色概念是与自我概念紧密联系的②。

米德综合了詹姆斯和库利等人的理论，研究了心灵、“社会我”和社会如何通过互动产生出来，又怎样凭借互动得以延续③。他关于自我概念的观点主要包括：

第一，在社会交往中，象征符号是最基础的东西，“自我”概念的起源和发展，有赖于扮演他人角色的体会。米德认为，在日常生活中，为了沟通和交往，人们的思想和感觉必须先转换为象征性符号，如文字、手势、表情等，通

① 陈建远、施志伟：《现代西方社会学》，江西人民出版社 1988 年版，第 107～113 页。

② ［日］富永健一著：《社会学原理》，社会科学文献出版社 1992 年版，第 88 页。

③ 丁水木、张绪山编：《社会角色论》，上海社会科学院出版社 1992 年版，第 13～14 页。

过交往的反应，建立起共同的了解。他认为，人们在交往中，通过理解别人的手势和表情等，就能将自己假定在别人的位置上，设想互动对象的观点、态度、意向及其他内心状态。如果没有这种“取得他人的角色”或“想像性排演”的能力，人们就无法进行互动。米德进而认为，只有当一个人能够“超脱于他自己（根据经验）从而变为自己的对象”时，他的自我概念才能形成。也就是说，自我观念是通过象征性互动和扮演一定的角色而发展起来的。

第二，把“自我”区分为“主我”和“客我”。“主我”是指未经社会化的、自然形成的我，包括每个人自发的、独一无二的自然特征；“客我”是指经过社会化的我，是社会化的结果，它是自我的社会部分——对社会要求的内化和对那些要求的个人意识。“主我”首先发展起来，但由于婴儿必须首先领会社会对他们的期待，因此要经过很长时间才能得以出现。米德认为，自我的发展包含主我与客我之间的一系列连续交流，在这种交流过程中，主我不断地对变化着的客我作出反应。

第三，自我概念的发展阶段。米德认为，客我发展要经历三个极不相同的阶段：模仿阶段、嬉戏阶段和群体游戏或博弈阶段。“模仿阶段”是自我形成的最初阶段，发生在2岁以内。在这个阶段中，孩子与父母进行“手势交流”活动，模仿父母的动作。在这个时期，真正的“客我”尚未形成。其后是嬉戏阶段，从两岁开始，大约持续几年的时间。在这一阶段，孩子开始从事角色借用，即把他们自己想像为处于他人的角色或地位，从而发展起从他人的角度来看待自我与世界的能力。最初，他们会发现自己的思想和目标与父母的思想和目标之间存在很大差异，尤其是当父母未能满足他们某种需求而遭受挫折时。儿童最开始借用的角色是重要他人——那些与儿童相处十分密切并对自我发展影响最大的人——的角色，首先是父母或代理父母之职者，其后是兄弟姐妹、家里的朋友以及其他一些非亲非故者。在这一阶段，“客我”开始得到发展，但儿童还不能理解角色借用的意义，他们只是在玩耍生活中的社会角色。群体游戏阶段则源于三四岁以后，在这一阶段，儿童开始走出家庭，与更多的人和群体发生联系，并把家庭看做是他们所隶属的群体。他们开始关心在非家庭群体、包括作为整体的社会中所扮演的角色，并发展起了一般意义上人们对他们的要求和期望的观念，即米德所说的“概化了的他人”。在群体游戏中，如玩垒球，儿童必须考虑许多人在同一时间内扮演许多不同角色时的相似行为，必须预知所有其他玩伴的行为并决定对这些行为做出何种反应，必须知道周围的整个情势。这样，他们就在扮演概化他人的角色，当他们能够做到这一点时，他们已将“社会”内化了，“客我”的形成过程已经完成。

米德认为，个体只有在获得自我概念以后，才能扮演好自我的角色。自我概念在个体与他人的接触互动中，起着影响或支配个体所扮演的社会角色行为的作用。可以认为，米德有关自我的理论提出了对角色发生论的解释。

三、结构功能论

结构功能论中的角色概念是建立在社会系统层次上的，正像在整体社会的职业角色中和企业组织的职务系统中可以看到的具体例子那样，角色是社会结构的构成单位，它是根据社会系统的需要而分配给个人的，以使自己的行动适应这种分配，这是它对个人提出的课题。这种意义上的角色概念是和“地位”一词配对使用的，地位侧重反映行动者在社会系统中所处的位置，而角色侧重反映社会系统中行动者的行动过程①。

结构功能论中角色概念的创始人是文化人类学者林顿，他也是角色理论的重要代表人物。林顿首先把地位和角色作为一对概念来使用，并对两者作了区分，认为地位所代表的权利与义务发生效果时即为角色扮演。林顿将社会结构置于个人行为之上，视社会结构为一个行为规范体系，个人接受和遵循这些规范。因此他认为，角色是由社会文化塑造的，角色表演也是根据文化所规定的剧本进行的。

帕森斯承袭了地位和角色这对概念，并将之完整地纳入结构功能理论的框架之中。他把两者用连字符联结起来，把地位-角色看做是比社会系统有关的行动更高一级的单位；这个单位从结构上来看是地位，从功能上来看是角色。前面所讲的“位置”，是表示某个行动者在与别的行动者的联系中处于什么位置，因此也就是结构，而“过程”是表示某个行动者在与别的行动者的联系中是怎样行动的，因此就是功能。称地位-角色是社会系统的单位，意味着它是与社会系统有关的特性，而不是与行动者有关的特性。

总之，符号互动论中的角色概念是微观社会分析的概念，而结构功能论中的角色概念是宏观社会分析的概念。尽管这两种角色概念所关注的焦点不同，但他们对角色行动的性质本身的看法并无分歧。角色概念对于社会学分析的真正意义，只有通过调和两者在角色看法上的分歧并对其进行整合，才能得以正确认识。综合上述两种角色概念，我们可以看出，角色概念本来就具有需要包含微观和宏观两个方面的性质，也就是说，把角色作为一种职能来理解的时候，角色是个人行动，属于个人层次，角色履行、角色扮演等就表现了这一侧面；而把角色作为整体中的局部所承担的部分来理解时，角色表现部分与社会整体的关系，就属于社会层次，角色结构、角色分配等表现了这一侧面。角色

---

① ［日］富永健一著：《社会学原理》，社会科学文献出版社 1992 年版，第 89 页。

概念的特征同时包含着个人和社会这两个侧面，这在社会学分析中具有战略上的重要意义，如果排他性地将其中的任何一方排斥掉，则这个难能可贵的联结个人和社会的概念，就不会再具有它原来具有的战略上的重要意义了①。

第四节 社会角色的产生与发展

一、社会角色是社会结构中最基本的单元

众所周知，个体与社会是相互依赖的。一方面，社会由诸多个体组成，人类的存在和发展通过个体生命的延续得以实现；另一方面，人天然是一种社会性的动物，在进入社会生活之前就已经实行群居了。也就是说，个体生活在群体之中，群体由个体组成。人类的原始群体经过漫长发展历程，形成了多级结构和多维关系的复合体系。市民个人需要的满足，人身与财产的保障，以及特殊利益、公共福利和秩序的维持等，都是通过单个人的联合、通过法律等来实现的。人们在社会的各种交往活动中，都有法律、纪律、制度、秩序、礼仪、道德和习俗约束着，无论哪一种社会空间位置，都对人的活动有所规定和要求，这是人类社会的重要特征，也是社会生活的基本要求。因此，在群体中生活的个体，他的目标、行动都必须与群体和群体中的其他个体相协调。个体在群体中占据着一定位置，群体对占据这个位置的个人的行为做出一定规范，使之符合这个群体的利益。这种有一定要求的社会位置，它的动态表现就是社会角色。总之，纵观人类社会发展的历史，可以非常清晰地看出，社会角色是和社会同步产生的，是社会结构中最基本的单元。

二、社会角色的变迁与发展

1. 角色内容的变迁

在社会发展过程中，社会角色恒久不变是没有的，如家庭中的父亲、母亲、丈夫、妻子、儿子和女儿等。例如，随着社会的进步和发展，"妻子"这一角色的行为规范和角色期望就发生了很大变化。传统社会，"女子无才便是德"，作为妻子，其理想形象是"贤妻良母"，义务就是"相夫教子"，社会要求她们温柔、体贴、善良、贤淑，把全部身心都投注于整个家庭。现代社会，提倡"女人半边天"，做妻子的不再把"无私奉献"放在首位，除了家庭生活

① ［日］富永健一著：《社会学原理》，社会科学文献出版社 1992 年版，第 90~92 页。

外，她们还要追求自己的事业，要参加各种社交活动，要最大限度地实现自己的社会价值和自我价值，有权自主支配自己的闲暇时间等。

2. 社会角色随着社会发展而不断消失或产生

社会角色产生的根本原因在于社会需要。随着社会的变迁和发展，人们的社会需要也不断发生变化，因此，有些角色随着需要的消失而消失了，有些角色却随着需要的产生而产生了。例如，奴隶制社会中的奴隶主与奴隶这些角色到了封建社会就消失了，代之而兴的则是地主、农民与佃农这些新兴角色。人类社会已经经历了原始社会、奴隶社会、封建社会、资本主义社会和社会主义社会五种社会形态。随着每种社会形态的产生、存在和发展，都相应地有一系列旧的社会角色的消失和新的社会角色的诞生。

在各种社会形态中，社会角色的数量和形式不尽一样。一般而言，社会越发展，人们的社会需要越丰富，为了满足不断增加的社会需要而实行的社会分工也就越来越精细，社会角色也就随之不断增加。有人说现代社会的角色数量相当于原始社会中角色数量的几千倍、几万倍。一个人在现代社会中所扮演的角色数量也大大多于古代社会。即使在同一社会形态中，随着社会生产力的不断发展与生产、科技水平的不断提高，也会不断产生出一些新的社会角色。

社会角色的增加有两种方式：第一种方式是分裂，就像细胞增殖那样，一分为二，二分为四，一个社会角色被分裂成两个或更多的角色。例如自然经济条件下的农民，自己包揽田间一切农活，全国绝大多数农民都扮演着这个同质的农民角色。随着商品经济的不断发展，农民这个角色迅速分解。有专门供应种子的，有专门管理水利的，有专门修理农具的，有专门负责开拖拉机的，还有专门的畜牧兽医、植保防治等不同分工，于是就产生了种种具有各种不同专门技术的农业耕作者和技术员。这种角色增加的方式叫做角色分化。第二种方式是增生。随着人们社会需要领域的拓宽，原有的角色不能满足现有需要，于是一些完全新型的角色就诞生了。例如农业社会转变为工业社会后，社会增加了工人这一新角色；当工业社会进入后工业社会后，社会又增加了微机操作人员、网络工程师、职业经理人等新的社会角色。

总之，角色增加与角色消失都取决于社会需要的变化与发展。也就是说，社会角色不但与社会同步发生，而且社会角色的增减也与社会同步发展。从整体上看，社会越向前发展，社会角色的种类越多。

本章小结

1. 社会角色是由人的互动行为所处的特定社会地位、身份所决定的一整套权利、义务的规范和模式行为，既指人们对具有特定地位和身份的人的行为的一种期望，也包括人们的相应行为，它是构成社会群体和社会组织的基础，并且随着社会实践的发展而不断更新内容。

2. 社会角色这一概念是社会学家从戏剧中借用过来的，它与舞台角色既有相同之处，也有不同之处。

3. 角色义务、角色权利和角色规范是构成社会角色的三大基本要素。角色义务是指社会对社会角色所规定的应尽的社会责任；角色权利是保证社会角色履行角色义务的基本条件和动力，包括角色权力和角色权益两方面，前者指角色扮演者履行角色义务时必须具有的支配他人或使用所需的物质条件的权力，后者指角色扮演者在履行角色义务后应当取得的物质和精神报酬；角色规范是社会所规定的角色的行为要求或行为模式，它在社会生活中具有以下主要功能：其一，保证角色权利的运用和角色义务的履行，防止角色扮演者行为越轨；其二，在社会影响个人中起中介作用；其三，是维护社会稳定的重要手段。

4. 社会角色具有客观性、规范性和期待性、专一性和对应性、扮演性、发展性以及基础性等固有特征。

5. 角色丛是指围绕主要社会地位而存在的诸多社会角色的有机集合，也被称为角色集，它是社会成员在社会中以错综复杂的方式与他人相互联系的产物。角色丛包括了两种情况：一种是多种角色集中于一个人身上，构成了特定社会成员的社会面貌，这主要是强调一个人内部的关系；另一种是一组相互依存的角色，这主要是强调人与人之间的关系。

6. 可以从不同角度出发把社会角色划分为多种类型。根据人们获得角色的方式，可以将社会角色划分为先赋角色和自致角色；根据角色规范化程度的不同，社会角色可以划分为规定性角色和开放性角色；根据角色的行为动机、效果以及所得报偿方式，社会角色还可以划分为功利性角色和表现性角色；依据角色伴随个人时间的长短来看，又可以把社会角色划分为永久角色、长期角色和临时角色；根据角色是否符合一定的社会期望，也可以把社会角色划分为正式角色与非正式角色。

7. 角色学习是指社会成员掌握社会理想角色的行为准则、技能，提高角色认知水平，缩短与理想角色的差距的过程，它既是角色扮演的基础，也是个体社会化的重要途径。角色学习的内容是由扮演角色所需要的知识和技能来决定的，主要包括角色义务、角色权利和角色行为规范，以及角色的情感和态度。角色学习具有操作性、综合性、相互性和连续性等特征。

8. 个体在社会互动中按照一定的行为模式活动，他就是在扮演某种社会角色。角色扮演是角色学习的归宿。角色扮演需要具备一定的条件，包括主观条件和客观条件两个方面。角色扮演的主观条件，是指角色扮演者进行角色扮演应具备的基本能力，包括角色认知能力、角色扮演能力、角色行为能力和角色扮演心理。客观条件则是指适合角色扮演的舞台，保证角色扮演的后台准备，以及道具和仪表服饰等。角色扮演是一个动态的过程，通常要经历角色期望、角色领悟和角色实践三个阶段，人们在实践角色的过程中常常需要“角色建设”。

9. 人们在角色扮演过程中常常会遭遇角色失调。角色失调往往包括角色冲突、角色不清、角色中断和角色失败四种情况。角色冲突，是指社会角色扮演中，角色之间或角色内部发生了矛盾、对立和抵触，妨碍了角色扮演的顺利进行；角色不清，是指社会大众或角色的扮演者对于某一角色的行为标准不清楚，不知道这一角色应该做什么，不应该做什么和怎样去做；角色中断，是指一个人在不同场合或不同时期前后相继所承担的两种角色之间发生了矛盾的现象；角色失败，是指由于多种原因使角色扮演者无法进行成功的表演，不得不半途终止表演，或者虽然还没有退出角色，但已经困难重重，每前进一步都将遇到更多的矛盾。

10. 最早创立角色理论并赋予角色概念以重要意义的，是符号互动理论和结构功能理论。符号互动论中的角色概念是建立在个人层次上的，它认为角色是在相互行动的过程中逐渐形成的，其创始人是提出自我理论的乔治·米德。米德认为，个体只有在获得自我概念以后，才能扮演好自我的角色；自我概念在个体与他人的接触互动中，起着影响或支配个体所扮演的社会角色行为的作用。结构功能论中的角色概念是建立在社会系统层次上的，其创始人是文化人类学者拉尔夫·林顿。林顿首先把地位和角色作为一对概念来使用，并对两者做了区分，认为地位所代表的权利与义务发生效果时即为角色扮演。他认为角色是由社会文化塑造的，角色表演也是根据文化所规定的剧本进行的。

11. 社会角色和社会同步产生，是社会结构中最基本的单元。社会角色也随着社会的发展而不断变迁与发展：其一，表现为角色内容的变迁；其二，社会角色随着社会发展而不断消失或发生。从整体上看，社会越向前发展，社会角色的类型越多。

思 考 题

1. 什么是社会角色？对社会角色有哪些经典解释？
2. 舞台角色与社会角色有哪些异同？

3. 社会角色有哪些基本要素？
4. 社会角色的基本特征是什么？
5. 什么是角色丛？
6. 社会角色包括哪些类型？
7. 角色学习包括哪些基本内容？
8. 角色扮演的基本过程是什么？
9. 什么是角色失调？它包括哪些基本类型？
10. 社会角色理论主要包含哪些重要流派？
11. 社会角色产生的根本原因是什么？
12. 如何科学地认识社会角色的变迁与发展？

第五章 个人社会化

学习目的与要求：本章比较完整、系统地介绍了社会化的基本知识。学习本章应着重了解和把握社会化的基本涵义和社会化的基本特征；了解和掌握社会化的内容、社会化的主体以及社会化的类型等重要内容；全面理解社会心理学派、精神分析学派等社会学流派对社会化的不同诠释；熟悉个体在不同年龄阶段所面临的不同社会化历程等。

自德国社会学家齐美尔首次提出社会化概念以来，社会化一词进入社会学已有100多年的历史。20世纪30年代以来，社会化的心理学研究和文化人类学研究取得了长足进展，社会学进入成熟时期，社会学界对社会化问题的研究也随之日益深入。秉承着全面、详细地介绍社会学界对社会化的研究脉络以及研究现状这一理念，本章首先讨论了社会化的基本界定，阐释了有关社会化的重要知识，接着分别介绍了社会心理学派等当代社会学研究社会化的几种理论视角，最后概括性地归纳总结了个体在一生中的不同年龄段所必须经历的社会化。相信通过本章的学习，能够从总体上比较全面地认识和把握社会化这一非常重要的社会学概念，并且能够正确地理解和从容地面对自己正在经历以及将要经历的各种社会化历程。

第一节 社会化的基本界定

一、社会化的涵义

1. 国内外学者对社会化的定义

社会化的研究源于西方的心理学界，后来引起了社会学者们日益热切的关注。早在1895年，德国社会学家齐美尔在题为《社会学的问题》一文中就已使用“社会化”这一概念来表示群体的形成过程。不过在社会学研究领域，目前对于社会化这一概念存在着多种不同的解释。如当代美国社会学家波普诺

(David Popenoe) 认为，社会化就是指一个人获得自己的人格和学会参与社会或群体的方法的社会互动过程①；前苏联学者安德烈耶娃指出，社会化是一个双向的过程，它一方面包括个体通过进入社会环境、社会体系，掌握社会经验，另一方面包括个体的积极活动，积极介入社会环境，而对社会关系体系积极再现的过程②；我国台湾学者龙冠海则认为，社会化是指社会对个人传授其文化或生活模式与团体价值的过程，也可以说是将新生的婴儿模塑成一个社会分子的过程③。

我国内地学者对社会化的定义也各不相同。如费孝通认为，社会化是指个人学习知识、技能和规范，取得社会生活的资格，发展自己社会性的过程④；杨心恒、宗力认为，社会化就是社会将一个自然人转化成为一个能够适应社会环境，参与社会生活，履行一定社会角色的社会人的过程⑤；黄育馥认为，社会化就是指一个人从小到大，学习社会或群体的行为模式或行为规范，并在某种程度上被诱导着去适应他所在的社会或群体规范的过程⑥；郑杭生认为，社会化就是指作为个体的生物人成长为社会人，并逐步适应社会生活的过程，经由这一过程，社会文化得以积累和延续，社会结构得以维持和发展，人的个性得以形成和完善⑦；奚从清、沈赓方则认为，社会化是个体学习知识、技能和规范等社会文化，适应社会并积极作用于社会、创造新文化的过程，是人和社会相互作用的结果⑧。

2. 狭义和广义的社会化

社会化有狭义和广义之分。狭义的社会化认为，个人社会化就是指一个人从出生到取得社会成员资格的过程，这一过程大致包括婴儿期、幼儿期、学龄初期、学龄中期和青年期五个阶段；广义的社会化则认为，个人社会化就是一个人从生到死的学习或受化过程，“活到老，学到老”正是对这一过程的形象描述⑨。

---

① ［美］波普诺：《社会学》（第10版），中国人民大学出版社2000年版，第142页。

② ［俄］安德烈耶娃：《社会心理学》，上海翻译出版公司1984年版，第311页。

③ 龙冠海：《社会学》，台湾三民书局1966年版，第115页。

④ 费孝通主编：《社会学概论》，天津人民出版社1984年版，第54页。

⑤ 杨心恒、宗力：《社会学概论》，群众出版社1986年版，第101页。

⑥ 黄育馥：《人与社会——社会化问题在美国》，辽宁人民出版社1986年版，第5页。

⑦ 郑杭生主编：《社会学概论新修》，中国人民大学出版社1994年版，第107页。

⑧ 奚从清、沈赓方主编：《社会学原理》，浙江大学出版社1989年版，第54页。

⑨ 吴铎主编：《社会学》，高等教育出版社1992年版，第90页。

在社会学研究领域，对社会化这一概念的理解经历了一个由狭义到广义的发展过程。一般来说，20 世纪 50 年代以前的社会化研究主要是以少年儿童作为研究对象，因此属于狭义研究；从 20 世纪 50 年代开始，人们对社会化的研究不再局限于人的未成年阶段，而是贯穿于人的一生，社会化被认为是内化、社会学习、角色学习和获得价值标准的统一过程，从此形成了社会化的广义研究。

3. 什么是社会化

尽管上述诸多社会学者对社会化的定义从表面上看各不相同，但仔细推敲，不难发现，究其内容和性质，都大致相同。即他们都指出了社会化就是一个人习得所在团体所赞成的社会行为以适应团体生活的过程，只是有些学者更加突出了个体在社会化过程中的主观能动性而已。因此，我们可以这样认为，社会化就是指个体从生物人发展成为社会人，不断认识社会、适应社会，从而形成、发展和完善自己人格并积极作用于社会的过程。从某种意义上讲，社会化过程也就是社会角色的学习过程。

二、社会化的基本特征

社会化具有哪些基本特征呢？

1. 社会强制性

从个体角度看，社会化是任何个体都必须经历的一种社会过程。个体从呱呱落地来到世界后，便把自身置于复杂的社会环境之中，开始接受社会环境各种各样的影响和制约，这是不以个体意志为转移的。也就是说，这一时期社会总是以各种各样的方式来影响、作用于个体的身心发展，个体的思维和行为方式也时常表现出无意识地、被动地、潜移默化地被周围的人们和环境所塑造，尤其是在生命发展的早期阶段，个体更多的是不自觉地接受社会的影响，较少有能动的选择性。

2. 主观能动性

在社会化过程中，个体并非完全被动地接受社会的影响，而是一方面既接受社会的影响，另一方面又积极主动地认识社会，影响和作用于周围环境。发展心理学研究表明，个体的这种能动性在婴儿时期就已有所表现。如婴儿通过控制哭和笑来达到和周围环境的交互作用，对社会环境提出自己的某些要求，以满足自己生理或心理的需求。随着年龄的增长以及身心的进一步成熟，个体社会化表现出更多的能动性，自觉选择社会价值观念。个体在社会化中的能动性体现在两个方面：一是个体自身的知识、经验、价值观念和人格特质等因素影响、引导着个体的社会化，个体不仅有选择地将社会价值文化内化，还将内化了的社会价值文化有创造性地外化；二是社会化的个体之间的相互作用，个体既被社会化，也影响其他个体的社会化，个体既是社会化的客体，也是社会化的主体。

3. 终身持续性

个体社会化是个体与社会交互作用的结果。个体在适应社会、认识社会和改造社会的过程中，不断发展自己的社会性，完善自己的人格。由于社会总是处在不断变迁和发展之中，个体和社会交互作用，无法造就固定不变的模式，从而使人也处在不断的发展变化之中。因此，个体从自然人向社会人的转变，是一个终身不间断进行的过程，它贯穿于人的一生。

4. 相互性

所谓相互性是指社会化过程中主体与受体之间相互作用，包括正向、反向和侧向三种影响类型。就世代延续而言，人们特别关注正向和反向这两种社会化。如父母对子女、教师对学生以及成人对儿童的教化和影响等都属于正向社会化，而子女对父母、学生对老师以及儿童对成人的反教化和影响则属于反向社会化。通常而言，正向社会化比较明显，而反向社会化则不易被察觉；在正向社会化中，施化者往往是主动的、有目的、有意识地去影响受化者，而在反向社会化中，施化者则往往是无意识地、无明确目的地对受化者产生影响。并且只有当子女、学生或儿童传达给父母、老师或成人某些文化因素时，才谈得上反向社会化问题。这种传达或表现为受化者对新的文化因素的领悟，或表现为对原有观念、规范和行为模式等的改变。一般来说，在传统社会中，反向社会化非常少见，因为传统社会的典型特征是父辈把一切传给子辈，子辈再传给孙辈。但在现代社会中，由于社会的发展和科学技术的进步，反向社会化也变得比较普遍，子辈和孙辈都可能反过来将知识、文化和规范教给父辈和祖辈。

三、社会化的条件

社会化过程使得人类社会明显地区别于其他动物世界。毫无疑问，这种过程是建立在人类自身特定的前提条件之上的。这些特定条件是人类长期进化的结果，并通过遗传，世代延续。

1. 人有较长的生活依赖期

众所周知，许多动物出生几小时后就能独立行走，几天或几周后就可独立生活，较长的也不过几个月，但人却不行。人具有一段相当长的生命周期，在这段时期，人在生理上无法自理，智力上尚未趋于成熟，生活上不能独立，不得不依赖父母或其他养育者的关怀和照顾。正是这种生活上的依赖性，决定了一个人生下来就得生活在社会中，而人的生理、心理及能力的成熟与发展过程，在客观上又决定了这种依赖期一直要延续一二十年才能完成。正是这种从婴儿期到幼儿期、少年期直到青年初期的较长依赖生活过程，提供了大量的亲子相互作用的机会，提供了充分的共同生活时间，提供了良好的学习及发展条件。所有这些，使得人的社会化过程得以顺利进行，同时社会也将其知识、规范、价值观以及相应的文化，传递给新的社会成员。

2. 人有较强的学习能力

如果说较长的生活依赖期提供给人类的主要是客观的、外在的环境和条件，那么较强的学习能力则是人类所独有的主观上的特征。尽管社会中每个具体的个人在学习能力上有很大的差距，但作为高等动物的人类确实有着其他动物所无法比拟的学习能力，不仅比其他动物学得更多，而且学习的时间也更长。虽然一些对动物行为的实验结果表明，有些动物也具有某种学习和积累一些知识的能力，但实际上，它们的这种学习只不过是一些直接或间接的模仿，缺乏创造力，与人类的学习能力不可同日而语。比如，一岁的婴儿就比不上一岁的黑猩猩，黑猩猩比婴儿懂事得多，但随着年龄的增大，黑猩猩的学习速度很快就落到后面了。三五岁小孩的智力大大超过了三五岁的黑猩猩，这就说明人类学习和积累知识是加速度的，远远优于其他动物。

3. 人有语言能力

人有较强的学习能力是与其语言能力密不可分的。语言是人类所特有的现象，是人类在劳动中创造出来的。人类语言具有丰富的内涵。人们可以借助语言来传达信息、沟通思想、交流情感和表达意愿等。借助语言，上一代人可以对下一代人、同代人可以对同代人进行社会驯化，个体也可以学习社会文化、积累生活知识、学习他人经验以及认识和理解环境的意义，以指导自己的行为，参与社会生活，处理社会关系和改造社会等。可以这样认为，有了语言，人类才能顺利地实现社会互动，有了社会互动才有交互作用，也才有社会化。语言是人类进行社会化的强有力的工具和杠杆，它进一步丰富了人们社会化的内容，扩大了社会化的范围，加速了人们社会化的进程。

4. 人有思维能力

人之所以具有优于其他动物的学习和积累知识的能力，一个重要的原因就在于，人能够通过实践把在客观现实中所学到的东西，变成自己头脑中的观念、思想和动机，从本质上认识客观事物。例如一个人起初看到别人如何寻求职业、如何避免危险，以后当他自己遇到同样情况时，就会将自己头脑中所理解、所记忆的行为方式在自己身上重现出来。这种对现象的理解，并以抽象的方式在头脑中储存，又以概念的形式相互交流，是人具有思维能力的具体表现。可以说，人的大脑结构为人类的思维提供了客观的生物基础，而人类在这一基础上所发展起来的高度复杂的思维能力又为人的社会化增加了新的工具和途径①。

四、社会化的意义

众所周知，个体与社会处在一种双向的适应和改造关系中。个体在适应社会的同时，也在改造着社会，从而推动社会不断向前发展。而社会化则对形成和维持人与社会这种相互关系起着十分重要的作用，具体体现在以下两个方面：

1. 个体需要

社会化是个人得以适应社会、参与社会生活，在社会环境中独立生存的必要前提，也是个人适应社会变迁所必经的途径②。或者说社会化是把个体从自然人塑造成社会人的过程，个体只有经过社会化的途径接受社会文化、学习生活技能、掌握社会生活方式等，才能适应社会生存。例如一些地区发现的狼孩、熊孩和猪孩，他们作为人类的个体在出生后不久因某种原因落入动物的群体和生活环境中，被动物哺养长大，与动物一起生活，失去了接受人类社会化的条件和机会，当他们再次被人们发现时，已变得和动物一样，不能言语，不能直立行走，只能像动物一样爬行和嚎叫。由于人类社会总是处于不断的变迁和发展过程中，为了适应不断变化着的社会生活，个体还必须继续社会化，更新观念，转换意识，不断学习新知识和新技能，接受新事物。

2. 社会需要

社会化是人类社会延续发展的前提条件，是人类文化延续、发展和创新的前提条件，也是人类交往和有秩序地进行生产、生活活动的前提条件，是社会保持安定有序、协调发展的前提条件③。作为一个整体，社会的存在和发展有赖于源源不断地补充新成员以接替老成员，而社会化过程正是社会以它特有的文化将新成员不断教化为符合要求的合格成员的过程。因此，尽管老成员在不断死亡，社会却仍能够存在和向前发展，社会文化也在其中得以保存、传递和更新。

---

① 风笑天主编：《社会学导论》，华中理工大学出版社 1999 年版，第 78 页。
② 郑杭生主编：《社会学概论新修》，中国人民大学出版社 1994 年版，第 109 页。
③ 奚从清、沈赓方主编：《社会学原理》，浙江大学出版社 1989 年版，第 55 页。

第二节　社会化的基本知识

一、社会化的基本内容

社会化是一个十分复杂的过程。现实社会生活内容的广泛性和复杂性决定了社会化内容的广泛性和复杂性，以致于要全面描述社会化的每一项具体内容，或以若干类目来概括它，几乎成为不可能。由于人们往往从不同角度来观察社会化过程，从而导致对社会化内容的不同认识。

1. 从社会化的基本活动来看

从社会化的基本活动来看，可以把社会化的内容概括为以下几种：

（1）学习基本生活技能。人要在社会中生活，首先就要掌握社会生活的基本技能，它包括两个方面：生活自理能力和谋生能力。生活自理能力是指一个人在日常生活中的衣食住行等方面的自我料理能力。刚刚出生的婴儿只是一个简单的生物体，什么都不会，他们虽有衣食住行等方面的要求，却没有获取的能力。随着他们逐渐长大，社会也逐渐通过父母、家庭、老师、学校等机构和成人，将自理生活的知识和技能一点点地传授给他们，使他们能够逐渐面对和处理日常生活中的各种事务。除了学习基本生活自理能力外，个体还必须学会谋生的能力，即作为一个正式成员在参与社会生活过程中自谋生路、自食其力的能力，或者说是一个人长大后能从事某种工作、劳动或职业的技能。因为人只有具备一定的职业技能和谋生手段，才能适应社会生活的要求，才能在社会中生存下去。

（2）掌握基本社会规范。任何社会要正常运转，都必须有一套完整的社会规范，以维持正常的社会秩序。社会规范是一个社会向其全体成员所提出的行为规则的总和，个体如果不掌握这些规范，就会与社会的要求格格不入，就无法与社会良性互动。相反，个体只有掌握这些行为规则和方式，并按其行事，才能为社会所接纳。因此，个体除了学习基本生活技能外，还必须学习和掌握社会规范。社会规范既包括强制性规范，如法律规范，又有范围极为广泛的道德规范，还包括各种各样具体明确的生活规则。

（3）确立生活目标，内化价值观念。社会化过程中，社会除了教给新成员的基本技能和社会规范外，还必须在更深的层次上向他们提供一种价值观和生活目标。社会上的每一个成员都应有自己的生活目标，既包括对人生目的和意义的看法，也包括通过自己的努力争取可以实现的具体目标。如何确立生活目标以及确立什么样的生活目标，涉及到人的价值观念，因此确立生活目标与培养价值观念密不可分。由于人在幼儿时期还没有明确的生活目标和价值观念，因此，从幼儿时期开始，家长和老师就告诉其应该怎样做人，通过各种活动来培养其判断是非好坏的能力，并在此基础上帮助其确立生活目标。一般而言，个体最初确立的生活目标在很大程度上受其父母和老师的影响，但随着年龄的增长和与社会接触的日渐增多，个体的能动性逐渐增大，开始有了自己的价值观念，并自己选择自己的生活目标。

(4) 培养社会角色。社会化的最终结果是要为社会培养出一个符合社会要求的社会成员，使其在社会生活中担当一定角色，并按照相应的角色规范行事。因此，社会角色的学习在个体的社会化过程中占有十分重要的地位。在从自然人向社会人过渡的过程中，角色学习是社会化目标的集中体现，也是个体所要达到的一项基本要求。即使是在成人以后，人们也始终要对许多新的社会角色进行认识、了解、学习和掌握。

2. 从社会化发生的领域来看

从社会化发生的主要领域来看，可以把社会化的内容划分为以下几种①：

(1) 政治社会化。政治社会化是个体学会被现有政治制度接受和采用的态度和行为的过程，或者说是一个人政治态度和政治信仰形成的过程。政治社会化的目的在于将个体培养和训练成为遵守政府规定、服从国家法律、行使正当权利、承担应尽义务以及促进政治稳定的合格公民。政治社会化对于社会有着非常重要的意义，因为，社会成员政治社会化的好坏，直接关系着社会或政府的稳定、巩固和发展。如果一种政治制度得不到社会成员的信任和支持，法律就无法遵守，税收就无人交纳，政府也就无法进行统治和管理；如果一个政治团体得不到人们的信任和支持，纲领就无法实施，领袖就无人拥护和追随，团体的目标就无法实现。正因为如此，各政治集团都非常重视政治社会化，把它作为头等大事来抓，给公民贯彻自己的政治主张和各项政治制度，以保持社会的稳定和发展。在政治社会化过程中，国家意识和爱国情操的培养是公民政治态度与政治意识形成、发展的重要部分。

(2) 道德社会化。道德社会化是指个体形成、完善道德观念的过程。道德是判断是非善恶的标准，是行为的准则。人们有了道德观念，才能够控制自己做出正确的行为，因此，把道德内化为人们自身的意识也是社会化的重要方面。个体是怎样内化道德观念的呢？比较有影响的主要有精神分析学派、认知学派和社会学习理论，后面将对这三种派别做详细介绍。

(3) 两性角色社会化，也称性别道德社会化。男女两性的差异不仅表现

① 宋超英、曹孟勤主编：《社会学原理》，警官教育出版社 1991 年版，第 66~71 页。

在生理特征方面，而且还表现为社会特征的不同，如不同的态度、人格特征和行为模式。男女之间的这种社会性差别，正是性别角色社会化的结果。性别角色社会化，就是指个体学习自己所属文化规定的性别角色的过程。任何一个社会，对男性和女性都有不同的期待和要求，性别角色社会化使男性认同男性的角色规定，表现出符合男性身份的行为；也使女性认同女性的角色规定，表现出符合女性身份的行为。毫无疑问，在这种性别价值取向的影响下，男孩和女孩都各自向着自己的性别角色方向发展，从而产生出社会差别。人类学家米德（Margaret. Mead）在20世纪30年代通过对新几内亚的三个部落的观察，得出这样一个结论：男女的人格特征与生理特征没有必然联系，性别角色行为不是天生的，而是受文化影响，是对文化中性别行为模式学习和认同的结果。

二、社会化的主体

社会化过程涉及到一系列的个人、群体和机构，这些群体中最重要和最有影响的则被称为社会化的主体。一种社会化主体，就是指对社会化作出贡献的一种群体或机构①。主要的社会化主体有家庭、学校、同辈群体、大众传媒、社区以及工作单位等。

1. 家庭

家庭是个体接受社会化的第一个社会机构。家庭的教育和影响对个人早期社会化甚至一生的社会化都具有十分重要的意义。自有人类历史以来，家庭始终都是个体社会化的最重要因素。这是因为，一方面，童年期是人一生中社会化的关键时期，儿童在这一时期的智力水平、人格特征和社会品质的形成和发展，对其以后的社会化有着举足轻重的意义，而家庭在这一时期则正好担负着最主要的社会化责任。儿童在家庭中建立起他们最初的亲密的感情联系，开始学习语言和基本生活技能，并开始接受和内化社会的文化规范与价值标准。另一方面，家庭是社会结构中的一种特殊的社会化场所。儿童一来到这个世界，家庭便是他人生旅途的第一站，不论他是否愿意，他在客观上就具有了某种阶级、民族、宗教、地区和文化的先赋地位和特征，这些都在很大程度上影响到他在社会生活中的起点和特殊位置，从而对他的社会化过程以及今后的社会生活产生强有力的影响。尽管儿童的社会化主要在家庭中进行，但随着社会的发展以及年龄的增长，家庭以外的其他社会化主体对个体社会化的影响已变得日益显著起来。

2. 学校

---

① ［美］波普诺：《社会学》（第10版），中国人民大学出版社2000年版，第170页。

儿童在幼年期的主要活动天地是家庭，当儿童进入学龄期以后，学校在儿童社会化过程中的影响和作用便逐渐增强。有史以来，家庭以外的最主要的儿童社会化主体是学校①。作为一种专门为社会化目的而设立的正规化的学习机构，学校的首要作用是进行正规、系统的教育，给学生传授各种知识和技能，培养他们参与社会生活的本领；学校教育还灌输政治思想，为现成的社会制度服务，它所提供的内容、信息、概念和各种活动，对培养学生的政治意识和政治态度起着重要作用。学校的作用还表现在它具有独特的结构。每个学校都是一个小社会，有其独特的地位、角色、亚文化、价值准则和行为规范等。儿童在这里第一次面对次级群体中的社会权威，并要学会服从那些带有强制性的非个人的规则和权威；儿童在这里扮演着学生、同学和朋友等社会角色，通过角色之间的互动，进一步体验人际交往，不断增长社会经验，提高参与社会生活的技能，为他们进入成人世界奠定基础。最后，儿童在学校里还会得到老师和同学的评价，这对他们了解社会价值观念、发展自我与人格都有着潜移默化的重要作用。

3. 同辈群体

同辈群体是由地位、年龄、性别、兴趣和价值观念等基本相同的人所组成的一种关系亲密的非正式群体。正如家庭和学校一样，同辈群体也是一个极其重要的社会化主体。随着儿童期年复一年地过去，同辈群体越来越多地影响其社会化②。尤其是进入青春期以后，由于同辈群体帮助青少年在社会中找到自己的平等位置，因此，它对个体的影响日趋显著，甚至在某些方面远远超过父母和家庭的影响。同辈群体之所以能够成为一个社会化主体，主要在于③：第一，同辈群体是一种非正式群体，个体可以自由组合和自由选择，并在平等的基础上与同伴互动，而在家庭和学校中，个体往往处于服从的地位，是非平等的互动。第二，同辈群体成员之间在兴趣、爱好上相近，可以完全根据自己的意愿来安排活动，但在家庭和学校中，他们常常被迫违背自己的意愿接受成人安排的活动。第三，同辈群体有自己的行为准则、价值标准，成员往往以此要求自己，并指导自己的行为。第四，同辈群体注意满足成员的心理需求，使成员可以相互倾吐自己的思想、看法和情感，并从中得到安慰、支持和同情，使

① ［美］波普诺：《社会学》（第10版），中国人民大学出版社2000年版，第157页。

② 鲍尔曼、金奇："Changes in family and peer orientation of children between the fourth and tenth grades." Social Forces 37：201-211，1959，引自［美］波普诺：《社会学》（第10版），中国人民大学出版社2000年版，第158页。

③ 宋超英、曹孟勤主编：《社会学原理》，警官教育出版社1991年版，第73页。

心理上获得极大满足。同辈群体对个体社会化产生什么样的作用，取决于同辈群体的价值取向。如果一个同辈群体积极上进，与社会导向的价值观念一致，就会对成员的社会化产生正向影响；相反，一个同辈群体的价值取向与社会要求相反，则会对其成员的社会化产生负向影响。

4. 大众传媒

大众传媒指的是以印刷媒介（报刊、杂志、书籍等）和电子媒介（广播、电影、电视、录音、录像、网络等）为工具，面向大多数社会成员的信息传播手段。大众传媒在现代社会中占有重要地位，它每天迅速地向人们提供大量的有关社会事件和社会变革的信息，以及向人们提供、宣传各种不同的角色模式、角色评价、价值标准和行为规范等，对人们进行着潜移默化的教育，成为个体社会化的一个重要主体。毫无疑问，大众传媒对个体社会化有着积极作用，它可以使人们增长知识、开阔视野，学到一定的技能，也可以向人们灌输道德观念，培养政治意识，帮助人们确立生活目标，提高人们判断是非的能力以及改变人们的生活态度等。但是越来越多的研究表明，大众传媒也有其消极作用。近年来，由于视听媒体越来越广泛地渗透到现代社会生活之中，与其他媒介相比，更日趋显著地影响到个体的社会化过程，因此，许多社会学者都对视听媒体对人们社会化的影响进行了研究。当前，这种研究主要集中在以下几个方面：一是电视与人们的行为，尤其是电视暴力与青少年的侵犯行为之间的关系；二是电视对人的认识的影响；三是电视对家庭的影响，特别是对家庭关系、家庭生活方式的影响；四是电视对人体健康的影响①。

5. 社区

社区是在一定地域范围内的人们的生活共同体。社区是人类社会生活中的重要组成部分，社区的规模大小不一，社区内的各种机构有多有少，最基本的包括家庭、学校、商店、医院和行政机关等。由于人们在社区中经常地与家庭成员、邻里以及其他社区成员发生交互作用，社区也从各个不同的方面对人的社会化产生着重要影响。对于儿童来说，社区的范围比家庭大得多，社区中有各种各样的人物，如男人、女人、老人、小孩、工人和商人等，通过在社区生活中见到和接触他们，儿童就可以逐步学习和了解到人与人在性别、年龄、职业和地位等方面的差异。儿童还可以从社区生活中逐步了解人与时间和空间的关系，如人们什么时候上班、下班和休假，可以逐步认识社区中各种机构的职能和要求。对于成人来说，社区是整个社会的一部分，作为一个社区成员，就要努力适应它的文化、规范和要求，既要关心社区的政治、经济状况和日常生

---

① 风笑天主编：《社会学导论》，华中理工大学出版社1999年版，第88页。

活，又要履行公民的职责和义务，要在社区生活中扮演多种社会角色。一个具体的社区有着它独特的社区文化和社区意识，社区常常通过各种行为规范、社会心理、价值标准、风俗习惯和伦理道德等，来控制和影响社区成员的行为，使人们不断在新的生活条件下继续社会化。

6. 工作单位

工作单位一般是指个人在社会结构中从事某一职业所归属的社会组织①。当个人完成了青少年期的基本社会化，准备作为一名合格的社会成员参与到社会生活中的时候，他往往首先要加入到一个工作单位中，开始自己的职业生涯。职业生涯的开始，意味着一个人经过早期社会化之后进入了生命历程中的一个新阶段，但这并不意味着个人社会化过程的结束。在这一阶段，个人大量的时间都是在工作单位中度过的，不仅工作成了生活中十分重要的一项内容，而且同工作单位中其他人的接触和交往也成为主要的社会相互作用的内容。因此工作单位无疑也是个人开始新的社会化的重要场所和影响主体。人们在工作单位的社会化首先表现在学习职业知识、技术和规范，其次是个人要在这里建立并学会处理各种复杂的社会关系。在工作单位，个体必须学会调适自我理想和个人利益，以适应工作的要求和社会的需求。作为一种组织机构，工作单位对个体的社会化体现出更为明显的社会性、现实性和规范性，比家庭、学校、同辈群体和社区更加严格，要求人们付出更大的责任心，有更清晰的角色意识。

三、社会化的类型

社会化是一个终身持续的过程，个体往往要经历各种类型的社会化，才能在社会中得以生存和发展。社会学者们一般把个体一生中所经历的社会化划分为以下三种基本类型：

1. 基本社会化

基本社会化是指一个人在儿童、青少年时期的社会化，是个人社会化的初级阶段，也是社会化最主要的内容。基本社会化从个体诞生开始，直到个体作为一名社会成员参与到社会生活的时候为止，它是个人从自然人转变为社会人的本质体现过程。正如前面讲社会化内容时所提到的，个人在基本社会化中主要学习和掌握作为社会成员所应具备的交际语言、知识技能和行为规范等，将社会文化、价值标准内化，建立行为和评价系统，正确评价他人的角色和观点，学会将要承担和扮演的各类角色，并初步形成自己的人格特质，能对自己

① 沙颂主编：《社会学概论》，中国经济出版社 1999 年版，第 53 页。

和社会负责，开始以社会一员的资格参与社会生活。基本社会化主要是通过家庭、邻里、幼儿园和学校来进行的，对个体而言，它是基本的却也是至关重要的社会化阶段。正由于此，目前学术界对整个社会化的探讨也主要是围绕这一种社会化类型来进行的。

2. 继续社会化

继续社会化是指继基本社会化之后的成年人的社会化，它从个人完成基本社会化的时候开始，一直到他离开世界时才结束。继续社会化与基本社会化首尾相接，贯穿了个人从生到死的整个生命过程。继续社会化之所以必要，是因为①：(1) 基本社会化的内容较为简单，且个体的生活经历较少，而一进入成年期，生活和社会关系都复杂化了，社会不仅赋予了个体许多新的角色、新的责任和义务，同时还提出了新的期望和要求，从而使个体感到不适。为此，个体必须通过学习、实践，才能熟悉和胜任自己的各种社会角色。(2) 社会的急剧变迁，包括科学技术的迅速发展、社会制度的变革以及生产条件和居住环境的变迁等，使基本社会化的许多知识、技能和观念变得陈旧，不能适应社会发展的要求。可见继续社会化无论是对个体还是对社会来说，都是十分必要的。它可以帮助成年人包括老年人适应社会的发展变化，并对减少变革时期的社会震荡、维护社会正常秩序具有重要意义。继续社会化主要通过成人教育、职业培训、业余学习和专业进修等途径来进行。

3. 再社会化

再社会化是一种十分特殊的社会化过程，它是指个体从原有的生活方式向另一种新的生活方式的转变、适应和文化内化的过程。它意味着个体放弃了原有的价值标准和行为规范，重新建立起新的、符合社会要求的价值标准和行为规范，并确立起新的人生目标。一般而言，个体通过正常的社会化过程就可以逐步适应日常社会生活的需要，就能够按照社会规范的要求来安排自己及家庭的生活，但由于种种原因，总有一些个体未能实现理想的社会化，从而需要接受再社会化。再社会化有两种情况②：一种是指人们自觉地转变个人的生活方式和行为规范以适应突然改变了的生活环境，这属于主动再社会化。例如，当今世界正在经历一场现代高科技、信息网络化以及经济全球化等方面的变革，这种变革，不仅要改变人们的生产方式、工作方式，也会改变人们的生活方式。这一切都使人们很难完全拘泥于传统的生活和行为模式，相反，从家庭到社会训练，一切都将在现代化的手段和工具的支配下进行。因此，为了适应不断变迁着的社会，人们必然要经历再社会化过程，接受现代社会文化的思想意

---

①② 沙颂主编：《社会学概论》，中国经济出版社 1999 年版，第 49 页。

识、价值观念和行为方式。另一种是指特殊的、带有强制性的社会化，其教化对象是越轨者，发生场所通常是在全面控制机构中。全面控制机构是为了从根本上改造一个人的人格、价值观与自我认同，而将其一天 24 小时都完全置于管理人员的控制之下的场所①，如监狱、工读学校和劳教场所等。最明显的再社会化是对罪犯的教育和改造，即迫使罪犯放弃他们原来的价值标准和行为规范，接受社会所承认的价值标准和行为规范，最终转变成符合社会期望和要求的合格的社会成员。

第三节 社会化的重要理论

一、社会心理学派

社会心理学派对社会化研究的历史最为悠久。它从个性发展角度来研究社会化，认为社会化就是人的个性形成和发展的过程，社会人就是经由社会化过程而形成的有个性的人②。美国著名社会学家库利和米德是这一学派的两个重要代表人物，他们对社会化过程中人格和自我意识是怎样形成和发展的这一基本问题非常感兴趣。

1. 库利的“镜中我”

库利是最早提出自我发展理论的社会学家之一，他首创了个性是通过社会相互作用而发展的社会学观点。库利社会化理论的核心概念是“镜中我”，“镜”指的是社会，即社会为我们提供了一面镜子，从中我们可以看到他人对我们自己的行为的反映，而我们对自己的看法和感觉就产生于这种反映之中。也就是说，我们是通过别人对我们行为的反映来了解我们自己的。例如通过别人对我们的态度，我们才知道自己是漂亮的还是丑陋的，是受人尊敬的还是遭人鄙视的等。库利最先注意到初级群体在个性发展和个体社会化中的重要作用，他认为，家庭就是这样一个最重要的初级群体。在家庭中，孩子对他们父母的意见抱有“同感”，由此而形成自我意识。他还认为，人们在童年期形成的自我概念比在后来生活中形成的自我概念更稳定、更持久，因而在个性发展中的作用也更重要。

2. 米德的“主我”和“宾我”

在库利之后，米德进一步提出，把别人的态度内化，并能按照社会上其他

---

① ［美］波普诺：《社会学》（第 10 版），中国人民大学出版社 2000 年版，第 170 页。
② 郑杭生主编：《社会学概论新修》，中国人民大学出版社 1994 年版，第 111 页。

人的一般期待来判断自己行为的过程就是社会化过程①。米德把自我区分为“主我”和“宾我”，“主我”是本能的、自私自利的、任性的和未经社会化的自我，而“宾我”则是了解社会规范、价值标准和社会期望的社会化了的自我。他认为，每个人都具有两面性，“主我”富有创造性和独特的性格，对他人的态度作出反映，而“宾我”则是自我的社会方面，体现了他人的态度。作为整体的自我则是把普遍性的他人有规律的态度与个体行动者不可预测的自发性这两者有机地结合起来，因此，尽管每个人都是世界的一部分，但每个人又都以其独特的方式对这个世界作出反映②。

按照米德的看法，要想意识自己，就应自己把自身作为一个客体来体验，而要使这种体验成为可能，就必须能够“采取他人的态度”。也就是要站在他人的立场上，从外部观察自己，而要做到这一点，就必须积累与他人接触的社会经验，这也正是自我的形成过程。米德把自我的形成过程分为两个阶段③：在第一阶段，精神的发展程度还很幼稚，只能对特定个人的特定行动的经验进行个别的组织化，在这一阶段，自我的社会化还不充分；进入第二阶段后，精神的发展更趋成熟，可以开始作为自己所属共同体中的一个成熟的成员进行活动。同时，自我终于通过所属共同体整体的即“被一般化的他人”的态度组织化而形成，这个因一般化的他人态度的组织化而形成的自我有一部分是宾我。也就是说，米德所说的宾我就是一般化的他人的内化。例如，当某一行动主体所属的共同体具有一定的业已确定的习惯、制度和规范时，他的宾我便由此决定，共同体的约束力越强，自我内部的宾我便越占优势。但宾我并非自我的全部，自我的另一半是主我，主我则不受外部他人的约束，具有独创性和革新性，它是能够进行主体性再组织化的自我部分。有学者认为，米德的全部理论是想用社会来解释宾我。虽然他认为宾我的原则不外乎是服从被一般化的他人，但却没有解释什么是主我的原则。米德只是使用不受他人约束的、革新的和创造性的词汇来消极而一般性地表述主我的行为原则，而并没有指出主我所依据的积极而且具体的原则。米德的理论主要强调社会先行于个人这一方面，也就是“自我社会说”，即把焦点集中在宾我概念之上。但他也充分意识到，如果只强调这一面，结果将把个人与社会的关系片面化，因此，为了反映单以自我社会说所不能包括的方面，便通过设立主我概念来加以补充。但在他原来所注重的自我社会说的理论中又无法找到解释驱动主我的原理的概念工具。而

---

① 郑杭生主编：《社会学概论新修》，中国人民大学出版社 1994 年版，第 112 页。
② 风笑天主编：《社会学导论》，华中理工大学出版社 1999 年版，第 75 页。
③ ［日］富永健一著：《社会学原理》，社会科学文献出版社 1992 年版，第 83 页。

要寻找这样的概念工具，就不得不提起与米德几乎是同时代的人，但又互无接触的弗洛伊德①。

二、精神分析学派

精神分析学派也十分重视社会化过程中人格和自我意识的形成与发展，其主要代表人物是弗洛伊德（Sigmund Freud）与埃里克森（Erik Erikson）。与社会心理学派的区别在于，库利和米德强调个体与社会之间的协调，而弗洛伊德则看到这两者之间更为基本的是冲突，他认为，我们越是文明，就必定越不幸，因为，文明的生活要求我们去压抑许多深层次的生理欲望。库利和米德把自我解释为一种社会的产物，并强调语言和其他符号系统的重要性（请参阅第四章社会角色中有关米德自我理论的介绍），而弗洛伊德则强调在社会化过程中的生理基础和情感的力量，认为我们大量的心理活动产生于无意识领域，这是我们的意识和理性难以进入的区域②。

1. 弗洛伊德的无意识

弗洛伊德是现代心理学的创始人之一，他把人的人格或者说把“我”划分为三个部分:“本我”、“自我”和“超我”。“本我”是生物的我，它是个人在出生时以及一生中表现出来的自然驱动力的来源，包含无意识记忆和生理的、心理的冲动，尤其是性冲动。有学者认为，对本我的强调，是弗洛伊德理论的一个重要标志③。幼儿的“我”几乎完全是由本我组成的，但在社会化过程中，儿童通过与他人的社会相互作用，逐渐知道了本我并不总是得到满足，而且必须加以限制，于是“自我”出现了，它是“我”中自觉的成分，也可称为意识我，它理智地试图在社会环境的需要与本我的自然驱动力之间求得平衡。可见弗洛伊德的自我与米德的自我是完全不同的两个概念，米德的自我分为主我和宾我，而弗洛伊德的自我是本我、自我和超我这种三分法中的一个。“超我”则大致相当于米德的宾我，即对社会中习得的“应该如何”和“必须如何”的内化，是对人格的审查、意识和社会监控。弗洛伊德认为，自我在超我和本我之间扮演着一个中介角色，大多数情况下，它都处于无意识之中。在他看来，只有人格的这三个部分终其一生都是和谐的，一个人才能获得心理健康。

一个简单的例子有助于说明本我、自我和超我各自的功能。想像一下，逛了一天街的你，非常劳累，幸好上车之后抢先占到了惟一的一个座位，终于可

① ［日］富永健一著:《社会学原理》，社会科学文献出版社 1992 年版，第 84 页。

②③ ［美］波普诺:《社会学》（第 10 版），中国人民大学出版社 2000 年版，第 149、150 页。

以好好休息一下了。可这时，一个挺着大肚子的孕妇蹒跚着来到了你的座位旁边。你想给这个孕妇让座，可你又确实非常疲倦。这时，你的本我也许就会要你再坐一会儿，先让自己休息好再说。而自我则可能考虑这样做会导致什么后果：周围的人会怎么看你，他们会不会说你太没有公德心了。超我则可能会提出关于你的行为的道义与正当性的问题，我难道没有责任向一个孕妇让座吗？最后的结果是，你可能会极不情愿地站起来，把座位让给旁边的孕妇。

正如前面所说，米德和弗洛伊德的理论分歧是很大的，尽管米德的宾我和弗洛伊德的超我是极为相似的概念，但弗洛伊德的本我则是他独有的概念，米德那里没有与此相应的概念。米德的主我虽然在自己依据自己的主动精神去行动这一点上与弗洛伊德的自我有相对应的一面，但两者还是两个不同的概念①。弗洛伊德受到了来自不同方面的批评者的攻击，许多学者都认为，他的理论太过于强调生物因素对人格塑造的影响，而对社会因素强调不足；他声称儿童在基本社会化过程中形成的人格终其一生而不变，这也过于绝对化了。尽管如此，弗洛伊德关于无意识的理论以及他关于儿童期的事件对后来生活的影响的看法，都被人们广为接受，且经久不衰。

2. 埃里克森的认同危机

埃里克森是新精神分析学派的代表人物，深受弗洛伊德的影响，但他修正了弗洛伊德的理论，故被称为“新弗洛伊德主义者”。弗洛伊德强调本我的冲动，而埃里克森主要关心的则是更为理性的自我的世界，他不同意弗洛伊德的生物学观点，认为其忽略了社会与文化的因素在人格发展中的重要作用。按照弗洛伊德的看法，人格到5岁就基本塑造完了，但埃里克森认为，人格的发展是一辈子的事情，而不仅仅在儿童期。他把人格的发展分为8个心理阶段，认为它随着我们一生不同时期的发展要求而变化。根据埃里克森的观点，人格发展的每个阶段是由“认同危机”来定义的，一个稳定的自我认同源自于对这些认同危机的积极解决，在现代社会中，这也囊括了人们对生活的许多基本关怀②。

埃里克森提出的8个认同危机依次包括③：婴儿期的信任与不信任，儿童早期的自主与怀疑，学龄前的主动与内疚，学龄期的勤奋与自卑感，青春期的认同与角色混淆，青年时期的亲密与孤独，中年期的代际关怀与自我沉浸以及老年期的完美与绝望。不过他所关注的焦点主要集中于伴随着产业化和现代化的进程而来的共同社会趋于解体、教育时间普遍延长以及职业生活专业化和技

---

① ［日］富永健一著：《社会学原理》，社会科学文献出版社1992年版，第86页。

②③ ［美］波普诺：《社会学》（第10版），中国人民大学出版社2000年版，第151～153页。

术化的过程中所产生的青年的认同危机问题。认同是一种整合自我的机制，但在青年期，人必须脱离共同社会，加入职业世界，职业世界是包含许多分化出来的角色的利益社会，当青年不能很好地适应这一社会环境时，就会产生认同与角色的混淆，即出现认同危机。埃里克森认为，现代产业社会所特有的各种青年期精神病理都可由此得到解释①。当然，埃里克森也遭到了一些学者的批评，他们认为他的发展模式是以中产阶级的生活经验为基础的，因而有失偏颇；他的模式很难进行经验研究；埃里克森的模式暗含了一种关于人格发展的抽象理想，但这个理想是什么呢？是幸福还是对中产阶级价值观的遵从？对此埃里克森并未给出答案②。尽管如此，埃里克森关于人格发展的理论还是在西方产生了很大影响，也是对社会化理论的很大贡献。

三、认知学派

社会心理学派和精神分析学派都是把人格的发展当作一个整体，而认知学派所关心的则只是人格发展的某个局部，即认知的发展，或者说是我们学会思考的途径。认知学派认为，人的社会化是与人的认识活动及其发展水平密切相关的。瑞士心理学家皮亚杰（Jean Piaget）是这一学派的重要代表人物。

皮亚杰是儿童如何学会思考和推理研究方面的先驱者，他试图回答这样一些问题：孩子刚出生的时候知道些什么？他们用什么工具来获得新知识？在每个具体的年龄，哪些知识是他们所必需的？有学者认为，皮亚杰对我们认识社会化过程的主要贡献是，他描述了儿童在不同发展阶段是如何思考的③。皮亚杰认为学习是一个积极的过程，为了学习，儿童必须吸收知识并加以消化，并坚信儿童智力发展要经历以下几个阶段：感觉运动阶段（1岁半到2岁）、前操作阶段（2岁左右到7岁）、具体操作阶段（7岁到11岁）和形式操作阶段（12岁到15岁）。皮亚杰认为，在每个发展阶段，从婴儿期到青少年期，儿童所有的活动都标记着确定的智力操作类型。这些智力操作类型为儿童获得知识给定了某种结构。他相信，尽管有些儿童比另外一些儿童走过这些阶段要快些，但所有的儿童都必须按同样的顺序走过所有的阶段。他认为，像“可以在任何时候对任何孩子教以任何东西”的说法不仅是错误的，而且事实上也是荒谬的。像其他理论家一样，皮亚杰也遭到了批评，其中一种主要的批评是认为他的工作并不系统或科学，人们很难重复他的研究过程并达到相同的结

---

① ［日］富永健一著：《社会学原理》，社会科学文献出版社1992年版，第87页。

②③ ［美］波普诺：《社会学》（第10版），中国人民大学出版社2000年版，第151~153页。

论。尽管如此，皮亚杰的工作在发展心理学家之间形成了一个主要的思想流派，并影响了许多其他理论家和研究者。

四、文化学派

文化学派是从文化角度来研究社会化的，它把社会化看做是文化延续和传递的过程，认为社会化的实质是社会文化的内化①。这一学派形成于社会学的初创时期，其倡导者是美国社会学的创始人萨姆纳（W. G. Sumner）和托马斯（W. I. Thomas）。20 世纪 20 年代之后，著名的美国社会学家奥格本（W. Ogburn）对社会现象中的文化因素进行了深入探讨，并系统地确立了社会学研究的文化角度。同时，他确立了一种重要的现代社会化的概念，认为人的社会化过程就是个人接受世代积累的文化遗产，保持社会文化的传递和社会生活的延续。这种对社会化的解释反映了人的社会化在文化延续中的重要性②。

五、结构学派

结构学派是从社会结构角度来研究社会化的，它重视人与社会关系中的社会方面，认为社会化就是要使人“变得具有社会性”③。从社会结构角度来看，学习和扮演社会角色是社会化的本质任务。1950 年，美国社会学家 S·萨金特在其《社会心理学：综合的解释》一书中，首次把角色概念与社会化联系起来，认为角色承担是社会化的本质。之后，帕森斯进一步认为，社会没有必要把人性陶冶得完全符合自己的要求，而只须使人们知道社会对不同角色的具体要求就可以了。他认为，角色学习过程即社会化过程，在这一过程中，个人逐渐了解自己在群体或社会结构中的地位，领悟并遵从群体和社会对这一地位的角色期待，并学会如何顺利地完成角色义务，其功能在于维持和发展社会结构。

应该说，帕森斯有关社会化的解释对社会化理论作出了重要贡献。他认为，以他自己的行动理论为媒介，可以使弗洛伊德的从精神分析出发的人格结构分析和从社会学出发的社会系统的结构分析趋同，向共同的标准构架发展。帕森斯认为，弗洛伊德所说的自我和超我都可以解释为通过学习而内化的产物，无须加以区别，倒是废弃这种区别在理论上才更为合理。他还认为，弗洛伊德研究超我的形成，只局限于道德准则的内化，范围过于狭窄。可以这样认为，帕森斯有关社会化的理论正是建立在以对弗洛伊德理论的这种修正的基础

---

①③　郑杭生主编：《社会学概论新修》，中国人民大学出版社 1994 年版，第 111、112 页。

②　沙颂主编：《社会学概论》，中国经济出版社 1999 年版，第 45 页。

上的，是对弗洛伊德理论的社会学化的尝试①。

以上几种学派对社会化的理解各有特色，是研究者们从社会学、社会心理学以及文化人类学等不同学科的立场和方法出发，来研究社会化问题而形成的互不相同的理论倾向。不过，随着社会化研究的深入，特别是社会化概念由狭义到广义的发展，对社会化问题的探讨逐渐囊括了以上几种不同视角的理论研究，使它们出现融合的趋势，成为对社会化这一综合性问题进行研究的不同方面。也就是说，使原来相对独立，甚至互有分歧的社会化研究逐渐变为相互联系、相互补充、融为一体的社会化理论②。

第四节　生命历程中的社会化

一、少儿期的社会化

少儿期一般是指个体从出生到15岁这一时期，可以根据人的生理、心理、智能及个性上的差异把这个时期划分为婴儿期、幼儿期、学龄初期和少年期。少儿期社会化的主要任务是学习有关参与社会生活的基本知识、技能、本领和行为规范等。少儿期的社会化有以下几个特征：第一，个人的社会知识的增长与个人的生理和心理的迅速发展同步进行；第二，施化手段逐渐由非言语手段发展到口头语言和书面语言；第三，社会化主体逐渐由家庭扩展到社区和学校。与上述特征相应的是，这一时期个人社会角色的获得具有一个鲜明的特点，即逐渐由获得先赋角色发展到获得自致角色。在这一过程中，个人首先进入家庭，自然而然地获得并扮演儿子或女儿、兄长或弟弟、姐姐或妹妹、孙子或孙女等角色；接着进入邻里，自然而又有选择地获得并扮演伙伴、朋友等角色；之后进入学校，通过选择和努力而获得并扮演小学生、中学生以及三好学生、少先队员等角色。这一时期个人社会角色的获得与扮演实质上反映了个人是如何与他人建立并处理血缘关系、地缘关系、志缘关系以及业缘关系的，尽管这些社会关系比较简单和直接，但它们对个人社会性和个人理想的形成是基本的和至关重要的。

二、青年期的社会化

青年期一般是指个体从跨出少儿期到30岁左右。依据社会化所面临的问

① ［日］富永健一著：《社会学原理》，社会科学文献出版社1992年版，第87页。
② 郑杭生主编：《社会学概论新修》，中国人民大学出版社1994年版，第112页。

题可以把这一时期大致分为前后两个阶段：青年前期和青年后期。从15岁到18岁，称为青年前期，它是个体基本社会化的最后阶段。一些心理学家认为这是人生的一个重要的转折时期，并称这一时期为“人生的第二次诞生”或“心理上的断乳时期”。在这一时期，个体在生理、心理上日趋成熟，世界观也初步形成，个人的生活范围进一步扩大，并逐步摆脱家庭和学校的监护，作为一个社会角色，独立地跨入社会，开始真正的社会生活。这一时期的社会化的主要任务是：学习与同年龄男女的新的交际；学习男性与女性的社会角色；认识自己的生理结构，有效地保护自己的机体；从父母和其他成年人那里独立地体验情绪；有信心实现经济独立；准备选择职业；做结婚与组织家庭的准备；发展作为一个公民的必要的知识和态度；追求并实现有社会性质的行为；学习作为行为指南的价值与伦理体系①。从18岁到30岁左右则是青年后期，也称为成年早期，即孔子所讲的“而立”时期。这一时期，个人面临着多种选择：一是选择配偶，建立家庭；二是选择职业，建立事业；三是选择生活目标，建立信仰。这三个方面的选择对于个人的发展和个人社会角色的获得都具有十分重要的意义。配偶选择的结果将使个人相继获得丈夫或妻子、女婿或儿媳、姐夫或嫂子、妹夫或弟媳以及父亲或母亲等一系列以血亲关系为基础的新角色；职业选择的结果将使个人获得同事、管理者等一系列以业缘关系为基础的新角色；目标选择的结果将使个人获得领导或被领导等一系列以志缘关系为基础的新角色。上述选择的结果都大大丰富和发展了个体的社会性，而正确地实现上述选择则是个人成为合格社会成员的关键所在②。

三、中年期的社会化

中年期一般是指个体从跨出青年期到55岁左右，也称成年期。处于中年期的个体在各方面都比较成熟和定型了，他们是维护社会秩序、推动社会发展的中坚力量。中年期社会化的主要任务是：形成作为社会公民的社会责任；建立一定的经济生活水平，并维护这种水平；帮助青少年成为一个能被人信赖的幸福的成人；充实成人的业余生活；接受并适应中年期生理方面的变化；照顾年老的双亲等③。中年人的历史责任具有“承上启下”的特征：一方面，他们要接过老年人的“接力棒”，继承和发展他们的事业、知识和优良传统；另一方面，他们要向青年人传递“接力棒”，引导和培养青年人步入更加广阔的社会，使之对社会作出更大的贡献。相对于青年人来说，中年人所扮演的角色

①③　沙颂主编：《社会学概论》，中国经济出版社1999年版，第50~51页。
②　吴铎主编：《社会学》，高等教育出版社1992年版，第93页。

在数量上没有什么大的增加，但他们所承担的角色在份量上则大大加重了，角色期望和角色要求也明显提高了。此外，由于在同一时间里，许多不同的角色往往对同一个人提出不同的角色要求，因此，角色冲突和角色紧张是中年人在扮演角色过程中所存在的一个普遍现象。

四、老年期的社会化

老年期一般是指个体从跨出中年期到生命的终点，也称成熟期。老年人主要有两个特征：一是他们的社会生活经验极为丰富；二是他们的身体机能处于逐步衰退状态。社会生活经验日益丰富和身体机能逐渐衰退的巨大反差常常使老年人在社会生活和工作的许多方面都感到力不从心，因此，人到老年都要从他们长期工作的岗位上退下来，停止他们的各种职业角色的扮演。但这并不意味着他们退出了社会，相反，老年人从工作岗位上退下来之后还要在社会生活领域度过他们整个人生过程的1/5甚至1/4的时光。一般来说，老年人在退出工作岗位后常常会感到失落、孤独和寂寞，并由此产生一些社会问题。因此，为了克服上述老年问题，这一时期社会化的主要任务就是：适应体力与健康的衰退；适应退休和收入的减少；适应配偶的死亡；与自己年龄相近的人建立快活而亲密的关系；承担公民的社会义务；对于物质生活的满足方面要求降低。总之，随着老年社会的来临，如何帮助众多老年人在其最后的生命旅程中通过继续社会化来不断调适其与社会的关系，并使其老有所乐、老有所为，也越来越成为各国社会发展过程中亟待解决的社会问题，同时也是社会学研究的一项紧迫任务。

本章小结

1. 社会化是指个体从生物人发展成为社会人，不断认识社会、适应社会，从而形成、发展和完善自己人格并积极作用于社会的过程。在社会学研究领域，对社会化这一概念的理解经历了一个由狭义到广义的发展过程。

2. 社会化具有四大基本特征：社会强制性、主观能动性、终身持续性以及双向性。

3. 社会化过程是建立在人类自身特定的前提条件之上的，如人有较长的生活依赖期，较强的学习能力，以及特有的语言能力和思维能力。这些特定条件是人类长期进化的结果，并通过遗传，代代相传。

4. 无论是对于个体还是社会来说，社会化都起着十分重要的作用。社会化是个人得以适应社会、参与社会生活，在社会环境中独立生存的必要前提，也是个人适应社会变迁所必经的途径；社会化是人类社会延续发展的前提条件，是人类文化延续、发展和创新的前提条件，也是人类交往和有秩序地进行生产、生活活动的前提条件，是社会保持安定有序、协调发展的前提条件。

5. 从社会化过程的基本活动来看，可以把社会化的内容概括为：学习基本生活技能、掌握基本社会规范、确立生活目标，内化价值观念以及培养社会角色。从社会化过程发生的主要领域来看，可以把社会化的内容划分为：政治社会化、道德社会化和两性角色社会化。

6. 社会化过程涉及到一系列的个人、群体和机构，这些群体和机构中最重要和最有影响的则被称为社会化的主体。主要的社会化主体有家庭、学校、同辈群体、大众传媒、社区以及工作单位等。

7. 社会化是一个终身持续的过程，个体往往要经历各种类型的社会化，才能在社会中得以生存和发展。社会学者们一般把个体一生中所经历的社会化划分为三种基本类型：基本社会化、继续社会化和再社会化。基本社会化是指一个人在儿童、青少年时期的社会化，是个人社会化的初级阶段，也是社会化中最主要的内容。基本社会化从个体诞生开始，直到个体作为一名社会成员参与到社会生活的时候为止，它是个人从自然人转变为社会人的本质体现过程；继续社会化是指继基本社会化之后的成年人的社会化，它从个人完成基本社会化的时候开始，一直到他离开世界时才结束。可见继续社会化与基本社会化首尾相接，贯穿了个人从生到死的整个生命过程；再社会化是一种十分特殊的社会化过程，它是指个体从原有的生活方式向另一种新的生活方式的转变、适应和文化内化的过程。它意味着个体放弃了原有的价值标准和行为规范，重新建立起新的、符合社会要求的价值标准和行为规范，并确立起新的人生目标。

8. 社会心理学派对社会化研究的历史最为悠久，它从个性发展角度来研究社会化，认为社会化就是人的个性形成和发展的过程，社会人就是经由社会化过程而形成的有个性的人。查尔斯·库利和乔治·米德是这一学派的两个重要代表人物，他们对社会化过程中的人格和自我意识是怎样形成和发展的这一基本问题非常感兴趣。库利提出了“镜中我”的概念。米德则在库利之后，进一步把“自我”区分为“主我”和“宾我”，并认为，每个人都是世界的一部分，但每个人又都以其独特的方式对这个世界作出反映。

9. 精神分析学派也十分重视社会化过程中人格和自我意识的形成与发展，其主要代表人物是弗洛伊德与埃里克森。弗洛伊德是现代心理学的创始人之一，他把人的人格或者说把“我”划分为三个部分：“本我”、“自我”和“超我”，在他看来，只有人格的这三个部分终其一生都是和谐的，一个人才能获得心理健康。埃里克森认为，人格的发展是一辈子的事情，而不仅仅在儿童期。他把人格的发展分为8个心理阶段，每个阶段由“认同危机”来定义，并随着我们一生不同时期的发展要求而变化，而一个稳定的自我认同则源自于对这些认同危机的积极解决。

10. 认知学派认为，人的社会化是与人的认识活动及其发展水平密切相关的。瑞士心理学家皮亚杰是这一学派的重要代表人物。皮亚杰描述了儿童在不同发展阶段是如何思考的。他认为，儿童智力发展要经历以下几个阶段：感觉运动阶段（1岁半到2岁）、前操作阶段（2岁左右到7岁）、具体操作阶段（7岁到11岁）和形式操作阶段（12岁到15岁）。

11. 文化学派是从文化角度来研究社会化的，它把社会化看做是文化延续和传递的过程，认为社会化的实质是社会文化的内化，其倡导者是美国社会学的创始人萨姆纳和托马斯。

12. 结构学派是从社会结构角度来研究社会化的，它重视人与社会关系中的社会方面，认为社会化就是要使人“变得具有社会性”。从社会结构角度来看，学习和扮演社会角色是社会化的本质任务。美国社会学家S·萨金特率先把角色概念与社会化联系起来，认为角色承担是社会化的本质。美国著名社会学家T·帕森斯进一步认为，角色学习过程即社会化过程，在这一过程中，个人逐渐了解自己在群体或社会结构中的地位，领悟并遵从群体和社会对这一地位的角色期待，并学会如何顺利地完成角色义务，其功能在于维持和发展社会结构。

13. 一般来说，个体一生中往往要经历四个阶段的社会化：少儿期的社会化、青年期的社会化、中年期的社会化以及老年期的社会化。

思考题

1. 什么是社会化？它具有哪些特征？
2. 社会化得以实现的条件是什么？
3. 社会化有什么意义？
4. 社会化包括哪些基本内容？
5. 社会化的主体是什么？
6. 社会化的基本类型是什么？
7. 社会心理学派是怎样认识和理解社会化的？
8. 精神分析学派是怎样认识和理解社会化的？
9. 认知学派、文化学派和结构学派又是怎样理解社会化的？
10. 试述个体生命历程中各阶段社会化的特征、目标和意义等。

第六章 社会互动

学习目的与要求： 本章主要介绍了社会关系的涵义、体系、类型，社会互动的涵义和经典理论，以及网络互动的特点。学习本章，应着重掌握社会互动的基本理论，了解社会关系的类型，把握网络互动的实质与特点，提高应用社会互动理论分析和解释社会生活的能力。

社会互动是社会学微观研究所关注的一个重要课题。社会互动是指社会个体之间出于生活的需要而发生的、以符号运用为主要手段、以社会结构和文化作为背景的交往活动。通过这种交往，自我得以形成，需要得以满足，社会得以维持。社会互动的理论研究主要集中在社会互动的过程、个体社会化、互动手段、互动功能和互动情感等方面。社会互动的模式就是社会关系。社会关系根据不同的标准可以划分为诸多类型。网络互动产生了人与人之间的虚拟关系，因而成为社会学研究的新课题。

第一节 社会互动理论

一、社会互动的涵义

在早期的社会学研究中，社会学家从不同的角度对社会互动作了研究。

作为第一个明确提出自我概念的社会科学家，詹姆斯（William James）开启了社会互动研究的先河。詹姆斯认为，人类倾向于将自身看做客体，进而发展出自我感觉和对自身的态度。自我产生的机制是人类能符号化自身，形成自我感觉和自我态度，并对此作出反应和调整。詹姆斯将这种过程看做是人类自我的能力。詹姆斯进一步提出“自我”的几种类型：物质自我、社会自我、精神自我。其中社会自我影响较大，它是指个体由于同他人交往而形成的自我感觉。这个概念明确提出了社会自我是通过与别人的互动而形成的。

库利（Charles Horton Cooly）发展了詹姆斯对自我的分析。库利提出了互动背景的概念。库利认为自我产生的背景是群体。在首属群体中——存在私人关系和密切关系的小群体，群体性质对人们的自我感知和自我态度是最为重要的。库利用“镜中我”使其理论形象化。镜中我是指人们总是想像他人如何评价自己，从而获取自我形象或自我感觉以及自我态度。

作为实用主义的代表，杜威（John Dewey）提出了人类互动中的心智意识这一概念。杜威认为在人类适应环境的过程中，形成了人类独特的思维能力，也就是心智意识。心智意识是一个过程：针对环境的实际情况选择恰当的行为路线，选择最佳的适应环境。心智意识只有通过人们在社会中的互动才能得以形成与延续。

米德对詹姆斯、库利和杜威的理论进行了总结，将人类心智、社会自我、社会结构融合于社会互动中。这种融合的前提是米德的两个基本假设：人类有机体生理的弱点迫使他们与群体中的他人进行协作，谋求生存；人类有机体内和机体之间的那些有利于合作、从而有利于生存或适应的行动将会保存下来。对于人类心智，米德将使用符号和语言的过程称作想像性预演。通过想像性预演，人们选择最合适的行动路线。心智进行想像预演的过程是这样的：掌握常规姿态的涵义；通过常规姿态领会和理解他人；想像预演可选择的行动方案。对于自我，米德认为由于心智的存在，人类能象征性地将自身表示为客体，对自身进行评价和估计。自我的形成主要是把在互动过程中形成的“自我想像”归结为“自我概念”。米德指出自我的发展有三个阶段。最初阶段为嬉戏阶段，它是指个体对自身角色的领会。次级阶段称为团体游戏阶段，指个体领悟互动中的他人的角色。最后阶段是一般化他人阶段，指个体能够体会进而理解社会中“一般化他人”的角色或明确的“共有态度”。关于社会结构，米德认为，由于心智的存在，个体间的相互调适，社会互动就组织化为社会结构或制度。

米德没有解决社会结构与社会互动如何相互影响的问题。角色理论对这一问题作了解释。帕克（Robert Ezra Park）认为，角色与社会的结构位置相联系，而自我则与社会结构位置规制下的角色扮演密切联系。自我在人们的多种角色的扮演中体现，角色成为社会结构中的位置。默雷诺（Jacob Moreno）试图将社会结构概念化为有组织、要求个体按角色行事的期望网络。林顿（Ralph Linton）进一步对角色、地位与个体进行了区分，他认为角色是地位动态的一面，地位是权利和义务的整合。个体在社会中占有某一位置，并与其他位置相联系，个体承担权利与义务的过程就是角色扮演。

舒茨（Alfred Schütz）把欧洲社会互动思想与美国社会互动思想做了融合并提出了现象学互动主义。舒茨的现象学互动主义关注的是行动者如何创造一种共享的主观世界以及这种共享的主观世界对于维持社会秩序的意义。对此，舒茨提出了"袖里乾坤"的概念。"袖里乾坤"是指人们所运用的规则、对象、概念和信息的总和。袖里乾坤给人们的行动提供了一种参考架构或取向，从而人们可以从容地适应环境，并对事物进行解释。

综上所述，我们可以这样给社会互动下一个定义：社会互动是指社会个体间出于生活的需要而发生的、以符号运用为主要手段、以社会结构和文化作为背景的交往活动，通过这种交往，自我得以形成，需要得以满足，社会得以维持。

二、社会互动的经典理论

1. 符号互动理论

米德的符号互动理论由布鲁默（Herbert Blumer）和库恩（Manford Kuhn）进一步发展。这两个人及各自的联盟所组成的两个集团被称为芝加哥学派和衣阿华学派。芝加哥学派与衣阿华学派两个学术派别的观点有其趋同的地方，然而更多的是对立。

(1) 趋同分析。两个学派都强调人类制造和使用符号的能力。人类能够随着环境的变化而不断地制造符号。凭借在发音和自身姿态上获得一致意义的能力，人们能够有效地沟通，人们能够预期对方的反应，并彼此调适。米德称这种能力为"感受并理解他人角色"。如果人们不能解读他人姿态与符号，并以这种姿态为基础设身处地地理解他人，互动就不可能发生，社会组织、社会结构就不复存在。

两个学派都认为社会互动与人性有着密切的联系。社会互动使人类成为动物界中独特的种类，并赋予个体以独一无二的特性。社会互动对心智和自我的产生也有重大影响。心智是进行思维的能力，托马斯称之为"情景定义"。心智使行动者能够在各种情景中进行界定、分类和调适。自我是人们情境定义的重要客体，自我在很大程度上影响着人们在生活中的观点和行为。社会是相对稳定的互动模式，社会依赖于人们情境定义的能力。

简要地说，两个学派的观点相同之处如下：人类制造和使用符号，借助符号进行互动，通过角色领会进行顺利交往；心智和自我的存在以社会互动为前提；社会互动是构建社会的基础。

(2) 差异分析。在人的人格结构和稳定性问题上，布鲁默强调，人们有把自身当作客体，并与其他任何客体一起置于互动情景中的能力。互动者是世界的积极创造者。个体符号化客体世界，并使客体世界组织化。人的行为总存在着潜在的自发性和不确定性。如果客体世界发生变化，那么人们就会改变情景定义，进而使行为发生改变。相反，库恩强调"核心自我"的重要性与影响力。"核心自我"是指人们通过社会化获得的关于其自身的稳定的意义和态度。由于核心自我影响和限制人们情境定义的方式，从而使人们的人格结构化并相对稳定，人们的行为具有一定的连贯性和可预测性。

在互动主动性问题上，布鲁默强调互动的创造性、建构性和变动性。正因为互动的主动性，社会文化和心理结构可以因人的定义和行为的转变而被替换和变更。与布鲁默相反，库恩强调核心自我和群体情境对互动的影响作用。核心自我和群体情境促成社会互动。互动中的个体受制于自我态度和个人的角色预期。但是库恩并不完全否定社会互动建构的可能性。

对于社会组织和结构，布鲁默认为社会组织、结构是暂时的、不断变化的，社会结构是行动者进行情境定义时的一种客体。与布鲁默相反，库恩注重互动情境的结构化。库恩认为，社会情境构成了相对稳定的地位网络。这种地位网络又与相应的期望和规范相联系。虽然社会互动能够创造地位网络，然而一旦地位网络被创造出来，人们便会遵守这些地位网络的预期，坚持所形成的自我态度。简而言之，芝加哥学派认为由于社会互动的变动性，社会组织也是相应变动的；衣阿华学派认为个体的人格与社会组织是结构化的，社会互动受这些结构的规制。

在方法论方面，布鲁默坚持社会互动的非决定论。布鲁默认为，行为更多地是行动者通过连续不断地自我暗示建构出来的。社会结构并不直接导致行动。所以布鲁默在方法论上强调经验研究的重要性，坚持用归纳方法研究社会现象，在具体操作上提出了"敏感概念"的方法。敏感概念是指能够灵敏反映社会互动的概念。与布鲁默相反，库恩坚持社会互动的决定论。库恩认为对于经验世界的研究应当采取演绎的研究方法，通过对一些概念的操作化，用社会生活来检验概念，从而达到对社会互动的认识。

2. 自我与认同理论

在社会互动理论发展的进程中，自我是一个核心概念。20世纪中叶，社会学家们广泛用认同这一范畴来阐述自我。自我和认同理论认为，自我是个体对特定场景做出反应的认同，自我是由具有高低差别的等级所构建的。在认同的等级序列中，处于高等级的认同对个体具有极大的影响力，个体按照高等级的认同来组织自己的行为。这里将介绍斯特赖克以及麦考尔和西蒙斯的自我与认同理论。

（1）斯特赖克（Sheldon Stryker）的自我与认同理论。斯特赖克传承了衣阿华学派的传统。斯特赖克认为，个体通过自身的心智能力对自身在社会中所处的位置进行标定和定义。个体在标定了自身位置和他人的认同位置时，个体就会产生自己如何行动的预期和如何引导他人角色行为的预期。同时，个体行为还将参考社会结构的性质以及情景定义。当社会结构为刚性时，个体行为与预期趋向一致，当社会结构为弹性时，个体行为与预期趋向不一致。

斯特赖克认为，认同是个体在不同的社会背景中与所占据位置相联的自我标定的内在化。由于社会位置的多样性，所以认同表现为高低有别的等级序列，高等级的认同相对于低等级的认同更能影响个体的行为，当个体履行某一认同时，个体的自尊感就依赖这种认同的履行，认同履行越是成功，越能给个体带来自尊感。斯特赖克认为，认同的等级高低取决于以下几个因素：个体所处文化对个体认同评价的积极程度；个体与他人预期调适的一致性；个体与他人关系的密切性；个体所依赖的其他个体的数量。斯特赖克认为，高等级的认同使个体做出与该认同相联的角色活动，个体不仅运用现有条件而且还积极创造条件履行认同。斯特赖克认为，当社会结构发生变化时，个体将接纳新的认同。

（2）麦考尔（George P. McCall）和西蒙斯（J. L. Simmons）的自我与认同理论。麦考尔与西蒙斯虽受过衣阿华学派的训练，但其理论走势却是芝加哥学派的。麦考尔与西蒙斯同样使用了认同的概念，但是与斯特赖克的认同概念不同。麦考尔与西蒙斯的认同概念包含两层意思：一是与社会结构相关联的认同，一是由个体想像所建构的认同。麦考尔与西蒙斯认为，个体角色认同的内容是不断变化的，个体角色认同仍具有等级序列性质，角色认同是人们计划与目标的一部分。他们认为仅仅具有自身的角色认同是不够的，个体力图通过角色践行来实现角色认同。角色认同的实现一方面要个体用自身理想化的观念来估量他们的行动，一方面个体还必须获取他人的角色支持。麦考尔与西蒙斯认为，由于角色认同是理想化的，所以个体的角色认同与情境中的角色支持存在着矛盾。

然而，个体试图使认同获得合法化的目的，成为推动个体行动的力量。个体在社会互动中，通过自身的心智能力来明确在认同序列中哪种认同是高的，以及他人的角色执行是否值得角色支持，并且解决了社会互动的模糊性、无结构性。这样，人们根据对他人角色的解释调适自身的定位和角色执行，从而准备自己要表演的角色，谋求角色支持，以期实现角色认同的戏剧化表演。

麦考尔和西蒙斯认为，社会互动从本质上说是极其复杂和微妙的谈判。这种谈判是以报酬为中介的交换性谈判。人们的付出与回报经常事与愿违，所以社会互动中的矛盾是常在的。为了减少矛盾所带来的消极影响，人们运用了众多的自卫机制。比如，人们谋求社会互动中的短期信用，即相互之间的支持只是暂时的、部分的，容易发生变动。

3. 角色理论

角色作为连接个体与社会结构的中介，在20世纪50年代受到社会学家们的普遍重视。特纳针对角色理论的缺陷，提出了自己的角色理论。特纳（Ralph H·Turner）认为，早期角色理论存在以下缺点：强调规范、社会地位和规范预期对角色的设定而导致角色理论走向结构泛化；过于集中在角色冲突和角色紧张而忽视了人类互动的常态过程分析；堆砌命题与经验概念而没有理论的系统性；没有把米德的角色领会作为核心概念。特纳的角色理论因此强调互动过程的研究。

特纳以米德的"感受并理解他人角色"来定义社会互动。但是，特纳又对这一概念作了发展。特纳指出，人们的社会互动是基于一个基本的假定：行动者构建角色，并在社会互动中告知他人自己扮演的角色。通过这一假定，人们能有效地解读他人的符号，从而确定他人正在扮演的角色。同时，主体也可以主动地暗示自己正要扮演的角色。这样，特纳认为角色领悟就是角色建构。通过角色建构，个体不仅为自己在松散、模糊的文化环境中建构一个角色，而且也建构隐藏在他人行为背后的角色。

特纳指出，正是因为上述假定使社会互动依赖人们行为的一致性，人们试图将彼此的行为归类，以掌握彼此的行动，他们就能预期彼此的行为，并调整彼此的反应。显而易见，如果社会互动中彼此的行为都不为对方所理解，那么互动就难以进行。所以在人们的彼此互动中隐藏着"一致性规范"。然而，行为总会出现不一致的情况，这样行动者就要改变对他人角色的认知，也就是角色校正。

特纳认为，自我概念与角色的一致性程度将影响个体的戏剧性表演。比如，扮演一个与自我概念不相符的角色时，行动者就会显得生疏和迟钝；而自我概念与角色相一致时，则正好相反，显得从容不迫。行为者在社会互动中是以一种能够强化自我概念的方式来表现自己的。他人总是在寻求判定行动者的角色，所以个体就有必要通过各种符号来告知他人自我认定的角色。

在建构理论的方法上，特纳主张用主趋势命题来连接经验的规律性概念，从而在具体经验命题与理论陈述之间保持具有创造性的对话。特纳在以下5个方面提出了一系列的主趋势命题：角色的出现；角色作为互动框架；角色与互动者的关系；处于社会背景中的角色；角色和人。主趋势命题只是简单地描述什么将会发生，而没有说明在什么特定条件下这些主趋势会成为现实。

4. 戈夫曼（Erving Goffman）的戏剧理论

戈夫曼在对待社会结构与社会互动的关系上显得很灵活。戈夫曼认为，社会结构规制着社会互动，甚至限制互动的一般形式。但是社会互动的内在动力并不是必然的与社会结构的参量形成一对一的关系。社会互动本身具有很强的创造性、主动性和变动性，社会结构作为一种情境要素只不过是为社会互动提供了众多的可能选择。这样，社会互动与社会结构之间只是存在一种松散的耦合。行动者利用一系列的转变机制来转变社会结构进行社会互动。

戈夫曼的社会互动理论被称为戏剧理论。戈夫曼认为社会互动好比剧场中的戏剧表演，在剧场中存在着文化脚本、舞台、观众、道具和扮演角色的演员。具体说来，戈夫曼强调标准化的规范在社会互动中的作用；突出个体如何控制他人的印象并扮演角色，通俗地讲就是印象整饰；看重角色扮演时的姿态、空间、道具以及情境中其他要素的运用；认为自我是不断变化的，自我更多地受文化脚本、舞台和观众的影响，而自我概念和自我感觉的结构影响则较小；强调社会互动如何构建一个剧场，也就是如何对情境进行定义。

在《日常生活中的自我展示》一书中，戈夫曼论述了社会互动的基本机制与技巧。个体看似漫不经心实则有意地向他人展示一些符号，让他人获得如何对之做出反应的信息。通过这种共享的符号中介，人们发展出情境定义，以指导社会互动者如何行动。在构建情境定义的过程中，人们投入到角色的扮演中。个体充分利用前台来为他人提供第一印象，然后个体努力地通过角色表演来展示自我，这种展示自我的过程中常用到一些技巧，如表情控制、误导性表演、使自身具有神秘感、让自己的“表演”看起来“真实”等，通过这些技巧，社会互动会更加顺利地进行。

戈夫曼把社会互动分为非焦点互动与焦点互动两种基本类型。非焦点互动双方单纯地依赖人们在彼此面前的表现来进行交往。具体说来，当两个陌生人面对面穿过房间时，他们彼此审视对方的衣服、姿态和一般的格调，并调整各自的风度，因为他们自身是处在被观察之下的。焦点互动是当人们积极有效地在某一时间里，集中感觉和视觉的注意力于某一焦点上发生的。比如，在一场对话中、一场大的游戏中。

戈夫曼提出了框架的概念。框架可以大致认为是一种蓝图。人们利用框架来界定这个世界，或勾勒出某些东西，或过滤掉某些东西。原生框架是指不依赖于对事物先在解释的框架。原生框架可以分为自然框架和社会框架。自然框架与物质世界相联系，社会框架与社会相联系。所有的框架都包含着一些规则，以决定何者将被选择何者将被排除。原生框架可以发生变化。原生框架变化的三个途径是社会互动中的拟制、伪造和歪构。拟制是一套惯例，原生框架中已被赋予意义的行为通过拟制变换为一种具有另外意义的模式。比如爱情的白日梦就是真实爱情的拟制。伪造是指个体有意诱导他人相信眼前的框架是什么，而实际上背后的框架却是完全不同的另外一个。愚弄、反面游戏、策略操纵都包含着伪造。歪构指行动者由于某种原因而错误地架构框架。由于框架的这种变化性，社会互动中的架构显得非常复杂。正因为如此，社会互动有时很难顺利进行，但是人们仍旧力图寻找一个共享的框架以维持彼此的社会互动。

5. 常人方法论

现象学在20世纪60年代有了新的发展，这种发展集中体现为“常人方法论”的出现。常人方法论关注人们彼此之间互动的“日常方法”。常人方法论继承了布鲁默互动理论中关于行动者如何在彼此互动中构建共同意义的主题，借鉴了戈夫曼戏剧理论中行动者构建印象技术的论述，吸收了舒茨现象学互动论中世界想当然性和想当然的世界如何维持行动者现实感觉的思想。在此基础上，常人方法论试图提出一种不同的社会世界的视野，以便能够以一种新的视角理解社会组织的解构、维持和变革。常人方法论的主要代表有加芬克尔（Harold Garfinkel）、萨克（Harvey Sacks）、西库雷尔（Aaron V. Cicourel）等。

在常人方法论中有两个重要的概念，一是反身性，二是索引性。反身性与互动行为相联系。人类的互动行为很多都是支持着某一特定的情景信念。人类通过彼此间的暗示、姿态、言辞和其他信息交流来加强、验证自身的某一信念。一个典型的例子是自作多情。一个人当认为某个异性对自己感兴趣时，他或她会从与其相对的异性的言谈举止中力图分离出支持自身信念的要素来。当她或他向自己的倾慕对象吐露自己的感情时，一般会遭到拒绝，这时他或她会倾向于认为自己做得还不够，不仅不会打消掉原来的念头，相反她或他会更执著地坚持原来的观念。索引性是指互动各方收发的姿态、暗示、言辞和其他信息的意义，它是与一定的背景相联系的。这种背景是与互动各方的生活经验、互动目标相联系的。通过互动中符号意义的索引性，行动者构建和维持现实的互动世界。

常人方法论提出了众多的互动技巧。西库雷尔总结为三条：寻求常规互动模式，进行视域融合和运用等原则。寻求常规互动模式是指行动者倾向于以熟悉的情景模式作为互动模式。如果行为者对情景的真实性感到模糊时，他们就不能顺利互动，这时他们就通过相互提示回到情境的正常模式中去。进行视域融合是指行为者假定彼此具有相同的经验，由此他们都忽视由于他们的独特经历所引起的视觉的不同。运用等等原则是指在互动过程中有许多东西是隐而未说的，行动者必须不断地等待或替代所需的信息，从而使其他的言辞和行为不会变得没有意义，这时就运用了等等原则。比如“你不会不知道吧”，通过这句话人们就能顺利地按照自己所预想的互动方案把互动进行下去。

加芬克尔对常人方法论做了开创性的贡献。加芬克尔认为，进行互动就是解释互动，其中互动者所使用的重要互动技术就是口语表达。通过人们之间的解释互动，人们来建构现实感。现实感是隐性的互动规则。这种隐性的规则需要互动各方都要明确并且不能对它提出疑问。加芬克尔通过裂变实验来说明这一问题。在裂变实验中，互动的正式程序与规则都被打破了，结果互动不能顺利进行。加芬克尔旨在说明对现实感的确信不移是社会互动顺利进行的前提。加芬克尔非常关注索引性，也就是说成员与特定背景和情境相联系。在其考察陪审团的研究中，陪审员在对“到底发生了什么”做出判断时，由于案件的模糊不清，陪审员用了不同于官方规则的新规则进行判断。这样，加芬克尔就说明了互动成员与特定背景和情境相联系，因而行为的规则是可以变化的。

6. 情感理论

在20世纪70年代后期，社会互动理论开始关注社会互动中的情感问题，并形成了众多的情感理论。

（1）霍赫希尔德（Arlie Russell Hochschild）的情感剧场理论。霍赫希尔德认为，情感是行动者在情境规范和文化的规制下表演的表露。很明显，霍赫希尔德强调文化与规则对情感表露的限制作用。互动者必须依据文化与规则来控制他们的体验和在他人面前所展现的情感，从而把握好自我的表现。控制情感表现的机制是情感运作。情感运作主要有身体运作、表面行为运作、深层行为运作和认知运作。身体运作是指改变身体的感觉，如深呼吸以镇定情绪。表面行为运作指改变外部表达姿态，如社交活动中的强作笑颜。深层行为指改变内心感受，如想像某些悲哀的事情以使自身变得哀伤。认知运作指调动与情感相联的思想和观念以激活某种情感。

（2）情感的符号互动理论。肖特（Suan Shott）从角色领悟和社会控制的角度对情感作了论述。肖特吸取了符号互动理论的精髓，即人们有一种内在的把自己当作客体的能力。肖特认为，人们从特定他人和一般化他人的视角来看待和审视自己。在这种自我评估的过程中，人们便对自己赋予了某种情感。肖特认为，这种赋予的情感有负罪感、羞耻感、尴尬感、自豪感、移情等。人们一旦对自己赋予某种情感，那么这种情感就对人们起了一种控制作用，相对于外在的社会控制，这是一种自我控制。

海斯（David R. Heise）认为，人们以情感化的方式对社会事件做出反应。人们这样做的程度有赖于基本情感与暂时感受的一致性程度。基本情感就是已经被建构起来的、超越了特定情境的具有文化特征的感情意义；暂时感受是对特定情境情感反应的感知。两者的一致性将导致情感的唤起，而两者不一致则会激发情感行为去调适基本观念和情境感觉，使两者一致。人们行为和互动的基本动力是消除矛盾，随着矛盾的消除，就达到感情的控制。

斯特赖克从身份的显要序列来论述个体的角色扮演和情感如何相互作用。斯特赖克认为，在显要序列中的高身份引导角色行为。当某种角色行为获得他人的积极评价时，个体就会具有自尊感，并把与这种角色相连的地位固化在显要序列的前列。如果某种角色行为获得他人的消极评价时，个体就会感到恼怒、羞耻和内疚，从而将角色所对应的身份置于显要序列的后列。

(3) 地位和权力的情感理论。柯林斯（Randall Collins）的情感理论关注互动仪式。柯林斯认为，互动中的交流是以手段和仪式的交换为中介的。柯林斯所讲的仪式包含物质的配置、相互的注意、共同的情感、彼此的符号表现等方面。仪式是互动的情感性能源，仪式中含有交换的过程。在仪式和交换过程中有两种基本的资源：文化资本和情感能量。文化资本涉及个体的自身素质、地位等方面；情感能量包含个体在情境中所动员的情感、感觉和感触的种类及水平。互动是人们利用他们的文化资本和情感能量进行的交谈与交换。柯林斯认为，情感能量是互动的真正驱动力，情感能量是最有价值的。个体总是最大化他们的情感能量感受。但是人们必须平衡两个方面的内容：一方面是带来积极情感能量的仪式，比如谈恋爱；另一方面是带来物质资源、充沛体力的行动，这种行动是个体参与更高情感能量体验的基础。如果一个人仅仅沉溺于情感感受而不顾如何解决物质生活问题，那么他的情感能量体验将会十分有限。所以，如果一个人具有较高的文化资本，那么就会在互动中有更高的情感回报。

肯珀（Theodore Kemper）认为，个体在社会关系中所具有的权力以及它们的变化，对于其情感状态有着重要的影响。权力是迫使他人服从自己愿望和指令的能力，地位是指个体得到的顺从、依附、尊敬和荣誉。当人们在社会关系中权力和地位或提升时，人们就体验到一种满足、安全和充满信心的感觉，相反，权力和地位下降时，人们就会体验到一种焦虑和恐惧。这里涉及到预期权力和地位，权力、地位的预期与现实总是存在矛盾的。当个体的意愿与现实相符的时候，他们就会感到满足，相反，他们就感到痛苦。

(4) 情感网络理论。情感网络理论关注的是情感如何引发社会团结的。马克夫斯基（Barry Markovsky）和劳勒（Edward Lawler）认为群体之所以形成是因为情感的存在。情感是粘合剂，它将社会单元和结构连接在一起，建立并维持着连接和配置，防止社会结构破裂。这是人们的预期发挥了作用。如果人们预期在与他人的互动中将体验到一种积极的情感，他们就会积极进行群体互动。如果人们的确得到了积极的情感，那么在互动之中，个体与他人的情感联系就会增强。如果人们得到了消极情感，人们就会避免这些互动。积极情感的继续发展使人们把更大的社会网络当作整体，社会团结的范围将不断扩大。但是，当这种积极情感达到一定的程度时，自我就会丧失，消极情感就会显露出来，破坏整体的团结。

7. 预期状态理论

预期状态理论是20世纪70年代出现的。预期状态理论一方面是互动理论的发展，即预期状态理论假定行动者知道如何参考社会和文化的规则来行动，一方面预期状态理论又有其独特的地方，预期状态理论的独特之处在于它指出了预期状态的片段性。预期状态的片段性指在特定的信息条件下，预期状态过程将会被激活，对行为进行组织和再组织，然后转入静态，直到条件再次变化时，预期状态过程又被激活。

作为预期状态理论的核心概念，预期状态指的是一种推测，它指的是一个人将要做出的行动相对于他人的行动而言会是怎样的。简单地说，就是推测一个人将如何行为时，是以他人的行为作为参照物的。预期状态理论可以归结为4点：(1) 在特定的信息条件下，人们感知并评价信息，将与自身最相关的信息作为自身如何行动的根据。(2) 依据自身思维所形成的行动根据进行互动。(3) 随着互动的进行，固化已建立的预期。(4) 条件变化时，情境信息发生了变化，个体重新评估信息，建立新的预期。①

第二节　社会关系

一、社会关系的涵义

日本学者横山宁夫认为，社会关系是人与人之间发生相互行为的一种循环模式，或者说是一种特殊的互动模式。作为互动模式，虽然在现实生活中不一定时时处处发生相互行为，但一当有机会发生相互行为时，相互都期望对方能遵循模式所规定的特殊形式、在特定轨道上进行，互动双方一般都有这种行为准备。按照横山宁夫的定义，社会关系与其说是人与人之间发生相互行为的一种循环模式，不如说是角色互动的一种循环模式。社会关系是一个体系，由相互联系的角色互动关系构成。

二、社会关系体系

社会是个人以角色的名义与他人互动构成的关系网，这种关系网就是人与社会的全部关系，表现为相互联系的具有层次性的4个体系。

1. 角色人格体系

---

① 参见乔纳森·特纳著，邱泽奇译：《互动理论》，《社会学理论的结构》(下)，华夏出版社2001年版。

角色是包括职位和由职位发生的权利义务以及行为规范、行为模式的总和，是由个人与社会的结合而产生出来而且比个人更具体的概念。现实生活中，个人以角色的名义与他人发生关系，角色是个人与社会的结合点，是社会网络最小的因子，因而是社会学理解和解释社会的初始点。角色与人格是不可分割的。角色中的职位是非人格化的社会规定，而角色扮演是人格化的。由于职位总是由某个具有特殊人格的人去担任，所以角色最终是人格化的。从这个层面看，角色包含着人格。人格包括价值标准、能力和气质三种要素，它给角色以个性活力。角色脱离人格便是没有生命力的抽象概念，人格脱离角色便成为没有名目的个性精神。在人格三要素中，价值标准决定角色行为的取向和目的，能力为角色行为的目的服务，气质是角色行为的心理动力，影响角色行为式样的心理要素，所以角色与人格是有机联系的体系，这个体系是个人与社会的初始关系体系。

2. 价值规范体系

价值标准是人格的三要素之一，包含在角色人格体系之中。价值标准是指主体对客体的有用性以及用处大小的判断，是角色人格体系的核心要素。虽然价值标准归根结底是由人的社会物质生活条件决定的，但在角色行为中通常表现为人们的主观意向，是一个人、一个群体、一个社会的灵魂，因而价值标准在现实生活中因人而异，是特殊的和无形的内在要素，需要转化为规范才能发挥作用。规范就是标准、规则和模式，如道德规范、技术规范等。只讲价值标准不讲规范，则价值标准无法体现；只讲规范不讲价值标准，规范就失去内在依据。价值标准和规范是内在联系的有机体系，内在的价值标准转化为规范，从而组成个人与社会的第二层关系体系。

3. 权力制度体系

根据角色与人格、价值与规范的内在联系及其相互作用，我们看到个人以角色的名义与他人或群体在互动中建立的社会，是一个具有矛盾和冲突的社会，人们的角色行为在不同的价值标准驱动下，经常处于无序状态。为了角色行为的有序性，人们设置了权力。什么是权力？权力是在社会关系和社会行为中以威胁或惩罚的方式强制他人贯彻实现自己意志的能力。权力之所以必要，是因为它是安排和维持社会秩序的力量。权力设置和维持秩序的功能是通过制度实现的。权力是人格化的，制度是非人格化的，只有非人格化的制度才能实现权力的功能，所以权力必须转化为制度，从而形成个人与社会的第三层关系体系。

4. 行为交换体系

个人以角色的名义与他人或群体建立关系网的内在依据是为了满足个人生

存与发展的需求。人的行为是需求满足的角色表现。美国心理学家马斯洛把人的需求划分为生理需求、安全需求、归属和爱的需求、自尊需求和自我实现的需求，这是人的价值标准的层次，也是人的行为的层次。处在不同需求层次上的人，他们的价值标准不同，行为层次也会不同。由于人的需求决定人的价值标准，人的物质生活方式决定人的需求，人的行为归根结底是由物质生活方式和社会分工决定的。人们的行为如何满足需求呢？行为通过交换才能满足需求。交换是经济学家的术语，美国社会学家布劳已将人的一切关系都视为交换关系进行分析。交换与分工相连，分工与权力相关。由于分工的差异，每一个从事对别人有交换价值的专门任务的人，都在一定程度上拥有对他人的权力。即使最有权力的人，也要依赖无数具有交换价值的人。交换、分工与权力编制着一个不断增长并贯穿整个社会过程的网络，包括工业化、都市化和世界化过程的相互依赖且变化发展的网络。这是人与社会的第四层关系体系。①

三、社会关系的类型

由于网络世界的崛起，现代人的角色关系可以重新归结为实体关系和虚拟关系两类。就实体关系而言，常根据角色系统的性质将社会关系分为不同的类型。

1. 生产关系

所谓生产关系，是指一定历史时期内，人们在物质生产活动中结成的与当时生产力发展状况相适应的社会关系。从角色关系上讲，生产关系就是在物质生产活动中，各种角色之间的关系。在人类历史上，与具体的生产方式相适应，有过不同的角色关系，从而有不同的生产关系。

生产关系是最基本的社会关系，人们在生产关系中的角色地位决定和影响在其他社会关系中的地位。生产关系是在人们生产赖以生存的物质资料的过程中结成的关系，生产关系当然决定了人们对所生产出的物质资料的分配关系。生产关系中存在两种关系，一是支配与被支配关系，二是平等关系。支配与被支配关系反映的是剥夺与被剥夺的关系，平等关系反映的是交换关系。人们的角色关系总是与一定的社会地位相联系的，更进一步地说，是与一定的社会资源相联系的。在各种社会资源中，最重要的无疑是经济资源。所以生产关系总是影响和决定其他的社会关系。

2. 初级社会关系和次级社会关系

---

① 参见杨心恒、刘豪兴、周运清：《论社会学的基本问题：个人与社会》，《南开大学学报》2002 年第 5 期。

对于初级社会关系和次级社会关系，人们的定义各不一样，归结起来主要有三个方面：从时间上讲，初级社会关系是最原始和最早出现的关系，而次级社会关系则出现得较晚；从复杂性上讲，初级社会关系是简单和初步的关系，次级社会关系则比较复杂，不易把握；从距离上讲，初级社会关系是人们之间交往最密切、相互最了解和最有影响的关系，次级社会关系是指人们之间比较疏远的社会关系。初级社会关系和次级社会关系应当从情感方面进行区分。初级社会关系包含较多的情感成分，次级社会关系情感成分较少。所以初级社会关系一般指夫妻关系、兄弟姐妹关系、父母子女关系和邻里关系等社会关系，次级社会关系指政治关系、职业关系等社会关系。在现实生活中，初级社会关系和次级社会关系是可以相互转化的。

3. 结合关系和对立关系

根据角色之间的联系性质，社会关系被划分为结合关系和对立关系。结合关系指人们在情感和行为诸方面相互结合，以达到共同目标的关系。结合关系可以分为和睦关系、协作关系、共同关系和强制关系四种。和睦关系是一种内在的结合关系，它以人们人格上的信赖和献身为基础，有时包含着某种价值合理的行为。这种关系的当事人常常自发地制定出相互结合的目标，以使命感来接受维持其结合所需的规范和义务，并积极参与，不期望对方报酬，不怕牺牲。协作关系指为达到行为者相互间的自发性目标，经过合理思考而相互适应的关系。协作关系的基础是合理的满足感。共同关系是在特定条件和不可避免的情况下出现的规范和义务关系。在这种关系中，人们一般是有条件地顺应或迎合。强制关系是各人根据一定的人为的强制目标，不自愿但却被迫接受的关系。与结合关系相比，对立关系处于从属地位，是人们的相互需求在一定程度上相互对立或否定的社会关系。对立关系不是绝对的，在一定条件下，它还是结合关系的基础。没有对立关系，就没有人与人之间的相互作用。对立关系表现为反感关系、竞争关系、斗争关系和敌对关系四种。反感关系是指情感上的抵触。竞争关系是具有对立动机但排除个人情感因素的合理关系。竞争关系是一种积极关系，有时是行为上竞争但内心和睦的关系。斗争关系是集团成员因某种原因产生对立后而积极支持和参与的关系。敌对关系是在外部条件的强制下参与的对立状态，就双方成员而言，可能有感情上的对立，也可能没有感情上的对立。

4. 血缘关系、地缘关系和业缘关系

在人类的代际传递中，人与人之间存在着一种自然的血缘关系。血缘关系在历史上有两种基本存在形式：一是血缘氏族关系，二是血缘家庭关系，它们都是当时社会的产物，是和一定的社会生产水平相联系的。原始社会，简单的生产工具把人们谋生的可能性限制在血缘关系构成的人群范围内。在血缘关系中，原始关系是母子关系，这是由于古代的群婚和同时存在的原始生活的条件限制。一方面是子女只知其母，另一方面男子收入不稳定，女子在生活上占了主要地位。根据原始社会的遗迹和文化考察，中国历史上的母系氏族几乎遍及全国。直到父系氏族形成后，氏族群体才开始以父子关系为核心。随着一夫一妻制的形成和发展，氏族群体逐渐瓦解，代之而起的是家庭和家族。家庭的结构沿袭了父亲氏族的关系体系，仍以父子关系为群体轴心。

人类的第一次社会大分工即畜牧业与农业的分工，社会出现了一种新的社会关系——地缘关系。地缘关系是人们依赖土地谋生形成的关系，是种植业发生和发展的产物。第一次社会大分工以农业经济的发生和发展为前提，而农业经济和土地的利用是分不开的。在以农业生产为基本生活来源的地方，土地是生活之母。人们为了谋得生活资料，就以土地的利用为基础，结成了共生关系。起初人们是一个氏族生活在一个地方，在这种情况下，血缘掩盖着地缘，随着氏族之间的渗透、侵占或联合，在血缘关系之外，形成了这种独立的新的群体关系。地缘关系是以村间社会的形式存在和发展的，人们常见的村社和村庄，就是地缘关系的现存方式。

业缘关系是人类社会第二次社会大分工的产物。手工业和农业的分离使一部分有技术的人从土地上分离出来，以行业为基础，形成了这种新的关系。早在石器时代，就有一部分人学会了制造石器的简单工艺，但那时还没有行业分工。随着手工技术的发展，逐步产生了织布业，随着冶金技术的发明，人们开始制造金属劳动工具和兵器。无论是生产过程还是技术传递，都需要一些人按特定方式组织起来，需要把一些人集中起来。这样业缘关系产生了。业缘关系包含有血缘与非血缘关系、地缘与非地缘关系。

第三节 网络互动

一、网络互动的特点

人与人之间的交往方式是与社会生产力发展水平密切相关的。在生产力条件允许的条件下，人们总是根据自身的需要发明新的社会交往方式。在工业社会以前，人们最好、最快的交通工具是马和马车，人们的联系方式以书信为主。进入工业社会以后，人们的交通工具变成了更为快捷的汽车、火车、轮船、飞机，人们发明了电报、电话等更为快捷的联系方式。在现代计算机技术以及互联网技术迅速发展的情况下，人们又发明了网络联系方式。通过网络，人们不仅能听到对方的声音、看到对方的信件，而且能够看到对方的画像。两个相隔万里的人通过网络能够实现全面地交流。纵观人类的交往方式，从最简单的面对面地交往到通过互联网的直接互动，我们可以看到人类交往方式的发展曲线呈现出螺旋式回归的特点。在最简单的面对面互动中，人们相互之间不仅能够看到对方的表情、姿态，而且能够听到对方的声音。但是人们的这种互动受到时间和距离的限制。交通工具的创新只是在一定程度上解决了人们交往的距离问题。电话、电报等联系方式的发明虽然解决了距离问题，但是人们却不能看到对方的表情与姿态。网络的出现使人们能够远距离地实现相互之间的直接交往，人们能够通过声音、画面进行全面的信息交流。网络解决了人们直接互动的距离与时间问题。

网络互动从本质上说是社会互动发展的高级形式，具有一些实体互动所不具有的特点。网络互动具有如下的特点：

1. 虚拟性

首先，网络互动的虚拟性表现为互动环境的虚拟性。在现实社会中，人与人之间的互动总是处在一定的文化环境中，受到一定社会结构的限制。以权力、经济和文化作为分层标准，现实社会中的人群被分为不同的阶级和阶层。由于各阶层、阶级的生活方式不同，形成了各个阶级和阶层不同的社会特征。在这种具有阶级和阶层差异的社会环境中，各阶层、阶级之间甚至阶级和阶层内部的社会互动总会受到一定程度地阻隔。然而在网络空间中，现实社会结构的规制不再具有效力。取而代之的是网络文化与规则。网络文化与规则表现出灵活性、开放性等特点。它是不断变动的，不再具有社会结构强制性的特征。网民可以自己设定互动规则。一种网络文化与规则可以很快形成，又能迅速地消亡。其次，网络互动虚拟性表现为网络群体的虚拟性。在网络互动中，人们由于相同的爱好、兴趣或者对某种网络资源的共享从而形成一定的网络群体。在这种群体中，群体成员相互之间对彼此的背景毫不关心。他们在乎的只是相互能在一起组成讨论组，探讨共同关心的问题。一旦网民下网，这种网络群体就会解体。所以网络群体的成员总是在不断变动的。网络互动的虚拟性还表现为网民角色的虚拟性。在现实社会中，人们所承担的角色是在生活进程中逐渐获得的。同样，一个人想改变自身的角色也需要一个过程，并且由于社会条件的限制，一个人想改变自身的角色也未必会获得成功。然而在网络世界中，这种情况发生了变化。网民可以根据自己的兴趣来选择自己承担的角色，并且如果他想改变自身的角色也是轻而易举的事情。网络互动的虚拟性使互动主体具有空前的能动性，网民可以根据自己的意愿选择相应的互动模式。

2. 符号性

网络互动与现实社会的实体互动相比更具有符号性。这主要表现在三个方面：一是信息传达方式的符号化。在现实社会中，人们通过语言、表情、姿势、语气等方式传递信息。在网络互动中，网民用单纯的符号来代替某些信息传达方式，从而能够较好地表达相互的情感与意愿。网民对信息传达方式的符号化主要有以下两种类型：（1）替代。就是用一种符号来替代现实社会互动的所传达的信息。通过这种方式，网民们能够简单、直观、有效地传达自己的意思。比如，“886”代表再见、后会有期的意思。（2）标准化。主要是对所要表达情感的符号化。通过这种方式，能够使双方在看不到对方的情况下，表达自身的情感感受。比如，“:)”代表微笑，“:(”代表不高兴。二是实物的符号化。在现实社会互动中，人们常常相互赠送一些物品来表达自己的心意，起到融洽情感的功效。人们的这种生活习惯也影响了网络互动。在网络互动中，网民之间也时常相互赠送一些“物品”来表达自己的情感。不过这些物品只是一些图形。不仅是礼品被符号化，其他在网络互动中所需要的一切物品也被符号化。比如，房子、汽车等。三是网络互动主体的符号化。在网络发展的现阶段，网民之间的互动是间接的。网络互动实际上是网民代号或者名称之间的互动。每个网民都会在网上设置自己的代号与个人资料，这样在网上参与互动的只是一个符号化的主体。由于主体的符号化，网络互动的主体内涵扩大了。比如，计算机也成为网络互动的主体。

3. 全球性

随着全球经济、政治和文化的一体化趋势，人与人之间的互动在全球范围内扩展开来。网络互动的出现，使人与人之间的互动进一步向全球化方向发展。这是因为：首先，网络互动成本低。网络作为一种信息传递工具，它的信息传递成本比其他传递工具要少得多。在网上聊天的成本要大大低于电话聊天的成本。公司之间的业务往来借助于网络也会大大降低成本。所以，人们通过网络可以以很小的代价与不同地区、不同国家的人进行互动。其次，网络互动的便捷性。网民只需一台电脑和一条网线就能与外界建立联系，这就大大便利了网民，使他们可以随时随地地进行网上互动。不管网民是在办公室还是在家中，都能迅速地与网上的互动对象建立联系。这样，人与人之间交往的时间与地域问题就解决了。人们的交往不再受到距离和时间的限制。最后，网络本身的扩展。网络作为一种信息传递手段，它的优点已经在世界范围内得到认可。作为展现人类本质的手段和实现人的需要的工具，它必然在全球内扩展开来。今天网络已经在全世界范围内扩展，有充分的理由表明，将来每个人都可以通过网络与全世界建立联系。

二、网络关系

在实体互动中，人与人之间建立广泛的联系，形成了各种各样的关系。网络互动的建立，一方面发展了实体社会关系，另一方面又建立了新的网络关系。

网络互动是实体互动发展的一种高级形式，它对实体社会关系的发展表现在两个方面：一是扩展社会关系。网络关系扩展了社会关系，使社会关系在规模和条件上都有所扩大。比如初级社会关系，在网络世界里，只要互动双方能够彼此吸引就能够建立亲密的初级社会关系，而不论这两个人属于什么阶级、阶层，或者两人的所在地区距离如何遥远。二是模糊社会关系。在网络世界中，有些社会关系变得模糊起来。比如地域关系，在网络世界里是没有现实意义的地域关系的。因为任何全球范围内的个人都有可能通过网络互动建立网络关系，网络关系不再具有地域的特征。

网络互动形成了新的网络关系。通过网络互动形成的网络关系有两类：一是网络中的实体关系。这种关系本来就已经存在，通过网络得到更好地维持与发展。现实中的商务往来，通过网络变得更加快捷。现实中的朋友、同学关系通过网络得以更好地保持。二是纯粹的网络关系。这是网民通过网络建立起来的虚拟关系。这种关系只在网络上存在，比如，情人关系。网民可以在网上根据自己的价值标准来选择自己的梦中情人，相互之间可以在网上结婚。纯粹的网络关系可能会向现实实体关系转变。

三、网络互动的问题

网络给人们的交往带来了巨大的便利，但也产生了很多的问题。总结起来有以下几个方面的问题。

1. 诚信问题

人与人之间的正常交往是建立在相互信任的基础之上的。由于网络社会的虚拟性，互动双方对彼此之间的背景资料都持一种不信任的态度。如果双方都不信任对方，那么他们之间的互动将纯粹是一种游戏关系。这种关系如果不转化为现实关系，那么对双方来说都没有害处。但是一旦转变为现实关系，这种关系就存在风险性。因为相互之间在游戏时肯定会隐瞒自己的真实情况，等到相互了解后，就会感到被欺骗了，这样关系就会破裂。更为重要的事，当众多网民都这样游戏时，社会的诚信就很成问题了。

2. 情感问题

在现实生活中，很多人的感情问题都是不如意的。于是很多人在网上寻找自己的情感梦想。事实上，也有很多人通过网络找到了真正的情感，但是更多的人纯粹是在网上寻找刺激。这样的情感是不负责任的情感，这种网络情感的泛滥对现实的婚姻家庭造成了一定冲击。

3. 越轨问题

由于一些人借助网络坑蒙拐骗，发生了很多不该发生的故事。如有人运用专业知识从网上进行经济诈骗活动，不但扰乱了网络秩序，而且对现实社会的社会安全问题造成了不良影响。

4. 异化问题

人是具有多种需要的，人的需要必须通过现实的群体关系得到满足。但是很多人热衷于网上的互动，忽视了现实的群体关系。人们往往以网络互动所形成的价值观念与行为准则运用于现实交往，对现实关系造成了冲击。比如，不愿意与别人交往，对他人漠不关心。人的本质只有在社会交往中才能不断展现，网络互动所造成的异化问题无疑对人的全面发展造成了危害。

另外，网络互动中存在大量的冲突问题，如民族冲突和语言冲突等。这些问题的解决一方面要靠网络技术的进一步发展，另一方面还要依赖人们价值观念的不断融通。

本章小结

1. 社会关系是人与人之间互动的恒定角色关系。人们通过互动确定自己的角色身份，从而相互之间形成一定的关系。

2. 社会关系的体系有角色人格体系、价值规范体系、权力制度体系、行为交换体系。

3. 社会关系有多种类型。比如生产关系、初级关系和次级关系、结合关系和对立关系、地缘关系、业缘关系、血缘关系。

4. 社会互动是指社会个体间出于生活的需要而发生的、以符号运用为主要手段、以社会结构和文化作为背景的交往活动，通过这种交往，自我得以形成，需要得以满足，社会得以维持。社会互动初期理论从不同的方面对社会互动作了说明。

5. 不同的社会学家从不同的角度对社会互动作了理论上的说明。社会互动理论有角色理论、常人方法理论、戏剧理论、情感理论、预期状态理论等。

6. 互联网的发展使社会互动有了新发展。网络不仅成为人们互动的一种手段，更为人们创造了一种互动空间。网络互动是一种特殊的互动，它有不同于一般社会互动的众多特点。

7. 网络互动存在很多问题，网络问题的解决需要技术进步和人们价值观念的不断提升。

思 考 题

1. 什么是社会关系？
2. 社会关系有哪些种类？
3. 什么是社会互动？早期的社会互动理论家从哪些方面对社会互动作了说明？
4. 社会互动有哪些理论派别？这些理论派别研究社会互动的视角是什么？
5. 什么是网络互动？
6. 为什么说网络互动是特殊的社会互动？
7. 网络互动有哪些特点？

第七章　社会群体

学习目的与要求：社会群体既是社会互动的结果，又反过来规制着社会互动。本章着重论述了社会群体的概念和类型、家庭的研究视角以及家庭的变迁等。学习本章要求重点了解社会群体的基本涵义与类别，明确家庭研究的理论视角，理解影响家庭变迁的诸多社会因素，把握家庭的发展走向等，提高分析群体与家庭问题的能力。

社会群体是社会学研究的一个重要方面，有广义和狭义之分。广义的社会群体是指两人以上有较为稳定的互动活动和相互关系，有结构的人类共同生活的集体；狭义的社会群体是指由直接交往和心理沟通联系起来的人类结合体。根据社会学家们的研究，社会群体有不同的类型：内群体和外群体，所属群体和参照群体，正式群体和非正式群体，初级群体和次级群体。初级群体中的家庭是社会学研究的一个重要课题。家庭是建立在婚姻和血缘关系基础上的人类生活的共同体。人们从不同的视角对家庭进行了研究：进化论的视角，结构功能的视角，冲突的视角，微观互动的视角，交换的视角和发展的视角。家庭是随着社会的发展而不断变迁的。影响家庭变迁的因素有社会因素、观念因素和技术因素等。对于家庭的变迁，人们所持的态度与观点不同。对于家庭问题的争论是家庭研究不断进步的源泉。

第一节　社会群体概述

一、社会群体的概念

1. 群体生活

中国古代思想家荀子说：“水火有气而无生，草木有生而无知，禽兽有知而无义；人有气、有生、有知、亦有义，故最为天下贵也。力不若牛，走不若马，而牛马为用，何也？曰：人能群，彼不能群也。”① 荀子这段话旨在说明，人高于万物的根本所在是其社会性。人的社会性使人与人之间以一定的关系结合为群，通过群的生活，人类有了智慧、情感、伦理、规则、制度，人类在生活能力和生活质量上都超出了世间万物。

群体生活是人类生活的基本特征。人类自身就其自然特性来说，并不能在动物界残酷的优胜劣汰的生存竞争中占据什么明显的优势。人类没有强大的体形，没有尖利的牙齿，没有利爪，没有足够的速度，所以人类并不能靠捕获其他动物为生，相反人类可能经常成为其他动物的美味。然而人类通过群体的生活改变了这一切。在物质生产上，人与人之间通过相互协作分工，实现了食物的多元化，保证了人类自身的食物需求。在人身安全上，人类通过集体的智慧发明了各种机械与工具，通过集体的力量保证了每个人的安全。在情感上，人类通过群体生活产生了爱情、家庭等满足人类情感的各种形式，人类情感的满足进一步加强了人类的群体生活。

从形式上看，某些动物也有群体生活。比如，蚂蚁、蜜蜂、鸟类、猿猴等。然而动物的群体生活与人类的群体生活有着巨大的差别。动物的群体生活主要是一种自然选择的结果。在动物的进化过程中，某些动物的群体生活成为这种动物之所以生存下来的必要形式，并且这种自然选择的结果以遗传和基因的形式固化下来。所以动物的群体生活并不能使动物产生高级情感、高度智慧等人类特有的现象，并且动物群体生活的变化过程极其漫长。人类的群体生活则不同。不可否认，在人类成为其自身以前，也过着类似于动物的群体生活。但是人类祖先的群体生活逐渐使人类具有了高度的情感和智慧。人类情感和智慧的产生使人类的群体生活发生了质的变化。人类群体生活内部有了动物群体生活所不具有的人际关系和社会互动。人的群体生活不是依靠遗传，而是依靠人的社会化，这样，人类群体生活的变迁受自然的影响很小，受人类自身需求和社会变迁的影响很大。人类群体生活使人类更具有自主性。一部人类群体生活发展史，就是人类不断在地球上取得统治地位的历史。

2. 社会群体的涵义

人们对社会群体的概念已经进行了多种多样的讨论。比如，郑杭生教授主编的《社会学概论新修》一书中对社会群体做了如下定义：“社会群体是社会赖以运行的基本结构要素，它的内涵有广义和狭义之分。广义上的社会群体，泛指一切通过持续的社会互动或社会关系结合起来进行共同活动，并有着共同利益的人类集合体；狭义上的社会群体，是指由持续的、直接的交往联系起来

---

① 转引自吴根友：《中国社会思想史》，武汉大学出版社 1997 年版，第 68 页。

的具有共同利益的人群。"① 周运清教授主编的《社会学概论》对群体的定义是这样的："社会群体有广义和狭义之分。广义的社会群体是指两人以上有较为稳定的互动活动和相互关系，有结构的人类共同生活的集体；狭义的社会群体是指由直接交往和心理沟通联系起来的人类结合体。"② 在社会群体的概念中，争议较多的是集群和社会类属现象是不是群体。集群是指因偶然或计划的事件而聚集在一起的人们。比如飞机上的乘客，广场上聚会的人们。这种集群具有松散的特性，人们之间可能产生社会互动，也可能不产生社会互动，并且不会发生相互依赖的关系。因此，这种集群就不是社会群体。当然并不是所有的集群都不是社会群体。社会类属现象是指分类系列中的某个等级、集团或类型。社会类属在很大程度上是对客观事实的主观抽象，它属于分类范畴。从这个意义上说，社会类属不是社会群体。但是社会类属往往促成群体出现，成为新群体发展的基础。

二、社会群体研究的基本范畴

1. 内群体和外群体

内、外群体是以个人是否参与社会群体中的互动所做的一种划分。内群体是指一个人经常参与的，或在其间生活，或在其间工作，或在其间进行其他活动的群体。内群体又称我们群体，简称我群。外群体是相对于内群体而言的，泛指内群体以外的所有群体。外群体又称他们群体，简称他群。美国社会学家W·G·萨姆纳在《民俗论》一书中首先提出内外群体概念。他试图用这对概念来描述一个人的群体归属、群体意识以及群体对个人的影响。内外群体的概念明确地区分了我们和他们的界限。这种内外有别的观念不仅内化在群体成员的心里，而且有时通过外在的形式加以突出和强调。社会学使用这对概念时，主要用来说明个人对内群体的肯定和忠诚，对外群体的排斥和疏远。内外群体的性质和范围不断变化着，随着个人的加入或退出，内外群体不断发生相互转换的现象。

2. 所属群体与参照群体

以个人是参与还是接受其规范而将群体分为所属群体和参照群体。所属群体是个人参加其中并接受其规范的群体，也称首属群体或基本群体，它是一种小群体。所属群体的成员在社会地位和角色关系上是或多或少相互依赖的一组

① 郑杭生、李强、林克雷编：《社会学概论新修》，中国人民大学出版社 2000 年版，第 190 页。

② 周运清主编：《社会学概论》，武汉大学出版社 1988 年版，第 139 页。

人，他们具有共同的价值规范及彼此协调一致的社会行为。由于规模小，所属群体更具有凝聚力。

参照群体并非个人参加的群体，它是用作评价人物或事物标准的群体。个人和社会在评价社会现象时，往往把它与其他社会群体进行比较，这种用作评价事物尺度的其他群体就是社会学所说的参照群体。美国社会学家默顿把参照群体理解为个人推崇并渴望加入的一种群体，如有志于戎马生涯的士兵把军官群体当做参照群体，用军官的标准评判事物、规范自己的行为。一般来说，参照群体具有激励意义。“比上不足，比下有余”就是运用两个等级不同的参照群体作为参照，树立奋斗目标。人们也常与次一级的群体作比较，以得到心理安慰和满足。在社会生活中，树立的“先进单位”和选择的“反面典型”也是一种参照群体。前者为人们树立学习榜样，后者提醒人们引以为戒。

3. 正式群体和非正式群体

根据构成群体的原则和方式的不同而将群体分为正式群体和非正式群体。正式群体指有一定的规章制度，有既定的目标，有固定的编制和群体规范、成员占据特定的地位并扮演一定角色的群体。非正式群体指以个人好恶、兴趣等为基础自发形成，无固定目标，无成员间的地位及角色关系的群体。非正式群体也有一定相互关系的结构和规范，但是往往没有明文规定，群体成员中会自然涌现出首领，群体成员的行为受群体中自然形成的规范所调节。

非正式群体研究在应用社会学中有重要意义。梅奥是在霍桑实验中最早发现非正式群体并研究它对正式群体工作发生影响的社会心理学家之一。他指出，在现代大规模生产条件下，非正式群体的产生是不可避免的。它对劳动生产率有重大影响。前苏联心理学家也认为，在自由和创造性的劳动条件下非正式群体的产生不仅不会涣散劳动集体，而且会使劳动集体更加团结，并有助于整个群体实现目标和完成任务。当然，也有矛盾的情况。正式群体的管理者要设法改善同非正式群体的关系，改变非正式群体的倾向和已形成的规范，使非正式群体和正式群体的活动协调一致起来。

4. 初级群体和次级群体

根据群体分子间关系的亲密程度不同，可将群体分为初级群体和次级群体。美国社会学家库利最早研究了初级群体。库利把初级群体定义为“面对面的结合与合作的群体”。库利所说的初级群体主要指家庭、邻里和儿童游戏群体，并强调这些群体在人的早期社会化过程中所发挥的重要作用。在现实社会中，血缘群体与地缘群体是初级群体的两种重要类型。血缘群体是因婚姻和血缘关系而结成的群体，地缘群体是因共居一个社区而形成的群体。

初级群体的形成需要一定的条件：首先是时空条件。空间上的接近使个体相互熟悉、了解，而空间距离的增大使交往发生困难，相互熟悉、了解更是不可能的。个体间接触时间的长短也影响个体进行社会互动。恰当的接触时间是建立亲密关系的不可忽视的因素。其次，成员的社会地位以及随社会地位所确立的角色行为模式影响亲密社会互动关系的建立。一般说来，地位差别和角色行为模式差别越小，人们之间就越容易建立亲密的互动关系。有时地位的差别造成单向的亲密互动关系，就是地位低的人指向地位高的人的社会行动频繁。相反，如果社会地位毫无差异，有时相互之间倒不容易建立起亲密的社会互动关系。最后，社会互动的情景与文化也能影响社会互动。在一个等级森严的社会互动情景中，人们的互动基本上是按照规章和文化所规定的行动模式行事，所以建立相互之间亲密关系的可能性很小。如果毫无规范和文化规制，建立相互之间亲密关系的可能性也是不存在的。所以，适当的规范和文化规制是建立亲密关系的条件。

初级群体具有以下基本特征：(1) 规模小。初级群体人数有限，接触广泛，交往频繁，易于成员相互了解，个人人格全部投入并能得到充分体现。(2) 直接互动。直接互动保证了互动者之间随时交换信息，把握对方的情感状态与要求，相互之间形成相互依赖的关系。(3) 不能替代的人际关系。初级群体中的人际关系具有相互依赖性。这种依赖关系主要是一种情感关系。只要情感对象还存在，情感对象就不能随便置换。这主要是由于人类的情感在很大程度上是通过相互熟悉而产生的。由于人的视觉能力、交际能力和社会资源都很有限，一个人所熟悉的情感对象因而是相对稳定的，所以群体中的人际关系具有不能替代性。(4) 靠习俗伦理维持的群体控制。初级群体不存在正式的社会控制手段，而依赖于自发的、非正式的风俗、习惯、伦理、道德等非强制性因素。(5) 群体意识和归属感强。由于初级群体具有一种浓厚的感情色彩，因此其成员往往拥有较强的安全感和归属感。

初级群体是由于社会个体多方面的需要特别是情感需要而建立起来的，所以初级群体具有满足人的多方面需要的功能。另外，初级群体对人的社会化也起着重要的作用。通过初级群体的生活，可以培养人类的情感，人类的情感有亲情、同情、慈爱、爱情和悲伤等方面，它对于人类的生活、繁衍都具有重要意义。在现实生活中，人们如果连人类情感都没有，那么这个社会首先面对的就是极端的不稳定。由此可见，初级群体还可以维护社会稳定和团结。

然而初级群体又有其不利的一面。对于个人来说，如果他的生活圈子被限制在初级群体之中，那么他的视野也就被限制在他所在的初级群体，如我们所说的小农意识就是这种负面影响的典型表现。对正式群体特别是组织来说，初级群体可能干扰组织关系，破坏组织的正常运行，在现实生活中大多表现为帮派和小团体。在中国社会主义建设史上，帮派主义曾起到了很大的破坏作用。

初级群体的存在范围随着社会的发展而不断缩小。对于某些社会需求的满足只有通过社会组织来完成，这种社会组织就被称为次级群体。次级群体中成员间的正式关系较多，受明文规定的规章制度的限制，群体间的社会互动是以完成某种工作任务为前提的，群体成员间的情感联系淡薄。次级群体主要指业缘群体。业缘群体是指因职业和工作联系而结成的群体。

第二节　家　庭

一、家庭的概念

马克思恩格斯曾从人口生产的高度来阐述两性之间的结合以及由此产生的关系，认为家庭就是父母子女之间的关系。美国社会学家E·W·伯吉斯和H·J·洛克认为，“家庭是被婚姻、血缘或收养的纽带联合起来的人的群体，各人以其作为父母、夫妻或兄弟姐妹的社会身份相互作用和交往，创造一个共同的文化”①。伯吉斯和洛克的家庭定义强调婚姻与血缘关系，并指出了家庭的文化特征。不仅如此，这个概念还指出了家庭关系中某些结点的可取代性，比如子女与父母的关系并不必然的是血缘关系，也可以是一种收养关系。中国社会学家孙本文认为，“所谓家庭，是指夫妇子女等亲属所结合成的团体而言。故家庭成立的条件有三：第一，亲属的结合，第二，包括两代或两代以上之亲属，第三，有比较永久的共同生活”②。上面的三种定义都涉及到了婚姻和血缘这两个家庭的根本特征。综合起来可以给家庭下这样一个定义：家庭是建立在姻缘关系和血缘关系基础上的人类生活共同体。

家庭是典型的初级社会群体。姻缘与血缘是人类所有社会关系中情感色彩最浓的两种社会关系。当然由于文化的差异，血缘与姻缘的感情色彩在不同的民族、不同的历史时期存在着差别。姻缘和血缘之所以具有浓厚的情感色彩，是因为它们能满足人类的基本需求。正因为如此，家庭内部的互动也与一般的人际互动不同。在理想的家庭内部互动中，互动各方都力图使互动保持和谐，避免冲突的发生。为此，互动各方都能从家庭整体的角度、从其他家庭成员的情感感受角度出发来调整自己的情感表达和行为举止，有时甚至进行善意的隐瞒和欺骗。在某种意义上说，家庭中其他成员的情感感受就是自身的情感感

① 周运清：《社会学》，武汉大学出版社1988年版，第152页。

② 孙本文：《社会学原理》，商务印书馆1935年版，第441页。

受。在社会互动的情感理论中，我们已经介绍了情感回报是社会互动回报中价值最高的回报。在家庭内部互动中，家庭成员更进一步地把对方的情感感受情况作为自身情感回报的一个衡量砝码，这样就达到了一种情感交融的状态。夫妻互以对方为自己生活的一个不可或缺的组成部分，长辈把后辈看做自己的生命延续，后辈把长辈看做自己的精神支柱，整个家庭成为一个和谐的整体。

二、家庭研究的视角

1. 进化论的视角

19 世纪乃至 20 世纪，社会科学的研究深受达尔文生物进化论的影响。社会科学家将生物进化的观念纳入社会变迁的研究当中，认为社会发展的进程同生物进化一样，是一个由简单到复杂的阶段性历程。在家庭的研究中，社会科学家们也运用了生物进化论的理论成果。人类学家摩尔根在《古代社会》中认为，当人们开始以捕鱼为业或依靠人力获得食物生存时，家庭开始形成。人类的家庭大致经历了以下几种形式：（1）血婚家庭。血婚制是人类历史上的第一种家庭形式。在漫长的实践中，人类积累经验，认识到不同年龄的人的生理差别，开始选择按辈分划分婚姻集团。血婚家庭排除了上下辈之间的婚姻关系，但是兄弟姐妹则可互为夫妻。(2) 普路那亚家庭。“普路那亚”在夏威夷语中的意思就是亲密的伙伴。这种家庭的基本特征是进一步排除了兄弟姐妹之间的婚姻关系，实行族外通婚，一个血缘中的众兄弟和另一个血缘中的众姐妹结成夫妻集团。(3) 偶婚家庭。偶婚家庭是群体婚姻向个体婚姻过渡的一种家庭形式，其基本特征是族外通婚。在这种家庭中，一个男人可以有许多妻子，但其中有一个是主要的，称主妻。一个女子也同时有许多丈夫，但其中一个是主要的，称主夫。(4) 父权制家庭。这是偶婚制与一夫一妻制家庭的中间环节。在这种家庭中，父权至上，一个丈夫可以拥有很多妻子。(5) 一夫一妻制家庭。这是一男一女结为夫妻的婚姻和家庭形式，是人类进入文明时代后出现的，其经济基础是家庭私有制。

家庭进化论认为，推动家庭不断演变的动力主要是生产力的发展、自然选择规律和私有制的出现。

2. 结构功能的视角

结构功能的视角是社会学研究社会的重要视角。家庭研究的结构视角是把家庭看做一个具有内部结构的实体。家庭结构的具体体现是家庭内部的各种关系，包括横向的夫妻关系和纵向的上下代关系。家庭研究的功能视角不仅把家庭看做是具有内部功能联系的有机体，而且认为家庭对更大的社会结构也同样具有功能发挥。一般而言，家庭不仅有正功能，也有负功能。

从结构出发可以将家庭划分为以下几种类型：(1) 核心家庭。核心家庭是由父母及其未婚子女所组成的家庭模式。家庭中只有一对夫妻。它包括两种最基本的家庭关系，即夫妇关系和亲子关系，所以又称夫妇家庭和血缘家庭。这种家庭有利于形成家庭中的平等关系、平等权利，简化了家庭人际关系，减少了家庭生活中的矛盾和纠纷。核心家庭是现代都市和工业社会最主要的家庭模式。(2) 主干家庭，又称扩大家庭。它是父母和一对已婚子女生活在一起的家庭模式，通常包括祖父母、父母和子女等直系亲属几代人。主干家庭能在一定程度上传递代际之间的生活文化。但是在主干家庭中关系复杂，易引起冲突。(3) 联合家庭。它是父母和两对以上已婚子女生活在一起的家庭模式。如果说主干家庭是血缘关系的纵向延伸，那么联合家庭则是血缘关系的纵向延伸和横向联合。(4) 特殊形式家庭。特殊形式家庭主要包括独身家庭和单亲家庭。独身家庭是指成年男性或女性不婚单独生活的家庭，在现代社会它已成为一种生活方式，逐渐被人们接受。单亲家庭也称残缺家庭，是配偶一方因离婚、死亡、出走和分居等原因使夫妻成员不全的一种家庭。

家庭的功能一般有：(1) 经济功能。家庭的经济功能包括生产功能和消费功能。在社会化大生产普及以前，家庭的经济生产是社会经济的基础。在社会化大生产普及后，家庭生产的作用逐渐减弱，同时消费功能逐渐加强。家庭的消费能力极大地影响国家经济的健康运行。(2) 生育功能。家庭是人类在漫长的种的繁衍中产生的一种合理的生育单位。通过婚姻家庭，人们生儿育女，繁衍子孙，使社会的生命能够不断地延续下去。家庭的生育功能被当做一种伦理和制度被固定下来。在中国传统的伦理观念中，强调“不孝有三，无后为大”，“有子万事足”。在美国独立的早期，如果一个人不结婚生子，那么就会被罚款甚至被逮捕。(3) 性生活功能。家庭是满足人类性需要的重要形式之一，它使人类性的满足变得更具有社会性，更具有文化特征。家庭使性满足与家庭责任连接起来，对稳定社会秩序具有重要意义。(4) 教育功能。包括父母教育子女和家庭成员之间的相互教育两个方面。父母对子女的教育称为前哺，子女对父母的教育称为后哺。通过家庭成员之间的相互教育，家庭成员不断地社会化，适应社会的不断发展。(5) 抚养与赡养功能。具体表现为家庭代际关系中的双向义务与责任，它是实现社会继替必不可少的保障。(6) 情感满足功能。家庭能满足个人多方面的情感需求。(7) 休息和娱乐功能。休息和娱乐是家庭闲暇时间的使用形式；它使个体获得最大程度地放松，从而维持身心健康。(8) 稳定功能。家庭是社会中广为存在的群体形式，家庭的稳定是社会稳定的基础。

3. 冲突的视角

家庭冲突论者认为，家庭中冲突的存在是必然的，与其强调家庭关系是和谐的，不如把研究的重点放在家庭冲突的规律和调节上。

家庭冲突主要有以下几种类型：（1）夫妻冲突。夫妻冲突是夫妻之间因思想、感情、性格等方面不一致而产生的矛盾和纠纷。冲突的主要原因有：第一，婚姻由义务型变为感情型，感情与义务相比具有不稳定性和容易转移的特点。一旦感情淡薄、转移和破裂，就会导致夫妻冲突。第二，都市化和交通运输发展，使社会流动性增加，社会交往频繁，家庭的控制力减弱。第三，妇女经济上的独立。妇女经济地位的独立使妇女向男权主义提出挑战，必然造成夫妻冲突。第四，生育观念的变化。子女是联系夫妻关系的纽带。在现代家庭中，少生或不生成为普通现象，子女纽带作用减弱，离婚后顾之忧减少。第五，婚姻观念发生了变化。"从一而终"的封建婚姻观念正逐渐失去市场，两人过得来就在一起，过不来就分开。（2）亲子冲突。亲子关系失调主要指未成年子女与父母关系失调。亲子冲突的主要原因是代差的存在。代差是指两代人在认识和价值观念上的明显差异。不同代的人具有以自身群体为中心的价值观，所以他们对同一现象或同一系列社会现象往往会产生不同看法。（3）老年人与其他家庭成员的冲突。老年人由生产者变成消费者，这一变化使他们在家庭中的地位发生变化。不少老年人在经济上都需要下一代照顾，因此，在一些文明水平较低的家庭，老年人常遭受儿孙的歧视、遗弃和精神折磨。

4. 微观互动的视角

家庭的存在以家庭成员间的互动为前提。在家庭这种初级群体中，成员间相互熟悉，所运用的互动符号往往不被外人所掌握，并且相互间一点就明，彼此会意。伯吉斯的家庭理论研究是将微观互动运用到家庭研究之中的范例。他直接将家庭理解为家庭成员间的一种相互调适关系，是"人格互动的单元"。他突出家庭互动的不同模式，详细描述家庭互动中不同角色的表现形式。

在家庭互动中，存在着多种角色之间的互动，包括夫妻间的互动和父母与子女间的互动等。在不同的互动中，互动双方都遵循一定的角色规范，比如父母对子女既要慈爱、关怀，又要严肃、认真。在家庭中，功利性的互动不占主导地位，而情感性的互动往往才是主导。情感回报是家庭互动中的最大回报，因而家庭中的互动不能轻易地被其他互动所取代。充满情感的家庭互动需要家庭成员间的极大关注和维护。因为情感互动是比较敏感的，它们虽然不一定很脆弱，但是如果不注意的话，也会出现不和谐。正因为这样，在现实的家庭生活中，矛盾和冲突是经常存在的。

5. 交换的视角

从交换的视角来看，家庭关系是一种彼此交换的关系。家庭关系和谐的关键在于家庭成员相互之间交换的顺利进行。如在二十世纪五六十年代，社会学家在研究城市家庭关系时就运用了家庭交换理论。家庭交换理论认为，亲属间的互动是互惠、互利的交换行为。

以交换来看家庭中的关系明显受到功利主义经济学的影响。这种理论强调社会互动过程都围绕着行为者之间的资源交换而展开。简单地说，家庭互动表现为资源共享。这里的资源既可以是物质性资源，也可以是非物质性资源。社会互动能否顺利进行和展开的关键在于资源的交换是否能够顺利进行。霍曼斯在其社会交换理论中提出了六大命题，阐述了社会交换的机制。这六大命题分别是成功命题、刺激命题、价值命题、剥夺与满足命题、攻击与赞同命题、理性命题。布劳在其社会微观交换理论中也阐述了同样的观点并进一步细化。布劳认为社会互动是为了从别人那里获得自己想要的资源。影响社会交换的基本社会规范是互惠规范和公平规范。

6. 发展的视角

美国学者格里克曼最早于 1947 年从人口学角度提出了家庭生命周期的概念。他认为家庭有其自身的产生、发展和结束的自然过程。他把家庭生命周期划分为形成、扩展、稳定、收缩、空巢和解体六个阶段。在不同的生命周期阶段上，家庭有不同的形式和功能。美国社会学家古德把婚姻周期视为家庭的生命周期，认为婚姻是家庭的开始，离婚是家庭的终结。

家庭生命周期这个概念包含了家庭的重大事件和起始历程。当代的很多研究都以家庭生命周期作为分析手段，并从两个角度来进行研究：(1) 把家庭当作一个分析单位，研究不同周期阶段上家庭成员之间的关系；(2) 把家庭生活中的个体当作分析单位，通过这些个体所经历的重大事件来推断家庭关系、家庭结构、不同周期阶段的家庭特征。作为一种新的研究手段，家庭生命周期在家庭研究中的运用越来越受到广泛的重视。①

第三节 家庭革命

家庭是随着社会变迁而不断变化发展的。在社会变迁过程中，人们价值观念的变化将直接影响到家庭结构与功能的变化。科学技术的发展也会对家庭造成影响。

一、影响家庭变迁的三大因素

1. 社会因素

---

① 参见邓伟志、徐榕：《家庭社会学》，中国社会科学出版社 2001 年版，第 249~252 页。

(1) 社会生产力。生产力是人类认识和改造自然的能力。生产力发展是家庭变迁的主要动因。人类家庭形式的变迁正是随着社会生产力的发展而发展的。在人类社会的早期，社会生产力极其低下，人们靠采集和打猎为生，靠集体的共同防卫来保证个人安全。在当时的条件下，妇女、男人、老人和儿童各负其责，妇女、儿童负责采集，男人负责防卫和打猎，老人负责制造工具。物质生产方式上平等的自然分工使得人与人之间是平等的。这时的家庭形式是血缘家庭。在第二次社会大分工以前，由于妇女在社会生产中的主导地位，家庭形式相应地是母系家庭。在第二次社会大分工后，由于自然生理的差别，男人的体力优势使得男人在物质生产中占据了主导地位，家庭形式相应地转变为父系家庭。自工业社会以来，由于生产工具水平的提高，妇女开始越来越多地参与社会生产活动。妇女社会地位的提高，使她们在家庭中的地位也相应提高了。在当代，随着高科技的发展，社会生产在很大程度上依赖人们的智力水平，这样，以生理条件为基础的社会分工受到了很大的冲击，特别是在高科技行业，妇女开始扮演着重要角色。经济地位的提升必然带来妇女家庭地位的变化。

(2) 社会流动。这里的社会流动包括人口在空间上的流动和在社会等级体系中的流动。人口在空间上的流动增加了家庭成员在更大社会范围内互动的可能性，也增加了其再加入其他初级群体的可能性。人口在社会等级体系中的流动增加了家庭成员的社会地位与其家庭地位发生冲突的可能性。这种冲突所产生的情感矛盾直接影响家庭结构的稳定性。在生产力水平的较低阶段，社会流动很少，家庭是相对稳定的。比如在封建社会中，自然经济的自给自足性，使得人们仅依靠、也只能依靠土地来维持生存，人口缺乏流动。这样家庭不仅在经济结构上是稳定的，即男耕女织，而且在与外部的关系上也是稳定的。所以封建社会的家庭具有超强的稳定性。在现代社会中，这种情况发生了变化。人口流动的加速，使得家庭人口不再固守于家庭之中，而是广泛地与社会个体发生更大范围的互动。这样，对个人来说，家庭内部互动的不可替代性就有了动摇的可能性。

(3) 社会传播。社会传播能够使得某种生活观念传播开来，影响人们的生活方式。在社会发展的今天，传播途径多种多样，电视、报纸、书刊、网络等传播方式的发展，更使得社会趋同化，并且传播的速度大大加快。特别是网络能够把不同国家、不同地区、不同民族的人连接起来，人们能够以一种更为符号化的形式进行互动，对某些社会问题做出自己的判断。正是网络的这种功效，使得某种生活观念能够很快地成为一种意识形态，极大地改变和影响着人们的生活观念。在这种情况下，人们的观念很容易受到新观念、新思想的影响并进而影响家庭。

1. 观念因素

(1) 性解放。“性解放”思潮源于欧洲人文主义思潮。欧洲人文主义思潮14世纪下半叶首先在意大利兴起，15、16世纪发展到欧洲各国，其主要内容有：肯定人生的现实意义，享受人生所拥有的一切快乐；提出个性解放，提倡个性自由；坚持以人的角度来看人而不是以神的眼光来看人等。欧洲的人文主义思潮深刻地影响了西方的政治、经济、思想和文化。在19世纪末20世纪初，影响到性领域并逐渐形成了“性自由”和“性解放”的思潮。

西方“性自由”、“性解放”的内容主要有：(1) 破除性的神秘感。人的身体是上帝创造的，那么有关性的一切也是上帝创造的，所以不必为性而感到害臊。男女的性生活也没有什么神秘。(2) 自主的性行为。“性解放”者认为，爱情包含精神和肉体两个部分。相爱的人们发生性行为是必然的，相爱的人没有必要等到结婚以后才进行性生活。(3) 男女平等的性生活。“性解放”者认为，女人与男人一样应当被看做具有自我感受的性的主体，而不是被当做单纯发泄性欲、生儿育女的工具。

“性解放”思潮具有合理的内容，比如，破除两性关系上的神秘感，开放性教育、普及性知识，夫妻性生活中的相互尊重等，对于人自身的解放具有重大意义。但是由于社会环境等因素，在践行“性解放”思潮的过程中，人们的行为却与“性解放”的内涵发生了巨大分离。一些人将“性解放”同“性放纵”结合起来，使得两性关系成了强调刺激、新奇、多样性和不断变换胃口的东西。

中国对性解放的理解走了两个极端。在改革开放的初期，一些人将“性解放”等同于“性放纵”和“淫乱”，认为这是资本主义腐朽和没落生活方式的显著标志。在当前市场经济的社会环境下，人们的工作压力增大，同时也受西方“性自由”思潮的影响，社会中很多人对性的态度放任起来，把性当做休息、娱乐的工具，导致“一夜情”泛滥。

在这种情况下，家庭必然受到冲击。一个明显的事实是，由于婚外恋在一定范围内盛行，一个男人可以同时拥有几个女人，一个女人也可以同时拥有几个男人，家庭已经不再是满足性需要的惟一途径。

(2) 妇女解放。妇女解放有三层涵义：妇女解放的思想与言论；妇女解放的运动；妇女解放得到的认同及其影响。在这里强调的是第三种。

当代著名的女权主义者瓦勒里·布赖森认为：“‘女权主义’这一术语于19世纪80年代首次出现在英文当中，旨在支持男女平等的法律和政治权利。自那时起，它的意义一直处于演变之中，至今仍众说纷纭，莫衷一是。在这里，我将取其最为广泛一般的意义，即用它指称所有那些理论或理论家，他们认为性别之间的关系是不平等的，是一方压制另一方，一方服从另一方；他们认为这是一个政治权力问题，而不是一种自然的事实；并且认为这一问题对于政治理论及实践是至关重要的。"① 这里所讲的妇女解放强调的是其第一层涵义。

一般认为，20 世纪以来出现了两次妇女运动浪潮。也有人认为有三次，即把后现代女权主义称之为第三次妇女运动浪潮。第一次妇女解放运动的起始时间有两种说法。一种认为它开始于 19 世纪后半叶，历时约 70 余年，到第一次世界大战时达到最高点；另一种认为是在 20 世纪初年。一般认为，第二次妇女运动浪潮发生在 20 世纪的 60~70 年代，最早兴起于美国。也有人认为，第二次妇女运动浪潮一直持续到 80 年代。李银河认为第一次妇女解放运动首先是争取选举权，其次是女性受教育的权利，再次是女性就业问题，尤其是已婚女性的就业问题。第二次妇女解放运动具有三个特点：规模宏大，波及全球；妇女理论大发展；形成了妇女研究的浪潮，诞生了妇女学；中国的妇女解放运动起始于 19 世纪 60 年代至 90 年代的资产阶级维新派运动。新中国成立后，中国领导人多次声明保障妇女权利是中国的一项基本国策，中国的妇女解放取得了很大的成绩。

妇女解放理论与运动的发展极大地影响了人们的妇女观念，并在现实社会生活中发挥了重要的影响。在家庭生活中，妇女不再固定地担当贤妻良母的角色，她们要求丈夫也参与家务劳动，照顾子女，出现了"妻管严"等现象；在社会生活中，妇女在各行各业发挥自己的作用，并出现了诸多的女强人；社会成立了妇女权益保护组织，为广大妇女的切身利益服务。不可否认，目前的家庭生活中，女性仍旧是家庭暴力的主要对象；在社会生活中，很多行业仍旧存在歧视妇女的就业行为；侵害妇女权益的事件也时有发生。但是，今天妇女的地位已经发生了很大的变化，广大妇女也都开始关心自身的地位与权利。在社会的共同努力下，广大妇女的权利与地位一定会得到保障和提高。

（3）婚姻解放。20 世纪以来，西方婚姻观念发生了较大变化。20 世纪以前，家庭和婚姻是一种神圣和至高无上的制度，而且是上天决定的。从 20 世纪初期开始有一些人认为婚姻家庭的意义主要在于社会责任和义务，另一些人主张婚姻和家庭关系的存在应该是为了某种个性需要，是为了展现自我，与上帝和社会无关。人们对婚姻的观念经历了一个从天上到人间、从社会到个人，从个人不能决定到完全决定的过程。

① 李银河等译：《妇女，最漫长的革命》，生活·读书·新知三联出版社 1997 年版，第 2 页。

在中国，传统的婚姻讲究“父母之命，媒妁之言”。婚姻取决于家庭利益，父母把子女当做自己谋取经济利益和政治权势的砝码，子女完全没有决定自己命运的机会。新中国成立以来特别是改革开放以来，人们的婚姻观念发生了翻天覆地的变化。大多数人认为，选择与谁结婚是个人的权利，与社会因素关系不大；自身感觉的快乐与否决定婚姻的存续；婚姻是展现自我的形式。

婚姻观念的变化在很大程度上导致了离婚率的增加。高离婚率成为全球的共同趋势。国家人口普查局的资料表明，1982 年在全世界工业国家中，美国离婚率最高。在 1990 年，美国以离婚而告终的婚姻高达 1/2。在以婚姻稳定著称的东亚地区，离婚率也在不断上升。韩国自 1970 年以来，离婚率上升了 3 倍，新加坡从 1980 年到现在也增长了 1 倍。中国的离婚率也直线攀升，20 世纪 90 年代，中国平均每 10 对结婚的就有 1 对离婚。

3. 科学技术因素

家庭是人类进行自身繁殖的一种重要形式，也是现在社会中惟一合法的形式。然而现代科学技术特别是生育、生殖技术的发展对家庭提出了严峻挑战。

生育技术主要包括避孕术和堕胎术。在西方，最初是禁止这两项技术的。因为维护自然生育是上帝的指令，人不能改变。现在除了少数国家出于提高人口生育率的目的仍禁止堕胎和避孕外，大多数国家都不再禁止这两种技术。并且有的国家还用法律的形式规定在特定的情况下必须使用避孕套。这两项技术的使用，使控制生育成为可能，人们可以自愿进行性行为，而不必担忧意外怀孕。这样对婚外性行为提供了技术上的支持。任何社会对婚外性行为的限制在很大程度上是因为这种性行为有可能导致怀孕。所以，西方很多学者认为，避孕和堕胎技术的发展对“性自由”起了推波助澜的作用。

目前三种基本的生殖技术是人工授精、体外受精和无性生殖。人工受精可以取代性交，主要解决丈夫不育引起的生殖障碍；体外受精代替自然性交、输卵管受精和自然植入子宫，解决了妻子不育或夫妻双方不育引起的生殖障碍；无性生殖则是用细胞分裂繁殖代替高等动物性交生殖，即克隆。生殖技术的发展在某种程度上为人类带来了福音，但是对家庭将会带来极大的冲击。首先是父母的身份发生变化。人工授精和体外受精就有可能产生所生的子女与父母中的某一方并无血缘关系的情况。例如，人工授精有同质授精与异质授精两种情况。同质授精采用丈夫的精子，而异质受精则采用第三者的精子。异质受精就产生了父子血缘关系的分离。而无性生殖的产物只是人类个体的复制，根本就不存在父母的说法。传统的父母观念受到冲击。其次导致性与生育的分离，家庭关系与结构发生改变。生殖技术把生育与异性的性交剥离开来，从而不必组成传统的男女家庭。比如女同性恋者就可以通过人工授精来获得子女。而克隆技术则根本不需要性，家庭从而毫无意义。最后，性与生育的分离也将改变人们的性道德。

二、家庭变迁

在上述诸多因素的影响下，家庭正在发生剧烈的变化。这种变化可以从家庭的结构和功能来说明。

在西方，家庭结构正在发生如下变化：家庭人口规模不断缩小；单身家庭大量增加，倾向于过单身生活而不愿结婚的人越来越多；离婚率升高，不完整家庭大量出现；家庭类型多样化。家庭功能发生如下变化：家庭生产功能基本消失，消费功能加强；家庭保障功能减少；生育和抚育功能减弱等。

在中国，家庭结构也发生了如下的变化：家庭规模逐渐缩小；核心家庭大量出现；家庭关系由父子关系向夫妻关系转移。家庭功能发生相应变化。受计划生育影响，家庭的生育功能受到抑制；家庭消费功能逐渐加强。

中国家庭与西方家庭的变化在很多方面是相似的。由于中国是发展中国家，农村人口在全国人口中占有绝对的比例，加之客观存在的文化差异，所以中国的家庭变迁具有不同于西方的一些特点。

三、家庭的走向与未来

对于家庭的未来发展主要有以下几种观点。

1. 家庭消亡论

家庭消亡论者依据现代家庭结构和功能的变化，特别是当今出现的大量家庭问题，认为家庭会走向灭亡。他们认为，随着个人主义、平均主义和世俗化的不断发展，婚姻和家庭将消失。机械化、工业化、科层化正如同化其他社会结构一样将同化家庭，由于大规模有效率的托儿所、幼儿园、寄宿学校培养和教育儿童会比单个家庭更出色，家庭功能就只剩下生儿育女等功能，夫妇可以自由解除婚约而解散家庭。所以，家庭会随着家庭功能的不断削弱而自然消亡。菲迪南德·伦德伯格在《行将到来的世界革命》一书中认为，家庭已“接近完全消亡的时候了”。①

2. 家庭回归论

家庭回归论者认为，家庭观念的剧烈变化和家庭的动荡不安给人们的生活带来了无尽的烦恼和问题。相比较之下，稳定的传统家庭生活给人们带来的是和谐与安定，人们的生活是美好的。因此，在家庭未来的发展过程中，家庭必

① ［美］阿尔温·托夫勒：《未来的冲击》，中国对外翻译出版公司 1985 年版，第 210 页。

定出现向传统的复归。

3. 家庭振兴论

家庭振兴论者认为，正因为家庭危机的存在使得人们重新思考家庭的意义，调整自身对社会变迁的适应能力，适应家庭的不断变迁。同时由于新技术的发展和应用，家庭生活将越来越科技化、人性化，在社会发展的一定阶段，人们将重新回归家庭，在家庭中工作和生活，甚至组成电子大家庭。因此，家庭功能不仅不会消失，而且会愈来愈强大。

4. 新家庭论

新家庭论者认为，未来的家庭很可能以不可思议的新方式出现，其主要代表是美国社会学家阿尔温·托夫勒。新家庭的新方式主要体现为：(1) 家庭关系新。托夫勒认为，由于科学技术的发展，家庭中的生育关系以及生殖方式都将受到极大的影响。传统的父母、父子概念以及家庭的职能与概念都会受到冲击。在这种条件下，会出现全新的亲属关系。(2) 家庭形式多样化，包括简化家庭、公共家庭和独居家庭等家庭形式。(3) 家庭观念新。爱情的涵义发生了变化，它不再追求地久天长、白头偕老，爱情被理解为夫妇双方“齐头并进”。由于现实的阻碍不能使夫妇平衡发展，于是夫妇终生在一起是不可能的，婚姻将是短暂的。

5. 家庭趋同论

家庭趋同论者认为，不管社会制度的差异如何，各国的现代化都有着相似的过程和结果，家庭的发展也将趋向一致。

另外还有家庭淡化论和家庭改革论。家庭淡化论从家庭利益与社会利益冲突的角度出发，认为应当淡化家庭观念和简化家庭功能。家庭改革论者认为，家庭的发展是一个不断改革和提高的过程，这一过程的动力是家庭与现代文明的矛盾。

上面的几种家庭的理论预测都有自己的现实基础和一定的合理性。对于家庭消亡论，虽然家庭消亡起码在现在看来是不可能的，但是它却使我们认识到必须严肃地看待目前家庭存在的问题。家庭也不可能简单的复归，但是人类社会的发展往往是一种否定之否定的过程，是呈螺旋式发展的。托夫勒的新家庭论是基于目前的技术发展对人类的未来家庭做出的预测，看到了技术发展对家庭的影响。家庭虽然有趋同的一面，但也不可能是机械的一致化。淡化论者看到了家庭功能消极的一面。那么家庭将来到底走向何方呢？这是一个每个关心家庭的人所力求知道的问题。但是，至今仍没有一个人能够准确地预测将来的家庭到底会是个什么样子。不过，由于家庭作为一种人类初级群体在人类种的繁衍和人类共同情感的培养方面发挥了至关重要的作用，所以有一点是肯定的，就是人类的发展不会离开家庭。①

本章小结

1. 社会群体作为一种人类生活的共同体形式，是互动——群体——组织理论体系的重要环节，是社会学的重要范畴。社会群体是人们之间由于互动而形成的具有相互依赖性的人类生活共同体。

2. 社会群体按照不同的分类标准可以分为不同的类型。不同类型的群体对人来说是具有不同影响的。对个人而言，影响最大的莫过于初级群体。

3. 初级群体的特征可以概括如下：规模小；直接面对面、经常地互动；不可替代的相互关系；相互之间的关系靠习惯、情感调节；群体归属感和凝聚力强。

4. 初级群体能够满足人类各方面的需求。它的功能主要有：社会化功能；情感满足功能；社会稳定功能等。它也有负功能：干扰正式群体的活动；限制个体的眼界。

5. 家庭是人类初级群体的一种重要形式。家庭是建立在血缘和姻缘关系上的人类生活共同体。家庭成员之间的互动功利性较弱，情感性很强。

6. 研究家庭有不同的视角。主要有：进化的视角；结构功能的视角；冲突的视角；微观互动的视角；交换的视角；发展的视角。

7. 家庭不可避免地受社会因素、观念因素、技术因素的影响。

8. 在当前社会剧烈变迁的情况下，随着新技术的发展，家庭的结构和功能都发生了显著的变化。西方家庭的变化与中国家庭的变化既有相同的一面，又有不同的一面。

9. 家庭必将随着社会的发展而发展。家庭的发展预测有以下几种：家庭消亡论；家庭复归论；家庭振兴论；新家庭论；家庭趋同论；家庭淡化论；家庭改革论。

思考题

1. 什么是社会群体？社会群体的性质？
2. 社会群体有哪些种类？
3. 初级社会群体的结构有什么特点？功能有哪些？

---

① 参见陈功：《家庭革命》，中国社会科学出版社 2000 年版。

4. 什么是家庭？家庭的性质是什么？
5. 家庭的研究视角有哪些？
6. 影响家庭变迁的因素有哪些？
7. 目前家庭发生了哪些变化？
8. 家庭的发展预测理论有哪几种？家庭会消亡吗？

第八章 社会组织

学习目的与要求：本章要求了解社会组织的定义、基本要素、特性、分类和功能，理解社会组织目标的意义及其分类，掌握社会组织的内部结构关系，明确社会组织运行和管理的一般过程，重点把握科层制的特点、弊端以及社会组织理论。

现代社会是高度组织化的社会，许多基本的社会过程，如规范的形成、权力的运用、目标的制定与完成、社会化、社会互动、社会分层与社会控制，都是在社会组织的框架内进行的。现代社会组织掌握和控制着社会中大量的资源与权力，已发展成为高度分化社会中的主要机制。研究社会，离不开对社会组织的研究。

第一节 社会组织概述

一、社会组织的定义

长期以来，许多学者都试图给社会组织下定义，但至今尚无统一的见解。德国社会学家韦伯认为，社会组织是法人团体，是一个用规章制度限制外人进入的封闭型团体。美国社会学家爱桑尼（A. Etzioni）认为，社会组织是有意建立或重建并追求特定目标的社会单位。美国学者巴纳德认为社会组织是有意识地协调两个人或更多人的行为或各种力量的系统。美国社会学家斯格特（W. Richard Scott）在其代表作《组织理论》一书中指出：从理性系统的视角出发，社会组织是意图寻求具体目标并且结构形式化程度较高的社会结构集合体；从自然系统的视角出发，社会组织是一个集合体，参与者寻求多种利益，无论不同还是相同，他们认识到组织作为一项重要资源永久存在下去的价值，参与者之间会形成非正式结构；从开放系统的视角出发，社会组织是与参与者之间不断变化的关系相互联系、相互依赖的活动体系，该体系植根于其运行的环境之中，既依赖与环境之间的交换，同时又建构环境。

综合以上学者的观点，我们认为，社会组织是为实现特定目标而建立起来的，在具体的运行环境中将其参与者行为协调和联合起来所形成的相对持续的社会结构系统。

二、社会组织的基本要素

关于社会组织的基本要素，许多学者从不同的角度作过探讨，难以尽述。美国社会学家利维特（B. Leavitt）在1965年从系统论的视角出发，较为经典地勾勒了社会组织的基本要素：组织目标、组织结构、组织参与者、组织技术与组织环境。其中，组织结构可进一步细分为规范、职位、角色和权威。(1)组织目标。组织目标是组织必须通过自身的活动去达到的某种事实或未来状态。它是组织活动过程的根本原则，是动员组织资源和衡量组织运行效率的一种基本手段，还是组织身份的标志。(2) 规范。规范是组织参与者关系的模式化和规范化，包括组织的价值观、规章制度和角色期待。它是用来维护组织活动统一性的工具，一般通过组织章程的形式表现出来。规范一经确立，就要求每个成员都必须遵从，并以此作为行动的依据。(3) 职位。为了实现特定的目标并提高效率，社会组织一般都要根据功能和分工，建立部门分工结构并设置相应的职位，以制度化的形式对不同的职位赋予明确而清楚的责任和权利，通过职位来协调各职能部门或个人的活动，促使组织活动的顺利开展。(4) 角色。制度化、正式化职位的存在，使社会组织的每一个成员都长期或短期地被置于某一特定的位置上，并必须严格按照与所处职位相吻合的角色进行活动，即扮演正式角色，组织成员之间的互动一般不具有个人性质。这也是社会组织具有明确的界限，成员加入或退出均需履行一定手续的原因。(5)权威。权威是一种合法化的权力，它是维持组织运行的必要手段，社会组织都有一个权威中心或指挥体系，作为维护组织运行的必要手段，全面控制和指挥组织活动过程，使成员在组织内真实地感受到约束和限制，进而遵从规范。(6) 参与者。组织的参与者是指那些出于各种原因而为组织做出贡献的个体。组织的参与者首先是社会行动者，正是他们的努力、遵循和顺从，构建和决定了组织的结构。参与者有两个作用：一方面保证组织的持续性，另一方面为组织带来创新和改革。(7) 技术。组织是一个完成某类工作的地方、一个利用能量处理物质的地方和一种将输入转化为输出的机制。每个组织都拥有为其目标所需的技术。组织的技术通常部分地植根于组织的机器和设备，同时又包含了参与者的知识和技能。(8) 环境。每个组织都存在于某一特定的并且必须适应的物质、科技、文化环境中。没有一个组织是孤立存在的，所有组织的存在都有赖于与其所处的更大体系的联系，组织很少承担对其参与者进行社会化和培训的全部责任。

三、社会组织的特性

社会组织为什么被选择作为载体来从事大量与现代生活相关的活动？它到底有哪些与其他社会结构类型不同的特性呢？社会学家给出的答案版本很多，但美国社会学家汉南和卡罗尔（M. T. Hannan and G. R. Carroll）给出的答案最为精辟。他们指出，社会组织与其他社会结构类型相比，更具持续性、可靠性和可控性。

组织设计出来是为了能够在一段时间内一贯并连续地支持一系列具体行为的实施。其形式化（规范化）的主要功能就在于能在参与者不断变动的情况下，保持体系的稳定性。许多组织有效地将灵活性与维护组织核心结合起来，在组织人员、结构甚至目标发生变化时，组织核心仍保持不变。

组织擅长于一次又一次地用同样的方法完成同样的事。在许多情况下，可靠的生产产品和服务的能力是至关重要的。组织采用大量的控制方法，包括形式化、权威结构、具体规章制度等，都是为了提高运作的可靠性。但运作的可靠性并非总是有益的，当条件变化并需要引入新的行为时，那些先前保证有效行为的因素，会转而妨碍组织快速地变换其章程及程序以发展出新的行为方式。

组织使行为发生在一定的规则框架内，规则框架为决策行为提供了指导和合法性，为参与者对其过往行为的评价提供了理性基础。规则框架一般与法律条文相关，并受其支持。它们共同规定了大量组织的权力和权限。组织的权力等级确保人们遵守规则，并以被认同的标准和方式进行工作。

四、社会组织的分类

社会组织是复杂而多样的，对社会组织进行分类，是为了方便研究。在这里，我们主要介绍四种影响较大的分类原则和方法。

目标原则。它是根据组织的目标进行分类的一种方法，代表人物是美国社会学家布劳。按照组织目标和受益者的类型，把社会组织分为四类：一是互利组织，组织参与者均可以从中获益的组织，如工会；二是私有者的赢利组织，指以赢利为目的、受益者只是少部分人的组织，如商业组织；三是服务组织，指以使服务对象受益为目标的组织，如医院；四是公益组织，指以为社会和大众谋福利为目标的组织，如政府机构。

结构原则。它是根据社会组织成员之间关系的性质进行分类的一种方法，代表人物是梅约（Elton Mayo）。按照这种方法，一般把社会组织分为两大类：

一是正式组织，指具有一定的目标，组织成员间的关系由正式的规章制度做出详细、具体的规定。二是非正式组织，指正式组织成员在共同工作过程中由于持有共同的社会情感而形成的非正式团体。这些团体有自然形成的规范和惯例，其成员必须服从。

功能原则。美国社会学家帕森斯是这种分类方法的主要倡导者。他根据社会组织的功能和目标，将其分为四类：一是生产组织，这类组织的功能是从事生产，完成服务性、福利性目标，如工厂和医院。通过这类组织，社会可以从环境中获取足够的资源以适应人类的生存。二是政治组织，这类组织的功能是保证整个社会的目标获取和实施社会权力的配置，如政府机关和政党组织。三是整合组织，这类组织的功能是调整社会关系，维持社会秩序，如法院、监狱和警察局。四是模式维持组织，指那些具有"文化"、"教育"和"价值承载"功能的组织，如教会和学校。

控制原则。这是美国社会学家 A·爱桑尼最先提出的一种分类方法，它根据社会组织对其成员控制方式的不同，将其分成三种类型：一是强制性组织，指通过强制手段迫使成员服从的组织，如监狱；二是功利组织，指通过金钱或物质报酬为媒介控制其成员的组织，如工厂；三是规范组织，指通过伦理道德或观念信仰来控制其成员的组织，如宗教团体和政党。

根据中国社会的实际情况，一般按照组织的性质和功能，将社会组织分为经济组织、政治组织、文化组织和群众组织。

经济组织。经济组织是指社会中以从事物质资料的生产、交换、分配和消费为其主要活动的组织。包括生产机构、商业机构和服务机构。经济组织内部的功能分化越来越细，执行不同经济目标的多种经济组织有机地结合在一起，形成社会经济生活的完整基础。

政治组织。政治组织是专门处理社会各种不同阶级、阶层和利益集团之间的利益关系而产生的社会组织。政治组织包括政党组织和政权组织。中国的政党组织包括中国共产党和 8 个民主党派，政权组织则包括人民代表大会、人民政府、人民法院、人民检察院、人民军队等。

文化组织。文化组织包括社会各级各类的文艺组织、教育组织、卫生组织、科技组织和宗教组织。文化组织具有三个方面的功能：一是传播、弘扬人类的文化成果；二是宣传各种社会思想观念；三是满足人们的精神需要。

群众组织。群众组织包括群众自治组织和群众团体。中国的群众自治组织主要指城市居民委员会和农村村民委员会。在法律上，它们和政府之间不存在行政隶属关系，但长期以来，它们一直扮演准政府机构的角色，现正在不断改革之中。群众社团是人民群众为特定目标自愿组织的、经民政部门批准成立的、不以赢利为目的的社会组织。这些社会组织大体分为文教体卫类、学术类、工商行业类、社会公益类和宗教类等几种类型，如个体劳动者协会、律师协会。它们为各界群众参与社会生活提供了广阔的舞台，也是党和政府联系各界群众的重要桥梁。

五、社会组织的功能

现代社会是一个高度组织化的社会，社会组织是人类追求理性、追求效率的产物。它在人类社会生活中发挥着重要的社会功能。

社会组织使社会成员的社会需求得到全面满足。社会成员的社会需求是多种多样的，包括生理、安全、社交、尊重、自我实现的需求等不同的层次。由于高度组织化，这些社会需求都能够得到满足。工厂、商店等经济组织满足了社会成员的生理需求，军队、警察等社会整合组织满足了社会成员的安全需求。参与组织，可满足社会成员社会交往、获得尊重和自我实现的需求。

社会组织把分散的个体力量结合为整体力量。由于现代科学技术的飞速发展，环境变化越来越快，并越来越难以预测，社会成员个人的能力显得十分渺小。社会成员只有组织起来，才能延伸自身的能力，应对环境和技术变化的挑战。借助社会组织的力量，可以实现分散的个人和小规模的初级群体所无法实现的重大社会目标，如登月探险。

社会组织提高了社会活动的效率。美国学者科斯（R. H. Coase）和威廉姆森（Oliver Williamson）指出，社会组织和市场一样，都是协调和配置资源的制度，但社会组织比市场更节省交易费用。社会组织以专业化为基础，通过严密的分工协作关系和科学的组织管理活动，极大地提高了社会集体活动的效率。

社会组织增强了人类社会的整合程度，促进了社会秩序的形成，承担和发挥着社会控制的功能。现代社会组织把社会成员大规模地组织起来，通过各种社会组织把整个社会高度连接起来，从而使整个社会处于一种均衡、协调和有序的状态，为社会秩序的形成和社会控制提供了前提和手段。

当然，社会组织上述各种功能的发挥是有条件的，它取决于社会组织目标与社会发展要求的吻合程度，社会组织自身的整合程度和正常运转程度。缺少了这些条件，不但社会组织的正功能得不到发挥，还会产生负功能，如妨碍组织成员的个性发挥和情感交流，影响社会的有序和有效运转等。

第二节　社会组织的目标

一、社会组织目标的意义和分类

组织是人类创造的社会工具，它有特定的目标。组织目标作为某种有待实现的状态，它是组织开展活动的依据和动力，代表一个组织的未来和发展方向，对组织的存在与发展具有重要意义。

组织目标是组织的灵魂。组织的一切活动都是围绕目标进行的，失去目标，组织活动就失去了合理依据。

组织目标影响着组织的基本结构特征。组织要根据有利于实现目标的原则调整其结构，确定所需要的技术手段、组织活动的专业化形式、履行权力和职责的形式、各种规范、信息沟通的渠道和决策的程序。

组织目标是衡量组织活动效益与效率的标准。组织活动的效益与效率如何，要看活动的结果接近于组织目标的程度。

我们可以从如下几种角度对组织目标进行分类：

根据目标在组织发展过程中的重要程度，将其分为主要目标和次要目标。主要目标是指一个组织自始至终或在某一发展阶段中主要寻求的目标，它直接关系到组织主要受益人群体的需求和愿望的满足；次要目标是指那些处于从属或次要地位上的目标。

根据目标作用时间的长短，将其分为战略目标、长期目标、中期目标和短期目标。战略目标是组织的终极目标，反映组织的根本宗旨；长期目标是在比较长的时间内才能达成的目标；中期目标是长期目标的具体化，是对长期目标进行的分解；短期目标指组织短期内要实现的目标。

根据目标的公开程度，将其分为显目标和隐目标。显目标是指组织通过成文或不成文的规范确定并公之于众的目标；隐目标是指那些没有公开宣布但实际上却在施行的目标。

根据目标在组织运行过程中具体作用的性质和方式，将其分为平衡性目标和改进性目标。平衡性目标旨在满足组织成员的一般需要，维护组织内部团结，促使组织常态运行；改进性目标旨在促进组织的发展，是一种以改进工作和以更高效率完成任务为基础的目标。

二、组织目标的影响因素

现实中的社会组织，他们的目标是不断变迁的。目标的转移和承续，就是变迁的两种主要方式。目标转移是指组织改变原来的、尚未实现的目标，选用和接受新目标；目标承续是指组织原定目标已经实现，组织为维护自身的存在和发展而寻求新目标。组织目标无论是在制定方面还是在实施方面，都受到组织内部和外部多种因素的影响。总的来说，这些因素主要有三个方面：

环境。环境包括经济环境、政治环境、社会环境。经济环境指影响经济发展的外部经济秩序，包括金融体制、财政政策、对物质资源的利用和大众消费特征。经济环境的变化往往给组织目标的实现带来多重影响，如资源减少造成的市场竞争局面，会迫使管理者加强成本控制。政治环境指国家与个人、政府与团体之间相互关系的现实状况。在现行政治轨道中选择组织目标，才具有合法性。社会环境在这里主要指占统治地位的社会价值观，它包括人们评价事物的尺度、看问题的方法及善恶标准等。不适应社会总体价值观，组织目标往往很难实现。

参与者。组织成员是组织目标的制定和实施者，其对目标的影响是不言而喻的。一般而言，组织领导人或具体管理者的能力状况直接关系到组织目标的科学性、合理性以及运作状况；组织中一般成员素质的高低直接影响到他们对组织目标的理解水平及正确执行的能力；组织成员之间良好的合作意愿直接影响到组织目标的实现程度。

组织系统内各种目标的互动。如前所述，社会组织内部的目标往往不是单一的，而是多种多样、有层次的。组织在确定了总目标后，就会把它转化为非常具体的可操作目标，并分出等级和先后次序，在达到目标的过程中有较大的转换性和灵活性。

三、组织目标评估

目标实现程度是决定组织能否持续运行的关键因素。对于一般组织而言，测定其目标实现程度及效果的具体尺度和手段很多，也很不一致，但最基本的标准通常有三个：

第一，有效性。即组织实现各种目标的能力。它意味着组织能以最终实现全部目标的方式来安排和使用本身的资源。有效性的大小，主要取决于三个方面的因素：一是组织能否调动其拥有的所有资源，不至于闲置；二是资源能否全部投向目标，不至于耗散；三是资源配置是否合理，以达到最高效能。

第二，效率。即投入与产出的比例关系。组织在实现目标的过程中，资源的消耗应当带来相应的结果。如果产出大于投入，表明组织的运行效率较高，目标实现程度较大。如果投入大于产出，表明组织运行的效率较低，目标实现程度较小。效率最理想的状态是以最小的投入产生最大的产出，最糟糕的状态是只有投入，没有产出。

第三，组织成员的发展。社会组织作为个人社会化的特殊场所和个人价值实现的重要舞台，应最大限度地为组织成员的个人发展提供条件。如果一个组织过分地强调生产性标准，忽视组织成员的发展，最终必然会降低组织实现目标的能力。

第三节　社会组织的内部结构和外部关系

一、社会组织的内部结构

社会组织有其特定的边界，组织边界划定组织活动的范围，并把组织与环境区别开来。在组织边界以内，是组织的内部结构。通常从组织内部各种关系正式与否的角度，将其分为正式结构和非正式结构两类。

1. 正式结构

社会组织的正式结构指组织内部各种职位、各个部门之间正式确定的、比较稳定的相互关系模式。职位、部门是构成组织结构的基本元素：（1）职位。职位是组织内部正式设立的、从事某种特定活动的组织位置，它通过各种规范化的正式角色动态地表现出来。职位在组织中代表了一整套规范和行为模式，它不受任何占据职位的具体个人的性格、气质、品德等因素的干扰，能保证组织活动不受人员变动、个人偏好的影响。个人只有占据一定的职位才能获得组织成员身份。职位的数量、类别、职位对能力的要求是影响组织结构的重要因素。（2）部门。部门是组织内部以若干相关的职位连接形成的稳固组合，它通常表现为某种机构。部门使职位间的互动关系经常化、制度化。部门设置取决于组织的规模、组织的具体目标、组织的运行模式等因素。各个不同性质、不同层次部门的有机耦合，构成组织的整体结构，保证组织功能的发挥和组织目标的实现。

职位、部门的不同组合形成了组织结构的不同类型，组织结构的基本类型包括直线型、矩阵型和网络型。直线型组织结构比较简单，呈直线式等级序列。每一层下一级都必须接受上一级的领导，最高领导可直接指挥各层次的职员。一般适用于规模较小的简单组织或较大规模组织内部的基层单位，如部队中营以下单位，其功能在于垂直领导，权力高度集中在最高领导手中，保证集中领导和统一指挥。矩阵型组织结构是在较大的组织内，把相关的职位集中起来，建立职能部门，将整个管理内容分为若干个职能部门，由这些职能部门对组织进行具体管理的一种组织结构。职能部门一般只有管理权，而决策权集中于最高领导层，其功能在于分工负责，各司其职，提高组织活动的效率。网络型组织结构力图避免直线型结构和矩阵型结构在信息沟通和组织指挥上的局限性，它是一种纵横交错立体沟通的“网状”组织结构，其功能在于系统协调，使各个职位和各个部门的活动围绕组织总目标有效地运行。

现代组织的正式结构一般由这三种基本类型复合演化而来，如直线矩阵型、直线参谋制、事业部制、系统制。

2. 非正式结构

非正式结构是梅约于 1924～1932 年在美国芝加哥附近的西方电气公司霍桑（Hawthorne）工厂进行实验研究中发现并提出的。该研究的最后一个阶段，是对由 14 名工人组成的绕线圈实验组的产出量进行观察。在对这个组实行特殊的个人计件工资制度的前提下，研究人员假设，工人会为了得到更多的报酬而更积极工作，从而大大提高产出量。实际结果却发现，工人的日产量保持在中等水平，彼此间的差距很小。进一步的调查表明，工人之间有一些不公开的规则约束着他们超产或低产的行为。据此，梅约认为在组织中还存在着非正式的关系结构。此后，非正式结构成为组织理论中的一个重要领域。

非正式结构是指未经组织确认和维护而从组织成员的活动及相互作用中自发产生的具有灵活性的关系模式。非正式结构是和正式结构相伴而生的，其产生的原因主要是组织中的个人是具有多方面需求和丰富个性的“社会”人，其行为并非总是都按照正式结构的规范来进行，其需求也不是正式结构所能完全满足的。那些社会地位、个人经历和社会背景相似，个人性格、兴趣、情感和志向相投,相互接触、交往机会较多的组织成员,往往很容易结成各种类型的非正式结构。

3. 正式结构和非正式结构的关系

总的说来，正式结构以理性为原则，它是完成组织目标合理而有效的工具。非正式结构是非理性关系的体现，它依附正式结构而存在。非正式结构的行为往往是非功利性的，与正式结构相比，非正式结构是不稳定的、易变的，成员之间的关系是非强制性的。组织内部的冲突和外部环境的改变以及组织成员的流动，都容易引起非正式结构的变化甚至解体。

一般而言，非正式结构的行为是对正式结构的偏离，当偏离度较小时，非正式结构只是依附于正式结构，对正式结构产生正向或负向的影响。当偏离度较大时，往往表明非正式行为中的合理因素在增大，正式结构应予以正视。这时，非正式结构有可能转变为制度化的东西，成为正式结构的一部分。①

① 参见风笑天主编：《社会学导论》，华中理工大学出版社 1997 年第 1 版，第 157～158 页。

二、社会组织的外部关系

社会组织是一个开放的体系，不仅要处理好组织的内部关系，还要注意处理好组织的外部关系，即组织与环境的关系。组织环境是指能对组织产生广泛影响的社会因素和条件。组织的存在与发展，依赖于组织与环境之间进行不断的物质、能量与信息的交换，这种交换包括输入和输出两个过程。

所谓输入，是指组织从环境中取得自己所需的原料和手段，包括人力、财力、物力、信息等资源。所谓输出，是指组织将自己的产出（产品或服务）输入环境中。这两个过程是持续连贯的，若发生中断，会造成组织的生存危机。一个企业没有原料或产品销售不出去，会直接威胁它的生存。

任何社会组织都要处理好组织与环境的关系。要建立专门处理外部环境的部门，注意收集与组织有关的各种环境信息，及时处理组织与环境进行物质、能量、信息交换过程中遇到的各种具体问题，保证组织与环境之间输出、输入渠道的畅通。

社会组织在环境中主要是与各种社会组织发生各种各样的关系。加强社会组织之间的相互联系和相互作用，是现代社会组织发展的基本趋势。社会组织之间往往形成一种复杂的组织体系，一般包括以下三种类型①：

第一，横向组织体系。横向组织体系是由性质和地位相同或性质和地位不同但功能互补的社会组织相互连接而成的组织网络。一所学校会与其他性质相同的学校发生这样或那样的联系，同时，也会与其周围的商店、餐饮文化机构等发生这样或那样的联系。这两类性质不同的横向联系稳定化，就形成一种横向组织体系。由于组织功能的单一化和组织需求多样化的矛盾，使得组织之间的相互协调变得十分重要，这直接关系到每个在横向关系中的社会组织能否实现自己的社会目标。

第二，纵向组织体系。纵向组织体系是由性质相同而地位不同的社会组织相互连接而成的组织网络。如一个社会的教育体系就是由不同层次的教育组织构成的一个纵向组织体系。在教育体系内部，包括幼儿教育组织、小学教育组织、中学教育组织、大学教育组织和职业教育组织等。在这里，每个教育组织在整个教育体系中所担负的任务和所起的作用不同，具有不同的地位。小学教育是中学教育的基础，中学教育是大学教育的基础，基础教育是职业教育的基础，这就要求这些地位不同的教育组织之间必须配合。

---

① 参见吴增基、吴鹏森、苏振芳主编：《现代社会学》，上海人民出版社 2001 年第 2 版，第 179~182 页。

第三，综合组织体系。综合组织体系是由横向组织体系与纵向组织体系交织复合而成的一种组织体系。政府机构体系是综合组织体系的典型。在综合组织体系内部，既有上下级的隶属关系，又有各种平行的互补关系，容易形成所谓“条条”与“块块”的体制性矛盾。在政府机构中，突出地表现为中央和地方的关系。如中央集权过多，不能发挥地方的积极性；若中央权力下放过多，又容易造成地方失控等。在综合组织体系中，协调好横向和纵向的关系是至关重要的，也是不容易解决的。

第四节 社会组织的运行和管理

一、社会组织运行与管理的一般过程

组织运行与组织管理是两个性质不同、但容易混淆的概念。组织运行是社会组织自身的运动过程，它是一个输入、输出或投入、产出过程。组织管理是对组织运行的操纵过程，目的在于提高组织的效率，以最小的成本实现组织目标。

组织运行的过程实际上是组织实现自己的目标和发挥自己功能的过程，是组织与环境之间物质、能量、信息的交换过程。一般经历三个阶段：(1) 投入，即调动和使用资源；(2) 生产，对投入的资源进行处理；(3) 产出，输出产品。

在组织运行过程中，组织冲突不可避免。组织冲突包括组织内部冲突与组织外部冲突两类。组织内部冲突主要有：(1) 组织成员个人之间的冲突；(2) 组织内部不同职位之间的冲突；(3) 组织内部不同部门之间的冲突；(4) 非正式组织之间的冲突；(5) 非正式组织与正式组织之间的冲突。组织外部冲突主要有：(1) 组织与组织之间的冲突；(2) 组织与社区之间的冲突；(3) 组织与公众之间的冲突。

第二次世界大战以前，多数社会学家对组织冲突持否定态度，认为组织冲突是管理不善的结果，应当避免和消除。第二次世界大战以后，以美国社会学家科塞为代表的冲突学派指出冲突是社会的普遍现象和相互作用的一般形式。他们认为，冲突是任何组织都不可避免的，冲突的存在并不都是坏事，它既有破坏性的一面，也有建设性的一面。适度冲突的存在有利于鼓励人的进取心，有利于集思广益、开辟解决问题的新思路，有利于组织的健康发展。

组织管理过程实际上是围绕组织目标，调动各种资源，运用各种手段操纵组织的运行，以确保组织目标得以实现的过程。它包括三个环节：(1) 决策。

即确定组织的目标以及选择实现组织目标的方法和途径。组织决策一般遵循科学的决策程序，采用科学的决策技术；(2) 实施。即按照预定的方案，根据内外部环境的变化，对人与物等要素进行科学搭配与组合，确保组织决策得以实现；(3) 监督。即对组织活动和组织的内外部环境进行有效监控，防止各种意外事件影响组织活动的进程和组织目标的实现。

二、组织管理方式

在组织管理上，家长制和科层制是两种主要的管理方式。

家长制产生于传统社会，它与初级社会群体有着十分密切的关系，其特征是：(1) 组织内部的权力集中于最高领导人手中。领导者的权力既没有划分，也不受限制。组织的一切活动均由领导人一人决定。(2) 分工不明，责任不清。分工依赖于领导者所布置的任务，这一任务可能随时都会发生变化。(3) 任人唯亲，因人设位。在选择安排人员时以私人关系远近和私人交情亲疏而定。以领导者为中心形成权力圈，那些接近权力中心的人往往有较大的权力。(4) 无章可循，无法可依。管理的规范要么不存在，要么只是粗略地提到、含糊地定义，并且随着领导者的意志而任意改变。没有任何文本用来保存和记录事务。(5) 终身制。领导者和高层成员共同构成一个利益群体，成员利益处于相互制约之中，领导者与高层成员之间的关系是不可替代的。

家长制管理方式适用于规模不大、分工不发达的社会组织。管理的好坏取决于管理者的经验和素质。

科层制是一种以正式规则为主体的管理方式，它的崛起与次级社会群体的兴起紧密相连，其特征是：(1) 明确的分工。正常活动以正式规定的职责形式固定落实到人，以职位形式明确每个成员的权力和责任。(2) 明确的职权等级。组织中的职位权力遵循层序原则，下一级成员接受上一级成员的管理和监督。(3) 明确的规章制度。规章制度不受个人情感的影响，而且毫不例外地普遍适用各种情况。(4) 量才录员，按绩晋升。按技术资格招聘人员，执行按年资、工作表现或两者兼顾的提薪晋级制度。(5) 公文往来，言行有据。各项业务的处理、上下左右信息的传递都以公文为手段，在精确度、信息量以及后期处理方式上较家长制中的口头指令优越。

现代社会组织多采用科层制管理方式，但科层制的不足也很明显，主要有以下几点：(1) 例行公事，形式主义。组织成员的行为受各种规章和程序限制，使他们遇事只得准确地执行各种规定，而不关注结果，忽视组织的目标和效率，造就一帮官僚。(2) 墨守成规，练就无能。由于分工细致，组织成员一般以刻板的程序和技术处理他们的工作，会泯灭主动性与革新精神，遇到情况变化时，无力应变，一筹莫展。(3) 效率有限。美国社会学家彼得（Laurence F Peter）曾指出，在一个层级体制里，按绩晋升的结果是每一个雇员最后会被提拔到他不太胜任的位置。美国社会学家帕金森曾指出，科层官员一般会为提高自己在组织中的地位和权力而要求增加部属，最终导致机构臃肿。(4) 寡头统治。美国社会学家特纳曾指出，事实上，一般组织成员对组织并不关心，他们只关心自身的利益，最终导致组织中高层精英的寡头统治。高层精英为维持其权力，有可能危害组织的发展。

第五节 社会组织的理论研究

一、社会组织理论研究概述

在组织研究的发展史上，许多学科都做出过贡献，如管理学、经济学、心理学、社会学、行政学、社会心理学等。美国社会学家 W·理查德·斯格特指出，按出现的时间顺序，组织研究曾采用过三种视角，即作为理性系统的社会组织、作为自然系统的社会组织和作为开放系统的社会组织。

在工业化的早期阶段，一般从理性系统这一视角研究组织；在工业化的中期阶段，一般从自然系统这一视角研究组织；在工业化的末期阶段，一般从开放系统的视角研究组织。这三种视角产生于不同的时代，但后起者并没有取代先前的视角，在一些方面，它们是冲突的，在另一些方面，它们是重叠的，也是互补的。在下面介绍组织理论研究时，我们将借助这三种视角集中相关的研究，使理论脉络更为清晰。

二、作为理性系统的组织

在这里，“理性”是指为了最有效地达成目标而以某种方式组织起来的一系列行为逻辑。从理性系统视角看，组织是一种为完成特定目标而设计的工具，工具的好坏取决于组织内部的结构设置。采用这一视角的研究者都关注组织的规范结构，即目标的具体化、规章和角色的模式化。这方面的研究主要有：泰勒的科学管理、法约尔的行政管理、韦伯的科层制、西蒙的管理行为理论和威廉姆森的交易成本理论。

美国学者泰勒（Frederick W. Taylor，1856~1915）认为，通过科学地分析单个工人所从事的工作，能找到用最少的能量和资源投入获得最大产出的运作程序。基于个体劳动力配置的合理化，必然引起整个工作安排结构的变迁。对于整个组织而言，有效的工作设计是管理者的责任，工人只是执行者，效率的源泉主要是管理者。如果可能，应把各管理人员的工作限定在执行单一的、主要的管理职能上，职能化的组织应使组织的职能朝任务单一化方向发展。在科学管理之下，领导者和工人都由通过无数具体工作实验得来的规章和法律约束，专断特权和专制命令被取消了。

法国学者法约尔（Henri Fayol）的行政管理理论大致包括了组织原则、组织形态与组织功能三部分。在组织原则中，法约尔强调分工、权责、统一指挥和层级制度以及其中的例外，如为了提高办事效率，可以绕过层次管理途径而在部门之间建立解决问题的直接联系渠道。在组织形态中，法约尔重视控制幅度大小问题，他认为每一个领导职位所指挥管理的下属的数量应合理，若太少，不合效益，若太多，无法掌握细节。在组织功能中，法约尔论述了参谋部门的职能：对领导人的日常工作、通信、接待、案卷的准备与研究工作给予多种帮助，联络与控制，开展预测工作，以及制定与协调各种计划。

德国社会学家韦伯主要关注组织中的权威、权力和统治体系。权威是一种合法化的权力。韦伯将权威分为传统权威、法理权威和感召权威三种。传统权威，其基础是对古老传统神圣不可侵犯及在此规则之下实施权力合法的牢固信念；法理权威，其基础是对正式规范法则及在此规则下实施权力合法的牢固信念。实施者的社会地位得到现行法规的明确承认；感召权威，其基础是对个体特定和特别的神性、英雄主义或典型特征的崇拜，以及对由他或她提出或颁布的规章的崇拜。韦伯认为，只有传统权威和法理权威，才能为组织的长期稳定提供基础。在近几个世纪中，传统权威正逐步让位于法理权威。法理权威的最高发展形式是科层制权威。

在韦伯的概念里，科层制是一特定类型的行政管理结构，它区别于传统的行政形式，有以下特征：（1）对管辖权的范围予以清晰的划分，把个人的常规行为划分在职务责任的范围内。（2）组织遵循等级制原则，每个相对低级的职员都受高级职员的控制和监督，但高级职员对低级职员的权威范围是有限制的，同时低级职员也有申诉权。（3）有特意建立起的一般规章体系，以指导和控制职员的决策和行为。这些规章相对稳定和完全，而且容易记住。所有决策都记录在文档中。（4）生产或管理手段（譬如工具和设备，权力和特权）都归属于组织，而不是组织的所有者，且不能被滥用。私人财产与组织财产以及工作场所和居住场所都被清晰地区分开。（5）在技术资格的基础上挑选职员（与具体的个体无关）和指派职位（不是选举产生），并发给薪水。（6）组织的雇员制度为职员建构起职业。职员是全职的雇员，在一段试用期后，他或她获得了一定的职位任期，在任期内不受解雇的威胁。

美国学者西蒙认为对组织的科学描述应具体的分析组织内作为参与者的个

体所作的决定，以及他们在做出这些决定时所受到的各种影响。西蒙认为，组织既简化了决策，又支持了参与者做出必须做的决策。组织简化参与者决策一个主要的方法就是对指导行为的目标进行限制，目标提供了决策的前提，组织中具体化的角色和规章、信息渠道、培训项目和标准运作程序用以限制每个参与者决定的范围，而且还辅助参与者在该范围内做出适宜的决策。组织的各种努力就是要使组织成员做到自觉遵循组织的价值取向，使组织的价值取向内化到成员的价值观中，即所谓“组织人格化”。

西蒙认为，在组织人格的范围内，个人的决策受组织价值取向的支配；在其外，则受其他动机支配。在这个意义上，西蒙对理性模型提出了质疑。他认为，理性模型假定决策者知晓所有可选方案及其执行后果，组织中的其他成员接受决策，但实际情况并不如此。理性模型有 5 个约束因素：不完备和不完全的信息，问题的复杂性，人类处理信息的能力，决策的时间限制，以及针对组织目标的争议。西蒙认为，在现实生活中，组织的大多数决策都是有限理性决策。

美国学者威廉姆森认为组织的发展是为了降低交易成本，组织的形式可能因交换类型的不同而变化。交易是在人际之间或在不同领域边界之间的物质或服务的交换。对交易而不是对商品或服务的关注，意味着将注意力转向管理结构。简单的经济交易行为（即一种货物或服务与另一种等价货物或服务相交换）能在自由市场上安全地实施，但在交易环境不稳定和不可预测时，我们不能确信他人会遵守协定，必须设计各种外部控制和支持机制来帮助交换，用以降低交易成本，组织结构就是建立和确保交易的一种重要手段。

三、作为自然系统的组织

理性系统模型着重于组织区别于其他社会群体的特征，自然系统模型更强调的是组织与其他体系的共性。研究者认为更重要的是那些更一般的、相似的系统和过程，如特定的组织目标通常被另一些目标特别是组织的生存目标所破坏或扭转，组织的正式结构往往被“真正”的非正式结构所摒弃。持这一视角的包括梅约等人的人际关系学派、巴纳德的协作体系、塞尔兹尼克的制度学派、帕森斯的 AGIL 模型和社会冲突模型。

梅约、罗茨里伯格和迪克森等人在“霍桑实验”的基础上提出了关于组织的人际关系理论。其基本观点是：社会中的个人并不是孤立地存在于社会之中，他们总要归属于某一社会组织，一方面寻求收入来源，另一方面寻求友谊、安定和归属感。人的这种物质性与精神性，构成了组织内部正式结构和非正式结构的基础。正式结构可以通过组织系统表、机构和人员编制、规章制度等因子进行表达；非正式结构不具备正式结构的这些特征，它是自发形成的群体，但在群体内部却存在着成员分工和集体行为准则。正式结构和非正式结构有着不同的目标，前者为效率目标，后者则以情感满足为目标。在这两类结构中最重要的是人和人之间的非工作关系。组织的效率取决于人的双重需求的满足程度，组织一方面要考虑创造财富和提供服务的职能问题，另一方面还要保证人际关系得到满足和协调。

巴纳德认为组织效率的关键是在人们的贡献和得到的满足之间寻求均衡。组织应当提供必要的"诱因"，以调动个人的动机，满足个人的需求。组织所面临的一个主要问题就是能否提供足够的、有效的诱因。如果组织提供的诱因与个人的贡献达到均衡或超过个人的贡献，组织的目标便能达到，组织自身便可存续与发展，否则组织就会衰落，乃至消亡。巴纳德指出应通过组织的不断发展壮大来增加组织所掌握的诱因。同时他还认为，非正式结构对于正式结构的效率是至关重要的因素之一。对于正式结构而言，非正式结构至少有三种积极的功能：有助于组织沟通，维持组织的内聚力，以及满足人们的自我归属感。

美国社会学家塞尔兹尼克（Philip Selznick）认为，理性并不是组织的最重要特征，组织最重要的特征是每一个组织都有自己的生命。在正式结构中，非理性是不可杜绝的。非理性的根源有：（1）个体，他们参与组织活动，但不仅仅是为了组织的目的。（2）组织结构，包括正式结构，也包括复杂的非正式结构。个人将一定的特性带入组织，而且作为组织成员发展出其他的责任，这些限制了他们理性行为的能力。对组织而言，有价值的是组织的过程，组织努力与环境讨价还价，以实现生存目标，并尽量限制环境对未来的约束。通过各种过程，组织"呈现出特殊的特征"，并"获得独特的能力甚或后天或先天的不足"。这一过程就是"制度化"。

塞尔兹尼克认为，研究组织的日常决策并不能告诉我们组织获得特性的过程，而只有研究那些关键性的决策、那些引起组织结构变化的决策，考察这些决策对组织结构特征的影响，才能理解组织的个性。对组织而言，制度化是在组织面对外在约束、环境压力、内在人事变动、兴趣和非正式结构的变迁中发展的。尽管组织的制度化会因为组织的不同而有差异，但任何组织都会面临制度化问题，没有哪个组织能够完全对付内外的压力。

帕森斯的AGIL模型指明了所有的社会体系为生存所必须满足的四个基本的功能需求：（1）适应，即获取充足的资源。（2）目标达成，即确定和实施目标。（3）整合，即在系统子部门中维持团结或协调。（4）维模，即创造、保持和传播该体系独特的文化和价值观。帕森斯认为，每个正式的组织都可以凭其自身的资格作为一个社会系统来分析，而且，每个组织都必须形成各不相同的亚系统以满足这四个基本功能需要。每个组织都必须发展自己的结构，使其能适应环境，并调动资源以满足持续运作的需要。为了使组织能够制定和达到目标，需要特定的安排。组织必须找到方法来控制其成员的忠诚，调动他们的积极性并协调好各个部门之间的协作。同时，组织必须发展出一套机制来应对维模问题，以此提高成员的价值认同。

帕森斯并不坚持认为组织会发展出具体的结构单位来管理这些功能需求，但他认为，功能需求的分化会导致结构的分化，随着结构的分化，又会出现功能需求满足的障碍。各种功能需求或多或少是相互抵触的，为解决某一功能需求的努力常常会妨碍解决其他功能需求的努力，如组织适应环境的努力部分地与目标达成相冲突，并且还与整合的努力相冲突。对于这些紧张关系的“解决办法”，就是创造出应对每个问题领域的角色和亚系统。在更为微小或社会心理的层次上，帕森斯再一次采用了AGIL模型，他认为，每个存在于组织中的亚系统自身都包含了更精细的分化，且可以在功能需求的意义上进行区分。

社会冲突模型强调组织是为了获取和维护权力的结构，是为了对他者实施控制的结构。他们认为，组织的结构并不是为了以最有效的方式完成工作的理性系统，而是用以使控制和利润达到最大限度的权力系统。将劳动分工、再分工，不是为了提高效率，而是为了使劳动者“失去技能”，为了将处理权从劳动者转移到管理者，为了在劳动力内部制造人为的分隔。劳动的分割将劳动者同他们的产品分隔开来，将工匠变成了工人，增加劳动力的潜在储备，削弱了每个工人的工作保障，分裂了他们共同的经历，降低了他们的阶级觉悟，最终生产者创造的剩余价值也被管理者——资本家攫取了。

四、作为开放系统的组织

理性模型和自然模型建立在将组织视为封闭系统的基础上，着眼点在组织内部，忽视了环境因素。对组织而言，环境可以包括所有与组织发生社会经济关系的环节，如对企业而言，环境包括供应商、销售商、竞争对手、企业联盟以及与之相关的国际组织、社会制度、文化和法律等。持开放系统的视角的研究者认为组织总是处于与环境的持续互动中，并在互动中达到一种动态平衡，在动态平衡中保持其能量的转换。他们将组织行为视为“集体行为”。这方面的研究包括权变理论、种群生态理论、资源依附理论和新制度主义理论。

1. 权变理论

英国学者伯恩斯和斯多克（Tom Burns and George M. Stalker）曾经对英国20个不同类型的企业进行研究，包括传统的纺织厂、工程公司和刚刚起步但市场变化极快的电子企业。他们发现：在稳定的环境下，企业管理专注于程式化的活动，技术方法、任务和权力都与职位相对应，互动的方式是垂直的，就像机器一样，并因此产生高效率。在快速变动的环境中，当问题和要求出现的时候，没有时间像传统的组织那样将问题和要求分解到专家，然后再从专家那里得到答案，当事人必须尽己所能，运用自己的训练和知识在组织利益的框架内解决问题。在这样的组织中，职位职责和传统组织比较，已经变得模糊和更加富有弹性，组织的效率不再依靠专门化的分工，而是依靠针对具体情形的快速决断，即权衡和变通。

美国学者劳伦斯和骆奇（Paul R. Lawrence and Jay. W. Lorsch）在此基础上创立了权变理论。他们认为，不同的环境对组织有不同的要求，特别是市场条件下或技术中以不确定性及快速变化为特征的环境，相对那些稳定环境而言，更会对系统提出不同的要求，包括限制和机会。环境特征在于其对组织所呈现出的复杂性和不确定性，组织与环境的适应至少发生在两个层面上：（1）组织中每个子单位的结构特性都应当与其自身相关的特定环境相适应；（2）组织的分化和整合模式应当与其所处的整体环境相适应。

美国学者加尔布雷斯（Jay Galbraith）指出，环境的不确定性通过影响组织的运作而进入组织。环境的复杂性和不确定性，要求组织重视信息加工，以便获得“协调”。对沟通的要求决定了组织的结构，不存在最佳的组织结构，任何组织结构之间都不等效。组织结构有赖于组织环境的特质，不同的结构设置，包括规章、等级制和分散化，都是组织处理信息的机制。

2. 种群生态理论

20世纪70年代后期的美国学者汉南和弗里曼（M. T. Hannan and J. H. Freeman）创立了组织研究中的种群生态学理论。借用生物种群生态学的方法，种群生态学理论强调从作为群体的组织层面探讨问题，而不是把组织个体当作分析单位。种群生态学试图解释为什么一些类型的（或形态的）组织生存了，而另一些则消亡了。其基本假设是分享相同资源的组织之间会因为争夺资源而相互竞争，这样的竞争直接影响到组织的生存与发展，组织类型（或形态）对环境的适应性决定了组织的存亡。

在分析中，种群生态学理论强调三个过程：变异、选择和存留。变异指组织的创新，选择指环境选择适宜的组织，而存留则指组织的生存。这也是自然选择的三个阶段，其中，环境对组织的选择是最重要的，通过选择，组织就获得了生存的基本要素。

到20世纪80年代后期，汉南和弗里曼发展了他们的研究，把目标转向探讨组织类型和环境依附之间的关系，并进一步阐述组织的种群是指具有相似或相同特征的组织群体，相同或相似的基本指标在于组织对外在的物质和环境的依附模式。同时，研究的主题还扩展到了与生物种群生态学相对应的另一些方面，譬如组织生命周期、组织生命周期的发展阶段、生命周期阶段模型，以及技术发展和组织环境的关系等。

3. 资源依附理论

较早强调资源依附的有美国的汤普森（James D. Thompson）和扎尔德（M. N. Zald）。美国学者菲弗尔和萨兰奇克（Jefery Pfeffer and Gerald Salancik）综合早期的研究，使其成为组织研究中一个引人注目的理论。

资源依附理论的基本假设是，没有组织是自给的，所有组织都在与环境进行交换，并由此获得生存。在与环境的交换中，环境给组织提供关键性的资源（稀缺资源），对资源的需求构成了组织对外部的依赖。资源稀缺性和重要性决定了组织对环境的依附程度，进而使得权力成为显像，如经济依附常常造成政治问题，并只能通过政治途径获得解决。

资源依附论分析的起点是确定组织的需要和可以满足需要的来源，方法是首先确定资源的关键性，特别是其对组织的稀缺性，接着寻求关键性资源的获得途径，如建立多渠道的资源依附途径，包括资源的水平集成和垂直集成。比如，对人才的需求可以通过雇用人才来解决。在组织与环境的互动关系中，组织通过参与（特别是管理者的参与）和考察环境，进而发现机会和威胁，并由此趋利避害。虽然所有组织都依赖于供应商、消费者，但是选择什么样的交换模式和交换条件，组织可以做出选择和决定。对资源依附的管理就是要对环境进行仔细的定义和监视。

资源依附理论认为组织有能力与环境交换，并有能力对环境做出反应。它表现在管理人员对环境和组织的管理，特别是在对环境的管理上。资源依附理论的一个重要贡献就在于让人们看到了组织采用各种战略来改变自己、选择环境和适应环境。

4. 新制度主义理论

美国学者梅耶和罗文（John Meyer and Brian Rowan）在1977年发表了《作为制度的教育的效力》和《制度化的组织：作为神话和庆典的正式结构》两篇文章，提出了新制度主义的一些核心思想，代表了以塞尔兹尼克为代表的旧制度主义的结束和新制度主义的开始。美国学者鲍威尔和迪马鸠（Walter W. Powell and Paul J. D. Maggio）对其进行了扩展。

这些研究者认为，理性化的组织，特别是民族国家和许多科学家组织以及职业性行会，提供了日益详尽的观念和规范，以构建组织的基础及构建组织的形态。社会生活的一个又一个领域都处在一个不断合理化的过程中，只要有了手段—目标的构建方法，行为才能被规范化、正式化和组织化。

新制度理论强调组织是开放系统，组织受到环境的强烈影响，对组织产生作用的并不只是理性或效率的因素。社会性构建的观念体系和规范制度对组织产生了巨大的控制性影响，它们提供了效率标准和理性标准得以构建的环境和框架，既控制组织的构架又控制组织的运作。

本章小结

1. 社会组织是为实现特定目标而建立起来的、在具体的运行环境中将其参与者行为协调和联合起来所形成的相对持续的社会结构系统。

2. 社会组织是人类追求理性、追求效率的产物。它在人类社会生活中发挥着重要的社会功能：使人类的社会需求得到全面满足；使人类可以追求重大的社会目标；提高了人类社会活动的效率；增强了人类社会的整合程度，促进了社会秩序的形成，承担和发挥着社会控制的功能。

3. 社会组织是为追求特定目标而建立的，组织目标作为某种有待实现的状态，它是组织开展活动的依据和动力，代表一个组织的未来和发展方向，对组织的存在与发展具有重要意义：它是组织的灵魂，影响着组织的基本结构特征；是衡量组织活动效益与效率的标准。

4. 组织中的非正式结构是指未经组织确认和维护而从组织成员的活动及相互作用中自发产生的具有灵活性的关系模式。

5. 组织运行是社会组织自身的运动过程，它是一个输入输出或投入产出过程。组织管理是对组织运行的操纵过程，以提高组织的效率，以最小成本实现组织目标。

6. 泰勒认为，组织效率的源泉主要是管理者，工人只是执行者。韦伯认为，只有传统权威和法理权威，才能为组织的长期稳定提供基础。西蒙认为，组织既简化了决策，又支持了参与者做出必须做的决策。威廉姆森认为组织的发展是为了降低交易成本。

7. 梅约认为，组织的效率取决于成员的物质性需求和精神性需求满足程度。巴纳德认为，组织效率的关键是在成员的贡献和得到的满足之间寻求均衡。塞尔兹尼克认为，理性并不是组织的最重要特征，组织最重要的特征是每个组织都有自己的生命。

8. 劳伦斯和骆奇认为，不同的环境对组织有不同的要求。组织与环境的适应至少发生在两个层面上：（1）组织每个子单位的结构特性都应当与其自身相关的特定环境相适应；（2）组织的分化和整合模式应当与其所处的整体环境相适应。资源依附理论认为组织有能力与环境交换，并有能力对环境做出反应。新制度主义理论进一步地强调，组织还有能力通过改变环境使组织获得生存和发展。

思 考 题

1. 什么是社会组织？社会组织有哪些类型？它对人类社会有何作用？
2. 什么是组织目标？试述组织目标的功能和分类。
3. 组织的正式结构和非正式结构有何特点，怎样理解它们之间的关系？
4. 试比较家长制和科层制的优劣。
5. 试分析组织研究中理性系统、自然系统、开放系统视角关注的重点。

第九章 社会制度

学习目的与要求：社会制度既是社会角色关系的体现，又是社会行动的规范体系。本章重点介绍以价值标准为核心的社会制度及其权力制度体系。学习本章，应着重学习和了解社会制度的基本涵义和特征，明确社会制度的构成要素，熟悉社会制度的基本功能，深入理解权力制度体系。

制度作为一种普遍的社会生活现象，理所当然地成为社会学研究的一个重要领域。现实生活中，人们通常在三个层次上使用制度这一概念：一是社会形态，如资本主义制度、社会主义制度等；二是社会某一领域或某一方面的设置和规则，如经济制度、政治制度等；三是社会设置的规矩、规章、规程，如奖惩制度、考勤制度等。本章视社会制度为“角色—制度理论”研究的重要组成部分，重点概述社会制度的基本涵义、特征，社会制度的构成要素以及社会制度的基本功能，并对权力制度体系做一简要概括。

第一节 社会制度的涵义与特征

一、社会制度的涵义

1. 什么是社会制度

社会制度作为一种普遍的社会生活现象，是“角色—制度理论”研究的重要组成部分，是社会学研究的一个重要范畴。然而，关于社会制度的定义，社会学家至今尚未形成统一的见解。例如萨姆纳认为，社会制度是同民俗和民德交织形成的社会行为体系；这种行为体系受到社会的规范，得到民众的公认并具有稳定的程序和步骤。贝尔认为，社会制度是由民俗、民德、信仰及一些社会功能所组成的整合体，成为制度的行为是合乎规范的、标准的行为。库利认为，社会制度是明确的、既定的公共心理状态，本质上与公共舆论没有什么区别。孙本文认为，社会制度是社会公认的比较复杂而有系统的行为规范。台湾学者龙冠海认为，社会制度是维系团体生活与人类关系的法则，它是人类在团体生活中，为了满足或适应某种基本需要而建立的、有系统、有组织、为人们所公认的社会行为模式。《中国大百科全书·社会学》一书也指出，社会制度是人类社会活动的规范体系，它是由一组相关的社会规范构成的，也是相对持久的社会关系的定型化。①

由上可知，社会学家往往是在不同意义上使用“制度”这个概念的，有的指组织和行为的模式，有的指包括许多要素在内的复合体。大多数社会学家在使用“制度”这个概念时，是指包括价值标准、规范、组织和物质设备等要素在内的复合体。社会制度的核心是价值标准，组织规范体系和物质设备是制度的外在形式。根据这一认识，我们把社会定义为：基于一定的价值标准而设立和形成的一套相对稳定的、模式化的、被人们习惯和自觉遵守的规范体系。

2. 社会制度的起源与基本途径

关于社会制度的起源，社会哲学家曾进行过许多探讨，如卢梭和杜林就分别用“社会契约论”和“暴力论”来解释社会制度的起源。社会学家的观点跟他们的看法不一样，一般都认为社会制度起源于人类的需要。由于对人类需要理解的角度不同，观点也不完全一致。萨姆纳和白拉德都是从人的生理方面来理解人类需要的。萨姆纳认为社会制度起源于人类的四种基本需要，即饥饿、爱情、虚荣和恐惧。饥饿产生社会自存制度，如工业组织等；爱情产生社会自续制度，如婚姻、家庭；虚荣产生社会自足制度，如礼仪、娱乐等；恐惧产生宗教制度。白拉德认为，社会制度的基础深深地渗透到人类的本性之中，它是由需要满足的、明确的、持久的欲望而产生的。他指出，家庭产生于人类繁殖和抚养孩子的需要；国家产生于生存的需要；宗教产生于对神灵的恐惧或某种好奇心；工业则产生于对商品的欲望。结构功能学派的先驱人物通常运用个人和群体及其相互需要来解释社会制度的起源，认为社会制度建立在人类各种需要之上，并为人类的基本需要服务。与前两者不同的是，结构功能学派所说的人类需要不仅指人的生理需要，也指人的社会需要。

从人类需要的角度去探究社会制度的起源无疑是比较合理的，因为任何社会制度都是为适应一定条件下的人类需要而产生的。但是，如果仅仅把目光停留在人类需要上，忽略满足需要的手段和途径，将不可避免地出现一个重大缺陷，即无法从根本上解释社会制度的变异性。这也正是以上各种关于社会制度起源的解释无法令人完全信服的原因。

本书认为，社会制度的形成一般通过两条途径：一是自发形成。即从民俗

① 周运清主编：《社会学》，武汉大学出版社 1988 年版，第 291 页。

升格为民德，再从民德发展为制度。民俗是指人们在共同生活中形成的自然化的趋同性行为，这种行为并不被人们所觉察，而是自然而然的，缺乏约束力。民俗的发展便形成民德。民德是被人们觉察到的趋同性行为，它不仅得到大众的公认，而且还成为个人的行为规范，具有较强的约束力。民德一经人们加以组织并使之系统化和条文化，便形成制度。如婚姻、家庭、经济等广泛而持久的社会制度，最初就是这样形成的。二是立法产生。属于上层建筑的社会制度如政治、思想文化等制度，一般都是通过立法的形式制定的。实际上，现代社会的许多制度，尤其是国家的根本制度，都是通过立法产生的。

3. 社会制度的基本特征

关于社会制度的特征，至今尚无统一见解。社会制度之所以必要，是因为它能有效地实现社会权力设置和具有维持社会秩序的功能。社会学家往往在不同意义上使用“制度”这个概念，有时指组织和行为模式，有时指包括价值标准、规范、组织和物质设备等要素在内的复合体。依美国社会学家默顿的说法，社会制度的主要特征是在一对规范存在着潜在的冲突期间使之模式化。这是一种安排，这种安排是运用制度统治方法把那些不一致的行动融合起来，通过强制使其变成合理一致的行动。循此思路探索，可将社会制度的基本特征概括如下：

（1）社会制度的核心是价值标准。本书在使用“制度”这一概念时，是指包括价值标准、规范、组织和物质设备等要素在内的复合体系，其中价值标准是核心，而且是与权力设置和一定历史秩序相关的价值标准。价值标准一旦确定，就会以一定的组织形式和物质设备来保证规范的实施，所以规范体系、组织和物质设备是制度的实现方式。

（2）社会制度是非人格化的权威力量。社会制度之所以必要，是因为权力设置和维持秩序的功能是通过制度实现的，就像交通警察通过交通规则来实现自己的权力一样，交通规则就是一种制度。权力是人格化的，而制度是非人格化的，没有直观性，不讲人情，一旦违反它，就会受到惩罚。社会制度无处不在，它是实现权力的统治作用以及安排和维持社会秩序的权威力量。

（3）社会制度具有稳定性和差异性。从本质上看，社会制度是各种社会力量交互作用的产物，通常具有比较完整的规范体系、组织体系和工具体系。只要这些社会力量能在一定时期内保持平衡，社会制度就可以保持稳定。但是，不同国家甚至同一国家的不同历史时期和不同地区，社会制度的物质设备和表现形式仍会有差异，这就是社会制度的差异性。

（4）社会制度具有抑扬性。正如默顿所说，社会制度是把存在着潜在矛盾的规范与不一致的行为融合起来使之模式化、制度化，因此，模式化的制度对原有互相矛盾的规范和行为就会有抑有扬，在抑扬之间找到平衡点，这种平衡点充分表现为制度的公平性。改革开放以来，人们不断讨论公平与效率之间的关系，其实公平是多元价值判断，效率是一维事实，两者只能统一于最公平的制度。

二、社会制度的构成要素

如前所述，社会制度作为一种具有普遍意义的、比较稳定的和正式的社会规范体系，可以划分为三个层次：一是总体社会制度或者社会形态，如资本主义制度、社会主义制度等；二是社会不同领域或方面的制度，如家庭制度、经济制度、教育科学制度和政治制度；三是社会生活中具体的行为模式和办事程序，如社会组织的奖惩制度、考勤制度等。社会学注重从第二个层次上研究社会制度。

无论人们怎样对社会制度进行分类，也无论各种社会制度之间存在多大差异，社会制度本质上是指包括价值标准、规范、组织和物质设备等要素在内的复合体系。

1. 价值要素

价值要素也称价值标准，是指主体对客体的有用性以及用处大小的判断。价值标准是人格和文化中的核心要素，是制度的灵魂，通常用来阐释制度的目标与功能，通过对社会地位、角色及利益关系的评判，体现社会的普遍价值。社会制度的价值要素通常不是专门标定的，而是体现在一系列社会学说、理论或思想之中，特别体现在社会的主导意识形态上。具体的社会制度，一般通过相应的价值取向，引导社会成员调适社会地位与角色关系，做出符合社会整体目标的行为选择。价值标准归根结底是由人的物质生活条件决定的，由于人们的物质生活条件具有差异性，人们的价值标准也有相应的差异。社会制度的创设、沿袭或发展进步，通常是多种价值倾向冲突与整合的结果。

2. 规范要素

价值要素和规范要素是构成社会制度的基本要素。作为制度灵魂的价值要素是内在要素，是看不见的，必须外化成为规范才能发挥作用。那么什么是规范呢？简而言之，规范就是标准、规则和模式，是一系列有关角色行为的规定，如道德规范、技术规范、语法规范等。社会学对规范的注意是由对角色的研究引起的。角色表示两个人以上的关系与活动，没有规范，人们就不知道做什么，怎么做，角色就无法扮演。从前的社会学家将规范分为自发规范与规定性规范两种类型，常见的法律、道德、规则、条例以及风俗习惯等属于规定性规范。本书的创见是把规范分为公开规范与隐蔽规范两种。公开规范是指群体、组织和社会通过多种形式外显的规范，隐蔽规范是指公开规范不禁止也不提倡，然而被人们默默遵守的规范。

3. 组织要素

组织要素是社会制度的实体部分，是价值和规范的载体。组织要素包括组织领导、职能机构和组织成员。价值与规范的功能是通过组织活动来实现的。社会制度的价值与规范通常由组织的准则、规章和纪律来实施，有的通过非组织化的惯例或不成文的习俗来实施。从社会秩序的维持、社会地位、角色以及利益关系的协调层面来看，组织化的活动是实现制度功能的基本途径。

4. 设备要素

设备要素是社会制度运行的物质基础。如教育制度运行除有学校和教育管理组织外，还必须有相应的图书馆、教学楼、图书资料、实验设备等物质设备。设备要素一般分为两大类：一类是象征性的物质设备，如厂徽、厂标、国旗、国徽等，它们标志和象征组织和社会制度的性质、地位和功能，是组织与制度的物化表现。另一类属于运行性物质设备，如法律制度得以运行的法庭、监狱等。

由上可知，制度差异是由制度要素的内容与形式之间的关系所决定的。由于人们对制度要素的认识不同，对社会制度的理解也会不同。

三、社会制度的基本功能

1. 行为导向功能

在社会学视野中，个人与社会的关系表现为角色关系。个人是自身行为的主体，由于每个人都有独特的个性和价值观念，不仅人与人之间的角色行为存在着很大的差异，个人行为与社会要求之间的差距也很大。为了使人们的角色行为保持一定程度的协调和一致，保障社会生活的有序性和连续性，社会总是通过一系列规范来约束人们的行为，社会制度就是其中最重要的一种。它通过权利和义务系统确定个人的地位和角色，为人们提供思想和模式，引导人们适应社会生活，尽可能避免个人与社会发生太大的矛盾和冲突。

2. 行为调控功能

社会制度的调控与整合功能是行为导向功能的强化和延伸。社会的正常运行，没有稳定的社会秩序是不可想像的。然而由于个人或社会的原因，仅凭引导还无法确保社会稳定，所以还必须附带一套强制性措施，对个人、群体和组织行为进行直接调节和控制。通常表现为通过对合乎规范的行为进行鼓励和对偏离规范的行为进行惩戒，调适角色关系，消除社会运行的障碍，建立正常的社会秩序，促使社会行为有序化。

3. 文化承续功能

人类文化史可以说是不断发明、积累、传播和调适的历史。人们不仅在前人创造的文化基础上开始生活，而且在继承前人文化的基础上，不断创造新文化，促进社会的发展。在这个过程中，社会制度作为一种整合力量，通过保存和传递社会物质文化和精神文化，使之得以世代沿袭，并在空间上得到普及和发展。制度文化的延续与发展不仅积累了人类文化的精华，而且也推进了文化创新。

4. 社会化促进功能

社会化是个人学习知识、技能和规范以及社会向个人灌输知识、技能和规范的相互过程。从制度化层面看，社会化是制度化过程；从社会化层面看，制度化是社会化的手段和方法。社会制度作为人类文化的精华，通过价值标准，主导社会化的内容和方向，通过规范、组织和物质设备为社会化提供基本保障。

四、理解社会制度功能的社会学范畴①

1. 正功能与负功能

功能主义的观点可以上溯到斯宾塞的社会有机体论和马林诺斯基的制度论（文化论）以及迪尔凯姆的分化和整合理论。帕森斯则在前人的基础上，对他们说的社会系统的功能（社会系统被帕森斯定义为“制度化了的互动模式”，因此把社会系统功能理解为制度的功能，应是可以容许的）作了全面总结和展开，这集中反映在他有名的“AGIL”功能图式中。A、G、I、L实际上是四种社会系统的功能：（1）适应（A），能确保从环境获得系统所需资源并进行分配，为此，系统的结构和制度应能适应此种环境。（2）目标达成（G），借助系统的资源和能力以实现系统的目标。（3）整合（I），使系统的各部分协调为一个整体，以保持系统的功能。（4）模式维持（L），对潜在的价值观的维持并保持其制度化基本模式不变，以处理行动者内部的紧张关系。

显然，到帕森斯为止，对制度功能的关注主要在其正功能方面，而且几乎无例外地都把制度的整合功能放在最重要的位置。整合既然是社会系统的一种需要，因此满足此种需要就成为制度的压倒一切的功能。

2. 显功能与潜功能

继帕森斯之后，对功能理论贡献最大的是默顿。默顿从怀疑功能的统一性

① 转引自庞树奇、范明林主编：《普通社会学理论新编》，上海大学出版社 1998 年版，第 315~319 页。

和普遍性出发，提醒人们注意“一定社会或文化事项（习俗、信仰、行为方式、惯例）对于不同社会群体及其各个成员所造成的迥然相异的结果”。具体地说，“首先，事项也许不仅对于一系统或另一系统的事项具有正功能，而且或是对特定事项，或是对系统整体具有负功能。其次，某些后果，无论是正功能的还是负功能的，都是系统的主体有意造成并认识到的，因而是显在的；而其他一些后果则不是有意造成并被认识的，因而是潜在的”。这样，对社会文化事项造成的多种结果的分析，就应该既注意到正功能和负功能，也应该注意到显功能和潜功能。

凡制度皆有（正）功能，这本来是一个能够接受的假设，现在默顿把它转换为，一个制度若不具有显功能，则必具有潜功能。正功能与负功能的区别是看社会结构要素及其关系对于社会调整与社会适应是起帮助作用还是削弱作用；显功能是指人们能观察到或者能预期其效果的功能，潜功能是指既不能认识也不能预期其效果的功能。常见的例子有：小学校作为传授知识的场所，是其正功能；但小学校也是保护儿童安全不受侵犯的地方，则是其潜功能。购买高档商品（如名牌汽车）固然是为了出行方便，此其正功能；但名牌汽车还能显示一个人的社会地位，则是其潜功能。由此可见，对制度的潜功能的分析，社会学家可以不再为个人行动寻找原因，而是超越个人去为风俗和制度的存在寻找理由。制度的这一功能分析，得以消除某些质朴的道德判断，而真正显示出社会学分析的不可替代的作用。

默顿除了提出“显功能”、“潜功能”的分析概念外，还有一个有关制度功能的概念值得一提，即“功能替代”或“功能选择”的概念，此观点对现存制度的不可缺少性提出质疑，诸如宗教制度、教育制度均有另一种可替代的功能。它提示，极不相同的制度可以发挥相同的功能，从而在一定程度上改变人们对制度的保守性的看法。

3. 整合功能与区分功能

制度的整合功能即前述其主要的正功能。整合功能亦最明显地反映出制度着重在对人类需要的满足这一基本点上，而制度的区分功能则着眼于对需要的限制。

制度的区分功能，可以说是中国固有文化对社会学制度理论的一点贡献。固然，西方迪尔凯姆的分工理论也涉及到这一方面（在迪尔凯姆那里，分化是整合的前提，两者同样重要），但制度的区分理论仍具有浓厚的东方文化色彩，这主要见于荀子的论述。

4. 导向功能与传递功能

制度的导向功能犹如文化的导向功能，它使人们的行为能比较顺利地走上原先“预设”的轨道，并以此轨迹为基准来评判人的行为的偏差和偏差程度，以及采取相应的校准措施。现代经济生活中通行的各种经济法，如合同法、商标法、知识产权法等，无疑就是把人们的经济行为导入各种法律所规定的范围之内进行运行和操作。当然，这种轨迹并非一成不变，它恰恰是随着社会生产力水平的提高和人的需要的演进而发展的。

社会制度不仅使人的行为有规可循，而且还使人的行为有榜样可以参照：通过理想行为模式的倡导能够使众多的个人或团体、组织的行为具有瞄准的对象，从而促进社会行为有序化和推动社会的进步。社会制度的导向功能是使个人顺利完成社会化过程的必要条件，也是使社会生活的秩序得以维持和发展的制度性保障。

人类社会之所以能够一代又一代地延续下去而不至于湮没或毁灭，其中主要的是由于人类文化的存在，尤其是各种制度性文化不断地把人类文化、文明的结晶传递下去并加以发扬、创新。在这一点上，家庭制度、教育制度、科学制度、艺术和宗教等制度在传递人类文化的作用上尤见显著。

第二节　社会的基本制度

一、社会制度的分类

在以往的制度分类研究中，学者们从不同角度进行过多元考察。如依制度的重要性将其划分为基础性制度和辅助性制度；依制度的适用范围划分为一般制度和特殊制度；依制度的功能划分为关系性制度、调整性制度和文化性制度；依发挥制度的功能方式划分为统治性制度和操作性制度。但目前较为普遍的分类方式则是以下三种：

第一，按照社会制度形成的方式，把它分为自发产生的制度和根据客观历史需要而有计划建立的制度。尽管每种社会制度的形成都有其客观依据，但是具体的形成方式和过程是不同的。社会制度形成的途径一般有两条，即自发形成和立法产生。这种分别，实际上与人类的认识水平相联系。如果人们对社会和个人的某些需要的认识比较模糊，那么相应制度的形成是自发的、渐进的；相反，人们就会有计划、有目的地建立制度。

第二，根据社会制度形成的历史过程及其对个性形成产生的影响，把它分为本源制度和派生制度两种类型。按照历史唯物主义的观点，所谓本源制度，是指反映并决定其他一切关系基础的原始的关系——生产关系以及与之紧密相联的经济活动的规范的制度，包括婚姻家庭制度和经济制度。派生制度则是指建立在本源制度基础上的其他一切制度，如政治制度、教育科学制度和思想文化制度等。

第三，按照社会制度的具体性质和作用，把它分为婚姻家庭制度、经济制度、政治制度、教育制度和思想文化制度等具体的类型。

由上可知，社会制度存在于社会生活的各个方面，种类繁多。本书从人类生存和发展对制度的需求角度，认定最基本的社会制度是婚姻家庭制度、经济制度、教育制度、政治制度和宗教制度五种，其中家庭制度是生育制度，经济制度是生存制度，教育制度是发展制度，政治制度是主导制度，宗教制度属于信仰制度。

二、婚姻家庭制度

家庭制度是关于家庭的性质、形式、关系、功能、权利和义务的一整套规范体系。它的内容主要由婚姻制度及相应的习俗礼仪、生育制度、亲子制度、父母与子女的权利和义务、家庭财产继承制度等成文或不成文的规范组成，其中婚姻制度最为重要，其他制度都是在此基础上建立的。在古代社会尤其是原始社会中，家庭制度（非严格意义的制度）主要表现为有关习俗、惯例等不成文的规范；在现代社会里，它一般表现为相应的民法，并辅之以社会文化传统、道德和舆论等相关的社会文化规范。

婚姻家庭制度是人类进入文明社会以来最基本的社会制度，它的基本功能是繁衍人口、禁止乱伦、提高人口素质。没有婚姻家庭制度保障，乱伦不可避免，人种就会由退化走向灭亡。

正因为家庭制度具有上述重要作用，所以它才成为人类历史上最古老、最原始、最普遍的一种社会制度。从历史上看，人类从原始血亲杂交到一夫一妻制家庭，经历了以下四种形态：血缘家庭、普那路亚家庭、对偶家庭和一夫一妻制家庭。

中国社会正处于急剧的变革与转型之中。处于变革转型时期的家庭制度，可以说是挑战和机遇同在，问题和发展并存。一方面，改革开放给家庭制度的发展与完善带来了许多有利的契机；另一方面，历史遗留的问题和改革开放中出现的一些新情况、新问题，又向现存的家庭制度提出了挑战。在这种背景下，中国目前的家庭制度兼具传统和现代双重特征，主要表现在以下几个方面：（1）家庭结构和功能的过渡性；（2）家庭关系和分工的过渡性；（3）婚姻家庭问题的复杂性。

家庭的基本制度是婚姻制度。中国的婚姻制度具有转型特征，目前集中体现为新《婚姻法》讨论中的10个焦点问题。新中国的第二部《婚姻法》于

1980年制定，1981年1月1日起施行，只有37条，以至于许多司法实践中的问题不得不依靠最高法院通过司法解释来指导审判。而国外，相关法律多达数百条，如德国《民法典·家庭篇》有600多条，法国的有500多条。自1996年提出修改《婚姻法》以来，各路专家、团体、部门各持己见，修改期间曾两度引起全国人民的意见聚焦。一次是在1998年，传出新法有可能限制离婚，加大离婚难度以及干预婚外恋、惩罚第三者等，这一消息激起了上至社会学家，下至普通老百姓的全民论争。另一次是2000年，《婚姻法》修改已列入全国人大常委会审议法律草案计划，新《婚姻法》经过全民大讨论，引出10个焦点问题：(1) 究竟把《婚姻法》修改成什么样子，是强调建立框架体系还是只解决实际问题；(2) 法律该不该干预婚外恋；(3) 法律要不要规定夫妻有同居的义务；(4) 生育权是属于夫妻一方还是夫妻双方；(5) 家庭暴力能不能追究民事侵权责任，即能不能要求赔偿；(6) 夫妻之间有没有隐私权；(7) 法律如何对待快速增多的涉外婚姻；(8) 法律财产制度要不要打破“大锅饭”传统；(9) 离婚的理由要不要修改；(10) 离婚自由要不要加以限制。

三、经济制度

经济制度是社会用以限制、调节或促进人们生产、分配、交换和消费行为的社会规范体系，主要由经济法规、条令、经济组织条例及其职能和性质的规范等方面构成，是关于生产要素的分配，产品的生产、分配和交换的制度。

经济制度起源于人类生活的需要，最初包含在家庭制度之中，共同作为原始社会的基础制度发挥作用。随着人类文明的发展，经济制度逐步从家庭制度中分离出来，成为一种独立的社会制度。经济制度同家庭制度一样，是人类历史上最古老的制度之一。它的主要功能包括规范经济活动，调整经济关系，保障社会生产和再生产的持续发展，为人类社会的生存与发展提供物质基础。由于经济制度的基本功能是给人类生存提供物质资料，所以是生存制度。

经济制度的主要内容可以概括为如下几个方面①：(1) 对财产所有权的规定。经济制度通过相应的经济利益和权利，规范所有者对财产所有权以及这种权力的具体运用，并由此确定社会生产活动中人与人的关系的基本性质和一般的经济取向。随着生产活动的复杂化和经济组织的集中化，运行制度中对财产所有权的规范由直接的、单一的形式逐渐向间接性和多元化方向发展。(2) 对社会经济活动中的劳动分工的规定。随着经济活动的复杂化，对经济活动的整

---

① 庞树奇、范明林主编：《普通社会学理论新编》，上海大学出版社1998年版，第322页。

体效率要求越来越高，于是分工越来越细，并最终通过经济制度被固定下来，人们的经济活动由此被越来越紧密地联合成一体，并从中产生深刻的社会后果，如分工可以作为财富或权力占有的标志。(3) 对社会经济运行中交换活动的规定。交换是经济制度规范的重要对象。在人力、资源、资金和产品等各个方面的交换活动中，对于交换原则、交换程度、交换媒介、交换手段等各个环节的固定化、标准化，是经济制度对交换的规范和保障的集中表现。(4) 对市场运行的规定。市场的孕育成熟，是经济运行的发展和复杂化，尤其是交换活动逐渐发达的结果。对市场的组织、市场的运行规则、市场的操作程序、市场活动的协调等，无疑就成为经济制度对市场规范的重要内容。(5) 对经济活动中相互承诺的规定。经济合同和契约是经济制度对人们顺利开展多项经济活动的重要保证，它体现为对经济行为的规范性，是对那些损害既定目标实现的行为的禁止，也是予以惩罚的依据。

四、教育制度

教育科学制度是社会的启导、延续和发展制度，是社会制度体系中的重要组织部分，是社会传授知识与科学，提高人的科学文化素质的社会规范体系及其组织机构的总和，其目的主要是把人类长期积累的知识和科学技术代代相传并使之发扬光大，通过人的素质培养促进社会进步。

教育制度是社会发展到一定阶段的产物，同其他许多社会制度相比，教育制度成形很晚。在原始社会中，由于生产力发展水平很低，教育与生产、生活活动融为一体，既没有专门的教育机构，也没有专职的教育人员，所以也没有相应的教育制度。到了奴隶社会，教育才开始成为一种相对独立的社会现象，出现了最初的学校，产生了教育制度的萌芽。教育现象在封建时代已经比较普遍，主要表现为学校教育的规模扩大，类型增多。但严格地说，教育制度在封建时代只是一种雏形，因为当时的教育被垄断在统治阶级手中，仅仅作为统治阶级维护其统治地位的工具。现代意义上的教育制度是从近代开始形成的。近代以来，随着社会生产的发展，特别是由于科学技术的高速发展，使教育与科学逐步成为一种制度化的组织活动。

考察教育制度的功能，可以从多种角度进行。本书着重从它的外显功能和内潜功能的角度来展开分析。教育制度的显功能是指与它的目标直接相关并被人们明确认识的功能，也即它在社会生活系统中的直接作用，主要包括四个方面：一是传授知识与科学技术的功能。这是教育制度最基本的功能。无论在任何时代、任何国家，把前人积累的知识和技术代代相传，都是人类保障世代延续、促进社会发展的必要条件。虽然这一过程并不一定通过教育制度才能进行，但是要使它系统化和规范化，就有赖于制度化。二是实现社会化的功能，即把人培养成为合格的社会成员。一定社会的教育制度，反映该社会人才培养和需求的基本模式。在这些基本模式的指导下，通过有关组织的通力协作，实施教化，最终培养出合乎一定社会需求的社会成员。现实社会生活中的各级各类学校，就是作为教育制度的重要组成部分，直接担负对个人实施社会化的任务。三是文凭功能，即确定人的知识和技能水平的功能。人们的知识和技能水平是有层次的，对这些层次加以区分，目的主要在于指导人们更好地扮演社会角色。然而，对一个人的知识技能水平的衡量，必须有一个比较客观的、为人们普遍接受的标准，否则就会引起混乱。为此世界各国几乎都以文凭的形式确认人们的知识技能水平，并用相应的教育制度保障文凭的权威性和有效性。四是社会选择功能。这是在文凭功能的基础上，通过诸如能力测试等其他辅助手段，进一步把人们划分为不同的类型和层次，以便使适当的人能够进入适当的岗位。

教育制度还有许多间接功能，即所谓潜功能，主要包括四个方面：一是社会控制功能；二是调整、协调社会职业体系和社会分层体系的功能；三是缩小收入差距的功能；四是吸收剩余劳动力的功能。

五、政治制度

政治制度是国家权力如何产生、如何行使和有关权力结构的规定，由国家颁布并强制执行的，用以约束社会成员和群体活动的规范体系。政治制度具有权力和权威性，因各种社会制度的设立和修改都由政治制度决定，所以称为主导性制度，因而也是最重要、最复杂的制度。政治制度的核心部分是有关国家性质、各阶级在国家中的政治地位和国家管理的原则、方式等方面的规定。国家具体的法律制度、干部制度、行政管理制度、军事制度和对外关系制度等，也是政治制度的重要组成部分。

政治制度的主要功能可以归结为两个方面：一是规范社会秩序。由于人类社会行为的复杂性、社会关系的多样性以及利益驱动的多极化，规范各个利益群体之间的冲突便成为可能。政治制度可以通过权力的作用，对社会群体活动实行协调、监督、控制，尤其是对各个社会群体在社会权力体系中的位置及相互之间的关系进行有效的调整，从而保证社会的正常运行和社会秩序有条不紊。二是管理公共事务。公共事务是涉及全体社会成员以不同利益要求为基础的共同行动，如何使这些行动的目标以及行动过程被限制在社会整体目标和有序范围之内，是政治制度的核心任务。

六、宗教制度

什么是宗教？宗教是一种社会意识形式，是一种支配人们日常生活的外部力量，集中表现为神圣的和超自然的观念，即宗教观念。宗教观念具有7种特征：(1) 神圣是一种权力或力量；(2) 它同时具有两种抽象的特征，如自然与道德、人生与宇宙、美与丑等；(3) 它不含功利性；(4) 它具有超经验性；(5) 不涉及知识；(6) 它可以促进与支持崇拜者；(7) 它能使信仰者和崇拜者增加道德需要。①

宗教以正式宗教和非正式宗教两种形式存在，其中正式宗教形成了相应的教义、教规、仪式、设施和组织制度。宗教具有正功能和负功能。从正功能来讲，宗教有助于维持社会的稳定，如韦伯把宗教看成是合法秩序的一种重要特征。从负功能来看，宗教在一定程度上阻碍人们对自然界与社会的科学探索，阻碍对真理的探索与追求。

宗教制度是包括宗教观念、信仰、宗教仪式以及宗教组织设施在内的规范体系。宗教组织是具体化的宗教单位，它可以是一个简单的团体，也可以是一个复杂的机构。西方学者一般将宗教组织分为教会（church）和教派（sect）两种理想类型，并为许多社会学家采用和发展。依实际情况来划分，宗教组织类型可以分为教会、教派、教宗和膜拜教团四种。

中国宗教组织是多民族信教群众自己的爱国联合组织。中国宗教组织充分利用教义中的“仁慈”、“宽容”、“博爱”、“乐善好施”、“普度众生”等教义，良好地影响着人的感情、人的心理、人的行为以及人际关系，在许多民族中形成强大的凝聚力和调适功能。中国爱国宗教组织的基本任务包括：(1) 协助人民政府全面、准确地贯彻执行宗教信仰自由政策。(2) 团结广大教徒，发扬本教的优良传统，倡导本教积极进取的思想，热情参与社会主义物质和精神文明建设。(3) 帮助和推动宗教徒认真学习宗教政策和其他有关政策法规，不断加强宗教徒的爱国主义和社会主义思想及法制观念，做到爱国爱教，遵纪守法。(4) 充分运用法律武器，维护宗教界的合法权益，维护宗教徒信仰自由的权利。(5) 办好教务，组织好正常的宗教活动，支持宗教徒管理好宗教活动场所。(6) 动员和组织宗教徒积极参与促进祖国统一、维护世界和平的伟大事业。(7) 培养和教育教职人员，开展学术研究，协助人民政府保护宗教文物古迹。(8) 发展与各国宗教徒的友好联系，增进中外宗教文化交流，弘扬民族文化。

---

① Spenser, 1976, “Foundations of Sociology”, p. 363, New Jersey.

中国共产党历来关注宗教事业的健康发展。中国共产党关于宗教事业发展的基本观点和基本政策是：(1) 宗教有其发生、发展和消亡的过程，在社会主义社会中将长期存在，我们不能用行政力量去消灭宗教，也不能用行政力量去发展宗教。(2) 宗教信仰自由受国家宪法的保护，公民有信仰宗教的自由，也有不信仰宗教的自由。(3) 无神论者和宗教信仰者在政治上、经济上的根本利益是一致的，在思想信仰上的差异是次要的，要坚持政治上团结合作、信仰上互相尊重。(4) 中国宗教方面的矛盾主要是人民内部矛盾，但在一定条件和一定情况下也可能出现对抗性的问题。(5) 宗教活动必须在法律和政策范围内进行，国家依法对宗教事务进行管理，保证正常的宗教活动，制止和打击利用宗教进行违法犯罪活动。(6) 坚持独立自主、自办教会的原则，反对境外宗教团体和个人干预中国宗教事务，抵制境外敌对势力利用宗教进行渗透。(7) 争取、团结和教育宗教界人士，有计划地培养年轻一代的爱国宗教职业人员，充分发挥爱国宗教团体的作用。(8) 积极引导宗教与社会主义社会相适应。

第三节 权力制度体系与制度创新

一、权力制度体系

权力制度体系是角色制度理论的三大体系之一。虽然权力和制度不是从外部强加给社会的，而是从社会共同生活中产生出来的，然而权力一旦产生出来，它也产生统治和服从，并通过制度来行使权力。社会制度的功能与权力具有不可分割的联系，权力之所以必要，是因为它是安排和维持社会秩序的力量，而权力设置和维持秩序的功能又是通过制度实现的。权力是人格化的，制度是非人格化的，只有非人格化的制度才能有效实现权力的社会功能。所以权力必须转化为制度，制度依赖权力运行。

1. 权力的定义与特征

什么是权力？法学、政治学、社会学都研究权力，但研究旨趣各不相同。法学研究的旨趣在于权力的合法性，政治学研究的旨趣在于国家和政府权力的行使，社会学研究的权力无论在范围上还是内容上，都比法学和政治学研究的权力要宽泛得多。它研究的权力除了国家和政府权力之外，还包括个人、群体、组织在社会交往中的权力。因为权力在任何社会都是一个多方面、多层次的等级体系。那么什么是社会学研究的权力呢？权力有两种经典解释，韦伯认为，“权力是指某一种社会关系内的行动者取得贯彻实现自己意志的职位的可能性，而对那些无视这种可能性存在基础的抗拒行为置之不理”①。布劳则从交换论角度给权力下了这样的定义，“它是个人或群体将其意志强加于他人的能力，尽管有反抗，这些个人或群体也可以通过威慑这样做。威慑的形式是撤销有规律的提供报酬或惩罚”②。遵循经典思路，我们认为应当把权力定义为：权力是在社会关系和社会行动中以威慑或惩罚的方式强制他人贯彻实现自己意志的能力。权力有以下特征：第一，权力是个动态过程，不是一个静止概念。父母对子女的权力只有在行动中才能表现出来，没有行动，权力只是一种潜在的力量，而这个力量能否成为权力，只是一种可能。第二，权力是和强制性联系在一起的，不受强制性约束的行为不是权力所致。布劳举例说，当顾客把钱付给售货员，售货员就必须把商品拿给顾客，看来这好像是顾客的权力，其实不是，这是交易。只有一个人拿着枪对准售货员，让售货员把钱或货物拿给他，而售货员迫于武力威胁，很不情愿地把钱或货物拿给持枪人时，这才是持枪人权力的表现。第三，权力是以服从为对象的，没有服从，权力便不存在。第四，权力是和一定的身份地位联系在一起的，没有身份地位便没有名分，“名不正，则言不顺，事不成”，权力就无从谈起。掌权的人或是皇帝，或是总统，或是老板，或是家长等，总得有个名分才能有权力。第五，也是最重要的，权力意味着对资源的占有，资源包括金钱、财富、武力、声望和有价值的社会关系等。不占有资源，虽有名分地位也是无权的，比如败落贵族，身份犹在，权力全无。掌握有价值资源是权力的基础，掌握资源的多少是权力大小的基础。对权力的争夺本质上是对地位和资源的争夺。

2. 权力的结构与功能

社会学家对权力的研究已有很多，他们或把权力当作专门的研究对象，如韦伯、米尔斯；③ 或者是在研究其他社会现象时涉及到权力，许多社会学家对权力的研究属于后者。我们在这里说的权力结构主要是指权力在社会上的分布，当然也会涉及到权力的类型。人们经常听到集权制和分权制的说法，这是就一个国家的政治体制而言的。其实就权力的本质而言，只要掌权者能力所及，他是不会把权力分给别人的。但是大到一个国家，小到一个家庭，它们的

---

① ［英］迈克尔·曼主编：《国际社会学百科全书》，四川人民出版社 1989 年版，第 531 页。

② ［美］布劳：《社会生活中的交换与权力》，华夏出版社 1988 年版，第 139 页。

③ ［美］米尔斯（Mills，Cnarles Wright），美国哥伦比亚大学社会学教授，思想激进，1956 年发表的《权力精英》（The Power Elite）一书，在美国社会和社会学界很有影响。在该书和他在 1951 年发表的《白领：美国的中产阶级》中指出，美国的权力被由政治家、企业家和军界领导人组成的权力精英集团掌握，而白领中产阶级是无权的顺从者。

最高统治者的能力总是受到个人自身的、社会和地理环境的限制，使他们不得不把手中的权力划分给别人一部分，不可能把所有的权力都掌握在自己手里。封建社会都实行中央集权制，皇帝总揽国家大权，但是他还要按地区分封诸侯，中国周初的大封建就是如此。现代民主制国家，把国家权力划分为立法、司法和行政三种权力，即所谓“三权分立”①，是按权力职能划分的。在一个家庭里，父亲也会把他的一部分权力分给他的儿子（尤其是长子）。由于权力的划分，所以在家庭、群体、组织和整个社会就出现了权力等级体系。

权力的基础是对资源的占有，权力的大小由资源占有多少而定，由此我们把权力分为三个等级体系：世界权力等级体系、国家权力等级体系、群体和组织权力等级体系。在分析这三个权力等级体系之前，我们要特别说明，我们的阐述是作事实分析，而不是作价值判断。亦即我们不是根据人们喜欢不喜欢，或者哪些人喜欢，哪些人不喜欢来确定权力等级体系，而是根据客观存在的事实来作科学分析。

（1）世界权力等级体系。这个体系是由各国占有资源多少和发展水平不同造成的，占有资源最多，实力最强的国家，处在世界权力的顶峰，它可以把自己的意志强加于其他国家，不管这些国家愿意不愿意，都得服从。按照目前习惯的划分，世界上有发达国家、发展中国家和欠发展国家，这就是世界上的三个权力等级。三个权力等级是一个体系，并不是各管各的事彼此孤立的。每个等级里各国的权力也是不平等的。我们这样叙述世界权力等级体系，是有悖于“国家不分大小强弱都是平等的”这个原则的。但是“原则”是价值期待，是各国（尤其是弱国）要实现的目标，不是现实。如果这个原则已经成为现实，那么这个原则就不需要了。正如法国《人权宣言》中说的“人生而自由，在权利上一律平等”，可是马克思还是对社会进行了阶级分析，指出事实上并不是人人平等。学者的任务是指出国家之间事实上的不平等，政治家的任务是提出原则去争取自己国家的权利，缩小这种不平等。学者和政治家是两种不同的社会角色。

（2）国家权力等级体系。无论是中央集权国家还是分权国家，国家的最高权力都是集中在中央，然后根据“条”（职能体系）、“块”（地区）将权力划分成等级体系，这是经验常识，不需要论述。需要论述的是集权和分权是由一个国家的历史背景和经济社会发展水平决定的，而不是由“贤者”或任何帝王决定的。另外还应当看到集权和分权是权力在掌权者之间的分配，和服从权力

---

① 分权理论是英国哲学家洛克首先提出来的。目前各国实行的三权分立是法国启蒙思想家孟德斯鸠在《法意》中的发明创造。

的老百姓没有多少关系。因为权力不论掌握在谁手里，服从者总是无权的老百姓。这里就引出了“民主”这个概念。实行民主，权力来自人民，老百姓手里不是就有权力了吗？其实只要对民主进行透彻的分析，弄懂民主的本质是什么，就会发现民主只不过是定期地把国家权力在“权力精英”（感谢米尔斯给我们提供了这个概念）者们之间进行再分配，投票过后的选民还是处在无权的服从地位。民主是什么？民主是对自主的限制。按人的本性讲，每个人都是要自主而不要民主的，自己的事情自己作主，天经地义。然而在社会共同生活中产生的公共事务，哪个人都不能自己作主，于是就产生了民主，所以民主是各种权力单位（这些单位包括个人、群体和组织）互相争夺、互相制约而产生出来的一个合力，这个合力就好像在一个任意（不规则）多边形中的重心。重心产生出来以后，人们才发现它与各角顶点（也就是权力实体）的距离是不相等的，于是那些远离重心的人感到了有口难言的失落。从表面上看，民主是很公平的，每位选民都只有一张投票权，可是由于实力不同，那些实力强的个人和群体总是可以把权力重心拉向自己。民主只不过是产生权力的一种方式罢了。

虽然法律规定每一位公民都有被选举权，可是能进入候选人名单的总是那些人。为什么？除去财力和物力这个重要条件之外，社会上早已培养出一批以政治为业的政治家，就是米尔斯说的权力精英集团。他们练就了从政能力，是专门吃政治这碗饭的，不选他们选谁？这是不可逆转的社会事实。其实早在米尔斯发现权力精英集团而产生偏激情绪之前的37年，即1919年，韦伯就在慕尼黑大学做“以政治为业”的讲演了。如果米尔斯留心看看这个讲演，认清了民主政治实际上就是权力精英政治的道理，他的心情也许不会这么激动。

除了选举产生的权利（民选权力）之外，还有任命权力，当代许多总统制国家的内阁成员都是任命的，地方官吏也是任命的。任命权力不仅限于内阁和地方官吏，有些国家的各级政府首脑也是任命的，任命一个政府首脑，然后由政府首脑组阁。还有形式上是选举而实际上是任命的。任命权力只对任命者负责，不对选民负责。此外还有继承权力，例如王位继承、爵位继承等就是通过继承得到的权力。另外在一些实行总统制的国家里也有子继父位的。

综上所述，在国家权力体系中有三种权力：民选权力、任命权力和继承权力。这三种权力划分是说明国家权力的三种产生方式。韦伯在研究政治社会学时把权力划分为三种类型：神授权力（charismatic power，过去译为魅力权威）、传统权力和法理权力，一直被社会学界当做权力的三种类型。其实韦伯的这种划分也是用来考察权力起源的，而不是对现实权力分类。如果把它看做是权力分类，那是违反逻辑的。因为每种权力的获得都必须通过有关的法律，王位继承也要遵守王位继承法，皇帝也不能为所欲为。在中国历史上因皇帝废太子而引起诸王侯和大臣们群起而攻之，甚至引起动乱者并不鲜见。所以不仅法理权力要合法，其他两种权力也要合法。韦伯也认为这三种权力都是合法统治的类型。①

(3) 群体和组织权力体系。群体（包括家庭）和组织中的权力也是一个体系，就拿最基本的家庭群体来说，一般是由男性家长掌握最高权力，因为家庭财产是他的，子女处于被支配的无权地位。在大家庭里，家长也会把一部分权力分给长子，使长子也有支配其他家庭成员的权力。在其他群体和组织中的权力等级体系是显而易见的。群体和组织中权利的来源分三种：一种是继承权力，多表现在家庭权力上；一种是自获权力，如创业的企业家、群体自然领袖等；再一种是任命权力，如企业经理和高层管理者。群体和组织中几乎没有选举产生的权力。有的企业有股东大会选举董事会的规定，但是能进入董事会的总是大股东，董事会主席总是由持股比例最大的股东担任，所以选举形同虚设。另外企业也有选举工会主席的，但是他的职能不是去掌权，而是护权和争权。因为工会不是企业中的一个权力等级体系，而是一个维权体系。它要维护的也不是权力（power），而是雇员们的权利（rights）。

二、社会制度的生命周期与制度创新

1. 社会制度的生命周期

任何一种社会制度都不是永恒的，而是处于不断的变革与创新之中。社会制度的变革与创新主要受三个方面因素的影响：(1) 社会生产方式的变更是社会制度变革创新的根源。如前所述，任何一种社会制度都建立在一定的社会生产方式之上，生产方式的变革，即生产力和生产关系、经济基础和上层建筑的矛盾运动，必然导致社会制度的相应变革与创新。(2) 人类社会生活需要的变化，是社会制度变革与创新的直接原因。随着社会生产力的发展和社会的进步，人类的需要无论从广度还是从深度上都会发生深刻的变化。社会制度作为人类需要的产物，作为满足人类需要的手段，无疑也会随着人类需要的发展而变化。(3) 自然和社会环境的变化，也是社会制度变革与创新的一个重要原因。每一种社会制度都存在于一定的自然和社会环境之中，相互之间存在着密切的关系。所以诸如地形、气候、资源、技术、外来文化传播、人们价值观念等自然和社会环境的变化，不可避免地对社会制度产生重大影响。由于上述原因，每一种具体的社会制度从产生、发展、成熟、消失，直至最后被新的制度所替代的过程，就被称为社会制度的生命周期。

① 参见苏国勋：《理性化及其限制》，上海人民出版社 1988 年版，第 188~210 页。

2. 社会制度的变革与创新

所谓社会制度的变革就是指对社会制度的改造与更替。任何一种社会制度都不是永恒的，都处在不断的变化、改造与更替之中。但这种变化、改造与更替并不是偶然的、自发的，而是有其深刻的变化原因并循着一定的规律进行的。

(1) 偶然性和必然性的统一。制度变革与创新之所以是必然的，是因为社会生产力总是不断地向前发展，人类的需要和自然、社会环境也总是不断地变化，所有这些因素，都为制度的变革与创新提供了前提条件，使变革创新成为一种必然的趋势，这是一方面。另一方面，我们之所以说制度变革与创新是偶然的，是因为即使具备了上述前提，制度也不一定出现变革与创新。一定的制度在什么时候、以什么方式变革与创新具有偶然性。

(2) 历史和逻辑的统一。制度变革与创新是历史的，因为它是一个包含许多迷误、失败和挫败的复杂的历史过程，这是一方面。另一方面，在这种复杂的历史过程中，众多的历史事件之间存在着内在因果必然性。也就是说，历史是逻辑的历史，逻辑是历史的逻辑。因此我们说制度变革与创新是一个历史与逻辑相统一的过程。

(3) 量变和质变的统一。任何事物的变化都是一个从量变到质变的过程，制度变革与创新也不例外。在一定的时期内，制度总是逐渐地、平稳而缓慢地调整规范的内容及其排列组合，改革本身的结构来适应社会的变迁，并没有发生质的变化。但是，当上述的变化达到一定程度时，制度就会发生急剧变化，其根本性质也随之发生变化。

(4) 可能性和现实性的统一。制度变革与创新还是一个由可能性向现实性转化的过程。可能性指制度变革与创新的客观条件，包括物质条件、思想条件和科学条件等，当这些条件成熟时，制度创新就具备了可能性。现实性则指制度变革与创新的完成。变革与创新的可能性并不等于现实性，在许多情况下，制度变革与创新的可能性已经具备，但制度变革与创新却没有发生。因而，要使可能性转化为现实性，必须通过人们的艰苦努力。

3. 制度化及其主要途径

从本质上说，社会发展过程可以归结为社会制度的交替与创新过程，新的制度产生了，旧的制度灭亡了，这就是发展。从这个意义上说，社会革命主要是革制度的命，社会改革主要是体制改革，核心是价值标准变更，是思想观念变更。由此可见，社会学关注的“社会过程”，核心内容就是“制度化过程”。所谓制度化，即指制度对个人和组织行为产生影响并使之模式化的过程和程度。在“角色—制度理论”体系中，制度化是更高层次的社会化过程。制度化的主要途径可以归结为以下两个方面：

(1) 角色学习。角色与制度是不可分割的。一个人扮演什么角色和如何扮演角色，必须通过角色学习，把握相应的社会规范。个人学习规范的过程，就是制度化过程。由于个人通常根据自己所处的地位和所扮演的角色，按照自己的需要来学习规范，因而可能对某些规范的内化程度较深，而对另一些规范内化的程度较浅。

(2) 组织灌输。个人学习规范是比较自由的，缺乏强制性，因此还必须通过组织灌输的方式推进制度化进程。组织可以根据社会要求并结合个人的需要，把一定的社会规范灌输给个人，使其接受并按规范行事。组织灌输方式具有强制性。

制度化具有两方面的基本功能：一方面促使人们内化规范，认定角色和权力的合理性；另一方面促使社会角色具有可预测性和可期望性，即人们通过规范领悟，产生角色预期。

4. 社会转型与政治制度创新

中国正处于从传统向现代转型的过程中，政治制度的变革与创新，具有转型时期的特征，这些特征集中表现在以下几个方面①：第一，由于国家承担了推动社会现代化的重要职能，国家和政府对建设现代市场经济具有重要的调节、控制与管理功能，因而国家和政府的政治权威在市场转型过程中得到相应的加强。加强国家和政府的政治权威，对推行现代化改革的措施与政策、维持社会稳定、避免由于变革而产生的强烈震荡来说，是必要的保证。第二，各种社会群体在政治制度中的地位正处在变动和重新定位的过程中。由于中国经济改革是由计划经济向市场经济体制转轨，在转轨的过程中，伴随着市场经济的兴起，一些新的地位结构要素如私营企业主阶层、企业雇工等相应出现，原有的社会群体如干部群体、工人群体、农民群体、知识分子群体的格局发生了显著变化。同时，这些群体内部也出现了较大分化。这一切都意味着社会地位结构体系正处于一个重新组合和构建的过程中，所有这些变化都将影响到这些群体在未来社会政治制度中的位置。第三，政治组织的功能专一化。中国共产党是中国的执政党，它的功能由原来的既要管理党务，又要管理政务的状态向政治领导专能化转化，实行党政分开，在社会转型过程中担当起把握社会转型的方向的重大任务。政府也开始从具体的经济事务中脱身出来，实行政企分开，对经济市场的管理越出原来包办一切的模式，形成宏观调控、监督的运行机制。公务员制度的推行就是使政府职能专一化的重大改革措施。第四，社会主

① 郑杭生主编：《社会学概论新编》，中国人民大学出版社 2000 年版，第 365 页。

义民主建设正在稳步进行。社会主义的国家权力属于全体公民所有，中国的人民代表大会制度是这一原则的体现。实证研究表明，社会转型态势较好的地区，人民参政、议政的民主意识就强。因此，随着社会转型的进一步展开，人民的民主素质水平将大大提高，社会主义民主政治将会得到进一步完善。

本章小结

1. 社会制度作为一种普遍的社会生活现象，是角色—制度理论研究的重要组成部分，是社会学研究的重要范畴。社会制度是基于一定的价值标准而设立和形成的一套相对稳定的、模式化的、被人们习惯和自觉遵守的规范体系。

2. 从人类需要的角度去探究社会制度的起源是比较合理的，因为任何社会制度都是为适应一定条件下的人类需要而产生的。但是如果仅仅把目光停留在人类需要上，忽略满足需要的手段和途径，无法从根本上解释社会制度的变异性。社会制度产生的基础应当是社会生产和再生产的方式。

3. 无论人们怎样对社会制度分类，也无论各种社会制度之间存在多大差异，社会制度本质上是指包括价值标准、规范、组织和物质设备等要素在内的复合体系。

4. 社会制度的基本特征可以概括如下：社会制度的核心是价值标准；社会制度是非人格化权威力量；社会制度具有稳定性和差异性；社会制度具有抑扬性。

5. 社会制度的基本功能可以归结为行为导向功能，行为调控功能，文化创新功能和社会化促进功能等四个方面。凡制度都有正功能与负功能，显功能与潜功能，整合功能与区分功能。

6. 从人类生存与发展对制度的需求层面看，最基本的社会制度是婚姻家庭制度、经济制度、教育科学制度和政治制度四种，其中，婚姻家庭制度是生育制度，经济制度是生存制度，教育科学制度是发展制度，政治制度是主导制度。

7. 权力是在社会关系和社会行动中以威慑或惩罚的方式强制他人贯彻实现自己意志的能力。权力是个动态过程，不是一个静止概念；权力是和强制性联系在一起的，不受强制性的约束行为不是权力所致；权力是以服从为对象的，没有服从，权力便不存在；权力与一定的身份和地位相联系；权力意味着对金钱、财富、武力、声望等资源的占有。

8. 权力之所以必要，是因为它是安排和维持社会秩序的力量。权力设置和维持秩序的功能是通过制度实现的。权力是人格化的，制度是非人格化的，只有非人格化的制度才能有效实现权力的社会功能，所以权力必须转化为制度，制度依赖权力运行。

9. 每一种具体的社会制度从产生、发展、成熟、消失，最后被新的制度替代的过程，被称为社会制度的生命周期。社会制度的生命周期一般由形成阶段、成熟阶段、形式主义阶段和瓦解阶段构成。

10. 社会制度的变革与创新是指对社会制度的改造与更替。社会制度的变革与创新有深刻的原因并遵循一定的规律，这些规律主要表现为偶然性和必然性的统一，历史和逻辑的统一，量变和质变的统一，可能性和现实性的统一。

11. 制度化是指制度对个人和组织行为产生影响并使之模式化的过程与程度。制度化的主要途径是角色学习和组织灌输。制度化一方面促使人们内化规范，认定角色和权力的合理性，一方面促使社会角色具有可预测性和可期望性。

思考题

1. 什么是社会制度？怎样认识社会制度的起源？社会制度形成的基本途径有哪些？

2. 简述社会制度的构成要素。

3. 简述社会制度的基本特征。

4. 简述社会制度的基本功能。

5. 什么是婚姻家庭制度？怎样认识中国婚姻家庭制度的转型特征？

6. 什么是经济制度？简述经济制度的主要内容。

7. 什么是教育科学制度？简述教育科学制度的基本功能。

8. 什么是政治制度？简述政治制度的主要功能及转型特征。

9. 简述权力的定义与特征。论述权力与制度的关系。简述权力的基本结构。

10. 什么是社会制度的生命周期？简述社会制度的生命周期。

11. 什么是社会制度的变革与创新？简述社会制度变革与创新应遵循的规律。

12. 什么是制度化？简述制度化的途径与基本功能。

第十章　社会分层与社会流动

学习目的与要求：本章要求学习和了解社会分层的定义及后果、社会地位、地位不平等、阶级与阶层等基本内容，系统掌握社会分层的理论研究、中国社会分层机制、分层状况、社会流动的定义和理论研究，明确社会流动的基本类型、影响因素和重要功能。学习社会分层与社会流动的相关知识，有助于较为客观地分析各种社会分层和社会流动现象。

社会分层和社会流动是对宏观社会结构进行分析的两个基本的、重要的范畴。社会结构的状态，从横向上看，是由各种个人、社会、群体和社会组织构成的网状体系；从纵向上看，是由高低有序的等级地位构成的社会分层结构。个人或群体在社会分层结构中位置的变动，形成社会流动。只有认真研究社会分层和社会流动，才能认识社会的宏观结构及其变动。

第一节　社会分层概述

一、社会分层的定义

“分层”（stratification）一词来源于地质学，原指地质构造的不同层面。在社会学上，“分层”是指将社会的组织方式理解为上下连续的等级秩序和层级状态。所谓社会分层，是指依据一定具有社会意义的属性，一个社会的社会成员或社会群体被区分为高低有序的不同等级、层次的过程与现象。在社会学上，分层体系通常以阶级或地位为基础：阶级层级内部有流动，但阶级层级之间的流动被认为十分困难；地位层级内部和地位层级之间则均有流动。

二、社会地位及其排列

所谓社会地位，是指一个群体或社会中，由社会因素所确定的社会位置。社会成员通过继承、社会化、个人努力来获取和占据各种社会地位。在社会分层中，社会地位是指在社会资源分配等级体系中的排列位置。所谓"社会资源"，是对满足个人需求或实现社会系统的功能先决条件所有用的、人人都想得到而又相对稀少的、为此从个人的观点和社会的观点出发赋予其价值的有形及无形的对象。社会资源分配的等级体系主要有三种，即财富的等级体系，权力的等级体系，声望的等级体系。在社会资源分配等级体系中实际存在的垂直分化，构成一个社会现实的社会分层。

虽然每个社会成员有多方面的社会地位，但大多数社会成员的数个社会地位之间具有很高程度的"地位一致"性，即数个社会地位在每个地位等级体系中都差不多处于同一水平，如拥有较多财富的社会成员，往往拥有较大的权力、较高的社会声望。在现实生活中，不少社会成员的数个社会地位的等级水平总体上相差较大，如拥有较高社会声望的社会成员，只拥有少量的财富。社会学上将这种现象称之为"地位相悖"。美国社会学家休斯（Everett Hughes）指出，社会对付"地位相悖"的一种办法就是确认某些等级划分比别的更重要。休斯把那种占统治地位从而决定一个社会成员总的地位水平的地位称为"首要地位"。在现代社会，职业是一个人拥有的最重要的社会地位，权力、收入水平和声望的高低在大多数情况下是由职业决定的。

三、地位不平等的社会学解释

为什么社会地位，尤其是职业地位，会使社会成员在声望、财富和权力分配上产生如此之大的差别呢？这个问题是社会不平等的根本所在，也是社会学家们长期以来探索和研究的兴奋点。功能理论和冲突理论对这个问题给出了两种对立的答案。

功能主义者认为，地位不平等是社会功能所要求的，而且是不可避免的。美国社会学家 K·戴维斯（Kingsley Davis）和 W·穆尔（Wilbert Moore）指出，每一社会中的某些位置在功能上比其他一些要重要一些，而且要求特别的技能和准备时间。只有少数有天赋的人经过训练以后才能在技能上适合于这些位置。一个社会要正常运转，就必须促使社会成员占据每一个社会位置，而不能只限于那些需要较少天赋和准备时间的社会位置。社会给一些成员以酬赏，使他们有更多的声望、财富和权力是"有效益的"，这些酬赏使得一部分社会成员愿意从事那些困难大、责任重、对社会有更重要意义的职业。

冲突主义者认为，由职业体系产生的不平等往往无助于发挥社会功能，也不是社会要求的。美国社会学家米尔斯和德国社会学家达伦多夫指出，在现代社会，各种工作是相互依赖的，但社会资源是有限的。一些职位之所以带来大量的财富、声望和权力，是因为这些职位上的社会成员已经垄断了有限的社会资源，并能防止这些资源更为广泛的扩散。社会资源的分配是由权力决定的，不平等是强权集团强制无权集团的结果，是强权者决定什么人干什么工作，谁将受到酬赏。如果没有权力不均衡现象，社会职位人选的确定，将是社会成员自然选择的结果。

四、阶级与阶层

“阶级”一词最初泛指社会中由具有相同或相似社会地位的人构成的各种群体。19 世纪中叶，马克思主义者率先指出，阶级是按人们的经济地位来划分的地位群体，后经列宁进一步具体化，阶级指在社会生产资料所有制关系中居于相同地位的人构成的群体。拥有生产资料的社会成员构成一个阶级，没有生产资料的社会成员构成另一个阶级。它们体现出一种“零和”的关系模式，即一个阶级“得”便意味着另一个阶级“失”，阶级之间存在实际或潜在的对抗。阶级分层是阶级社会最基本的社会分层。在资本主义社会，资产阶级和无产阶级构成基本的分层，无产阶级最终将通过革命推翻资产阶级的统治。

德国社会学家韦伯认为，阶级是按社会成员的经济地位划分的，但社会成员对生产资料所有制的关系并不具有决定性，社会成员的经济地位是由市场竞争决定的。市场竞争的成功者构成上层阶级，失败者构成下层阶级。在市场竞争中，除了拥有生产资料，社会成员所掌握的技术和知识，能够得到的机会也是重要的资源。同时，韦伯认为阶级分层只是社会分层的一种形式。韦伯在讨论“共同体内部的权力分配”时，区分了三种权力分配的形式，即阶级（经济）的、等级（身份）的和党派的，社会分层还可以采用等级和党派指标。西方学者在此基础上提出了按财富、权力和声望为基础的阶层分层法，阶层分层法是社会最基本的社会分层方法。

随着资本主义社会经济的发展，民主政治制度进一步完善，社会福利广泛实施，社会多元化越来越明显。传统的阶级概念所能解释的现象越来越少，阶级概念开始进一步扩大，拉尔夫·达伦多夫将阶级理解为在某方面具有共同利益的社会成员组成的群体。美国社会学家伦斯基（Gerhard Lenski）认为，阶级是在各种权力、特权和声望方面处于相似地位的社会成员所构成的社会群体。

通常认为，“阶层”一词有以下三种涵义：（1）阶层是一个阶级内部的层次划分，如在土地革命中，曾将农民阶级划分为富农、中农、贫农三个阶层。（2）阶层是那些不能用阶级标准去划分的社会群体，如干部、知识分子等群体。（3）阶层泛指所有具有不同地位的社会群体。在这三种理解中，前两种是传统理解，第三种最初是西方学者的理解，但近年来已为中国学术界所接受。本书采用第三种解释。在现代社会，阶层划分的标准是多元的，职业、收入水平、教育程度是常用的划分标准，此外，城乡、种族和民族、宗教信仰、性别、年龄与婚姻状况等也可以作为划分标准。

五、社会分层的后果

社会分层与社会成员社会生活的方方面面密切相关，而且还直接或间接地影响到整体社会的政治、经济、文化和其他社会变迁过程。

1. 社会分层对社会成员的影响

(1) 生活机会上的明显差异。生活机会是指社会成员一生中可能具有的各种机会的总和，如婴儿时期存活的机会、接受教育的机会、就业的机会、晋升和取得更高收入的机会、长寿的机会等。在社会分层体系中，上层社会成员明显具有更多的生活机会，而下层社会成员在生活机会方面很难达到社会的平均水平。下层成员一般比上层成员死得早，容易碰到工作和家庭灾难，非自然死亡的比例也偏高。

(2) 生活方式上的明显差异。上层社会成员在饮食、服饰、居住环境、医疗条件、交际方式和闲暇消费等方面与下层社会成员有着明显的差别和界限，这些差别和界限一般通过"地位象征"表现出来。在社会学中，"地位象征"指社会成员展示其社会地位或身份的任何东西，如明显的奢侈物，某种风格的衣着，讲话的风度。分层地位越高的社会成员，使用的"地位象征"越多。米尔斯曾指出，由于下层成员普遍利用，使得汽车、服装这样的地位象征"退化"了，富豪和中产阶级家庭都将居住地迁往远离城市贫民区的郊区。上层成员开始使用那些难以模仿的地位象征，如不断变换的"高级时装"。

2. 社会分层对社会生活的影响

社会分层的现实格局，刺激着下层社会成员采取各种努力向上流动，争取有利于自己的社会资源配置。这必然要求社会创造社会流动机会，并使这些机会能公平分配，但既存的社会分层结构会在一定程度上造成流动机会的封闭。

若封闭性程度较低，大部分社会成员能通过社会流动获得一定的成功，社会分层就会激励社会成员努力学习和工作，不断竞争，不断奋斗，争取较好的社会地位，形成强大的动力机制，有力地推动社会发展。

若封闭性程度较高，较低阶层的社会成员不能通过社会流动改变自己的低地位状况，就会产生对社会的不满情绪，基于共同的利益诉求，产生群体意识，进而引发一些反社会行为。当下层成员人数较多时，可能利用占优势的人数资源对现有的社会分层结构提出挑战。当由精英人物领导时，他们会形成有组织的社会运动。在民主的政治体制中，他们的愿望可能通过合法的途径得以部分或完全实现；但在专制的政治体制下，他们的抗争往往引发大规模的社会冲突，最终导致以革命方式改变现有的社会制度和分层体系，实现社会变迁。

第二节　社会分层的理论演进

一、奠基性主张：阶级斗争和阶级竞争

马克思和韦伯在社会分层领域提供了两种最基本的理论模式和分析框架，即阶级斗争理论和阶级竞争理论。这两个理论模式和分析框架对社会分层的本质、决定要素与形式等，分别做出了不同的理论解释，代表了两种本质不同的理论取向，给后来的社会分层研究以极大影响。

阶级理论认为，社会地位的不平等根源于社会的物质生产方式，其实质是以财产关系为核心的生产关系，在此基础上形成了最基本的社会地位和社会不平等，即阶级地位——有产阶级和无产阶级，阶级不平等——统治阶级和被统治阶级。自原始公社解体以来，人类社会的历史就是阶级斗争的历史。阶级理论是一种关于“关系”的理论，它具体分析在生产过程中，基于对生产资料的占有关系而形成的雇佣与被雇佣、统治与被统治、剥削与被剥削的不平等关系。

马克思认为，资产阶级和无产阶级构成资本主义社会的基本阶级，在这两个阶级中间，尚存一些中间阶级小群体。随着资本主义的发展，这些中间阶级小群体必将两极分化，要么融入资产阶级，要么沦为无产阶级，这是一种历史趋势。

韦伯认为，财产占有与否是一切阶级状况的基本范畴，但纯粹的财产占有本身仅仅是真正“阶级”形成的初级阶段，与市场机会结合并存的利益，才真正造就了“阶级”。人们对市场机会的占有是表现个人命运共同条件的机制。财产所有权可以根据它们的不同类型，根据它们在哪些市场（资本市场、商品市场及劳动力市场）进行交换，而产生进一步的分化。韦伯区分了食利者与企业家这两类财产所有者，前者拥有的是土地，后者拥有的是金融资本与工业资本。与此类似，非所有者也可以根据其在劳动力市场上的提供劳动服务的不同类型，尤其是根据其技能方面的差异，而产生进一步的分化。因此，阶级结构不是二元的，而是多元的。客观的产权状况与市场竞争中的个人相互交织，真正构建了阶级。

韦伯区分出资本主义社会里存在四个社会阶级：工人阶级、小资产阶级、

缺乏财产的知识分子与专业人士、凭借教育和财产获得优势的阶级，他们在基于市场处境的报酬获取渠道方面相差甚远。韦伯指出，这四个阶级之间的社会流动是封闭的。

二、新马克思主义

马克思未能预见到中间阶层的增长会成为社会中的主要部分。新马克思主义者发展了马克思主义的阶级理论以解释新的社会状况。美国社会学家普兰查斯（N. Poulantzas）和赖特（Erik O Wright）是新马克思主义的代表人物。

普兰查斯坚定地追随马克思的两分模式，他重新阐述了“生产资料所有权”与“劳动过程”。他把所有权具体规定为实际的经济所有权。剥削阶级并不单是在法律意义上拥有生产资料，而是占有着生产资料。“占有”意味着有能力控制生产资料。因此，在资本主义社会，剥削阶级并不包括公司的所有股东，只是那些公司中享有控股权益的管理者。在国家社会主义里，生产资料的所有者并不是全体平民百姓，而只是高级党政官僚。只有那些通过直接的商品生产创造剩余价值的社会成员，才可以视为被剥削阶级。他认为，纯粹的经济标准不足以确定和定位阶级，有必要考察阶级在政治关系和意识形态关系中的位置。

普兰查斯的阶级结构理论承认两个支配性的“经济”阶级，但也承认一些覆盖其上的社会阶级，它们有的属于封建残余（如农民），有的正方兴未艾（如专门职业—经管人员）。他还指出，阶级进一步会分裂成一些集团和阶层。“集团”是剥削体系中进一步分化出来的位置，如剥削阶级中的金融资本家和工业资本家，被剥削阶级中的手工业者。“阶层”是具有分化的意识形态立场的群体，如资产阶级中的激进派与保守派。

赖特并不预期会发生两极分化，他认为生产不是阶级剥削的惟一源泉，他拓展了剥削的概念，使它包括各种与生产资料的运作方式相类似的资源。赖特指出，在资本主义社会里，剥削的资源还包括组织资产（organizational assets）与资格认定性技能（credentialized skills），它们也具有占用和调配剩余价值的能力。

赖特拓展了普兰查斯的占有观念，他指出，即使不拥有生产性资源的实际所有权，也有可能控制它们，这主要是通过控制组织资产和拥有资格认定性技能来实现的。在资本主义社会里，组织资产的运作方式类似于财产，但同时从属于财产。高级经理人员、企业家和所有者占有和控制了生产资料和大部分组织资产。资格性认定技能的分配较之组织资产的分配要均衡，但它们也提供某些稀缺的劳动形式，有可能促成对剩余价值的占有。相对于生产资料和组织资产，资格认定性技能处于从属地位，但它的运作方式与前两者大体类似。因此，赖特将财产所有权、组织资产、资格认定性技能交织在一起，产生了一种包括 12 种阶级的阶级结构新图式。

赖特的发达资本主义社会阶级结构模式①

所有者	非所有者（工资劳动者）		
资产阶级	专家经理人员	半资格认定性经理人员	无资格认定性经理人员
小业主	专家管理者	半资格认定性管理者	无资格认定性管理者
小资产阶级	专家（非经管人员）	半资格认定性劳动者	无产阶级

三、新韦伯主义

韦伯指出了阶级之间在社会流动方面存在“封闭”，“封闭”主要指对市场的某些部分实施垄断，抵御其他阶级成员的流入。新韦伯主义者集中探讨了市场通过哪些方式，将客观的潜在可能转变为实际的不平等模式。英国社会学家吉丁斯将这一过程称为封闭过程结构化。他指出，市场能力的各种具体形式（如生产资料所有权、教育与技术方面的资格证书、体力劳动的力量）在流动上都存在封闭，导致上层阶级、中层阶级和工人阶级这种基本分层体系的制度化，跨越阶级的流动很困难，尽管基本体系内部还可能进一步分化，如工人阶级内部根据技能水平而产生的分化。英国社会学家帕金（F. Parkin）指出，财产制度和资格证书都可以被居于支配地位的阶级用来排斥居于从属地位的阶级，财产和资格证书是可以相互交换、彼此等价的资产。

美国社会学家皮奥里（M. Piore）指出，许多公司提供的劳动条件、报酬、社会保障及再生产条件是不相同的，有的较好，有的较坏。与之相应，劳动力市场被分为两个部门：主要劳动力市场和次要劳动力市场。这两个部门之间的流动是有限的，一个从“坏”市场开始的人很难进入“好”市场。

主要劳动力市场以高生产力、高报酬、高水平的职业保障与晋升机会为特征，这一部门包括了大多数技术发达的行业与经济分支领域。在这些行业与领

---

① 参见［澳］沃特斯（Malcolm Waters）：《现代社会学理论》，华夏出版社 2002 年版，第 355 页。

域，工人不干了可能会使雇主付出较高的代价。主要部门内部分割为上层和下层，上层包括从事专门职业、行政、经营的白领劳动者，下层包括大型垄断组织中的熟练技术工人和蓝领工人。

次要劳动力市场的待遇明显差于主要劳动力市场，主要是由劳动密集型的小企业和常常受到竞争威胁的小公司组成。它们需要的技能水平并不高，工人劳动条件差、劳动时间长、工资收入低。大型垄断公司依赖小企业和小公司降低成本，工会依赖小企业和小公司提供尽可能多的会员。它们从自身利益出发，倾向于尽可能地扩大次要劳动部门。

四、社会网络理论

自20世纪70年代开始，美国学者格兰诺维特（Mark Granovetter）将社会网络的概念引进社会学对市场等经济现象的研究后，社会网络开始被看做是社会关系和社会结构的基本要素之一，在此基础上，社会网络成为研究社会分层的一个新视角，与社会网络相联系的“社会资本”和“社会资源”概念进入到社会分层结构和地位获得的研究之中。

社会网络理论重视人际关系而不重视个人特征；重视人际关系所形成的网络以及社会成员处在什么网络中，而不重视社会成员的类别（例如男女或职业）；重视人际间的联系性和资源的嵌入性，不重视社会成员的归属感；重视社会成员能够通过这种人际网络摄取多少资源，而不是重视社会成员现实地占有多少资源；重视社会成员在网络中的位置和通过网络所能使用的资源，而不重视人们的阶级或阶层地位。华人学者边燕杰指出，社会网络理论主要通过人们的行为，研究人们的社会地位。

社会网络理论认为，社会结构是人们构成的网络结构，人们按照诸如财富、地位或权力等，得以排列在这一网络中及相应的位置上。传统社会地位获得分析中所描绘的“个人资源”，包含的是个人的财富、地位和权力，社会网络理论中使用的社会资源则指与个人直接或间接相联的社会成员所拥有的财富、地位、权力以及社会关系。社会成员通过社会网络，对社会资源的接近与控制呈现出一种金字塔形的结构：越靠近顶部的位置，越容易接近和控制更多的社会资源。一些研究发现，人们的社会资源与其获得的地位之间具有显著的联系。当然，个人资源和社会资源间有着错综复杂的相互影响。华人学者林南指出，个人资源（尤其是先赋性资源），至少在最初，在很大程度上影响着他（她）所能获得的社会资源，但随着其积累的增长，社会资源会在将来社会网络的构建及进一步的社会资源获取过程中，发挥比个人资源更重要的直接影响。

到那时，个人所积累的社会资源则会转化为下一代人的（先赋的）个人资源。①

五、市场转型理论

原有的分层理论对集权体制的社会，包括国家社会主义社会中的社会分层机制，缺乏深入的探讨。在研究国家社会主义向市场经济的社会转型中，产生了市场转型理论。

市场转型理论，集中研究了国家社会主义市场转型过程中社会精英的形成和替代模式，讨论了市场转型对利益关系、社会分层结构和机会结构所造成的影响。该理论的代表人物泽林尼（Ivan. Szenlenyi）和维克多（Victor. Nee）认为，过去关于社会分层的理论，都是将社会分层看做是某种经济整合机制固有的特征，而忽视了这种机制身处其中的制度环境。在他们看来，某种经济整合机制对社会分层和机会结构的影响，必须在特定制度背景和社会关系的基础上才能确定，应将社会制度和经济制度结合在一起对社会分层问题进行分析。

维克多·倪在泽林尼对社会主义再分配过程分析的基础上，提出了三个相互关联的命题，组成了他的市场转型理论：（1）市场权力命题：市场转型会引发有利于生产者而不利于再分配者的权力转移。（2）市场刺激命题：市场经济比再分配经济对个人努力工作的刺激更大。（3）市场机会命题：市场机会打开了另一道社会流动的大门。倪还指出市场转型越是彻底，经济交易就越少可能嵌入由干部所左右的关系网中，也就越可能使控制资源的权力植根于市场制度及个体化的买者和卖者所形成的社会关系网中。在稍后的研究中，维克多·倪将其转型理论延伸到收入领域。在这方面的延伸以两个假设为前提，一是补偿性优势，一是结构性限定。补偿性优势假定认为经济协调的类型（行政式的或市场型的）决定了各个社会位置上的收入分配。通过给予某类社会位置高报酬，行政式协调和市场协调分别有利于不同的位置，而且这两类位置相互排斥，那些在行政式协调中不受优遇的位置将在市场中获得更多的补偿；结构性限定假设认为，可以通过协调系统为个人和家庭配置的社会位置来充分界定它们。行政性协调系统向市场性协调系统的变迁将导致位置报酬的变迁，市场力量将在社会位置配置中占据主导地位。

六、历史因素分析

自20世纪70年代末起，历史因素的分析被纳入到社会分层的研究中来。在对国家社会主义社会分层的动力机制的研究中，有研究指出，尽管国家社会

---

① 参见李路路：《论社会分层研究》，《社会学研究》1999年第1期，第104~105页。

主义独特的制度结构是重要的，不同的政治经济制度决定了不同的分层类型，但仅仅强调结构环境对于理解分层是不全面的。在国家社会主义中，社会分层的结构是通过自上而下的过程被构建的。国家通过垄断性权力将绝大部分资源控制在手中，利用政治决策在社会中配置资源，从而影响和决定个人的社会地位和生活机会。在这种社会中，宏观政治过程的特点是明显的政治波动和国家政策变化。因此，社会主义国家分层结构不同于市场经济社会之处不仅仅在于制度结构的不同，而且在于市场经济社会中，资源的初始禀赋因为私人财产权的稳定而对社会地位产生持续的影响，并且使不同群体的相关机会稳定化。在国家社会主义中，社会群体、组织的界限和相关位置是基于国家政策的考虑而不是市场交换，国家政策对分层结构具有明显的影响。国家通过改变社会群体的相关资源来改变它们的社会经济地位，并导致社会流动类型的改变。因此，要理解社会结构中与地位相联系的资源，需要考虑到历史因素的变化。华人学者周雪光指出，社会主义国家的生活机会，不仅受国家再分配体制的不同结构环境的影响，而且在更大程度上受国家政治动力和伴随的国家政策变化的影响。

将历史因素纳入到社会分层研究中的意义不仅仅局限于社会主义国家，而是对所有集权社会的社会分层研究都有相当意义。推而广之，在基本的制度背景保持稳定的情况下，随着经济社会的发展变化，社会分层也会发生变化。这种变化既是社会变迁的结果，又会对未来的社会变迁产生影响。①

第三节　当前中国的社会分层

一、当前中国社会分层概述

1978年以来，中国社会变化深刻，经济体制转轨，现代化加快推进，原来的"两个阶级一个阶层"（工人阶级、农民阶级和知识分子阶层）的社会结构发生了显著的分化，一些新的社会阶层逐渐形成，各阶层之间的社会、经济、生活方式及利益认同的差异日益明晰化，以职业为基础的新的分层机制逐渐取代过去的以政治身份、户口身份和行政身份为依据的社会分层机制。与1978年以前的阶层分化相比，新的阶层分化有如下特点：

第一，在当前中国社会，阶层的分化越来越趋向于表现为职业的分化。职业因素对社会分层的影响主要表现在两个方面：一是体力与非体力劳动者之间

① 参见李路路：《论社会分层研究》，《社会学研究》1999年第1期，第105~106页。

的社会经济差异扩大，二是管理者与非管理者之间的社会经济差异扩大。

第二，当前中国社会的一些特殊的制度性安排对社会阶层分化仍然有着显著的影响。这些制度因素包括所有制、户籍制度、部门差异以及国家在资源配置中的强有力的作用。

第三，生产资料所有权是导致社会阶层分化的重要因素之一，但这一因素在当代中国社会分层中的作用要相对弱于它在当代资本主义社会中的作用。

第四，经济体制转轨的过渡期对社会阶层分化产生了特殊影响。在过渡时期的利益调整中，大部分人的收入和生活水平会逐渐提高，同时也会有一部分人因为收入和生活水平相对下降而落入社会低层，另外在过渡时期还会出现阶层位置不确定的边缘性群体。

二、当前中国的社会分层

陆学艺等人以职业分类为基础，以组织资源、经济资源和文化资源的占有状况为标准对社会成员进行分层。组织资源包括行政组织资源与政治组织资源，主要指依据国家政权组织和党组织系统而拥有的支配社会资源（包括人和物）的能力；经济资源主要是指对生产资料的所有权、使用权和经营权；文化（技术）资源是指社会（通过证书或资格认定）所认可的知识和技能的拥有。在当代中国社会中，这三种资源的拥有状况决定着各社会群体在社会分层结构中的位置以及个人的综合社会经济地位。

根据这种分层标准，陆学艺等人划分出10个社会阶层。即：国家与社会管理者阶层、经理人员阶层、私营企业主阶层、专业技术人员阶层、办事人员阶层、个体工商户阶层、商业服务业员工阶层、产业工人阶层、农业劳动者阶层和城乡无业失业半失业者阶层。

各社会阶层及地位的排列，是依据其对三种资源的拥有量和其所拥有的资源的重要程度来决定的。在这三种资源中，组织资源是最具有决定性意义的资源，执政党和政府组织控制着整个社会中最重要的和最大量的资源；经济资源自20世纪80年代以来变得越来越重要，但它在当代中国社会中的作用并不像在西方社会中那么重要，现有的社会制度和意识形态都在抑制其影响力的增长；文化（技术）资源的重要性在近十年来上升很快，它在决定人们的社会阶层位置时的重要性并不亚于经济资源。

第一，国家与社会管理者阶层。该阶层是指在党政、事业和社会团体机关单位中行使实际行政管理职权的领导干部，具体包括：中央政府各部委和直辖市中具有实际行政管理职权的处级及以上行政级别的干部；各省、市、地区中具有实际行政管理职权的乡科级及以上行政级别的干部。目前，中国的社会政治体制决定了这一阶层在趋于等级分化的社会阶层结构中居于最高或较高的地位等级，是整个社会阶层结构中的主导性阶层，是当前社会经济发展及市场化改革的主要推动者和组织者。这一阶层的社会态度、利益及行动取向和品质特性，对于正在发生的经济社会结构变迁和将要形成的社会阶层结构的主要特征具有决定性的影响。

在改革的最初十年，国家与社会管理者阶层是改革的推动者，但却处于政治与社会经济地位不一致的状态，他们的经济利益没有得到相应的补偿；在改革的第二个十年，他们仍是改革最积极的参与者和推动者，并且是经济改革和经济增长的较大获益者之一。另外，由于国家与社会管理者阶层是执政党和政府意志的代表，所以，各社会阶层同国家与社会管理者阶层之间的关系——与他们的合作或冲突，经常转而表现为对执政党和政府的支持或不满。目前，这一阶层在整个社会阶层结构中所占的比例约为2%；在城市中的比例为1%～5%；在城乡合一的县行政区域中的比例大约为0.5%。

第二，经理人员阶层。该阶层是指大中型企业中非业主身份的高中层管理人员。这一阶层同国家与社会管理者（干部）阶层和私营企业主阶层之间的区分界线还没有完全明晰化，其阶层内部的不同来源的成员，在社会政治态度和利益认同方面还有明显差异。这一阶层的社会来源主要是三部分人。第一部分是原来的国有和集体企业干部，随着现代企业制度的发展，这一部分企业干部逐渐从行政干部系列中脱离出来，成为职业经理人。第二部分来自较大规模的私营企业或高新科技产业领域中的民营企业，这些企业在20世纪90年代后期以来开始出现所有权与管理权分离的趋势，一些企业主聘用职业经理人来为他们经营管理企业；另一些业主则通过企业股份化而使自己从业主型的创业者转变为职业经理人。第三部分人是“三资”企业的中、高层管理人员。

经理人员阶层是市场化改革的最积极推进者和制度创新者，他们支配着大量的经济资源，他们都有较高的学历和专业知识水平，同时，他们的政治地位也较高。许多大中型企业处于国有或产权不清的状态，实际上是经理人员在支配这些企业的生产资料和经济资源。这一阶层的主导成分与国家权力和海外资本有着紧密的联系，这种状况决定了经理人员阶层在当前的社会阶层结构中也是主导阶层之一，他们在社会经济政治生活领域中的影响力——特别是对政府经济决策的影响力，要大于私营企业主阶层，而且这种影响力还在继续扩大。这个阶层还在发展之中，在目前社会阶层结构中所占的比例约为1.5%，但在地区之间的分布极不平衡。这一阶层的成员多数集中在大中城市特别是经济发达的城市。

第三，私营企业主阶层。该阶层是指拥有一定数量的私人资本或固定资产并进行投资以获取利润的人员，包括所有雇工在 8 人以上的私营企业的业主。私营企业主阶层是改革开放的产物，是在社会主义市场经济发育和发展的过程中产生和成长起来的。

私营企业主阶层的成员最初主要来自于乡村和城镇社会的较低阶层，但在 1992 年以后，具有专业文化知识的原国有和集体企业的管理人员、专业技术人员和机关干部开始大量加入这一阶层，使这一阶层的社会形象和社会地位有了极大提高，但由于传统意识形态的阻碍，私营企业主阶层的政治地位一直无法与其经济地位相匹配，他们对社会政治生活的参与受到很大局限。在人数上，中小企业主构成了这一阶层的主体。就全国而言，私营企业主阶层在社会阶层结构中所占比例约为 0.6%，但地区差异较大。在私营经济较发达地区，这一比例可达 3%左右；而在私营经济不发达的地区，该比例在 0.3%以下。

第四，专业技术人员阶层。该阶层是指在各种经济成分的机构（包括国家机关、党群组织、全民企事业单位、集体企事业单位和各类非公有制经济企业）中专门从事各种专业性工作和科学技术工作的人员。他们大多经过中高等专业知识及专门职业技术培训，并具有适应现代社会化大生产要求的专业知识及专门技术。

改革开放以来的二十多年，中国的专业技术人员阶层结构实现了以人文知识分子为主导向以专业技能性知识分子为主导的转变。这种转变有利于专业技术人员阶层在市场经济发展中保持较优势的地位，并与掌握着组织资源和经济资源的国家与社会管理者阶层、经理人员阶层和私营企业主阶层保持良好的关系。

专业技术人员在中国的阶层结构中所占比例还比较低，他们主要集中于城镇。随着现代化进程的推进，随着教育、科技和各种社会事业的发展，这一阶层将日益壮大。目前，专业技术人员在社会阶层结构中所占比例约为 5.1%，但城乡差异很大，经济发展水平不同的地区差异也很大。在经济发达地区的大中城市中，专业技术人员阶层所占比例为 10%～20%，而在城乡合一的县(市)，其比例仅为 1.5%～3%。

第五，办事人员阶层。该阶层是指协助部门负责人处理日常行政事务的专职办公人员，主要由党政机关中的中低层公务员、各种所有制企事业单位中的基层管理人员和非专业性办事人员等组成。这一阶层是社会阶层流动链中的重要一环，其成员是国家与社会管理者、经理人员和专业技术人员的后备军，同时，工人和农民也可以通过这一阶层实现上升流动。

这一阶层在目前的中国社会阶层结构中所占比例大约为 4.8%。在城市中，其比例约为 10%～15%，而在城乡合一的县（市）中，其比例在 2%～6%

之间。随着工业化和市场化水平的提高，将会有大量的体力劳动者上升流动进入这一阶层，在未来十几年中，这一阶层的人员比例将会有明显提高。

第六，个体工商户阶层。该阶层是指拥有较少量私人资本（包括不动产）并投入生产、流通、服务业等经营活动或金融债券市场而且以此为生的人员，如小业主或个体工商户（有足够资本雇佣少数他人劳动但自己也直接参与劳动和生产经营的人）、自我雇佣者或个体劳动者（有足够资本可以自己开业经营但不雇佣其他劳动者）以及小股民、小股东、出租少量房屋者等。

在20世纪80年代，这一阶层的主要来源是农民和城镇的失业待业人员（尤其是返城的“知识青年”）。进入20世纪90年代以后，由于国有企业改革和产业结构调整，大量国有企业工人和城市居民进入这一阶层。

目前，这个阶层吸纳了大量下岗工人、失业待业人员和进城农民，并且还有很大潜力。他们中的一部分人还将由于有某种特长或因为经营得当而逐渐积累资本，扩大经营规模和范围，从而将上升到私营企业主阶层。

个体工商户阶层是20世纪80年代的改革的主要获益阶层之一。但是，20世纪90年代以来，他们所能分享的利益相对减少，其经济地位与20世纪80年代相比也有所下降。目前，个体工商户阶层在整个社会阶层结构中所占比例为4.2%（根据国家工商部门的登记数计算），但该阶层的实际人数比登记人数多得多。

第七，商业服务业员工阶层。该阶层是指在商业和服务行业中从事非专业性的、非体力的和体力的工作人员。由于中国目前的商业服务业还不发达，产业层次较低，这一阶层的绝大多数成员的社会经济状况与产业工人阶层较为类似。但在一些大城市中，在与国际较为接轨的商业服务业部门中，商业服务业人员的社会经济状况较接近办事人员阶层。随着工业化和市场化的推进以及第三产业的发展，这一阶层的规模将会进一步扩大。

目前，商业服务业员工阶层在社会阶层结构中所占比例约为12%。但城乡之间的差异极大。与发达国家相比，中国商业服务业员工阶层在整个社会阶层结构中所占的比例还不够大。随着旅游业、体育事业、科技教育事业、文化娱乐业以及社会服务事业的发展，这个阶层会迅速发展起来。

第八，产业工人阶层。该阶层是指在第二产业中从事体力、半体力劳动的生产工人、建筑业工人及相关人员。这一阶层内部由于企业所有制、户籍身份制以及单位部门等因素，在收入、福利、社会地位、劳动保障等多个方面社会差异明显。

经济改革以来，产业工人阶层的社会经济地位明显下降，人员构成发生了根本性的变化。一部分成员通过接受成人教育和技术培训，进入社会经济地位较高的其他社会阶层。相当一部分人员，在企业改制后，处于就业无保障的状况，许多人一时不能适应这种改变。与此同时，进城的农民成为产业工人阶层中的重要组成部分。目前，整个产业工人阶层在社会阶层结构中所占的比例为22.6%，其中农民工占产业工人的30%。但城乡之间差异极大，不同经济结构的城市之间，不同发展水平的乡村之间，差异也都很明显。

第九，农业劳动者阶层。该阶层是指承包集体所有的耕地，以农（林、牧、渔）业为惟一或主要的职业，并以农（林、牧、渔）业为惟一收入来源或主要收入来源的人员。这是目前中国规模最大的一个阶层。

农业劳动者阶层几乎不拥有组织资源，所拥有的文化资源和经济资源往往也低于上述所有阶层，在整个社会阶层结构中的地位比较低。在20世纪80年代中期以前，农业劳动者阶层是改革和发展的受益阶层，在这之后，这个阶层便逐渐成为利益受损的阶层了。1997年以后，农产品从卖方市场转变为买方市场，销售困难，价格显著下降，乡镇企业不景气，进城做工变得更加困难，以农业为惟一收入来源和以农业收入为主的农民的收入，实际上是减少的，而各种税费负担却没有减轻，这个阶层利益受损的状况表现得更为明显。

第十，城乡无业、失业、半失业者阶层。该阶层是指无固定职业的成年人员（排除在校学生）。体制转轨和产业结构调整导致一批工人和商业服务业人员处于失业、半失业状态。就业机会不足使许多新进入劳动力市场的青年劳动力长期待业。目前，这部分人的数量还在继续增加。

在这一阶层中，无业、失业、半失业人群数量比较庞大，他们具有类似的社会经济背景，大多为原国有、集体企业工人及其子女，以及无法依靠农业维持生计的中青年农民。在这个阶层中，相当部分人的失业、半失业状态持续数年之久，给他们的生存带来了极大的威胁。这一阶层的许多成员处于贫困状态。目前，这一阶层在整个社会阶层结构中所占比例约为3.1%。①

第四节　社会流动

一、社会流动的定义

社会流动概念是美国社会学家索罗金（P. A. Sorokin）在1927年所著的《社会流动》一书中首先提出来的，他指出：社会流动意味着个人或社会的事

① 参见陆学艺主编：《当代中国社会阶层研究报告》，社会科学文献出版社2002年第1版，第1部分。

物及价值，从一个社会位置向其他社会位置的移动。李普塞特（S. M. Lipset）和本迪克斯（R. Bendix）在合著的《工业社会的社会流动》中将社会流动定义为：个人在社会中从一个社会位置向其他社会位置移动的过程，这些社会位置被赋予普遍承认的特殊的等级。我们认为，所谓社会流动，是指社会中的个人或群体在其社会地位上的变动。社会流动既可能发生在社会成员个人身上，也可能发生在阶级、阶层等社会群体上。从社会学角度看，后者的意义更大。

二、社会流动的理论研究

索罗金提出了两种基本的社会流动类型：垂直流动（vertical mobility）和水平流动（horizontal mobility）。垂直流动指在社会分层体系中个人或群体跨越等级界限的位置移动，根据移动的方向，又可进一步分为向上流动（upward mobility）和向下流动（downward mobility）。水平流动则指个人或群体在同一等级的不同位置之间的横向移动，这种流动不会造成人们在社会等级序列中所处地位的改变。

索罗金指出：人口特质、环境改变——主要为技术变迁、父母与子女之间天生能力的不一致是社会流动的主要原因。根据社会流动的密集性与普遍性，索罗金将社会系统区分为开放型与封闭型两种。在开放的社会中，垂直流动较为频繁；在封闭的社会中，各阶层之间的界限比较严格，跨越等级的垂直流动非常困难。他以大量跨国资料为基础，证实自18世纪以来的流动率一直呈上升趋势。他认为，社会发展与社会流动之间存在着一种正相关关系，社会越发展，社会流动率越高。

在父亲职业地位对儿子职业地位流动影响研究的基础上，索罗金概括出工业社会中社会流动的一些特点：(1) 所有职业群体都由来自不同社会背景的成员所构成。(2) 不同职业群体之间的差异变得模糊不清。(3) 在某一特定阶层中，父亲及其子女的职业类型的扩散程度较高，世袭现象减少了，与父亲从事相同职业的孩子减少了，同一家庭的孩子可能分散于非常不同的职业群体。(4) 父亲的职业地位对孩子的职业地位有很大的影响。非技术工人的孩子大多进入非技术的和半技术的职业，只有少数成功地进入了大企业经营者和上层专业人员的行列；专业人员和成功业主的孩子大部分从事声望较高的职业，几乎没有成为工匠、技术工人和非技术工人的。(5) 在分层体系中，等级位置相近或接近的职业群体更容易交换其成员。(6) 流动更可能是短距离的，而不是跨越整个分层等级的流动。(7) 分层体系中的中间层比两端更稳定。

索罗金的研究引起社会学界对社会流动这一领域的广泛兴趣。社会流动的研究自此兴起，其研究分为美国传统和欧洲传统。美国传统是在第二次世界大战以后形成的，经济的快速发展使“机会平等”和“个人奋斗”成为一种美国的意识形态，对社会流动的经验研究和国际比较研究的假设认为，现代的“自由社会”是“机会平等”的社会，每个人都有成功的可能，导致社会流动的主要因素是个人的态度和行为。社会位置的不同是由于个人素质的不同，特别是缘于教育和技能上的差别。欧洲传统则强调法律平等和社会结构的作用，认为社会结构在工业化过程中，从“礼俗社会”网络向“法理社会”网络的转变，或从“机械团结”网络向“有机团结”网络的转变，是造成社会流动的主要原因，人们社会位置和社会地位的不同主要是一种超越个人选择的结构性安排。这种传统深入人心，以致欧洲学者在发现新的流动现象时，只能将新的流动归为与“结构型流动”相对的“非结构型流动”。

20世纪60年代初，美国社会学家安德森根据经验调查材料的分析提出著名的“安德森悖论”：即教育的平等化过程并没有对社会流动产生促进作用。在此之前，人们几乎一致以为，教育的普及会使社会地位的平等化程度提高。这一悖论对社会流动的研究产生极大的刺激，它既是对美国传统的“机会平等”假设和个人选择理论的挑战，也是对欧洲传统的“法律平等”假设和“结构安排”理论的挑战。

对于这一挑战，产生了截然不同的回应。在美国，布劳和邓肯等学者对影响社会地位的变量采取精密和多样的测量方法，通过路径分析，建立了“地位获得模型”。尽管如此，学者们仍很容易证明，所有被用来测量影响社会地位的变量加在一起，还不到实际影响社会地位的变量的一半。在欧洲，法国社会学家布东主张放弃已经走向极端的因素分析方法，而采用“系统方法”。他认为：社会地位的获得，一方面依赖于社会结构的地位分配，另一方面也依赖于某些个人特质的分配（特别是出身和教育），正是由于这两种分配的不一致，产生了社会流动的现象。他通过对经验材料的系统分析证明，在地位获得的市场上，个人根据自己的“交换价值”观念做出行动选择，这种选择必然会影响地位获得市场的平衡，进而影响社会结构安排与个人特质安排相一致的程度，由此产生了社会流动。

较新的研究倾向开始注重对制度因素的研究，如美国学者维克多·倪提出的“市场转型”理论和法国学者布迪厄（Pierre Bourdieu）提出的“文化资本”理论，他们都强调和分析了制度安排的惯性对社会流动的影响。

三、社会流动的基本类型

划分社会流动的类型，有助于更深入、具体地认识社会流动的规律，把握与社会流动有关的各种因素。

1．结构型流动与非结构型流动

根据社会流动产生的原因，可将社会流动划分为结构型流动与非结构型流动。

结构型流动指由于生产技术及社会变革引起社会成员在阶级、阶层之间、地区之间大规模的、整体性的流动。产业结构、所有制结构、人口结构、城乡结构等方面的变化，都会造成结构型流动。结构型流动规模宏大、速度快、变动急剧，其结果往往导致社会结构或人口地区分布上的重大变化。如工业革命之后，社会的产业结构、阶级结构发生了根本性的变化，在这一过程中，产生了社会成员在各产业之间、阶级阶层之间大规模的流动。

非结构型流动，指社会上经常发生的少数社会成员零散的流动。这种流动多由个人原因造成，如某人因业绩卓著而不断得到提升。个人自致因素是造成非结构型流动的基本原因，非结构型流动一般不引起社会结构的变化。

2．垂直流动和水平流动

根据社会流动的方向，可将社会流动划分为垂直流动与水平流动。

垂直流动又称上下流动，指人们社会地位的升降变化。当人们的社会地位从较低的阶级、阶层转入较高的阶级或阶层，称为向上流动。当人们的社会地位从较高的阶级、阶层转入较低的阶级或阶层，称为向下流动。

水平流动指人们在处于同一水平线上的职业、地区之间的横向流动。大规模水平流动的出现，往往与产业结构、职业结构的变化有关。水平流动对个人社会地位影响不大，对社会结构的影响较大，如民工潮。

3．代内流动与代际流动

根据代际关系，可将社会流动划分为代内流动与代际流动。

代内流动，又称一生中的流动、终生流动，指一个人在一生当中的地位、职业、权力、声望等方面的变动。一个人在一生中可能向上流动，可能向下流动，也可能水平流动。考察多数社会成员在什么年龄、在什么条件下向上流动或向下流动时，看当时的社会背景和社会结构，可以发现社会流动的规律。

代际流动，指两代人在职业、地位、身份、收入等方面的变动，即子女从父母所在的阶级、阶层向另外的阶级、阶层的流动。代际流动的状况，可反映社会进步的程度和社会分层体系的变化。

4．自然流动和人为流动

根据人为因素在社会流动中的作用，可将社会流动划分为自然流动和人为流动。

自然流动，指按照社会的需要或个人意愿而发生的流动。在市场经济条件下，人们的社会流动，一般都是自然流动。

人为流动，指人为干预起重要作用的社会流动。计划经济体制下，社会流动多是有组织、有步骤的人为流动。中国实行市场调节为基础、计划调节为辅的市场经济体制后，人为流动在社会流动中仍占一定比例。

四、社会流动的影响因素

社会流动的影响因素可分为个人因素和社会因素两个方面。

1. 个人因素

社会学中，通常将影响社会流动的个人因素分为先赋因素和自致因素两类。先赋因素，指个人生而具有或自然得到的属性。如籍贯、家庭背景、排行、亲属关系、性别、肤色、种族、民族、年龄、体质、智商、容貌等。自致因素，指个人经后天学习和自己的社会行动得到的属性。如学历、知识、技能、工作经历、个人成就等。

在传统社会，先赋因素是影响个人社会流动的主要因素。在现代社会，自致因素在影响个人社会流动中的作用越来越大。

2. 社会因素

影响社会流动的社会因素主要有以下几个方面：

（1）社会生产力的发展。社会生产力的发展是引起社会流动的根本原因。生产力的发展会引起产业结构的分化重组，直接影响劳动力在不同产业间的流动。生产力的发展会引起新的社会分工，产生新的社会行业，提供新的社会职业，并使原有行业和原有职业的地位、作用和面貌发生变化，带来全面的社会流动。

（2）社会制度和社会政策。社会流动普遍被纳入制度化轨道，各种社会制度和社会政策影响和制约着社会流动的方向、速度与规模。在奴隶社会和封建社会，世袭制、等级制将社会成员牢牢地固定在一定的阶级、阶层之中，各阶级、各阶层之间界限明显，等级分明，社会流动只限于等级内部，等级之间的流动受到限制甚至禁止。现代社会的教育制度、劳动人事制度、离退休制度等相关制度，直接或间接地规定着社会流动的各种界限，影响和制约着人们社会流动的愿望和途径。

（3）文化价值观念。影响人们社会流动的文化价值观念，主要有社会流动观、社会职业观、社会竞争观。社会流动观是人们对改变生活地域环境和社会地位的基本态度。它受人们生活环境、生活方式和传统观念的强烈影响，在传统社会，人们一般“安土重迁”，“知足常乐”。社会职业观中职业声望的高低直接决定着各个职业对人们的吸引力，影响人们社会流动的欲望和动机。社会竞争观中的竞争意识、竞争欲望，对社会流动也有很大的影响。

五、社会流动的功能

1. 社会流动对个人发展的功能

社会流动能够有效地激发人的积极性、创造性和开拓进取精神。一方面可以使上进的人看到努力的目标，另一方面，使不求上进的人有危机感。通过社会地位的流动，实现社会资源的优化配置。

社会流动可以改变个人的社会地位，改变个人原有的社会和社会关系的内容，如个人的权力、责任、义务、价值观念、工作方式乃至整个生活方式，使个人的生活具有新的内容。

社会流动可以协调个人与社会的关系，尤其是个人不适应某种社会环境、某些社会要求时，通过社会流动可以为个人的发展创造条件，使个人更好地发挥自己的能力与特长。

2. 社会流动对社会发展的功能

社会流动有利于社会保持一种开放式的社会分层结构，不断调整个人与社会分层结构之间的关系。社会分层是一种制度化和结构性的社会差别和社会不平等，一定程度的固定和封闭是必然的。通过社会流动，可使其具有开放性，为社会成员改变自身社会地位提供更加普遍和平等的机会。

社会流动有利于拓宽社会各阶级、阶层之间的接触界面，增进社会不同层面之间的相互了解与相互联系，缓和社会冲突，在很大程度上消除社会分层可能带来的现实社会冲突，加强社会整合，促进社会的良性运行与协调发展。

社会流动可以促进思想、文化、技术的交流，可以改变一个地区的经济、政治和文化面貌，改变人们的思想观念和生活方式。

当然，社会流动不能超过社会的承受力。一旦超过，就会起破坏作用，如发展中国家在现代化过程中，农村人口盲目向城市流动，产生了许多消极影响。

本章小结

1. 社会分层，是指依据一定具有社会意义的属性，社会成员或社会群体被区分为高低有序的不同等级、层次的过程与现象。社会分层的实质，是社会资源在社会中的不均等分配，即不同的社会群体或社会地位不平等的人占有那些在社会中有价值的事物，例如财富、收入、声望、机会等。

2. 划分阶级的依据是对生产资料的占有关系。阶层是处于相同社会地位的人们所组成的社会集团。阶层划分的依据较多，如职业、收入、教育程度、社会声望等。

3. 马克思的阶级斗争理论认为，社会地位的不平等根源于社会的物质生产方式，其实质是以财产关系为核心的生产关系，在此基础上形成了最基本的社会地位和社会不平等，即阶级地位——有产阶级和无产阶级，阶级不平等——统治阶级和被统治阶级。

4. 韦伯的阶级竞争认为，纯粹的财产占有本身仅仅是真正“阶级”形成的初级阶段，与市场机会结合并存的利益，才真正造就了“阶级”。阶级结构不是二元的，而是多元的。客观的产权状况与市场竞争中的个人相互交织，真正构建了阶级。

5. 新马克思主义者认为，纯粹的经济标准不足以确定和定位阶级，有必要考察阶级在政治关系和意识形态关系中的位置。阶级进一步会分裂成一些集团和阶层。在资本主义社会里，组织资产与资格认定性技能是两种非常重要的资源。

6. 新韦伯主义者认为，市场能力的各种具体形式（如生产资料所有权、教育与技术方面的资格证书、体力劳动的力量）在流动上都存在封闭，财产和资格证书是可相互交换、彼此等价的资产。社会网络理论认为，社会结构是人们构成的社会网络，这种网络结构对社会资源的接近与控制呈现出一种金字塔形的结构：越靠近顶部的位置，越容易接近和控制更多的社会资源。市场转型理论认为，社会资源分配由行政性协调系统向市场性协调系统的转型，将导致位置报酬的转型，市场力量将在社会位置配置中占据主导地位。历史因素分析指出，在国家社会主义中，社会分层的结构是通过自上而下的过程被构建的。国家通过垄断性权力将绝大部分资源控制在手中，利用政治决策在社会中配置资源，从而影响和决定个人的社会地位和生活机会。

7. 以职业分类为基础，以组织资源、经济资源和文化资源的占有状况为标准，我们划分出当前中国的十大阶层，即：国家与社会管理者阶层、经理人员阶层、私营企业主阶层、专业技术人员阶层、办事人员阶层、个体工商户阶层、商业服务业员工阶层、产业工人阶层、农业劳动者阶层和城乡无业失业半失业者阶层。

8. 社会流动有利于社会保持一种开放式的社会分层结构，不断调整个人与社会分层结构之间的关系；拓宽社会各阶级、阶层之间的接触界面，增进社会不同层面之间的相互了解与相互联系，缓和社会冲突；促进思想、文化、技术的交流，可以改变一个地区经济、政治、文化的面貌。

思 考 题

1. 什么是社会分层？社会分层的根源是什么？有何作用？
2. 试比较阶级与阶层的联系与区别。
3. 当前中国的社会分层机制有何特点？分层状况如何？
4. 试述社会分层研究的理论演进。
5. 什么是社会流动？社会流动有哪些类型？

第十一章 日常生活

学习目的与要求：学习本章，要求重点了解日常生活的几种解释理论：现象学的社会学、符号互动理论、拟剧理论、本土方法论以及交换理论，日常生活中的公开规范与隐蔽规范及其区分，公开规范与隐蔽规范的形成原因和其对日常生活的影响，探讨日常生活中的自我与角色、非语言交流，理解现实的社会构想和虚拟社会的拓展。通过本章学习，可以了解社会学是如何理解日常生活的，有助于科学地对待日常生活的诸多现象。

米尔斯在他的名著《社会学的想像力》中说："现在，人们经常觉得他们的私人生活充满了一系列陷阱。他们感到在日常世界中，战胜不了自己的困扰，而这种感觉往往是相当正确的：普通人所直接了解及努力完成之事总是由他个人生活的轨道界定；他们的视野和权力要受工作、家庭、邻里的具体背景的限制；处于其他环境时，他们则成了旁观者，间接感受他人。他们对超越其切身所处环境的进取心和威胁越了解——不管这种认识多模糊——就觉得似乎陷得越深……人们只有将个人的生活与社会的历史这两者放在一起认识，才能真正理解它们。"①我们总是生活在一定的日常生活世界中的，如何理解日常生活，从而解决好日常生活中的"个人困扰"，是社会学微观研究的领域之一，众多的社会学家从不同角度进行了研究，他们提出了不同的理论以解释和说明日常生活的规律。

第一节 日常生活的几种解释理论

一、现象学的社会学

自 19 世纪以来，实证主义研究倾向在作为社会学理论基础的方法论领域

---

① 米尔斯著，陈强、张永强译：《社会学的想像力》，生活·读书·新知三联书店 2001 年版，第 1 页。

中一直处于主导地位，舒茨（Schutz，A.）从韦伯的理解社会学出发，借用胡塞尔现象学哲学的概念与方法，精辟地论述了现象学的社会学。

1. 生活世界

舒茨曾借用多种术语来概括“生活世界”、“社会世界”、“常识世界”、“日常生活世界”以及“日常世界”，它们都是对个体进行多种日常生活的具体社会环境的概括。具体地讲，生活世界是指人们度过其日常生活的直接经验的主体间的文化世界。其特点是“预先给定性”（pergivenness），即它存在于社会个体对它进行任何反思和理论研究之前。我们相信这个世界在我们出生以前就已经存在着，它具有自己的历史，并且是以一种组织的方式呈现给我们。它首先是我们进行多种行动的场所，是我们对行动作出反应的场所。其次人们在这个世界中，用常识解释着这个世界，所有的基本事实都是交织在自然态度的结构之中。

2. 自然态度

自然态度在舒茨的理论中是指人们在其普通的日常生活中自然而然具有的态度，即人们对生活最初的、朴素的未经批判反思的态度。舒茨认为仅通过单一的社会个体来考察生活世界表现出来的各种类型化是不够的，我们还必须通过共同生活和他人来理解这个世界。“生活世界之所以是主体间性的，是因为我们作为其他之中的一群人生活在其中，通过共同生活和工作与这些人连接一起，理解他们且被他们理解。”① 舒茨认为个体在生活世界中共享社会实在的先决条件是“视角互易性”，即人们在日常生活世界中应该改变我的位置并且由“此在”移动到“彼在”。舒茨把这种认识对象的他人主观世界称为“变形自我”。

二、符号互动理论

美国社会学家米德是最早对人类日常生活中的相互作用及其意义进行系统研究的人之一。他非常重视对人类行为的基本单位——行动的研究，他把行动看成是人在一定处境下的全部反应。这种反应不仅包括人们的意向或动作，同时也包括人们对于环境中特定物体的思想和感情。

米德认为，人类的各种日常生活都是为文化的意义所规定的，而众多的文化意义又都是象征性的。比如，旗杆上一块带有某几种颜色和图案的布象征着一个国家；而十字路口上的红绿灯或是交通警察的手势则意味着“是否可以通行”。日常生活中的相互作用就是以有意义的象征符号为基础的行动过程。

---

① 转引自侯钧生主编：《西方社会学理论》，南开大学出版社2001年版，第242页。

符号互动理论指出，人们行动时，往往必须使自己的所作所为与同一社会环境中的其他人正在做或正在想的保持一致。而要做到这一点，他就必须了解自己和其他人各种行动的象征意义。比如，如果一个年轻的公司职员当着一位前来办事的顾客的面，向值班的经理大谈特谈他们几个年轻职员最近几天在办公室里发生的恶作剧时，值班经理往往会严厉地瞪他一眼。这就是一种符号，意味着“到此为止”。如果这位年轻的职员不能理解这严厉的一眼所象征的意义，或者不顾及这种意义的话，他也许很快会被这个公司解雇。再比如，老师讲课时有时会突然停下来，或突然改变他的声调。这是由于他发现有些学生没有注意听讲，或在下面讲话。他的行动有一种象征意义：注意听讲！尽管他并没有直接说出这几个字，但听课的学生们还是会从中体会出这种提醒的。

符号互动理论还认为，人们往往是在对各种象征性的符号以及日常生活中的各种社会环境赋予同样意义的前提下，从事大多数日常活动的。看看我们日常生活中的各种社会交往，大部分都是在交往双方对各自的角色、对共同的环境、对相互作用的过程都有某种共同的认识的基础上进行的。当然，在有些情况下，社会环境的定义并不清楚，人们便通过日常生活的经验形成他们所需要的定义。

符号互动理论具有明显的微观心理学特征。第一，肯定人类同低等动物不同，他们具有思维能力；第二，社会的交往决定了人类思维能力的形式，特别是人类早期和成年期的社会化过程；第三，在社会交往中人们逐渐掌握了能使他们实践自己所独具的思维能力的意义和符号；第四，意义和符号反过来促进人们能够进行独特的人类行为和交往的能力；第五，在对具体情境解释的基础上，人们能够修正和改变他们在行动和交往中所使用的意义和符号；第六，人们之所以能做出这种修正是因为人们在日常生活中具有相互交往的能力；第七，行动和交往的形式相混杂构成了社会。

有人批评符号互动理论仅仅把注意力放在人们日常生活中相互作用的方式上，因而它不能解释那些超越我们控制能力的社会力量是怎样决定我们的行为。他们认为，符号互动理论忽视了社会结构对人们生活的许多影响，否认了历史、社会以及经济对人们的各种限制，给人一种个人自由的假象。但符号互动论者争辩说，无论宏观的社会力量有多么大的影响，我们总是作为日常生活中相互作用着的人而体验着它们。因此，如果不首先理解人们在日常生活中相互作用的方式，我们就不能真正理解社会。

三、拟剧理论

拟剧理论是符号互动理论流派的另一位重要代表人物戈夫曼（Eving Goffman）在研究人类的日常生活时提出来的一种理论观点。这种观点认为，人类的日常生活世界就好比剧院，而所有的参与者都是这个剧院里的演员。他们扮演着各自不同的角色，表演在不同的场次。如果能够按照剧本表演，就按照剧本表演；如果剧本不明确或者不完整时，他们就随机应变，临时发挥，即兴创作。

1. 印象处理

戈夫曼认为，在日常生活表演中，人们通常都非常关心并总是试图控制自己留给他人的印象。他们往往通过语言、姿态、手势等表现来使别人形成他们所希望的印象。戈夫曼将这个过程称作“印象处理”。他论证说，人们在处理他们的印象时，往往会运用一些手段、工具来装点门面，建造好自己表演的“舞台布景”。比如，在自己的房间里贴上几张著名歌星的大幅画像，使用样式考究的公文包，在不同的场合穿不同的衣服等，这些都有助于控制留给他人的印象。

在戈夫曼看来，人是印象的经纪人，所有印象是以我们给面貌、姿势、服装、用具和言辞所赋予的意义为基础的。人之所以成为一个社会人也就在于此。去掉这些东西，人们就兽化了，相反靠这些脆弱的东西把人装扮起来就能够使自己在别人面前保持印象，正因为这样，戈夫曼把人类的日常生活活动说成是表演。

2. 前台和后台

戈夫曼认为，人们表演的区域有“前台”和“后台”之分，前台是人们正在进行表演的地方，而后台则是为前台表演做准备的、不想让观众看到的地方。人们在前台与后台的行为举止是不一样的。比如，饭店的服务员在招待顾客时，举止文雅、服务热情、彬彬有礼；而当他回到自己的后台——厨房去的时候，便立刻变得松松垮垮、随随便便了。然而，当他再回到顾客面前时，他又恢复了原来的行为表现。戈夫曼把专门为陌生人或偶然结识的朋友所表演的行为叫做前台行为，而人们在后台的所作所为则只有熟人或关系密切的人才能看到。一个十分常见的例子是：一个顾客在商店里买一件商品，营业员给他拿了一件，他看后觉得不满意，又让营业员给他拿了一件，他看后觉得还是不满意，又让营业员给他拿第三件、第四件。左挑右选，结果还是买下了最初的那一件。在这位顾客面前，营业员表现得耐心、礼貌，可当这位顾客一走，营业员转身对着同一柜台的同事们说了一句：“没事找事，神经病！”

3. 校直行为

当一个人的行为违反了或者看来有可能违反了大家默认的行动准则时，自觉内疚的表演者常常试图通过对违反准则的行为轻描淡写来“挽回面子”。这种做法就叫作“校直行为”。

校直行为的一种方式是解释，即用来为已经发生的不恰当的行为找理由或进行辩护。典型的解释一开始是这样的，“我知道我本来不应该这样做，可是……”、“你完全误解了，我的意思是说……”、“我知道当时我给人造成了一种很不好的印象，不过……”。另一种校直行为的方式是否认，用来为即将发生的不恰当的行为找理由或进行辩护。典型的否认一开始是这样的，“我知道这听起来会显得很蠢，可是……”、“你先听我把话说完再反驳我……”、“这听起来很古怪，不过我想我看到了……”。这些校直行为可以使日常生活中的相互作用顺利地进行，因为有些行为虽然有损于表演者试图给人留下的印象，本来可以被解释为破坏性的行为，但如果通过校直行为并且观众愿意，就可以不予计较。

四、本土方法论

本土方法论又称民俗方法论或日常生活方法论，是20世纪50年代发展起来的一种专门分析人们日常生活所遵循的规则的社会学理论。

在日常社会生活中，我们与别人之间有着无数的相互作用。一般来说，无论是熟人、朋友，还是素不相识的陌生人，人们相互之间的日常生活常常是顺利进行的。这是因为，我们与那些同处在一个相同社会文化背景的熟人、朋友和陌生人对社会现实的性质有着完全同样的基本了解。而这种同样的认识又是人们非常熟悉、并早已司空见惯到人们意识不到的地步。然而，尽管人们注意不到，但在最近三四十年间发展起来的本土方法论却向人们揭示出这种客观存在的日常生活的规律。

本土方法论与符号互动理论和拟剧理论有关，但在方法上和重点上又与它们不同。它主要研究人们在日常相互作用中如何建立和共同使用对现实的定义。在本土方法论者看来，一个群体中所有成员之间的各种日常生活，都受着某些“民间”的规则所支配。群体中的成员都具有某种对现实世界的共同的认识和理解，这种认识和理解构成了“民间”规则的基础。

为了揭示和说明这些客观存在的理解和规则，本土方法论的创始人加芬克尔（Harold Garfinkel）提出了一种以打破常规来揭示常规、以违反共同的理解来表明这些理解的特殊方法。他带领他的学生做了一系列的实验，得到了十分明确的结果。加芬克尔在实验中让他的学生们表现根本不懂得那些调节日常生活的基本的、不言而喻的前提；故意不遵守那些人人皆知的、司空见惯的“民间”规则，比如，在超级市场买东西时讨价还价、在与别人谈话时身体向对方越靠越近等。结果，在这些情况下，对方都表现出惊讶、奇怪、愤怒和窘迫，说明他们的行为违反了人们对社会现实的共同理解。

在一次实验中，加芬克尔让他的学生们在各自的家中表现出外来住宿者的行为，而不是作为儿女的行为。学生们在家中抛开了通常与家人交往所依据的各种熟悉的规则和假定，他称自己的父母为“先生”、“夫人”，吃饭时彬彬有礼，兴致高雅，使用电冰箱时先礼貌地请求许可，如此等等。结果，家里人都被惊呆了。他们竭力想明白学生们的这些奇怪的举动是怎么回事，并力图恢复正常的情况。学生们的实验报告中通篇都写着家里的人如何惊讶、茫然不知所措、震惊、焦虑、窘迫和愤怒，而且家里有的人责备学生讨厌、不体谅人、别扭、没礼貌。家里人要求学生解释：这是怎么回事？你是不是中邪了？你是不是被学校开除了？你是不是得了病？你为什么这么发疯？你是心不在焉还是傻了？

加芬克尔原来想让学生表演15分钟至一个小时，可是，由于家庭成员之间的相互作用模式受到严重破坏，只进行了短短几分钟谈话就中断了，家庭成员的烦恼和气愤使得绝大部分学生无法坚持这么长时间扮演这种角色。尽管最后学生们通过解释缓和了家庭成员的神经紧张，平息了他们的怒气，但家里人仍对这种行为和现象十分反感。

本土方法论认为，规定着日常生活的民间规则包括许多含蓄的理解和期待，对于谈话的双方来说同样如此。如果破坏了我们在日常生活中所依据的尽管不常被我们意识到的那些常规和那些对交谈过程、交谈语言的共同的理解，同样也会招致恼怒、焦虑和困窘。下面是加芬克尔的另一个实验：

他要求学生与一位朋友或熟人进行正常的谈话，但一定要使对方说明平常的说法和用语的涵义。结果，所有谈话的对象都表现出某种奇怪和恼怒。比如：

对象：你好呀！

学生：你问我好是指哪个方面？是问我的身体、我的成绩、我的经济状况，还是我的……

对象：你瞧，我只不过想礼貌性地问一句罢了。说实在的，你好不好，我管不着！

对象：我的车胎没气了。

学生：你的胎没气了？你说这话是什么意思？

对象：你问我“你说这话是什么意思”这是什么意思？车胎没气了就是车胎没气了。我就是这个意思，没什么特别的意思。你提的问题真怪！

本土方法论集中在对日常生活的经验研究上，力图以“打破常规”来研究“常规”。它使我们认识到自己是日常生活中所发生的一切事情的很重要的组成部分，可我们很少有机会去理解我们所做的事情在多大程度上是由我们自己或我们的朋友及其他人创造的，因为事情每天都是以非正式而不是以正式方式创造的。

五、交换理论

霍曼斯（Homans，George Casper）、布劳（Blau）等人提出的交换理论认为，日常生活中人与人之间的各种相互作用，从根本上说是一种交换关系所决定的交换过程。个人利益是人们相互交往背后的普遍动机。人们像行为心理学家斯金纳实验中的动物一样，倾向于为了奖赏而做事，而人们又为了相互的需要交换奖赏。

1. 霍曼斯关于交换行为的六大命题

霍曼斯相信行为心理学足以解释人类的一切交换行为，为此他创立了六大命题来解释人类的交换行为：（1）成功命题，“对于人们进行的所有行动来说，一个人的某种行动得到的报酬越经常，这个人就越愿意从事这种行动”。（2）刺激命题，“如果在过去一种刺激或一组刺激的出现，曾经成为一个人行为得到报酬的原因，那么现在的刺激越是与过去相同，人就越可能产生这种行为，或是一些相似的行为”。（3）价值命题，“对于一个人来讲，他的行动结果对他越有价值，他就越可能去执行这个行动”。（4）剥夺——满足命题，“一个人在最近越是得到一种特殊的报酬，那么该报酬的追加对于这个人来讲，就越来越没有价值”。（5）攻击——赞同命题，“在一个人的行动没有得到他预料的报酬时，或得到他没预料的惩罚时，他将感到气愤，他便可能去从事侵略性行为，这种行为的结果变得对他更有价值。在一个人的行动得到他预料的报酬时，尤其是得到的报酬比他预料的报酬大时，或者没有得到他预料的惩罚时，他会感到高兴，他更可能从事认可性行为，这种行为的结果变得对他更有价值”。（6）理性命题，“人们在对两种行动进行取舍时，会根据他当时的认识，选择那种获利可能性增大，结果总价值增大的行为”。①

2. 布劳微观结构中的社会交换

布劳认为人际间的交往开始于社会吸引，社会吸引是指与别人交往的倾向性。如果一个人期望与别人的交往会带来报酬，不论这些报酬是内在的还是外在的，那么他会受到能提供报酬的人的吸引。而要使对方承认自己，愿意与之交往，就必须向别人证明自己也是一个有吸引力的人。

---

① 转引自侯钧生主编：《西方社会学理论》，南开大学出版社 2001 年版，第 196~198 页。

布劳认为，交换关系与竞争关系在开始是同一的。一个能产生极大吸引力的人一定是因为他能提供给别人无法从其他地方得到的报酬。随着竞争的发展，人与人之间开始出现地位分化，一些人处在吸引他人、被人尊敬的地位，另一些人处在被人吸引、表示尊敬的地位。这时交换关系与竞争关系不再同一，那些处于被人尊敬的地位上的人继续为权力或领导地位竞争，而那些表示尊敬的人失去了竞争机会，不得不以尊敬来换取别人提供的报酬。

"互惠主义"是在许多社会交换过程中起作用的一个特征。根据这个特征，一个人对另一个人给予的同时也包含着对回报的期待。尽管回报的形式不同，时间上既可能是即付的，也可能是日后的，但是，对同等报答的期待决定着最初的奉献。

交换理论的一些观点在解释现实社会生活中许多人际交往、互动行为方面的确有它独到的作用，不论是平常人们所说的"礼尚往来"、"互通有无"，还是生活中形形色色的社会交往、人际关系，都可以从交换理论的角度做出一番解释。许多社会学家还将这种理论应用于研究组织活动、婚姻、友谊等领域，甚至用来研究夫妇之间的关系。

第二节 日常生活中的社会规范

规范通常被理解为某种公认的必然的秩序，实质上就是指标准、规则、章程和模式的集合。社会学对规范的注意是由对角色的研究引起的，因为作为个人与社会结合点的角色，体现两个人以上的关系与活动，为了协调人们之间的关系与活动就需要规范。社会规范就是社会中协调人们的交互作用，维护社会共同生活，并以各种形式表现的行为方式和准则。因为人们需要的多样性，社会关系的复杂化，以及文化的多元化，使规范分成了许多种类。特纳提出了"自发规范"的概念，如一个学生在教室里总是坐在一个位置上，别人要是偶尔坐在那里，其他人就会感到奇怪，而偶尔坐在那里的人，也会产生自己坐了别人位置的感觉，这就是自发规范在起作用。与自发规范相对应的是规定性规范。规定性规范是由法律、道德、规则、条例以及风俗习惯等规定的。此外科塞还提出了特殊规范和一般规范的概念。特殊规范是把家庭成员每个人都当作特殊的个人来看待，比如她是我的妻子，他是我的儿子，他是我的丈夫，等等。家庭规范是基于对成员的爱和忠心而建立的，所以是特殊规范。

以上这些都是以往学者对规范的分类，这些分类从不同的方面表现了规范对于人们行为的指导作用。任何规范都不能涵盖人们日常生活中的一切价值标准。由于受到传统社会向现代化社会转型的影响，很多领域出现了价值规范真空，存在着一些不为人们所认识的规范形式。我们从日常生活出发，把规范分为公开规范（maifest norms）和隐蔽规范（hidden norms）。

一、公开规范和隐蔽规范的界定

所谓公开规范是指群体、组织和社会公开宣布的规范，比如法律规范、道德规范、技术操作规范以及各种规章、规则、制度等，都属于公开规范的范畴。公开规范包括公开宣布的规范、规则、制度，那些虽然没有公开宣布但内化为人们行动指导标准的道德准则，以及为社会上绝大多数人所认同的行为标准。隐蔽规范主要是指公开规范不禁止也不提倡的，被人们默默遵守着的那类规范。这种规范和公开规范一样普遍，各处都有。一般而言，隐蔽规范不违反公开规范，不是公开规范明确允许的。所以它既不是对公开规范的补充，也不是对公开规范的违反，而是在社会互动中形成的对自己有利的不便言明的规范，是一种擦边球式的一套行为准则。比如最讲究公平竞争的体育比赛，它有一套公开而又公平的比赛规则，这是公开规范，但是运动员在比赛中又常常使用一些公开规范没有明确规定禁止的方法去破坏对方发挥竞技的能力。这种行为是与比赛的公平竞争的宗旨相违背的，但是它并不直接违反规则，在比赛中大家都这么做，以致成为秘而不宣的策略和规范。在社会生活中，人们对于某个机会和资源的争夺也常常使用隐蔽规范，比如职位的升迁，公开规定应该是能力与品德的考查，是有一整套的评定标准和规范的，然而在考查的背后却又隐藏着拉关系、走后门等活动，这些活动也是有规矩可循的，在中国叫“路子”，不懂得这套规范叫做“不识路子”，而这套路子就是人们所默默遵守的隐蔽规范。

作为社会规范中的一组概念，公开规范与隐蔽规范之间有着不可分割的联系。我们把规范划分为公开规范和隐蔽规范的主要依据是规范对个人与社会的利益关系调整的作用。能够调整个人与社会的利益关系，并公开宣布的规范就是公开规范。而公开规范既不提倡也不禁止且不具备调整个人与社会利益关系功能的规范则是隐蔽规范。公开规范与隐蔽规范的一个重要区别表现在对调节对象的约束力上。公开规范对调节对象具有约束力，如果违背了规范，将会受到规范的惩罚，它因此能够促进社会的良性运行。但是隐蔽规范并不具备对调节对象的约束力，对于不按照隐蔽规范行事的行为主体没有任何制约作用。

隐蔽规范在一定的条件下是可以转变为公开规范的。如果公开规范对于隐蔽规范指导下的行动认同并使之制度化，那么隐蔽规范就转变成了公开规范。比如花钱买功名在中国历史上由来已久，从秦汉时期就有，但不是正途，可以看做是隐蔽规范。到了清朝，把捐官纳入制度的体系，于是官员候补就分成了两个班次，一班是经过科举考试上来的甲班，另一班是花钱买来功名的捐班。于是花钱买官就从隐蔽规范转变为公开规范。①

对于隐蔽规范的界定不得不提到违法行为。隐蔽规范作为公开规范既不提倡也不反对的那类规范，与社会中的违法行为有着紧密的联系。首先，隐蔽规范行为与违法行为有着相似之处。违法行为特别是在经济生活领域的违法行为，多表现为对社会公平的违背和破坏，如通过行贿受贿以获取更大的自身利益等。从表现形式上来看，违法行为与隐蔽规范所指导的个人行为绝大部分显失公平。如前所述，隐蔽规范在体育竞技中和职位升迁过程中所表现出来的行为是对社会公平精神的违背。如国外一些政府官员在选举过程中的拉选票行为，这也是受到隐蔽规范指导的行为，而这种拉选票的成功与否，很大程度上与金钱投入的多少呈正相关，最终选举出来的政府官员也许并不是真正德才兼备的人，而是投入金钱最多的人，这显然是对公平竞争的违背。但是这样一种行为又是被人们所默认的行为，虽然没有公开的法律规范来提倡这种行为，但是也没有明确的法律规范来禁止这样做。其次，隐蔽规范所指导的行为与违法行为之间又存在着重要的区别。那么如何来判定一种行为是属于隐蔽规范的行为还是属于违法行为呢？这里主要从两个方面来区分：第一，从与公开规范的关系来看，隐蔽规范虽然不是公开规范所明确允许的，但是也不违反公开规范。隐蔽规范所指导的行为不会与公开规范直接冲突。违法行为则是对公开规范的根本违背，特别是对法律规范的违背。两者之间的主要区别在于是否违背公开规范，违背了公开规范就不能够称之为隐蔽规范。第二，从行为的后果来看，隐蔽规范是在社会互动中为了争取自身更大的利益所形成的对自己有利的规范和一套行事的准则，是一种擦边球式的规范，隐蔽行为也是一些擦边球式的行为，行为后果不足以受到社会的惩罚。违法行为则不同，它表现为一种公开的对规范的违背，违法行为的后果是受到相关法律的处罚。

二、公开规范和隐蔽规范产生的原因及其特征分析

前苏联著名的管理学家奥马罗夫把利益的协调看成是社会规范产生的重要原因，他认为，社会规范反映着各种社会、阶级、集体和团体的利益，而它们最主要的、最直接的任务是在社会利益居于支配地位的情况下来协调各种利益。所以统一的规范按其实质来说是统一的利益的另外一种反映。人们在选择行为方式时，首先是根据自己的利益，在这种利益中体现了人们一系列要求

---

① 杨心恒、刘豪兴、周运清：《论社会学的基本问题：个人与社会》，《南开大学学报》（哲学社会科学版）2002 年第 5 期。

——物质的、精神的、社会政治的，等等，那么社会规范的产生就是协调一定范围内群体利益的结果。① 美国社会学家科尔曼则认为，社会规范是人们创造的，社会规范存在的条件是社会认定对规范涉及的各种行动进行控制的权利，不是由行动者掌握，而是由行动者之外的其他人掌握。这里的权利不是法定的权利，也不是权威人物强加的以正式规则为基础的权利，规范所涉及的权利是非正式的，是社会认定的权利。如果行动者拥有控制自身的权利，便无规范可言，如果他人没有权利，规范便不存在。也就是说规范产生的原因也是惟一的条件就是行动者之外的其他人拥有影响行动者行动的权利。② 很显然，站在公开规范和隐蔽规范的角度来看，我们并不完全认同他们的观点。这里我们有必要将公开规范和隐蔽规范产生的原因分开论述。因为单就公开规范而言，我们可以把规范的制定或者形成看做是社会群体多方利益相互协调的结果。与A·M·奥马罗夫的观点相似，我们也认为公开规范的产生是为了协调个体、群体、社会三者之间的利益关系。例如，规范产生后，人们按照规范行事，个体、群体会从中获取自身利益，社会会得到稳定的发展和进步。而一旦违背了这个规范，个体和群体将会受到惩罚，而社会的稳定和团结也将会受到危害。但是隐蔽规范产生的原因却并非是协调群体利益的结果，而是人们为了自身的利益，在不违反公开规范的前提下，最终形成的一套大家都明白、心照不宣的行为模式。所以隐蔽规范产生的原因是社会生活的复杂性和人的利己主义自发倾向的结果。这里特别要指出的是隐蔽规范与自发规范的不同。隐蔽规范与自发规范有相似的地方，但是本质是不同的。自发规范同公开规范一样，体现的是群体的共同的需要，共同的价值标准，使群体生活更有秩序。而隐蔽规范总是从个人或者小团体的利益出发，它不考虑他人或者整体的利益，只考虑如何在不违反公开规范的前提下，为自己或小团体争取更多的好处。从功能主义的角度分析，隐蔽规范并不能满足社会结构某方面的需要，所以一个社会最好不要存在隐蔽规范。但事实上任何社会都存在一定程度的隐蔽规范，这是一个不可回避的事实。

那么隐蔽规范究竟具备哪些方面的特征呢？

第一，隐蔽性。之所以把社会规范分为公开规范和隐蔽规范，就是因为在我们日常的生活中存在着一些没有明文规定，不容易为人们所察觉，但是却能够对人们的行动起指导作用的规范。隐蔽规范之所以称为隐蔽规范，也是由于

---

① 奥马罗夫：《社会管理》，浙江人民出版社 1987 年版，第 291~292 页。

② 科尔曼著，邓方译：《社会理论的基础》，社会科学文献出版社 1999 年版，第 284~285页。

它具有隐蔽性，即非公开性。这样一类规范在法律、道德、规章制度等之外，没有公开宣布，没有明确成文的形式，但是却又实实在在存在于我们现实的生活之中，被一部分人所认同。这样一类规范永远都不会如同公开规范中的法律、道德、制度等被摆到台面上来讨论，也不会有成文的形式。它就像是一只看不见的手，引导着人们在某些时候按照它的方式来行事。对于个体来说，这样的规范在没有习得之前，是无法了解并且无法用来指导自身的行动的。只有当人们在不断的社会化中，接触并领悟到这样的规范，并将之内化之后才能充分利用。隐蔽规范的隐蔽性还表现在它的难以察觉性。虽然对于已经将隐蔽规范内化的人来说，按照隐蔽规范来行事并不是一件难事，但是，隐蔽规范的难以察觉性决定了隐蔽规范调整的对象并不是社会生活中的主体，只有当个人接触到隐蔽规范发生作用的某个领域时，人们才能够察觉并按照这种规范行事。

第二，利己性。隐蔽规范与公开规范的不同之处，除了隐蔽规范是没有公开宣布但被人们默默遵守的规范外，隐蔽规范还表现了很强的利己主义倾向。隐蔽规范的形成是人们追求个人利益最大化的结果。在表现形式上，隐蔽规范通常是人们在对某一稀缺资源或特殊利益的获取过程中，通过正常途径和遵守公开规范不能满足自身的需要时，采取另外一种为部分人所认同，而且并不违背公开规范的手段和方法来获取个人的利益。隐蔽规范主要是个体对自身利益的追求，而非协调个体、群体和社会三者之间的利益关系。虽然隐蔽规范有时候也表现为为小团体争取更大的利益，但是最根本的目的还是在于满足个人的需要。例如在一个企业中的不同部门之间，为了评选先进，某些部门可能会通过请客送礼等手段来增强评审团成员对自己的印象和好感，为评选先进奠定基础。这样的隐蔽性规范为人们所熟知，它的目的在于争取小团体的整体利益。

第三，擦边性。隐蔽规范的一个显著特征就是擦边性，它擦公开规范的边，但是又不会违背公开规范。受隐蔽规范指导的行为不会违背法律、道德、规章制度等。如中国目前的多数行业在逢年过节的时候都会为自己的客户送一定的礼物，以便来年工作的顺利开展。这就如同有一个不成文的规定来指导着人们的行为。虽然大家都知道这样做从根本上违背了公平竞争的原则，但是大部分人为了获取更多的自身利益还是不约而同地选择了这样一种行为方式。这种不成文的隐蔽规范并不会违反法律，而且也远远没有达到行贿的程度。这就是一种擦边球式的做法。

第四，狭隘性。这里的狭隘性主要是指隐蔽规范调节对象和社会关系的局限性。隐蔽规范只是对部分人和社会关系起作用。隐蔽规范广泛地存在于社会生活中的各个领域，与公开规范相对应，每个不同的领域都有一套公开宣布的公开规范，同时这个领域也会伴生着一套为部分人所熟知的隐蔽规范，如职位升迁中明文规定的评定标准和暗箱操作的方法。与公开规范不同的是，公开规范如法律、道德等，它们所调节的对象具有广泛性。法律面前人人平等，道德标准无处不在，公开规范对于大部分社会成员具有约束力，不论社会成员处于何种行业，身居何种职务都要受到法律规范、道德规范等公开规范的制约。隐蔽规范只是少部分人的行动标准，只有少部分人按照隐蔽规范来行事。隐蔽规范的隐蔽性决定其不可能被社会上的每个成员都接受和认同。前述职位升迁和体育竞技中的隐蔽规范，只是处于职位升迁和体育竞技过程中的某些人可能接受和认同。对于刚走出校门的大学生或者刚踏入社会的青年来说，他们很少了解和运用隐蔽规范。所以隐蔽规范调节的对象和社会关系具有狭隘性。

三、公开规范和隐蔽规范对日常生活的影响

从微观层次来看，规范是对群体利益关系的协调，同时也协调着个人与社会的关系。从宏观层次来看，规范对于社会的良性运行，维护社会秩序，促进社会的整合有着重要的作用。在日常生活中，理解这两种规范的影响是极其重要的。

公开规范通过协调各种社会关系来促进社会整合。社会是由各种具有特殊利益、特殊意志的个体构成的，是独特的人群集合体。人们在社会生活中，为了追求自身利益的满足，必定会采取不同的方式和手段，于是个体、群体、社会之间的冲突和矛盾就产生了。公开规范通过对利益关系的协调使整个社会处于有序的运行之中，从而促进社会关系的整合。

公开规范通过形成共同的目标和价值来促进整合。在实际生活中，存在着价值主体、利益主体的多元化，不同的社会个体具有不同的内容、层面和方式。但是个人需求与目的的实现，都是在社会需求与社会目的的实现过程中实现的，因而公开规范将个人的意愿、目的、理想等引导、集中到社会价值、社会理想上来，形成统一的社会目标和力量，使社会成员在共同的价值取向下行动，在对价值整合的过程中促进社会的整合。

公开规范通过惩罚失范行为来促进社会整合。公开规范一经形成便对社会成员具有约束力。科尔曼认为，规范的惩罚性主要表现在社会成员遵守它，便会从中获取利益，如果违背了规范将会失去从社会中获取利益的机会。公开规范对失范行为的惩罚也主要表现在失范对象对利益的丧失上。公开规范正是通过惩罚这样一种途径将人们的行为约定在一个较为符合社会价值规范要求的范围内，从而满足社会发展的需要，促进社会的整合。

与公开规范相比，隐蔽规范在日常生活中有下面两种负作用：

第一，隐蔽规范增加社会失范的风险性。对于隐蔽规范的把握，从实践层

面看是非常困难的。隐蔽规范行为把握得当可以看做是在隐蔽规范的范畴中，如果稍有失当，很可能转化为社会失范行为，可能是对道德规范的违背，也可能是对法律规范的违背。仍然以职位升迁中的隐蔽规范为例，在升迁过程中的走后门，拉关系等活动在一定的度内是属于隐蔽规范行为，但是如果在这个过程中出现了行贿等行为，以此来牟取个人私利，那么这就是一种违法行为了。从另外一个侧面来看，隐蔽规范是公开规范不禁止也不提倡的规范，这样一种“暧昧”的态度有可能助长隐蔽规范，使隐蔽规范行为增多，增加社会失范的风险性。隐蔽规范是对个人利益的追求，在个人利益的驱动下，社会成员可能会采取一些违背社会公开规范的行为来牟取个人的私利，所有这些因素都会增加社会失范的风险性。

第二，隐蔽规范增加社会的不公平。隐蔽规范行为，从本质上讲是对社会公平精神的违背。社会不公平主要产生于不同的社会成员对资源占有的不同而导致个人利益获取的不同，拥有更多资源的社会成员能够获取更大的利益。隐蔽规范是对自己有利但又不便言明的规范，运用隐蔽规范的人将会比不运用隐蔽规范的人获得更多的利益。当这种不公平累计到一定程度时就会给社会的稳定带来隐患，阻碍社会整合的顺利进行。

第三节 日常生活的理解与拓展

一、日常生活中的自我与角色

人们在日常生活中，常常通过对别人行动的理解来支配自己的生活。那么人们是怎样理解别人的行动或意图的呢？这里的奥秘就在于人们在社会化的过程中形成了自我的概念，即“内在人”的概念。人们正是通过琢磨自我、回味自我来体会他人，理解他人的。

我们的自我感觉使我们能够意识到别人也有他们的自我，这种自我的感觉使我们能够在自己的想像中扮演别人的角色。“设身处地”、“假如我是他”指的就是这种情形。我们可以尽量用他人的观点看问题，努力理解他人的感觉，预知他们可能会怎样做，并预料他们对我们的行动会有什么样的反应。由于人人都有这种理解他人行为的能力，并且人人都会调整自己的行为以适应共同的规定和期望，因此日常生活充满了意义，并得以顺利进行。

在日常生活中，我们每个人在别人面前表现出来的自我实际都是随情境的不同而有所变化的。每个人都不会对各种不同的情境和各种不同的人采取完全一样的行为。试想一下，我们在自己父母面前所表现的自我，与在同学们面前所表现的自我、在老师面前所表现的自我、在商店的售货员面前所表现的自我、在自己的女朋友面前所表现的自我是一样的吗？显然是不一样的。尽管我们对于在特定的情况下用特定的方式表现自我早已习以为常，并且常常在这样做的时候自己一点也察觉不到。但在实际生活中，当我们有时处于被别人审查的位置时，比如当我们被介绍给一位重要的陌生人时，我们会意识到自己在做什么，会察觉到自己在表现自己的哪些方面。

一个密切相关的问题是，究竟是什么决定着我们在不同的情境下表现自我的不同方面？答案就是：我们当时的角色。我们向别人表现的自我与我们当时所充当的角色紧密相连。当我们处在不同的情境中，充当不同的角色时，我们所表现的一定是自我的不同方面。比如，我们在父母亲面前所表现的自我，与我们所扮演的子女角色密切相关。父母亲所看到的是我们自我中的一个方面，这个方面与我们的同学、我们的老师、商店的售货员、我们的女朋友所看到的我们的自我都不一样。因为在不同的人面前，我们所扮演的角色不一样。

角色实际上是与社会中各种地位相对应的一套义务、权力和规范行为。对每一种具体的角色来说，人们角色行为的内容主要取决于角色期待，即被普遍接受的、关于应该如何扮演这一角色的社会规范。在许多日常生活中，有着十分明确的规范来支配扮演特定角色的人们的行为。比如，我们每天到食堂买饭，对于买饭的学生与售饭的炊事人员之间的相互作用来说，双方的行动都是按照惯例行事。但是在有些情况下，对于相互作用中的双方来说，究竟什么是适当的行为，也许只有含糊的、笼统的规定。人们还必须探索各种可能性，主动设计或选择那些看来最合适的可能。比如，一个刚走出校门、初次担任调查员的年轻人，与一位从未接受过陌生人正式调查的个体司机之间的相互作用，往往会使得一方或双方感到有些不知所措。而这种相互作用过程的形式、特点、气氛及长短，都会因二者所设计或选择的行为的不同而大不一样。

二、日常生活中的非语言交流

语言是人们在社会生活中相互交流、相互沟通的主要工具，它在各种日常生活过程中也扮演着极其重要的角色。然而，在人们的日常交往中，同样存在着大量的非语言交流，即不是通过语言媒介，而是通过其他符号进行的交流。有的学者认为，许多人每天所讲的话常常只有十几分钟。而在一般的两人会话中，语言所表达的意义平均不到该环境社会意义的35%，非语言内容却占65%。事实上，人们在同他人进行交往时，不但要对他们所说的做出反应，而且要对他们所做的做出反应。

非语言交流有两种重要的形式：一是体态语言，如手势、面部表情等；二是个人空间的运用。

第一，体态语言。所谓体态语言，指的是人们用来表达思想、感情或态度的姿势、姿态、手势和表情等。人的头、手、臂、躯干、腿，等等，都可用来表达意思，都是人们进行交流的潜在资源。将它们组合和运用起来，就能够通过身体动作的“语言”来传递多种多样的信息。

在各种体态语言中，面部表情的作用最为明显，其所表达的内容也最为丰富。人的面部能做出许许多多不同的表情（有的书中指出大约有25万种之多)，它直接地表现和传递人们的各种情感，比如愤怒、恐惧、悲哀、吃惊、胆怯和厌恶等。这些情感在各种文化中都是普遍存在的。有研究表明，这些情感是整个人类所固有的，无论在哪个社会中，只要经过正常社会化的人都能理解。当研究者把表现人物面部喜怒哀乐各种表情的照片拿给不同社会环境中的人，比如具有现代文化的人和与外界隔绝、且无文字文化的人看时，他们都能很快辨认出图片中人物表情的意义。

相比之下，姿势就与文化有关了，几乎没有在任何社会里都具有同样涵义的姿势。比方说，我们通常用点头表示“是的”，而用左右摇头来表示“不是的”或“不”。但是，马来亚半岛的萨芒人则是用把头向前伸来表示“是的”，用低头往下看表示“不”；生活在阿德默勒尔蒂群岛的人则是用右手手指刮鼻子来表示“不”，他们要唤别人过来时，不是像我们那样，用手向着自己的方向晃动，而是恰恰相反，向着被召唤的人的方向晃动。

正因为姿势与文化有关，所以，只有文化背景相同的人才能理解姿势的涵义。一种姿势本身并不能表示什么，只有把它放到特定的社会文化背景中才具有意义。比如说，一个人将右手高高举起，这一姿势如果脱离了背景条件往往难以解释其涵义。在现代国家的许多会议上它表示“赞成”，在一些君主王国中它可能代表某种“权威”，在一些国家的阅兵式上它还可能表示“致敬”，在一些国家的法庭上、宗教仪式上，则又表示“我发誓”、“以上帝的名义”，等等。

还有姿态，即人们使自己保持某种状态的方式，也是一种体态语言。比如，站立时双手向前叉腰的姿态，坐下时双腿交叉叠在一起的姿态，与人交谈时身子向前倾的姿态，等等。这些体态语言不像手势动作、面部表情那样被人注意，但它们同样可以传达某种信息。只要我们环视一下上课的教室，就不难发现学生们是如何通过伸着脖子、四肢一动不动地听讲，或是懒散地趴在桌子上来表现他们对老师讲课内容感兴趣的程度。

第二，个人空间。在日常人们的相互交往中，往往对于自己周围的某些个人空间非常敏感，如果有人侵入了这个空间，他就会感到不舒服。人们总是有意无意地运用个人空间来表达某种意义，来控制相互的交往。回想一下我们在教室上自习，或在马路上候车的情景，当有人想走近我们身边的空座位坐下时，我们往往更希望他们能够坐到离我们远一点的空座位上去，我们的表情会将这一信息传递给他：别靠我这么近，最好离远点。而当我们处在找空座位的地位时，我们同样会从那些空座位旁边的人眼里、面部表情甚至姿势上感觉到这一信息。

美国社会学家霍尔对个人空间进行了研究，发展了人与人之间的距离理论。他提出有四种不同的个人空间区。第一个是“亲密距离”区，在18英寸以内（约45厘米），这是求爱、安慰和保护的距离，这个区域是为亲密的个人接触保留的；第二个是“私人距离区”，从18英寸到4英尺（约45厘米到122厘米），这个区域是为朋友或熟人保留的；第三个是“社会距离”区，从4英尺到12英尺（约122厘米到365厘米），这是处理非个人事务的距离，也是在比较正式的场合中保留的距离；第四个是“公共距离”区，在12英尺以上，这是面对众人，特别是当众演说、讲话的距离。应注意的是，这是霍尔对美国东北部中产阶级成年人研究所得的体会，对于其他社会中的人来说，这种距离的划分显然是有差别的。

座位的选择与安排是体现这种个人空间关系的最典型例子，它反映出相互作用的人们之间关系的性质。一般情况下，人们往往较多地靠近自己的朋友，而不是靠近一般的熟人，更不是陌生人。对于那些在年龄、种族、社会地位等方面与自己不同的人，人们通常保持较大的距离。不同性别的人们相互交往时情况也很不一样，通常两个男人比两个女人相互坐得要远一些，异性之间的距离则取决于双方关系的性质和密切程度。谈判的双方往往都被安排成相对而坐，因为彼此间的关系是一种竞争性的正式关系。所有这些对个人空间的处理方式都在传递着微妙的信息，反映出并保持了交往者相互之间社会关系的远近亲疏。

三、现实的社会构想与虚拟社会的拓展

1. 现实的社会构想

人们一般都认为世界理所当然是“本来就有”的。它的组成部分——如时间和空间、因和果、动物和植物、美国和加拿大等种种范畴——似乎早在我们登场之前就都预先安排好了，只待我们去发现。“现实”似乎就摆在那里，对每一个人都呈现出同样的面貌。总之，它似乎是不言自明的。可是实际上却并非如此。我们面对的“现实”只不过是我们对自己意识到的现象作出的解释而已，处于不同文化的人则会对现实做出迥然不同的解释。

人们并非生来就意识到日常生活的一切，或者说我们所在的社会。我们是通过社会相互作用才知道这些东西的，而我们学到什么又取决于我们所处的社会以及我们在社会上的特殊地位。正如托马斯指出的，“如果人们确认情境是真实的，那么在他们的影响下，情境就成为真实的了”①。如果某一社会的成员相信地球是平的、疾病是女巫们造成的，或者相信存在着像X光这样的东西，那么，对于这个社会里的人来说，设想中的地球之扁平、女巫之出现和X光之存在就和他们所在世界中的其他特点一样，成为现实的一部分了。一个人在某一社会中的位置也影响着他或她对现实的看法。例如，一位百万富翁对社会经济制度的现实的解释可能与一位接受福利救济的母亲的看法大不相同。一切知识和信仰——包括我们自己的知识和信仰在内，都与它产生的时间地点有关。

伯杰和勒克曼在其颇有影响的分析中描述了现实的社会构想是如何完成的。这一过程包括三个不同阶段：

外化——当人们通过他们的社会相互作用生产出文化产品时，就出现了外化。这些产品是多种多样的——物质产品、社会制度、关于人的本性的想法、对现实的认识，等等。这些产品被创造出来以后，对于它们的创造者来说，在某种意义上变成了“外在的”东西。

客观化——当这些外化了的产品呈现出它们自己的现实，变得不再依赖它们的创造者时，就出现了客观化。换句话说，人们不再认为正是他们自己创造了他们的社会和文化环境，解释了现实。面对他们的思想和其他产品，他们觉得这些东西仿佛和山脉或月亮一样是“客观”存在的。这些产品变成了现实的又一个组成部分，是天经地义、理所当然的。

内化——当人们经过社会化的过程，知道了被设想为客观事实的现实，并使它们成为自己主观的“内在”意识的一部分时，就出现了内化。于是在相似的文化或亚文化中接受社会化的人就对现实有着同样的知觉。他们很少问一问自己的信仰从何而来，也难得了解当初产生这些信仰的过程。现实就是这样通过日常生活中复杂的社会相互作用过程而构成了。在相互作用中，人们集体地在世界上行动，又反过来受到自己的行动结果的影响。用这样的观点来看，日常生活中的常规和“现实”就都增添了一种崭新的意义。

2. 虚拟社会的拓展

互联网的出现和发展将人类带入了一个数字文明的时代，并产生了一种全

---

① 参见罗伯逊著，黄育馥译：《社会学》（上册），商务印书馆1990年版，第204~205页。

新的虚拟化和符号化的社会系统，这个社会系统破坏了人类以往的社会结构提供给人们的安全感和生活的连续性，变化和不确定性成为人们日常生活的主题，社会秩序也面临不间断的变革和重构。“网恋”、“网上聊天”、“网络交友”等的出现大大扩展了人类相互交往的范围，出现了现实社会日常生活交往所没有的新特征，其范围和内容都得到了拓展：

(1) 交往场所的虚拟化。在现实社会里，人们日常生活的相互交往都需要物化的空间场所的分化，包括不同的主体、不同的场所以及相互之间的物理联结。网络的出现使信息的传递已经不需要现实社会中那种庞大的物理组合，而呈现一种虚拟的特性。“虚拟公司”、“虚拟社群”的出现使人们在网络中自我建构、设计身份、自我认定和呈现角色，形成“虚拟生存”。

(2) 交往身份的隐匿性。在虚拟的网络社会里，接受信息方不知道发送信息方的真实和全面的情况，使用者和提供者之间的界限模糊不清，人们总是随便地选个假的名字参加网络讨论。网络社会所固有的这种特性带来了虚拟社会交往身份的“隐匿性”，即交往者相互不知道对方的身份。在网上每个人都会用一个虚拟的称呼来代表自己，如张三会为自己起一个“梦幻2001”的代号，那么在网上除了张三自己知道“梦幻2001”是张三以外，没有其他的人会知道。这种隐身的交往形式带来了一个极其重要的变革，那就是在交往过程中行动者的行为与自我相脱离，具体地说就是行动者不再为自己的行动、话语、姿势等是否损害自己的形象而担忧，因为对话的一切都是由自己虚拟的一个代号发出的，围绕对话而形成的权利、义务、地位、身份、名声、形象、规范等只为这个虚拟的代号而拥有，社会规范和弗洛伊德所说的“超我”在这个虚拟的空间范围内对个人行为失去了其社会性的约束力。

3. 交往内容的自由化

网络交往是借助高科技手段进行的新型人际交往方式，交往者不受地位、身份的限制，可以同时与多个对象进行平等交流。工作群体和非工作群体的界限越来越模糊，个体与组织、组织与环境的关系发生了巨大的变革，地理空间约束不再成为利益群体形成和发展的根本性限制因素。“信息化正在消除时间和空间的壁垒……各网络之间不必考虑地理上的联系而重新组合在一起。”①而且，由于交往疆域的扩大，网络社会的包容性增强，人们可以克服传统交往模式中的社会性障碍和心理障碍，因而使个性得以充分施展，只要不触犯法律，每个人都可以尽情表现自己的个性，交往的内容获得最大的自由。

① 金吾伦：《迎接知识社会的到来》，《社会学研究》1998年第6期。

4. 虚拟社会的消极作用

虚拟的网络社会使人们的交往面扩大，直接的面对面的互动却因此大大减少，交往质量令人怀疑。比如“网恋”增加了彼此的想像，比起“雾里看花、水中望月”来更加朦胧和浪漫，但这种感情是建立在对方的文字述说和自己的想像之上，何时能将对方看个“清清楚楚、明明白白、真真切切”？缺乏真切的社会化环境，长期沉迷于虚幻世界，会使人缺乏真实的生活体验和自然体验，从而给人的社会化带来障碍。网络使“遥远的人变亲近了，身边的人变遥远了；陌生的人变亲近了，亲爱的人变疏远了”。①

本章小结

1. 日常生活是社会学微观研究的领域之一，日常生活研究的主要解释理论有现象学的社会学、符号互动论、拟剧理论、本土方法论和交换理论。

2. 规范通常被理解为某种公认的必然的秩序，实质上就是指标准、规则、章程和模式的集合。日常生活中的规范可划分为公开规范和隐蔽规范两种。所谓公开规范，是指群体、组织和社会公开宣布的规范，比如法律规范、道德规范、技术操作规范以及各种规章、规则、制度等，那些没有公开宣布，但是已经内化为人们行动的指导标准的道德规范，为社会上绝大多数人所认同的行为标准也属于公开规范的范畴。隐蔽规范主要是指公开规范不禁止也不提倡的，被人们默默遵守着的那类规范。在社会生活中，人们对于某些机会和资源的争夺常常使用隐蔽规范，比如职位的升迁，隐藏着拉关系、走后门等活动，这些活动也是有规矩可循的，在中国叫“路子”，不懂得这套规范叫做“不识路子”，而这套路子就是人们所默默遵守的隐蔽规范。

3. 社会规范的产生是有其特定原因的。公开规范的产生是为了协调个体、群体、社会三者之间的利益关系。隐蔽规范产生的原因并非是协调群体利益的结果，而是社会生活的复杂性和人的利己主义自发倾向的结果。隐蔽规范具有隐蔽性、利己倾向性、擦边性和狭隘性等特征。公开规范对日常生活的影响主要通过协调各种社会关系和形成共同的目标和价值来促进社会整合。隐蔽规范对日常生活的影响主要体现在增加社会失范的风险性和社会的不公平上。

4. 人们在日常生活中理解别人的行动和意图主要在于人们在社会化过程中形成了自我的概念，而决定我们在不同的情景下表现自我的不同方面则在于我们当时的角色。

---

① 卜卫：《百姓、青年与网络》，《青年研究》1997年第4期。

5. 在人们的日常交往中，存在大量的非语言交流，它有两种重要的形式：一是体态语言，二是个人空间。理解这些非语言交流对人们的日常生活交往有重要意义。

6. 现实是由社会构想出来的。人们不能直接领悟“摆在那里”的现实；人们创造出对现实的共同解释。现实社会的构想过程分为三个阶段：外化、客观化和内化。

7. 虚拟的网络社会扩展了人类相互交往的范围，出现了现实社会日常生活交往所没有的新特征，其范围和内容都得到了拓展，主要表现在：交往场所的虚拟化、交往身份的隐匿性、交往内容的自由化和虚拟社会的消极作用。

思 考 题

1. 试述日常生活微观研究的几种解释理论。
2. 什么叫公开规范？什么叫隐蔽规范？
3. 隐蔽规范产生的原因是什么？它有哪些特点？
4. 如何理解公开规范和隐蔽规范对日常生活的影响？
5. 日常生活中的角色和自我是如何形成的？
6. 日常生活中的非语言交流有哪些？
7. 试述现实的社会构想是如何完成的。

第十二章 社会文化

学习目的与要求：本章要求学习和了解社会文化的概念、要素、特征，重点掌握生态学派、历史学派、功能学派、冲突学派等各学派的文化研究，明确文化的结构、类型、功能和运行过程，领会中国传统文化及其与现代化的关系。学习文化的相关知识，有助于科学地分析社会生活中的各种文化现象。

文化是社会构成的基本要素之一。人类社会生活的一切方面，包括社会化、社会互动、社会组织、社会制度、社会变迁等，都可以归结为各种文化现象。文化渗透到社会的各个领域，对社会生活和社会运行产生重要影响。研究文化现象，研究文化在社会结构中的作用及其与社会发展的关系，是社会学的重要任务。

第一节 文化概述

一、文化的概念

“文化”（culture）一词在西方来源于拉丁文cultura，原指对植物的培育和农耕。15世纪以后，人的品德和能力的培养被纳入到文化的概念之中。20世纪以后，文化概念进一步发展，将人类创造的物质产品也包含在内。

中国古籍中，“文”既指文字、文章与文采，又指礼乐制度和法律条文等内容；“化”指“教化”和“教行”。“文”与“化”连在一起，一般指以礼乐制度教化百姓。汉代刘向在《说苑》中有：“凡武之兴，谓不服也，文化不改，然后加诛。”如今我们使用的“文化”概念已远远超越了这一范围，与西方的“文化”概念内涵大体接近。

作为一个发展着的概念，“文化”至今尚无统一的定义。最早给文化以明确定义的是英国人类学家泰勒，他在1871年出版的《原始文化》一书中指出：“据人种志学的观点来看，文化或文明是一个复杂的整体，它包括知识、信仰、艺术、伦理道德、法律、风俗和作为一个社会成员的人通过学习而获得的任何其他能力和习惯。”在这之后，许多学者都给文化下过定义，其中，比较系统地对文化概念加以扩展的有英国人类学家马林诺夫斯基、中国社会学家孙本文以及美国文化人类学家克罗伯和科拉克洪。马林诺夫斯基在1930年出版的《文化论》一书中指出：“文化是就那一些传统的器物、货品、技术、思想、习惯及价值而言的，社会组织是文化的一部分。”他明确地将文化分为物质的和精神的，即“已改造的环境和已变更的人类有机体”两种主要成分。中国学者孙本文在1935年出版的《社会学原理》一书中指出“文化就是人类调适环境的产物”。环境包括自然界、人们的社会生活环境和人们的主观世界。

1952年，克罗伯和科拉克洪分析考察了100多种文化定义，在《文化：一个概念定义的考评》一文中对文化下了一个综合定义：“文化存在于各种内隐的和外显的模式之中，借助符号的运用得以学习与传播，并构成人类群体的特殊成就，这些成就包括他们制造物品的各种具体式样，文化的基本要素是传统（通过历史衍生和由选择得到的）思想观念和价值，其中尤以价值观最为重要。”克罗伯和科拉克洪的文化定义影响很大，为现代西方许多学者所接受。本书采用这一定义。

二、文化的基本形式

广义的文化涵盖了整个社会生活，社会生活中的任何事物或现象都是文化的具体表现形式，不可计数，但就其基本形式而言，主要有以下五种：

第一，精神文化。精神文化是文化中最有活力的部分，它是人类创造活动的动力。精神文化主要指科学知识、宗教、艺术、伦理道德以及价值观念等，其中价值观念是精神文化的核心。价值观念是一个社会的成员评价行为和事物以及从各种可能的目标中选择合意目标的标准。价值观念存在于人的内心，并通过态度和行为表现出来。它决定人们赞赏什么，追求什么，选择什么样的生活目标和生活方式，同时价值观念也体现在人类创造的一切物质和非物质产品之中。

第二，语言和符号。语言和符号是文化积淀和存储的手段，是社会成员互动的基本工具。通过语言与符号，社会成员可以学习到某个社会独特的历史、文化与经验，创造新的文化。语言与符号在其发展过程中逐渐形成一套完整的体系。

第三，规范。规范是人们行为的准则。规范有约定俗成的，如风俗；也有明文规定的，如法律条文。各种规范之间互相联系，互相渗透，互为补充，共同调整着人们的各种行为。它们规定了人们活动的方向、方法和式样，规定了语言和符号使用的对象和方法，使人们的行为产生出一定的行为模式。规范具有外显性。了解一个社会或群体的文化，往往是先从认识规范开始的。

第四，社会关系和社会组织。社会关系是文化产生的基础。生产关系是各种社会关系的基础，在生产关系之上，又产生各种各样的社会关系。社会关系的确定，要有组织保障。一个社会要建立诸多社会组织来保证各种社会关系的实现和运行。工厂、公司、学校、教会、政府、军队等都是保证各种社会关系运行的实体。

第五，物质文化。经过人类改造的自然环境和由人创造出来的一切物品，如工具、器物、服饰、建筑物、公园等，都是物质文化的组成部分，凝聚着人们的观念、需求和能力。物质文化对于人类的生存与安全有着最重要的贡献。随着现代科学技术的不断进步，物质产品日益丰富，质量日益提高，人们的生活质量也不断得到改善。

三、文化的特性

从抽象层面上看，所有文化都是建立在象征符号系统之上的，具有超生理性、超个人性和传递性与变迁性等特征。语言和言语是象征符号系统中最基本的符号，美国人类学家怀特指出：没有语言，我们便不会有政治、经济、宗教或军事组织；不会有礼仪或伦理的法规、法律；不会有科学、神学或文学；不会有游戏或音乐。没有音节分明的言语，仪式或典礼用具就不代表任何意义；没有清楚的言语，我们就不能改进任何工具。文字的出现扩大了文化符号的功能，使人类能在更加广阔的空间和更长的时间流转过程中进行文化交流。没有象征符号系统，人类的文化流传就不可能发生。

文化不能通过生理进行遗传，任何文化都是社会成员们在后天习得和创造的。个人虽有接受文化和创造文化的能力，但是形成文化的力量却不在于个人，个人只有在与他人的互动中才需要文化，才能接受文化，才能影响文化。英国人类学家布朗指出，文化只有在社会结构发挥功能时才能显现出来，离开社会结构体系就观察不到文化。例如，父与子、买者与卖者、统治者与被统治者的关系，只有在他们交往时才能显示出一定的文化。社会成员个人的历史终结并不中断文化的连续性。这是因为，由个人活动和相互作用构成的社会生活过程维持着文化结构，社会成员个人的作用是维持、延续社会文化的完整性。

文化的传递性体现在两个方面：纵向传递和横向传递。纵向传递指人类将文化一代一代地传下去。新一代人是在继承前人文化遗产的基础上对文化进行发展与创新，由这种代际传递造成的文化积累是文化发展的基本途径。横向传递指文化在不同地域、民族、国家之间的传播。这种传播是通过不同地域、民族、国家人们之间的交往实现的。现代社会，随着科学技术的飞速发展，经济全球化趋势日益明显，不同文化之间的相互传播渗透已成为一种基本趋势，成为文化发展的主要途径。

文化不是静止不动的，而是时刻处于变化之中。文化的变迁一般由以下三种因素引起：(1) 自然条件的变化；(2) 不同文化之间的接触、交流；(3) 发明和发现。美国社会学家奥格本在研究文化变迁时指出，文化各部分在变迁时，速度是不一致的，有的部分变化快，有的部分变化慢，造成各部分之间的不平衡、错位，易导致社会问题的发生。一般说来，物质文化的变迁速度快于非物质文化。在非物质文化中，制度首先变迁，风俗、民德随后变迁，价值观念最后变迁。

从具体层面上看，文化具有多样性、共享性、象征性和复合性等重要特征。

文化的多样性主要是指不同国家、民族、社会团体、社区都有其独特的文化。文化作为人类对自然、社会、主观世界调适的产物，产生于不同的自然环境，成长于不同的历史传统，必然带有自身鲜明的“个性”。美国人类学家本尼迪克特（Ruth Fulton Benedict）指出，每一种文化都有自己的主题，它将各个分散的文化元素组合起来，形成了某种特定的文化模式，从整体上表现出该文化的独特之处。文化的多样性还体现在文化具有鲜明的民族性和阶级性。一个民族使用共同的语言，遵守共同的风俗习惯，养成共同的心理素质和性格。在分裂为阶级的社会中，由于各阶级所处的物质生活条件不同，社会地位不同，因而他们的价值观、信仰、习惯和生活方式也不相同，各阶级之间呈现出相应的文化差异。

文化的共享性是指文化具有为一个群体、一个社会乃至全人类所共享的特性。任何一种人类创造，如某种物品、价值观念或生活方式，只有为一定范围内的大多数成员接受，才称之为文化。文化的共享性主要是因为作为文化创造者的人在生理结构、机能及基本需要上没有根本的差别，不同的文化中必然有许多共同的基本方面，如文化的物质特性（包括住所、运输用具、衣着、器皿、工具、武器等），文化中关于科学、艺术的内容等。这些基本方面具有突出的共享性。

文化的象征性指一切具体的文化现象都是一定文化类型的象征。在一切物质、非物质产品中，都体现出创造者的文化信息。比如，石斧反映了原始社会人类制造工具的能力和技术，它是原始文化的象征。好莱坞电影充分反映了美国的价值观和生活方式，与可口可乐、麦当劳一道，成为美国文化的象征。

文化的复合性主要体现在两个方面：第一，围绕某一社会活动，会产生一系列的文化现象。如：宗教活动，就包括了宗教教义、宗教仪式、宗教建筑、宗教组织等宗教文化现象。第二，任何一种文化现象都不可能孤立地存在。它总是要和别的文化现象组合在一起，构成一个复杂的文化系统。如：教育作为文化现象，与社会政治制度、科学技术水平等有不可分割的联系。

第二节 文化的理论研究

文化研究的内容归纳起来主要包括：（1）文化的起源、积累、突变过程；（2）文化的产生、发展、分布与自然生态环境的关系；（3）文化在时间、空间发展上的不同层面；（4）文化发展的社会系统的不同属性，如民族性、阶级性等；（5）文化的生产、分配、储存、传递及其应用；（6）文化传播、增殖、控制的方式及手段；（7）文化的冲突、分化、调适、整合过程；（8）文化变迁的动因、规律、周期；（9）文化与社会化、文化与文明、文化与生活方式等的关系；（10）文化在现代化中的地位和作用。民族文化的发展趋势、世界文化的趋向等问题也备受关注，其应用研究涉及经济发展、都市化、社会管理、青少年教育、科学技术发展等诸多领域。①

19世纪以来，文化研究在争鸣与发展过程中形成了不同学派，各学派分别从不同角度对文化进行了系统分析。

生态学派的文化研究。生态学派将文化的产生归结于环境的影响，不同的民族文化特性是由其资源和周围环境的特点及这些环境的变化决定的，代表人物有E·B·泰勒和F·拉策尔。泰勒认为，文化的分布就像动植物的清单一样，是由自然地理环境决定的。拉策尔指出，自然对个人及通过个人对整个民族特质和精神的影响起决定作用，许多民族或地区所具有的文化特征与它们所处的环境有密切关系。例如日本是一个资源贫乏的孤岛，民族性格中的忧患意识、团结精神十分突出。

进化学派的文化研究。该派用达尔文的生物进化观点来研究文化。代表人物有斯宾塞、哈登、利佩特和怀特。斯宾塞认为，文化是由简单到复杂、由同质到异质逐渐进化的。利佩特认为，一部文化史就是人类由低级野蛮状态向高级文明状态发展的历史。19世纪的文化研究存在着简单的生物类比的倾向，到20世纪40~50年代，产生了新进化学派的文化研究，最有代表性的是美国的怀特的“工艺决定论”。他认为，工艺的发展是文化进化的基础，其他因素是次要的。

---

① 参见司马云杰著：《文化社会学》，中国社会科学出版社2001年版。

传播学派的文化研究。传播学派以传播原理解释世界各地区、各民族文化的相似性，认为所有文化开始于一个或多个特殊区域，然后向其他社会传播，人类没有能力也没有必要在世界各地同时发展文明。代表人物有弗罗贝纽斯和威廉·里弗斯。弗罗贝纽斯提出了“文化圈”的概念，并考察各文化间相同要素的数量。他指出文化要素随民族迁徙而扩散，文化要素的相似性证明文化间存在历史上的同根关系。里弗斯认为各民族的联系及其文化的融合是导致人类进步的主要推动力。

历史学派的文化研究。历史学派形成于19世纪末20世纪初，其创始人为美国人类学家博厄斯。历史学派认为，文化都是由各民族特殊的历史造成的，研究任何民族的文化都不能脱离该民族的独特历史。各种文化是各个社会独特的产物，相似的文化现象实际上都有其各自发展的历史线索，各民族的文化都有其独特的历史发展过程。要了解人类文化成长的一般法则，首先要研究各种文化单独的演变过程，对每一个民族文化的历史材料进行实证研究，根据每一个民族或部落的具体资料重新构造其特有的文化历史。

功能学派的文化研究。该派学者认为文化的产生是社会功能的需要，文化的本质在于维护社会规范，是一种价值工具。代表人物有马林诺夫斯基。马林诺夫斯基指出，不同的文化功能构成不同的文化布局，文化的意义以它在“人类活动体系中所处的地位、所关联的思想以及所有的价值而定”。美国社会学家T·帕森斯指出，文化是社会结构体系的工具，文化功能的发挥受各种社会结构层次的制约，文化体系不仅决定人的价值观念，也构成人的行为准则。美国实用主义哲学家杜威在《文化与自由》一书中指出，“每一种文化都有它自己的样式，其组织的力量有它自己的独特安排”；“不管人性的天然构成因素是些什么，一个时代、一个集团的文化在它们的安排中具有决定性的影响，它决定着任何团体、家庭、氏族、民族、教派、党派、阶级活动的样式”。

冲突学派的文化研究。冲突学派将文化体系视为一个冲突与矛盾的集合，文化体系内部的和谐只是暂时的，当不同构成要素的矛盾无法掩饰或压抑时，社会的变迁便随之发生。冲突学派指出，文化是统治阶级与强势群体巩固其地位，控制被统治阶级与弱势群体的工具，通过文化的传递将统治阶级与强势群体的价值观念，植根于被统治阶级与弱势群体的内心深处。有冲突学者指出，美国文化强调个人主义，强调个人努力是成功的关键，把一切成败都归诸个人，忽视社会经济结构造成的各种竞争起点和竞争机会的不平等，是以维护统治阶级与强势群体的利益为主要着眼点的。

结构学派的文化研究。结构学派形成于20世纪50年代，由法国学者斯特劳斯创立。该学派认为，文化研究的主要任务，是通过分析纷乱繁杂的社会制度、风俗习惯等表层结构，探索存在于不同时空的深藏于人类心灵中的普遍性结构。这种普遍性结构即文化的无意识结构，它们不能从现实的社会中被直接观察到，要通过建立概念化的模式才能认识。通过概念模式来理解社会文化结构的全部过程，是结构学派的基本方法。这种方法在亲属关系和神话等研究领域得到了广泛的运用。

心理学派的文化研究。该学派用人类心理说明文化现象的产生及其作用，其渊源可以追溯到19世纪德国的巴斯蒂安、英国的泰勒等文化人类学家以及美国的沃德、吉丁斯等社会学家的著作。巴斯蒂安用“原始观念”解释人类文化的起源，泰勒用“原始信仰”说明人类原始社会低级阶段文化的形成。19世纪末与20世纪初，用心理的观点解释人类文化现象的有民族心理学派、弗洛伊德主义者。民族心理学派的米德从个人心理出发研究民族文化的特性，从不同民族个体经验推导出民族文化模式。弗洛伊德主义者盖佐认为，各种文化现象都是建立在“色情”、“性欲”基础上的，如农夫耕种土地暗示着母性受精的行动。

象征学派的文化研究。象征学派形成于20世纪60年代，主要由英国和美国学者创立。该学派认为文化研究的主要任务不是文化的功能或结构分析，而是解释各种文化现象和行为所表达的信息或意义；主张把象征及其意义作为文化的核心进行研究，寻求象征的多层次理解。象征主义学派认为人类是惟一能够使用象征符号的动物，人与人之间的沟通、社会文化的表现和传播主要依靠象征符号来完成。象征符号是参与和认识语言、科学、艺术、历史、宗教的基础，象征及其意义是理解人类文化和各种行为的秘诀。

解释学派的文化研究。解释学派起源于韦伯的理解社会学思想，后来被美国学者格尔茨发扬光大，成为当今文化研究的主要学派之一。格尔茨有意识地强调文化的关联性和背景性，他指出：所谓文化就是一些由人自己编织的意义之网，对文化的分析不是一种寻求规律的实验科学，而是探求意义的解释科学。

唯物学派的文化研究。唯物学派起源于马克思的历史唯物主义，马克思指出人们的观念随着人们的生活条件、社会关系和社会存在的改变而改变。美国人类学家哈里斯（Marvin Harris）在1979年出版的《文化唯物论》中提出文化唯物论的思想，强调生殖或人口压力及生态压力对社会文化系统的决定作用。哈里斯认为，人性的基本需要（如食物、性、情感等）导致了四种普遍的文化层次结构：（1）下层结构，即生产和生殖领域；（2）中层结构，即家庭和政治经济领域；（3）社会关系的上层行为结构；（4）具有各种目标、价值、信仰等心理系统的上层结构。这些层次依顺序起着决定作用，即：下层结构决定中层结构，中层结构决定上层行为结构，上层行为结构决定心理系统的上层结构。

第三节 文化的结构与功能

一、文化的结构

文化是具有特定结构的复合整体，从不同角度可以对文化的结构做不同分析。在这里，重点介绍文化人类学、社会学对文化结构的分析。

在文化人类学中，一般将文化的结构分成三个部分，即：文化特质、文化丛、文化模式。

1. 文化特质

文化特质是组成文化的最小单位或基本要素。每种文化特质有其特殊的历史和特殊的形式，不会与其他文化特质相混淆，如中国人的筷子和姓名、日本人的和服及蒙古人的蒙古包。一个社会的文化内容就是各种文化特质的总和，文化的差异是通过文化特质体现出来的。在比较不同时代、不同类型的文化时，文化特质可以作为定性的主要指标，如狩猎时代的兽皮和农耕时代的布帛。文化特质可以表现为物质形式，如中国传统建筑中的亭台楼阁；也可以表现为非物质形式，如西式见面中的握手、拥抱、接吻。

2. 文化丛

亦称文化特质丛，指在功能上相互联系的一组文化特质。一种文化特质产生后，随之会产生许多相关的文化特质，如历史上一些部落或民族最初学会了驯马，跟着马鞍、马棚、马车等文化特质就慢慢出现了，马文化丛慢慢地就形成了。

文化丛的结构与内容，一般与人们某种特定的生产或生活方式相关，往往是物质文化特质与非物质文化特质的特殊结合。中国春节的民间文化活动就是一个文化丛，在这些活动中，各种文化特质以一定方式结合起来，人们贴春联、放鞭炮、吃年饭、守岁、敬神还愿、走亲访友。同时，文化丛的内容与结构还受到相关文化丛的影响，如饮食文化丛，玉米、可可原产美洲，咖啡原产非洲，啤酒源于古埃及，现在全世界都在食用。

最早提出"文化丛"概念的威斯勒，主要运用这一概念分析物质文化的产生、发展、传播、采借等历史过程。现代的一些考古学家受其启发，常将某一文化区域出土的一系列文物称为某文化丛。一些人类学家将文化丛与文化模式混同适用，如美国人类学家克鲁伯。他指出，采集文化丛比畜牧文化丛简单，畜牧文化丛比农业文化丛简单，每一个文化丛本身都有一个从简单到复杂的过程。

3. 文化模式

文化模式是互有关联的文化特质和文化丛构成的总体的文化“形貌”。文化模式体现出特定文化的主题，构成某个地区、民族、国家特定生活方式的基础。

美国文化人类学家本尼迪克特在文化模式研究方面颇有建树。本尼迪克特认为，文化大于其各构成部分之和，整合各构成部分的是文化的主题。每一文化都有自己的主题，它把各个分散的文化元素组合起来之后，形成了区别于其他文化的特定文化模式。在她看来，文化模式是一个具有内在一致性的思想和行为模式，任何文化元素若不和一定文化模式相适应，就不会被接纳。一个民族的文化模式都是围绕一个中心观念形成的，只要中心观念不发生变化，整个文化模式就很难发生变化。

她在《文化模式》（1934）一书中，通过对祖尼人、多布人和夸扣尔特人三个原始部落文化的分析，对文化模式进行了具体的理论探讨，提出了三种不同类型的文化模式：祖尼人的“日神型”文化、夸扣尔特人的“酒神型”文化、介于两者之间的多布人的“妄想型”文化。《菊花与刀》（1946）一书是她对现代文化模式的应用研究，在该书中，本尼迪克特指出，日本文化是一种不同于欧美“罪感”文化的“耻感”文化。这种“耻感”文化表现在日本人的矛盾性格上：既好斗又和善，既蛮横又文雅，既忠诚不二又背信弃义，犹如菊花与刀，构成矛盾的统一体。

在文化模式的评价上，存在着“文化中心主义”与“文化相对主义”两种倾向。

文化中心主义指各个国家、各个民族、各个群体常常将自己的文化模式，如生活方式、信仰、价值观、行为规范，看成是最好的、是优于其他国家、其他民族、其他群体的。文化中心主义者将本民族、本群体的文化模式当作中心和标准，衡量和评价其他文化，常常敌视和怀疑自己不熟悉的文化模式。西方的文化中心主义者常将西方社会的价值观视为真理，否认东方社会的价值观。极端文化中心主义者会盲目排斥一切外来文化。

文化相对主义认为各种不同的文化模式是不能评价和比较的，不同群体、民族、国家的文化有其特殊的文化价值和结构形式，从各种不同文化模式赖以生存的环境看，每一种文化模式都有其存在的合理性，它们之间没有优劣之分。文化相对主义在反对文化中心主义时有积极作用，但它否认事物具有绝对性的一面，容易导致对文化本质的误解，得出“存在即合理”的结论。

社会学研究中，一般将文化分为物质文化、精神文化、制度文化三个重要组成部分。

物质文化是人类调适自然的产物，具体表现为人类创造的各种物品。无论什么时代，国家、民族和群体创造出来的物品，都反映了它们调适自然的能力和水平。物质文化本身不仅具有使用价值，而且具有意义价值。如一辆汽车，不仅可以载人载物，还可以通过车的品牌、外观等传达出车主的社会地位、生活品位。

精神文化是人类调适主观世界的产物，由各种符号、思想、态度、价值观和信仰等要素构成，它们为社会成员提供观察世界、了解社会的手段。各种符号是精神文化最基本的要素。符号是指能够有意义地代表其他事物的事物，是传播意义的一种意愿标志。声音、语言、文字、图画、手势、姿态与表情等都是符号。借助符号，人们可以给进入大脑的各种知觉一个意义，进行复杂的信息传递、储存和沟通，广泛、深刻地认识各种事物，学习文化，创造文化。尽管人们也使用其他符号，如绘画、音乐、雕塑、舞蹈等来表达文化，但只有语言才能最灵活、最准确地表达所有复杂的、人们所能理解的、敏锐细微的东西。

制度文化是人们调适社会生活的产物，是人们为调整特定社会生活领域中各种社会关系，而基于一定社会价值观所创设，并为特定领域中大多数人所共同遵循的一整套持续而稳定的规范体系。规范有正式与非正式之别。正式规范指由政府和各种社会组织规定的具有强制作用的规范，如法律、纪律、章程。非正式规范指流行于社会的各种风俗、习惯、舆论与道德等。设施设备、社会组织、正式的社会控制体系是制度文化的基础。制度文化的维持和运转，依赖于一套对权力、责任与义务有明确规定的地位结构，以及与之相匹配的角色集。制度文化通过人们根据各自的地位角色进行连续性地社会互动来体现。

二、文化的类型

在文化的类型上，一般根据其地位主次、对现存社会秩序维护与否及主观价值判定，将其分为主文化与亚文化、文化与反文化、评比性文化与非评比性文化三类。

在主文化与亚文化的分类中，主文化是指在某一特定的社会生活领域中占主导地位，为社会上多数人所接受的文化，在此领域对社会上大多数成员的价值观、行为方式、思维方式影响极大。亚文化是指在某一特定的社会生活领域中仅为社会上一部分成员所接受或某一社会群体特有的文化。

主文化与亚文化之间的互动关系很复杂。在一般情况下，亚文化被主文化所抑制。以性生活领域的主文化与亚文化为例，在西方性社会学的理论中，性的亚文化主要是指青少年的、少数种族的、男女同性恋者和双性恋者的、性产业从业者的、变性者和采用性的其他替代方式者的性文化。性的亚文化一般是由那些处于社会边缘的群体所接受，它们在总人口中所占的比例一般都比较小，甚至非常小。①

性的亚文化与主文化之间的关系，存在着3种不同的形式。一些性的亚文化会被性的主文化改造、吸收进去，甚至成为某种程度上的时尚，如某些原来仅在底层青少年当中流行的性感和袒露的服装式样，逐渐被主文化接受和推广。但也有一些性的亚文化经常与主文化处于对立和冲突的状态之中，经常因此而造成社会问题和社会斗争，如同性恋亚文化与异性恋主文化。还有一些性的亚文化则是基本上与主文化互相隔绝，永不来往。主文化一般很少知道这些亚文化的存在，或者对它们不屑一顾，往往既不吸收它们，也不去清除它们，如易装者的和变性者的亚文化。②

在文化与反文化的分类中，文化是指对特定社会生活领域的现存秩序起维护、支撑作用的一系列观念、制度和社会心理倾向。反文化则指对某种社会生活领域中的现存秩序起破坏、颠覆作用的一系列观念、制度和社会心理倾向。它一般采取激烈的对抗和抵制方式，来反对与之相对的主文化，它是一种特殊的亚文化。

文化与反文化本身的性质取决于其所代表的文化群体的进步性。历史上，以人民群众为主体的文化往往被统治者视为反文化。在新民主主义革命时期，以中国共产党为代表的民族的、大众的、科学的文化，在当时就是反文化；而封建地主、大资产阶级的文化，则处于主文化的地位。以中国共产党为代表的文化代表了历史前进的方向，随着新民主主义革命的胜利，逐渐由反文化变成了主文化。

在评比性文化与非评比性文化分类中，评比性文化是指在文化内部各部分比较或文化间整体比较中，容易鉴别其价值好坏、高下的文化。如先进的科学技术、发达的教育、重独立轻依附、崇尚创造性和个人奋斗、反墨守成规与不思进取，是美国文化中的精华；而吸毒、赌博、卖淫、高犯罪率则是美国文化中的糟粕。非评比性文化又称中性文化，是指在文化比较中，价值没有明显好坏、高下之分的文化。这类文化一般与人们的内部各部分或整体行为方式、习惯和信仰相联系，如美国人信仰基督教，印度人信仰佛教。非评比性文化与人

①② 参见潘绥铭著：《性的亚文化》(http：//www. x. com. cn/wh/sh-xwh. htm)。

们的日常生活密切相关，是民族分野的标志。①

三、文化的功能

文化的功能可以从两个方面来理解，一是对个人的功能，二是对社会整体的功能。

1. 文化对个人的功能

文化塑造个人的人格。人格是个人在社会化过程中成熟起来的思考方式和行为方式的总和。它由三个层次的内容构成：（1）世界观、价值观、理想等思想意识；（2）兴趣、能力、气质、性格等心理特征；（3）习惯、态度、动机等内在行为趋向。人格受到文化的决定性影响。各民族在性格方面的明显差异，男女两性在气质和性格等方面的明显差异，只能从所处的文化背景中得到解释。

文化为个人提供了一整套行为模式。人们生活在社会中，实际上是生活在社会的文化中。人们的一举一动、一言一行，从衣食住行等基本生活方式到表达思想、情感、态度的方式，无不受到社会文化的影响和制约。一个社会成员只有很好地了解、掌握社会文化，才能更好地在社会中生活。

2. 文化对社会的功能

文化是社会存在和发展的基本条件。人类的生产活动是维系社会存在和发展的基本活动，文化将生产活动过程中作为劳动对象的自然环境和作为劳动者的人口结合起来。正是在文化的基础上，人类才获得征服自然界的能力，从而使自然界成为人类生存和活动的条件；也只有在文化的基础上，人类相互结合、共同生产。现代社会科学技术充分展示了其第一生产力的地位，社会的发展已在越来越大的程度上依赖于文化的发展。

文化是社会整合的基础。语言文化为社会成员提供了交往的纽带，精神文化为社会成员在理想、信念、情操等方面的追求提供了共同的准则，物质文化为社会各部分的联系、为社会成员的共同生活提供了物质基础，制度文化保障了社会成员社会互动的正常进行。从纵向看，文化的世代传承保证了代与代的连接；从横向看，文化的共享性使各个群体、各个地区、各个民族、各个国家能够相互交流，使社会得到延续和发展。

文化是社会、民族、群体分野的标志。在不同国家、民族或群体之间，文化所表现的区别最为深刻。疆界、地域、规模只能划出国家、民族、群体形式

---

① 参见郑杭生主编：《社会学概论新修》，中国人民大学出版社 1999 年第 2 版，第 93 页。

上的区别，只有文化才能表现出内在的本质的区别。表1以中美文化为例，说明文化所表现出的深刻差异。

表1　中美文化差异①

国家 文化内容	中国	美国
物质生产	农村农业经济为主	城市工业经济为主
社会关系	家庭等血缘关系为主	业缘等非血缘关系为主
价值观	集体主义、集体成就	个体主义、个人成就
妇女形象	妻子依附丈夫	妇女独立
对子女的要求	服从家长，敬老	独立，自由
谈话方式	迂回奔主题，很多客套	开门见山，直奔主题
感情表达	含蓄、不外露	直接表达、外露
两性交往	男女不宜在公开场合过多接触、过于亲密，同性之间可以有身体接触	男女在公开场合可以较亲密，同性之间不宜有身体接触
对生日、逝者的态度	重视纪念死者	重视庆贺生日

第四节　文化的运行

一、文化积累与传递

文化积累是指文化发展过程中，旧文化的保存和新文化的增加。这一过程，不仅有量的增加，还有质的飞跃。人类通过自己创造的象征符号系统，将自己创造的文化成果保留下来，经过汰芜存精，发扬光大。

文化积累过程中不可避免地伴随着文化遗失。由于人类保存文化的物质手段有限，加上战争、自然灾害等因素，历史上许多古建筑、艺术作品人为或自然的毁灭便是文化遗失的表现。文化积累从本质上说是一个选择过程，没有筛选，谈不上真正的积累。当人类有了电灯的时候，煤油灯就永远成为了过去。从整体上看，文化积累多于文化遗失。人类之所以有今天的光辉成就，是与文化积累分不开的。如果每一代人都抛弃原有文化，一切从头做起，并且也不把

① 参见郑杭生主编：《社会学概论新修》，中国人民大学出版社1999年第2版，第100页。

自己创造的文化积累起来，传递下去，那么人类将永远停留在原始阶段。人类高于动物的地方，不仅在于能创造文化，而且在于能将其创造的文化不断地积累起来，并一代一代地传递下去，由此不断地推动生产的发展与社会的进步。

二、文化的传播与交流

文化不仅能世代相传，而且能在不同的社会、国家、民族、群体之间传播与交流。文化的传播与交流是在一种文化与外部文化的接触中产生并实现的。文化接触的方式很多，如贸易、旅游、战争和移民等。在文化传播与交流过程中，常常发生大规模的“文化采借”现象。所谓文化采借，是指各种异质文化在传播与交流过程中的相互借用。文化采借是人类文化共享性最突出的表现。中国历史上的“四大发明”被欧洲各民族直接借用，极大地加速了欧洲文化的发展进程。

一个多世纪以来，随着科学技术的发展，远距离通讯和交通工具的迅速发展，文化传播的速度和范围更快更广了。学习外来文化已成为加快自身文化发展的重要途径。各个民族、国家纷纷建立较为健全的文化传播与交流机制，促使本民族文化与其他文化进行多层次、全方位的文化接触，将外来文化中的积极成果有机地纳入本民族文化之中，使本民族文化获得新的生机与活力。

三、文化融合与文化冲突

文化融合是指不同文化在相互传播与交流以后所产生的一种文化共生现象。它是在不断吸收外来文化的过程中，对本土文化进行重新估价、反省、扬弃的结果。

在文化融合过程中会出现“同化”现象。文化同化一般并不指整个民族全盘接受融合后共生的文化，而是指一个群体从一种文化融进另一种文化之中的变化过程和结果，如中国人移民到美国，逐渐按照美国文化所塑造的方式生活。同化在很大程度上取决于不同文化的差异。在文化差异很大的情况下，同化比较艰难，如移民一般不会完全被同化，通常是他们的子女或再下一代子女才会被同化。一个较小民族被一个较大民族同化的特例也是存在的，如中国东北的满族，如今基本上融入了汉文化之中。

文化冲突指文化互动过程中出现的两种或多种文化激烈矛盾的状态。不同民族、不同国家的文化往往在价值观、行为规范、风俗习惯等方面存在着很大的差别甚至对立，当这些方面接触时，有可能发生冲突。文化冲突在社会由封闭走向开放的过程中表现得最为明显。中国实行开放后，西方文化大量涌入。一时间，金钱至上与道义至上，个人主义与集体主义，竞争与谦让等价值观念发生严重撞击与冲突，并在人们的思想与行为上反映出来。

文化冲突一般有两种结果：一是彻底拒绝外来文化。伊朗前国王巴列维试图在伊朗推行全盘西化，遭到伊朗伊斯兰教原教旨主义者的强烈反对，导致伊斯兰革命爆发，上台的新政权将西方文化拒之门外。二是逐步“适应”外来文化。在冲突与对抗中，外来文化逐渐被接受，并被融入本民族文化中，冲突慢慢趋于缓和。20世纪80年代，西方文化传入中国后就曾经历这一过程。

四、中国传统文化与现代化

1. 中国传统文化的相关研究

中国历史源远流长，文化的积累近五千年。中国传统文化的特质，主要是在以“仁”为中心的道德体系和以“礼”为中心的教化体系中得到最集中地体现。

20世纪80年代中期以来，在关于中国传统文化的研究中，一些学者指出，中国传统文化的基本特征是“礼”或“礼治”。它强调社会人格，其主题是伦理道德，在富于人情的关系中，巧妙地取消人的独立性，把人变为道德工具。也有学者指出，中国人的价值判断与“善”连在一起，凡符合道德原则的就是好的，而西方人的价值判断是与“真”连在一起，只有符合真的原则才是好的。还有学者认为，最能代表中国文化特点的是道家学说。道家主张“无为而治”，主张“我无为而民自化，我好静而民自正，我无事而民自富，我无欲而民自朴”，它的理想境界是“小国寡民”。

在中国传统文化的影响下，中国人身上一般都有以下一些共同的特征：（1）因循守旧；（2）要面子，重形式；（3）伦理至上，恪守道德；（4）知足常乐，安于命运；（5）调和妥协，中庸之道；（6）重人情，讲宽容；（7）重家庭关系；（8）崇拜权力，惧怕权威。①

2. 中国传统文化与现代化

随着中国社会主义现代化建设的逐步深入，正确认识和处理传统文化与现代化的相互关系，直接关系到现代化的顺利进行。对此，我们应该有一个正确的认识。

首先，现代化的推进有赖于传统文化的变革。文化现象归根结底是由社会的经济发展决定的。传统文化是历史形成的，历史条件的变化使得某些传统改变了存在的价值，社会发展必须冲破某些陈旧传统的束缚。现代科学技术不可

---

① 参见吴增基、吴鹏森、苏振芳主编：《现代社会学》，上海人民出版社2001年第2版，第104~107页。

能在农业社会中发展，现代工业不可能在封建经济基础上发展。中国现代化建设的中心任务是大力发展社会主义市场经济，市场经济的发展必然同本质上与农业经济相联系的传统文化发生矛盾和冲突。传统文化喜静不喜动、喜闭不喜开、喜和不喜争，市场经济的发展则要求搞活、开放、竞争。在发展市场经济的过程中，我们必然会遇到传统文化中各种旧观念和习惯势力的重重阻力，只有勇于改革传统文化中一切不适应现代化建设要求的东西，才能使传统文化增添新的时代内容，使其生生不息。

其次，现代化是具有传统文化特色的现代化。文化具有继承性，每个民族、国家都有自己独特的文化传统。文化有其不断发展的内在要求，它会有力地作用于经济和社会的发展。从历史的延续性看，社会发展的任何一个阶段都是上一个阶段及以前阶段的延续，但又是上一阶段和以前阶段的发展。没有一个绝对继承传统的现代化，也没有一个绝对拒绝传统的现代化。某些传统文化作为民族历史发展的精华和科学健康的成果，可以成为推动本民族现代化的有利因素，如勤劳、节俭、刻苦与互助精神是中国人民的传统品质，完全可以成为加快中国现代化建设的有利因素。中国传统文化是千百年来逐渐积淀的结果，很大一部分作为集体无意识，深入到人们的无意识结构中，在现代化过程中，必然会以各种形式顽强地证明自己的存在。任何现代化措施，如果与人们的原有观念和社会心理习惯严重对立，就很难取得成功。任何企图过激地变革传统文化的思想和做法，只会有害无益。只有在继承、改造传统文化的基础上进行现代化，现代化的目标才能真正实现。

本章小结

1. 文化存在于各种内隐的和外显的模式之中，借助符号的运用得以学习与传播，并构成人类群体的特殊成就，这些成就包括他们制造物品的各种具体式样，文化的基本要素是传统（通过历史衍生和由选择得到的）思想观念和价值观，其中尤以价值观最为重要。

2. 生态学派将文化的产生归结于环境的影响。进化学派认为，文化是由简单到复杂、由同质到异质逐渐进化的，工艺的发展是文化进化的基础。传播学派认为，所有文化开始于一个或多个特殊区域，然后向其他社会传播。历史学派认为，各民族的文化都有其独特的历史发展过程，相似的文化现象实际上都有其各自发展的历史线索。功能学派认为文化的产生是社会功能的需要，文化的本质在于维护社会规范，是一种价值工具。冲突学派指出，文化体系是一个冲突与矛盾的集合，文化是统治阶级与强势群体巩固其地位，控制被统治阶级与弱势群体的工具。结构学派认为，文化是人类心灵中普遍性结构的反映。

3. 文化特质是组成文化的最小单位或基本要素。文化丛是在功能上相互联系的一组文化特质。文化模式是互有关联的文化特质和文化丛构成的总体的文化“形貌”。体现出特定文化的主题，构成某个地区、民族、国家特定生活方式的基础。

4. 文化是社会存在和发展的基本条件，文化是社会整合的基础，文化是社会、民族、群体分野的标志。

5. 文化积累是指文化发展过程中，旧文化的保存和新文化的增加。文化融合是指不同文化在相互传播与交流以后产生的一种文化共生现象。

思考题

1. 什么是文化？它有哪些特征？
2. 试述各学派对文化的研究侧重点。
3. 根据本章对文化模式的介绍，分析中国的文化模式。
4. 文化有哪些功能？
5. 如何正确认识中国传统文化与现代化建设的关系？

第十三章 社 区

学习目的与要求：学习本章，要求学习和了解社区的涵义、类型、构成要素和农村社区与城市社区的起源、特点等，并在分析城市化概念的基础上，根据中国城市化的特点，对中国城市化的道路做最一般意义上的探讨。通过本章的学习，还可以了解现代社会中社区的意义，学会运用社区理论，并在理论的指导下充分认识社会转型时期中国社区的特点和发展状况，为实现社区发展、发挥社区功能提供科学的解释。

在现实社会生活中，人们不仅组成各种各样的群体，参与到各种各样的社会组织中，而且还在地缘基础上形成各种守望相助、相互关联的生活共同体，人们日常的社会生活几乎都是在这个共同体中进行的。这种共同体构成了社会学研究的一个重要领域。在社会学中，人们给它起了一个特定的名字，那就是社区。

第一节 社区概述

一、社区的涵义

社区一词的最初涵义是指在传统的自然感情一致的基础上紧密联系起来的社会有机体。这种解释来源于德国社会学家滕尼斯（Tønnies，Ferdinand）。滕尼斯在1880~1881年所著的《公社与社会》一书中，把人类共同生活的表现形式区分为两种类型，一种是建立在亲密的、不分你我的私人关系基础上的社会共同体；另一种是建立在目的、利益、契约及以此为条件的人们保持一定距离的基础上的社会共同体。他把前一种类型的共同体称之为“公社”，把后一种类型的共同体称之为“社会”。滕尼斯的这一思想引起了一些西方社会学家的兴趣，特别是引起了美国社会学家的重视，他们在接受滕尼斯观点的同时，对其使用的“公社”一词进行了改造，用英文的“社区”一词取代它。自此以后，“社区”一词逐渐成为现代社会学中的一个通用概念。

社区是从西方引进的概念，所以有必要先从词汇本身进行简要的探讨。社区的英文词汇是 community，其词义有下面几种解释：(1) 由同住一地区或一国的人所构成的社会；(2) 团体、社团，如华人社团、妇女社团；(3) 公众；(4) 国家间的共同体，如欧洲共同体（European Communities）；(5) 共有、共享、共同责任；(6) 共同性、同一性、一致性，如利益的一致（community of interests）；(7) 社交活动、群居状态、社区的，也可作形容词；(8) 同社会的、公众的、团体的，如社区活动中心（community house），社区教堂（a community church），指各教派的联合教堂。

正因为社区在词义上有多种理解，不同的社会学家对社区也有着不同的定义。滕尼斯认为，社区是基于亲族血缘关系而结成的社会联合体。在这种社会联合体中，情感的、自然的意志占优势，个人的或个体的意志被感情的、共同的意志所抑制。这就是礼俗社会，即社区。美国芝加哥大学的帕克是最早对社区下定义的社会学家之一，社区能成为美国社会学的中心概念，以帕克等人为首的芝加哥学派是起了很大的作用的。帕克指出：“社区的基本特点可以概括如下：第一，它有一群按地域组织起来的人群；第二，这些人群程度不同地深深扎根在他们所生息的那块土地上；第三，社区中的每一个人都生活在一种相互依赖的关系中。”① 菲利普在《社会学概念到应用》中指出：“社区是居住在某一特定区域的、共同实现多元目标的人所构成的群体。在社区中，每个成员可以过着完整的社会生活。”他强调特定地域、共同实现的多元目标、群体三个要素。②

第二次世界大战以来，社区在世界各地作为公民社会一种最基本的组织形式蓬勃发展起来，社区发展积累了极为丰富的实践经验。在现实生活层面，人们也从如下几个侧面对社区进行中性但却包罗万象的理解。

侧重群体或组织——人们往往这样理解社区：社区是一群人，其外延包含范围广阔的利益和活动；“参与”指的是全体人的参与，而不是部分人的利益和活动。因此，可以说社区是一群变化着的群体经历，也可以说是具有同一种信念和利益的人的一种组织，是一系列不同的群体和行动所借以依托的单位。所有的社区都是用契约联系在一起的。社区中的人具有共同的信念和命运，具

① 参见黎熙元主编、何肇发副主编：《现代社区概论》，中山大学出版社 1998 年版，第 3 页。

② 参见罗萍主编、向德平副主编：《社区导论》，武汉大学出版社 1995 年版，第 4 页。

有个人的同一性、归属感以及支持其行为和关系的结构。其成员参与和相互利益接触的途径越多，社区的经验就越丰富。社区是一种综合性的组织，在这里有一种共同的、多样性的生活。①

侧重地理空间——人们通常这样描述社区：有一群人，居住在一定的地方，并在这个地方组织他们的生活并行使一定程度的自治，在组织社会生活时以地方为基础来满足他们各方面的社会需要。

侧重功能——人们往往认为社区包括一群人，他们享有共同的利益和功能，如福利、农业、教育、宗教，这些利益并不包括住在社区地域内的每一个人，仅包括那些在公共事物中有着特殊利益和功能的人。

侧重感情——无论社区所描述的内容是客观存在的一种关系还是一种提出来的形式，它都有一种温暖和劝说性的意味。社区一方面有一种情感上的力量，另一方面它还是一种对于地方的、发生在身边的、熟悉的社会环境的归属感。

社区究竟是什么？它是一种组织？一种社会关系？或者是一种感情？它很难用一种言简意赅的话语来概括。主要原因有两个：第一，在社会科学中，一些最基本、最重要的概念，在涵义上往往是最含糊不清的；第二，社区的形式在今天的确是五花八门、多种多样的。

希勒拉利在 1955 年就收集了 94 个不同的社区定义，其中有 69 个都强调下列三个要素：社会互动、地域、共同约束。对于这些众多的定义，有些学者把它们分成两大类：一类是功能主义观点，认为社区是由有共同目标、共同利益关系的人们组成的共同体；另一类是地区性观点，认为社区是指在一个地区内共同生活的有机组织的人群。所以，社区一词表达着两种不同的意义和概念，一是一般的共同体，一是以地缘关系为基础的社区。

如果我们把社会生活中被人们当作社区来看待的事物略加区分，就可以分为三类：第一，地域上的社区，即建立在某一村庄、某一城镇或某一街道范围内的社区，如上海浦东、武汉百步亭花园，其特征是居民的共同居住。第二，为了某一种特定目的的社区。这种社区指一个群体，他们的成员为了一种特殊的目的组成社区或半社区的组织，他们的目标往往并不狭窄但也不特别明确。它与正式社会组织的最大区别就在于，纯粹的社会组织有着直接的明确的目标，而这种社区有着基本的功能和作用，却没有特别明确的特殊目的。如 20 世纪 90 年代以来国外兴起的社群主义（Communitarianism），也有人把它译为社区主义，它来源于社区，其出发点是社群，核心价值在于由社群所蕴涵的集体主义、普遍的善和公共利益。第三，情感上的社区。它强调居民的共同意

① Philip Selznick, In Search of Community.

识、共同利益和归属感，如邻里、家居。

综合上述对社区的不同看法，并考虑到中国社会学界对社区概念的理解，我们认为，社区是以一定地理区域为基础的具有共同意识、利益和归属感的人类生活共同体。

下面，我们结合社区与共同体、社会等概念的区别和联系以及社区的构成要素，对社区的定义作一些说明。

社区和共同体是两个涵义各不相同的概念，两者相区别的关键在于：共同体是一个最一般的范畴，它可以用来指人们由于任何共同的因素而构成的集合或整体。它可以由血缘、地缘、业缘和其他各种社会经济潜在或显在的关系构成，如“退伍军人共同体”、“犹太人共同体”等。有时候，如果把这些共同体称为“退伍军人社区”、“犹太人社区地缘共同体”，是一种基于地缘关系而产生的特殊共同体。然而，实际生活中很少单独存在各种单纯类型的共同体。人类的任何社会生活实体，都具有一定程度的复合性质。所以，社区又是具有不同程度的复合性、综合性的人类社会生活共同体，这也是社区区别于其他各类共同体或社会群体组织的一个重要特点。

社区与社会也有区别。从社区定义的外延上看，社区可以看作是地域社会，它是作为社会的一种方式而存在的。但从社区定义的内涵上看，两者存在着明显的区别。首先，社会中的各种关系虽然纷繁复杂，但并不强调“共同”，而社区则十分强调共同的行为规范、生活方式或共同的社区意识。其次，社会不注重地域的概念，而社区则强调地域。再次，社区中的各种关系比社会的关系更为亲密。与社会相比，同一社区的人际交往频率更高些，而且人们之间的各种关系通常是建立在“共同生活”的基础之上的。最后，从功能上看，社区的功能与社会相比，具有更为明确和专门化的特征，社会的功能要比社区复杂得多，具有复合性。

二、社区的构成要素

社区从其内部的构成来看，有以下几个必不可少的基本要素：

第一，地域。一个社区存在和发展的基本条件就是一定范围内的地域空间，它是社区居民从事生产、生活活动的依托，离开这一基本的自然环境，就如同一个国家没有自己的领土一样不可思议。比如第二次世界大战以前分散于世界各地的犹太人，由于他们没有共同的居住地区，因而这些民族只能构成共同体，而不能构成社区。如果有些人把这一民族称为“犹太人社区”也只是指具有共同语言、共同历史传统的精神社区，这种精神社区在社会学上被称为准社区。

第二，人口。一定数量的人口是社区形成和发展的又一重要因素，人口的数量、集散的疏密程度以及人口素质等，是影响社区的重要方面。社区人口与社会人口不同，它以同质性为主，即社区的绝大多数人有基本相同的职业，并形成该社区的人口特点。

第三，文化制度和生活方式。每一个社区由于自己特有的历史传统、风俗习惯等，因而形成了不同风格的文化特点，以区别于其他社区甚至邻近社区。中国有句俗语，"入乡随俗"，说明不同社区虽近在咫尺，但语言和风俗习惯却存在着很大差异。制度也是社区的主要构成因素之一，它主要以控制、调整、干预和指引社区居民的行为方式发挥它的作用。在生活方式方面，不同社区的居民在人际交往、文化生活、闲暇时间的支配、生活习惯、生活节奏等方面，都有各自不同的特点，这是由各自社区现实经济、社会条件和历史传统所决定的。

第四，居民的凝聚力和归属感。社区居民在感情或心理上具有共同的地域观念、乡土观念和认同感。英克尔斯认为："社区的存在是：（1）一些住户比较集中地住在有一定界限的地理区域中；（2）这些居住者表现出坚固的内聚的相互作用；（3）具有不仅基于血缘纽带的共同成员感、共同隶属感。"他还指出："社区的本质是群体的共同结合感。"① 而共同结合感的基础无疑是基于地缘、业缘或共同文化特质而产生的共同成员感、共同归属感。这是同一地区的人们在长期的共同生活中在同一的行为规范、文化传统和生活方式氛围里形成的共同意识，它是维系社区成员关系的强大精神凝聚力。比如在传统农村地区，村民们世代居住在一个地方，形成了强烈的乡土观念和共同归属感，所以纵然人在天涯，也是"日暮乡关何处是，烟波江上使人愁"。

第五，为社区服务的公共设施。社区居民要生活，社区要发展，必须要有一整套相对完备的生活服务设施和其他公共设施。它是保证社区居民生存的必要手段和社区发展的必要前提，如社区的各种商业设施、文化教育设施、娱乐设施、医疗卫生设施、服务行业及其他社会福利设施。缺乏服务设施或服务设施不齐全，都会影响社区居民的生活，也会影响社区的稳定与发展。同时公共服务设施的数量和质量往往是衡量一个社区发达水平的重要因素之一。

三、社区分类

社区的分类是根据一定的标准将社区划分为不同的类型。由于人们对社区

---

① 参见宋超英、曹孟勤主编：《社会学原理》，警官教育出版社 1991 年版，第 238 页。

涵义理解不同以及研究的角度不同，因而对社区进行分类的方法也各不相同。下面介绍几种常见的社区分类方法：

第一种分类方法是从历史发展的角度把社区划分为四种类型：(1) 流动性社区。它指旧石器时代，人类靠捕鱼、狩猎和采集野生食物为生，逐水草而居，过着游牧式的流动性生活的一种聚居形式。(2) 村舍式社区。它指新石器时代，农业的出现结束了人类的渔猎和游牧生活，人们定居下来，建起了茅舍、村落的聚居形式。(3) 农村社区。它指许多人家永久地居住在一个地方，从事农业生产，形成了农村社区。(4) 城市社区。随着阶级的出现和手工业、商业从农业中分离，一部分人在交通便利的地方摆摊设市，并逐步定居下来。同时，部落首领带领氏族成员为抵御异族入侵筑起城堡，逐渐"城"、"市"合并，形成城市社区。

第二种分类方法是根据空间特征把社区划分成居住社区（又称生态社区）和精神社区。英克尔斯就是这种社区分类的代表人物。他指出：居住社区是这样的社区，"联合其成员的纽带是一定社会范围内的物质空间的共同住处：圈起的场地、邻里、城镇和乡村、城市、区域和国家"①。有些学者进一步把居住地区分成三类：(1) 法定社区，即地方行政区。(2) 自然社区，即人类的生产和生活中自然形成的定居区。(3) 专能社区，指人们从事某些专业活动而形成于一定地域空间的聚集区。精神社区是指空间特征不很明显的社区。英克尔斯认为："精神社区指的是这样的社区，它的共同成员感建立在价值、起源或信仰等精神纽带之上。"②精神社区超越了地理空间的界限，它是具有共同的价值取向、共同历史渊源和共同生活方式，但不一定集聚于共同地域的人们组成的社区。像分散于世界各地的华侨，由于他们具有共同的民族感和隶属感，因而也可以构成为一个精神社区或心理社区。

第三种分类方法是根据社区的结构和特点把社区分为农村社区、城市社区和集镇社区。农村社区是以各种农业生产为基本特征，由同质性劳动人口组成的、社会关系比较简单、人口相对稀疏的地域社会。城市社区是指大多数居民从事工商业及其他非农业劳动的社区。在这两类社区之间还有一个中介性社区，那就是集镇社区。集镇是既不属于城市又不属于农村的自成一体的独特社区。集镇社区规模大于农村居民点而小于城市，它既不像农村那样地广人稀，也不像城市那样人口高度集中，出现"生态膨胀病"。集镇社区产业结构上的明显特色是产业门类齐全，农工商各业均占一定比值。这与城市中主要只有工

①② 英克尔斯：《社会学是什么?》，中国社会科学出版社 1981 年版，第 100、102 页。

商业，农村中一般只有农业相比，显示出混合特征。产业结构的多层次性决定了职业构成的复杂性。集镇社区从事第一、第二、第三产业的人员各占一定比例，甚至还有亦工亦农、亦商亦农的“两栖型人口”。在集镇聚落系统中，虽然成千上万个集镇大小不一，功能各异，但也构成了一个多层次的独立复合体系，体现了秩序井然的层次性，并表明集镇聚落系统向纵深发展。

四、社区研究的发展

社区研究起源于西欧，在美国得到发展。在20世纪30年代，社区理论和实证的研究方法引入中国，一批爱国社会学者积极从事具有中国特点的社区研究，使社区研究在中国缓慢地发展起来。

1. 西方的社区研究

(1) 滕尼斯的社区——社会理论

理论社会学者对于社区的研究，发端于德国社会学家滕尼斯。他首先在1887年出版的《社区和社会》(又译《礼俗社会与法理社会》) 一书中使用了“社区”这一概念。德文社区一词为 gemeinschaft，译为共同体、团体、集体、公社、社区等。滕尼斯在书中将社区 gemeinschaft 与社会 gesellschaft 进行对比分析，以说明两种不同的社会团体的本质特征和社会变迁的趋势。他用“社区”一词表示传统农业社会的社区，这是一种由具有共同习俗和价值观念的同质人口所组成的、关系密切、守望相助、富有人情关系的社会群体。其特征是：社区成员对本社区具有强烈的认同意识，他们重感情、重传统，彼此之间全面了解。

而“社会”则是用以说明都市和工业化的资本主义社会，这是一种由具有不同价值观念的异质人口所组成的。在这个群体中，人们的关系是由分工和契约决定的，重理性而不重人情。其特征是：人们没有或很少有认同感，情感中立，成员之间的交往是片面的。简而言之，社区是社会的对立物。社会发展趋势是从前者向后者过渡。滕尼斯所强调的是他那个时代欧洲的社会关系越来越朝着现代社会的方向发展。

滕尼斯关于社区的理论，为以后的社区社会学研究打下了基础。滕尼斯的社区——社会的社区理论是早期美国社会学研究的基础理论，如库利的首属——次级群体、奥登姆的民俗社会——国家的区分、索罗金的家族——契约关系，以及帕森斯的模式变量，都可以追溯到滕尼斯的社区——社会类型学。

(2) 芝加哥学派的研究

美国芝加哥学派在20世纪20~30年代研究了美国大城市芝加哥的都市化过程，用以说明美国城市的结构和动态。芝加哥学派的人文区位学理论，就是在分析社区区位的基础上发展起来的。这个学派的沃思（Wirth，L.）1938年发表的《作为一种生活方式的都市》一文，解释了人口规模、密度和异质性这三个区位变量是如何共同导致产生了一种更富有法理社会色彩的生活方式。这个学派从不同的层次上研究了都市社区，不但以整个芝加哥市作为研究对象，而且还以芝加哥市内的犹太人聚居区、波兰移民区、上层阶级邻里、贫民窟等作为单个的社区研究对象，对芝加哥在20世纪20年代飞速的都市化过程中所不断弱化的社会整合以及随之而来的社会解组进行了深入研究。

(3) 林德夫妇以小镇为对象的综合研究

在芝加哥人文区位学蓬勃发展的同时，美国学者林德夫妇开创了社区研究中以小镇为研究对象的全貌研究，即描述社区的各个不同部分，并解释这些不同部分的相互关系。他们研究了美国印第安纳州的一个市镇，这个小镇大约有3.5万居民，开始他们的目的只是研究这个小镇的宗教信仰和宗教活动，而不是整个社区。但他们很快发现，宗教活动并不是孤立存在的，它与社区中的其他制度和机构有着密切的关系。为了理解宗教问题，必须揭示宗教与社区中其他社会现象之间的关系。1929年出版的《中镇》一书反映了他们的研究成果。他们使用参与观察法、档案分析法和问卷法，在书中详细描述了这个社区居民的宗教生活，同时涉及谋生、成家立业、闲暇时间的利用以及社区不同群体早上起床的时间、用于家务的时间、性别角色、父母对子女的期望、政治、宗教价值观，等等。《中镇》开创了社区综合研究的先河。几年以后，林德夫妇又重返这个小镇进行调查，并于1937年出版了《转变中的中镇》一书，分析了当时美国经济危机对该社区的影响，他们发现，经济大萧条使得社区中的某个家族垄断了全社区的经济命脉，从而控制了整个社区。林德夫妇对中镇社区中权力不平等分配的描述，诱发了另一种类型的社区研究：社区权力研究。

(4) 社区权力研究

20世纪50年代开始，在美国的社区研究中，又发展了关于社区权力的研究，目的是要了解社区里的权力分配状况，并据以辨认哪些人是真正左右着社区决策的。1953年，美国学者亨特（Hunter，F.）出版了《社区权力结构》一书，对亚特兰大市的权力分配状况进行了调查研究。他发现社区中最有影响的40人，其中绝大部分是在本地政府中没有职位的商人（36人），正是这40人决定着整个亚特兰大市社区的命运。亨特认为，在这个社区中，民主形同虚设，由选举产生的社区官员对本社区的一些重要决定没有多少影响力。他认为只有辨认出“真正”的领导人物，同他们进行恰当的沟通或对他们施加压力，才可能促进当地社区的重大社会变迁。

另一位学者戴尔（Dahl，R.）对纽黑文社区的决策情况进行研究，并于

1961年发表了《谁在进行统治》一书，他得出与亨特完全不同的结论。他发现在纽黑文存在着一种多元化的民主，在这种民主中，由选举产生的纽黑文市长在社区决策中起核心作用。

2. 中国1949年以前的社区研究

20世纪初，中国陆续派出到欧美国家攻读社会学的留学生，学成回国后，结合中国的实际开始发展中国本土社会学。民族学家考察边疆的部落社区或殖民社区，农学家考察内地的农村社区或移民社区，都市社会学家考察沿海或沿江的都市社区。这些学者有的进行模型调查，即静态的社区研究，以了解社区的结构；有的进行变异调查，即社区的动态研究，以了解社区的历程；或者把两种方法相结合，从整体上了解社区的组织和变迁。学者们在大力宣传社区理论的同时，还派出一批学生进行社区实证研究。这种努力一直到抗战期间也没有结束。社会学家在艰苦的条件下，完成了许多研究成果，例如费孝通的《江村经济》、《禄村农田》等。中国社会学界爱国学者们为了认识和改变旧中国社会贫穷落后状况，为了建立有中国特点的社区社会学理论，进行了大量的理论和实地研究工作。他们的研究成果，不但有助于我们认识1949年前的中国社会，而且对于今天的社区研究，也具有重要参考价值。

第二节 农村社区

一、农村社区的起源

农村社区是人类社会发展到一定历史阶段的产物。早在远古时代，人们以围猎、捕鱼和采集野生植物为生，过着漂泊游荡的生活，没有固定的聚居地，因而也就不能形成社区。大约一万年前，人类社会进入了新石器时代。在长期的采集生活中，人们识别和选择了可供食用的植物，如大麦、小麦、谷、稻和玉米等，同时通过日积月累的观察和世代相传的经验，掌握了各种生产规律，学会了种植的方法。于是人们就在一些宜于农作物生长的地方开始了农业生产，昔日四处奔波的渔民、猎人们开始定居下来，形成了以农业为基础的永久村落。聚集在同一地域上的人们在长期的生产和生活中，形成了以血缘关系为主干的亲密协作关系，并且逐步形成了独立、稳定的生活共同体，产生了人类社会最早的社区形式——农村社区。

据史料记载，早在一万年前，古埃及人在尼罗河流域就建立了许多村落，两河流域的巴比伦是农村社区出现较早的地区。中国最早的原始农村究竟产生于何时，史学界尚无统一的意见。但据考证至少五六千年前，中国的农业就已经相当发达，而且大部分人都有固定住所，形成原始村落。据西安半坡遗址的挖掘，当时的氏族村落盖起了半洞穴式的泥草房，人们已经定居生存并广泛从事农业、制陶、纺织等生产活动。随着考古技术的不断进步、高新科技手段的应用，有关农村社区的文化遗址还会有更多的发现，从而为人类研究农村社区的历史起源提供更为详实的资料。

农村社区除了自然起源途径之外，还有社会组合和农村建设两种途径。所谓社会组合途径，就是若干独立的农业家庭在长期的历史演化和人们无数次的社会交往中逐渐联合而成的村落。这些家庭原先彼此独立，互不往来，往往表现为封闭的社团式的居住形式。后来由于生产和生活上的需要，家庭之间开始交往并逐步组织起来，从而一家一户通过组合建立起农村社区。美国和加拿大的中、西部地区的农村社区就是这样形成的。所谓农村建设的途径，是指在一块空地上建设而成的新的农村社区。例如英国的新教徒因受宗教迫害，跑到美洲去建设新农村就是一个典型例子。这类农村社区与自然起源的农村社区的不同之处，在于它是用人为的力量建立起来的。与社会组合的社区也有不同之处，社会组合的农村社区是先有许多独立的个人或家庭，然后组成社区。农村建设的社区是一种群众运动，因而这种农村社区往往有很强的集体感。

二、农村社区的界定

农村社区的形成是人类社会历史发展的产物，在不同的历史阶段有不同的表现形式。但是到底什么是农村社区呢？正如“社区”的概念众说纷纭一样，对于农村社区的理解通常也是见仁见智。

台湾出版的王云五的《社会学辞典》上收集了许多对农村社区概念的不同理解：如《美国社会学词典》上说的是“面对面结合之一个地区，比邻区为大，在此地区内，多数的居民利用他们集体生活所需要的、社会的、经济的、教育的、宗教的及其他各种劳务，并对于基本的态度和行为有一般的投合，通常以村或镇为中心”。还有一些定义认为是“一群有氏族关系的家庭，聚集于一个农村或一块密集地点上，具有共同意识，社会团结与共通厉害”。“超过氏族范围，而以共同兴趣或厉害关系为脉络，伸展至各农村家庭”。①

一些早期的美国农村社会学家也曾给农村社区下过各种定义。如布尔（W. Burr）说“乃农业区域中的人群，其区域的大小与单位促使其居民在团体活动中充分合作”。沃格特（R. L. Vogt）认为：“农村社会是人民的集体，

① 李守经主编、钟涨宝副主编：《农村社会学》，高等教育出版社 2000 年版，第 132 页。

其地方事业大多有一个共同的中心点。”西姆士（N. L. Sims）认为“农村社会是由许多毗连而居，具有共同事件的农家构成——其构成的必要事件为目的、信仰、欲望、知识——一个共同的了解，即社会学家所称的同心”。

所有这些定义所涵盖的内容与社区一般包含的基本要素是一致的。如聚居在一定地域内的人口；这一群人生活在一种特定的社会结构中，有相当的社会组织，社会制度，并有着相同的行为规范；在这个区域内有一定的公共设施和活动中心；其居民具有认同意识、归属感，共同的文化、习俗等。

三、农村社区的主要特征

农村社区和城市社区是一对彼此关联的概念，讨论农村社区的特点，离不开与城市社区特点的比较研究。农村社区与城市社区相比大致具有以下几个特点：

第一，人口密度低，规模小，流动少。一般来说，农村地域辽阔，人口分布稀疏。农村的占地面积和人均土地面积，都比城市大得多，这是由农村生产本身的特点和要求所决定的。土地是农业的基本生产资料，从事这类生产，就需要相对较高比例的土地，即使现代化的程度很高，也具有这一特点。所以，同城市和城镇社区相比，农村社区的人口密度要低得多，就整体社区来看，人口聚居规模也小得多。

由于农村地区地广人稀，交通不便，信息量小，交往单一，所以居民流动迁徙也少，绝大多数都是祖祖辈辈生活在一定地方，从事着同一性质的农业劳动，世代看守着他们的命根子——土地，导致社区成员的社会流动比率低、速度慢，从总体值和平均值上都远低于城市水平。从代内流动和代际流动看，农村社区成员一生平均流动次数远低于城市居民。但从流动趋向看，在农村社区内部实行自由流动的人比例很少，而由农村流向城市的结构性流动比例却很大，这主要是农村落后于城市而决定的。

第二，人口同质，社会结构简单。首先表现为职业结构简单。在传统农村社会，农民“以农为本”、“以食为天”，绝大多数人从事农作物的种植业，因此，他们的职业种类是简单划一的。在现代社会，随着农业生产力的发展以及农业经营观念的改变，农村经济结构单一化局面基本被打破，经营方式日趋多样化，职业种类层次也逐渐增多。但是和城市社区社会化大生产中的分工相比，其职业种类仍显得简单。其次表现为组织结构比较简单。在农村社区，人们生产、生活的单位主要是家庭和以家庭为单位结合而成的村落，血缘关系的结合是农村关系的中心，所以在组织结构上不像城市具有名目繁多、等级严格的科层组织。

农村居民以农民为主，人口同质性强。这不仅表现在同代人之间基本相同，没有什么差别，也表现在不同代际之间也基本相似。正如雷德菲尔德（Redfield，R.）所描述的那样："一个人学会做事和思考的方式和另一个人完全一样，换句话说……一个人所知道并相信的东西就像一切人所知道和相信的东西，个人习惯也就是社会风俗。"①

第三，文化水平低下，生活方式落后。这个特点在中国经济不发达地区的农村表现比较突出。由于这些地区的经济基本上是建立在小规模生产、手工劳动的基础上，无论其生产方式或经营方式，都基本上游离于现代科学技术之外，因而很难对科学文化知识，特别是对高、中层文化知识产生内在需要，这就造成了农村旧文盲未扫除，新文盲又产生的局面。在中国2.38亿文盲、半文盲队伍中，绝大多数都分布于经济、文化落后的农村。与低下的文化水平相伴为生的是落后的生活方式。由于农民的文化素质差，认识自然规律的能力很有限，长期支配他们的自然观是"天命论"。

第四，人际关系密切，感情色彩浓厚。从宏观看，农村社区地广人稀，处于一种分散、孤立的状态，社会生活的社会化程度很低，人们的社会联系松散。但从微观看，农村村落的规模很小，传统的小农经济占主导地位，人们长期居住于同一地区，出入相友，守望相助，对同一地方的人彼此都感觉很亲近，交往中带有浓厚的感情色彩。不像城市社区人口密度大，生活复杂，一个人每天要同无数个人打交道，进行人际交往。也正是由于农村居民具有浓重的乡土观念，同一地方出来的人感情上都有一种亲切感，往往会自动抱成一团。在中国的正式组织中，这种由"老乡"关系结成的非正式群体具有一定的地位和影响。

四、农村社区的类型

中国在漫长的封建社会发展过程中，形成了以农村社区为主导的稳定的社会结构。在由传统社会向现代社会转轨过程中，城市化的浪潮不可避免地冲击着农村社区的发展演变，使农村社区呈现出多种多样的类型。受地理条件和社会政策的影响，不同类型的农村社区表现出各自相异的结构、特征、风土人情和生活方式。

第一，按所处的区位划分。一是按所处的地理位置的地形、地貌来分，可以将农村社区分为平原、滨湖、沿海、三角洲、草原、山区等。一般说来，在平原、滨湖、沿海、三角洲等地方的农村社区，人口较稠密，耕地较多，经

① 雷德菲尔德：《社会学与社会组织》，浙江人民出版社1986年版，第196页。

济、文化等都较发达，社会比较开放，社会流动频繁，居民容易接受新事物。山村社区则多闭塞落后，人口聚居程度低，有的山区资源丰富但开发不足，有的则穷山恶水，资源匮乏，经济单一、贫困。二是按距离中心城市周围的远近可划分为城郊社区和一般农区。城郊社区又可分为近郊和远郊社区。这种类型的社区大体以中心城市为圆心，其经济、文化等向外辐射，形成一种在经济、社会发展程度上，由于接受中心城市辐射力的不同而产生的圈层，一般呈现梯度分布的状态。

第二，按经济结构即按所从事的主要产业来划分，可分为农业村、渔村、矿业村、牧村、综合村等社区。

第三，按基层社会组织的层次划分，中国现在一般分为行政村和自然村，行政村设村民委员会，由若干个自然村组成，相当于人民公社时期的生产大队；自然村设村民小组，相当于人民公社时期的生产队。

第四，按聚居规模和社区生活服务的功能大小可分为基层村和中心村。基层村是农村中从事农副业生产活动的最基本的居民点，生活服务设施很少；中心村是从事生产活动较大的居民点，有为本村和周围基层村服务的较多的设施，如商店、服务点等。

第五，按居民点分布状况和社区演变过程可分为散村、集村、集镇等社区。散村是居民点散在的村落，居民聚居程度极低，或三五家或七八家聚居在一起，多半是在经济落后的贫困山区、边区、库区等地散布着。同村的人多半血缘关系浓厚，社会交往密切，经济结构单一。集村社区是人口较多，规模较大，居住集中的村民，一般几十户甚至上百户聚居在一起的大型聚落。集村居民不一定同宗同姓，可以是一个或几个大姓宗族，或杂以其他姓氏的人群组成，血缘亲缘关系以及人际关系，不如散村亲密。认同意识和互助行为也不如散村强，甚至同村村民往来也不甚频繁，因此，社会组织和社会制度要更严密一些，借以约束集村居民的活动和规范居民的行为。社会分工较发达，居民从事副业、加工业、商业、运输服务业的人增多。① 集镇社区是指人口聚居规模较大，拥有一定的工商服务业设施和集市的一类农村社区。就中国农村的情况来说，一是指乡政府所在地；二是指经县级人民政府确认，由集市发展而成的，作为农村一定区域经济、文化和生活服务中心的非建制镇；三是指一部分规模较小，农村特点比较明显的建制镇。集镇虽然有一定的工商服务业机构和集贸市场，有一定数量的非农业人口，但是农业仍占相当大的比重，农业人口

---

① 李守经主编、钟涨宝副主编：《农村社会学》，高等教育出版社 2000 年版，第 136~137页。

往往是社区的主要组成部分，农业劳动者是最大的职业者集团。因此集镇社区的生活方式、文化、观念都保留了浓厚的农村色彩。集镇社区的经济结构、居民职业身份都比集村复杂，在农村社会体系中发挥着重要作用，逐渐成为农村的经济中心、政治中心、文化中心、信息中心和服务中心。

五、农村社区社会控制的功能分析

农村社区的社会控制与社会控制概念是具体与一般的关系，所谓农村社区的社会控制就是指社会及其组织、群体运用社会规范以及与之相应的手段和方式，对农村社区社会成员的社会行为及价值观念进行指导和约束，对农村社会关系进行调节和制约的过程。它体现了社会控制手段与体系在农村社区的具体化运作，为维护社区的良性运行与协调发展起到举足轻重的作用。

1. 引导农民实现充分社会化

社会控制与社会化之间存在着密切的联系。社会化是社会主体掌握生存于社会所需要的一切东西，接受一切必要的教育与训练的过程。在此过程中，社会也要根据不断发展变化的要求，对社会成员全面施教，使其按照社会期望的价值规范和行为模式发展。有效的社会控制可以促进社会化进程的加速，保证社会成员遵从社会发展的目标要求。当前，在中国的农村社区中，越轨行为和犯罪问题屡禁不止，严重影响了农村社区的安定团结，这与农民在社会化过程中接受了错误的价值观念、生活准则及行为规范不无关系。社会控制在此意义上就是要尽可能地引导这部分人群进行“再社会化”，通过社会舆论、组织宣传、说服教育等社会控制手段消除其错误的思想根源，使其逐渐自觉接受正确的社会价值、生活准则及行为规范，并内化到人格结构中，以达到自我控制行为的目的。

2. 维持农村社区的良好秩序

社会秩序是社区人民生活得以正常进行的基本条件，农村社区的社会秩序是整个社会秩序中的重要组成部分。农村社会控制通过政治、经济、文化、舆论等手段，调整社会关系，促进社区在健康有序的状态下良性运行。其中调解手段发挥了重要的社会控制功能。由于中国农村地区农业人口稠密、生存空间相对狭小，各种矛盾与纠纷便相对突出，大量的民事纠纷是影响农村社区稳定的重要因素。而这些民事纠纷不可能单纯依靠政法机关来解决，绝大多数有赖于农民群众的内部化解。于是各种乡、村的调解委员会便应运而生，他们熟悉当地风俗人情，解决问题有的放矢，降低了矛盾化解的社会成本，取得了良好的社会效果。

3. 促进农村社区的社会进步

农村社会控制对于促进农村经济发展、提高农民生活水平以及推动整个农村社会的不断进步发挥了积极作用。社会控制可以通过对健康生活方式的倡导，扬弃世俗的文化消费及生活方式，形成良好的社会风气。对诸如搞特权、谋私利、讲排场、比阔气，令不行、禁不止的旧官场习气；赌博风、吃喝风、请客送礼风；贪污受贿、不讲信誉、坑蒙拐骗、敲诈勒索的旧社会诈骗投机习气等，一方面通过加强政策法令，严肃政纪法纪进行控制，另一方面通过社会舆论，教育、示范、大力倡导科学文明健康的生活方式和行为方式，破除陈规陋习，提倡移风易俗，促使文明健康的社会风气成为农村社区民风民俗建设的主旋律，形成新习惯、新风尚，促进社会的发展进步。

第三节 城市社区

一、城市社区的起源和发展

城市社区是随着社会生产力的发展，随着人类政治、经济、军事和文化上的需要产生和发展的。由于历史背景和地理条件的差异，城市兴起的途径和起始的功能也不尽相同。

1. 防御说

“防御说”的观点散见于大量记载因政治军事功能而兴建城市的中国古文献中，认为城市社区的兴起是因为防御的需要。《易·论卦》中有：“王公设险以守其国。”《抱朴子》中“诘鲍篇”则记载道：“势利不萌，福乱不作；干戈不用，城池不设。”另有《礼记》中的“礼运篇”记载：“大道既隐，天下为家，各亲其亲，各子其子，大人世及以为礼，城郭沟池以为固。”这些思想的共同点是，城市是在战争中出于“设险守固”的需要而设，因军事防御而立国筑城，表明早期城市是为适应特殊的战争、防御功能应运而生的。“从本质上看，城市是阶级社会的产物，它是统治阶级——奴隶主、封建主——用以压迫被统治阶级的一种工具。城市兴起的具体地点虽然不同，但是其作用是相同的，即是为了防御和保护而兴建起来的。”①

2. 地理说

“地理说”认为城市社区因地理条件优越而兴起。中国不少城市均设在河

① 傅筑夫：《中国经济史论丛》上册，生活·读书·新知三联书店 1979 年版，第 323 页。

川渡口、交通方便、拥有自然生态资源的地带。《吕氏春秋》曾记载了古之王者，择天下之中而立国的传说。《管子》一书中《乘马篇》还总结了古代城市兴起的地理因素："凡立国都，非大山之下，必于广川之上，勿近旱而水用足，勿近水而沟防省，固天材，就地利。"古人之重"天材"和"地利"，实则是注重发掘和利用地理优势、生态资源的功能。事实上，中国不少城市名，如张家口、渡口、周口店、临江、牡丹江；嘉峪关、山海关、潼关；兰州、柳州、惠州等，都非常鲜明地显示了该城市的地理位置和地形地势特点。

3. 市场说

"市场说"认为城市社区的兴起是商品生产和交易活动的产物。中国古代经典《易经》上说："日中为市。"《国语》说："争利者于市。"《史记》的颜师左"注"更明确写道："古未有市，若朝聚井边的货卖，曰市井。"韦伯在《经济与社会》一书中说："只有居住在当地的居民在经济上日常生活需要的基本部分，能在当地的市场上得到满足，即基本部分由当地的居民和周围附近的居民为了在市场上销售而生产或者获得的产品加以满足，我们才想说是经济意义上的'城市'。任何在这里所说的意义上的城市都是一个'市场的地方'，也就是说有一个市场作为定居点的经济中心……城市是市场的定居点。"① 由此看来，城市的兴起与商业性的集市贸易是密不可分的，而且，这些集市商业活动不仅推动了城市的兴起，也保证了城市的延续和发展。

总之，城市的兴起是与防御、集市有关的，是政治、军事、经济和生态因素的综合产物。古代城市职能不同，起因不同，但在农业时代，其发展都是缓慢的。工业革命后，城市才迅速发展起来。

二、城市社区的特点

城市就是集中，是物质资料的集中、人口的集中、组织的集中、生产的集中。讨论城市社区的特点离不开与农村社区特点的对比研究。城市社区与农村社区相比具有以下几个特点：

1. 城市社区人口密度高，异质性强

人口密度是以每平方公里居住的人数来计算的。城市社区不仅人口数量大，而且密度高。中国最大的城市上海市，在 20 世纪 80 年代市区平均每平方公里就有 2.75 万人。集中于南京、黄浦两区的浦西部分及其紧邻的 21 条街道，每平方公里则多于 10 万人。② 高密度是城市社区人口的一大特质，这一

① ［德］韦伯著，林荣远译：《经济与社会》，商务印书馆 1997 年版，第 568 页。

② 转引自黎熙元主编、何肇发副主编：《现代社区概论》，中山大学出版社 1998 年版，第 261 页。

特质如何引起社会病态，对城市居民如何产生不良影响等是现代社会学研究的问题之一。

人口的高度异质是城市人口的另一大特征。所谓异质性，通常指那些与行为有关的社会性质，比如教育程度、宗教信仰、经济能力以及职业、年龄、婚姻状况等的差异影响人们的行为，导致行为的差异。人口的高度异质是由下列三个因素决定的：一是城市人口数量多。中国有句老话："人上一百，形形色色。"也就是说人口越多，差别越大。二是城市人口中往往移民比重大。由于移民来自不同的地方，从而带来各地不同的民风民俗、生活方式、宗教信仰。三是城市社区的社会分工和分层加深，令每个人的选择性增强，个人可根据自己的需要以及社会的需要向各个方面发展，从而使城市社区的人口看起来是三教九流、五花八门、无所不包。

2. 城市社区组织结构复杂，功能专业化

城市社区聚集着众多的工厂、企业、机关、学校，密布着复杂的商业网络和交通网络，科层组织成为整个城市有机运行的链条，使整个城市具有牵一发而动全身的特点。无论是政府行政结构或经济企业都有一套自上而下的权力分层以及不同阶层、不同部门之间沟通互动的规则和渠道。在功能上，城市社区的组织随分工的专业化而分化，一种组织提供一种专门的功能，从而形成数量庞大、结构复杂但分工细致的组织体系。

城市社区组织还有一个显著的特征就是城市社区组织一般都是次级组织和群体，成员以专业为联系纽带，没有亲缘关系，他们在城市社区组织或团体中扮演的角色是片面的和非人格化的。

3. 城市社区家庭规模缩小，家庭、邻里的传统作用削弱

家庭规模小型化是工业社会的产物。目前，中国城市家庭的规模日趋缩小，由传统大家庭向核心家庭发展，家庭规模已由6~8人缩小到2~3人。①家庭功能也随着生产水平和社会服务事业的发展逐步社会化。

城市社区由于工业化和都市化程度非常高，剥夺了家庭历史上作为功能齐全的社会结构的一些重要性质，家庭的传统作用开始消失。芝加哥学派的代表人物沃思认为，在城市社区，由于家庭部分功能的丧失，家庭失去了对其成员的吸引力和约束力，从而具有诱使家庭成员离开家庭活动的可能性，结果使家庭成员的关系也表面化和形式化，家庭生活使家庭成员失去满足感。美国社会学家索罗金（Sorokin，Pitirim Alexandrovitch）说："家庭的主要文化功能会进

---

① 转引自黎熙元主编、何肇发副主编：《现代社区概论》，中山大学出版社 1998 年版，第 261 页。

一步削弱，直到家庭变为一个男女纯属偶然同居的场所，而家则变成一个两性关系非常短暂的居所。"①

4. 城市社区文化呈现理性化和世俗化特征

理性化即以效率和效能作为衡量和评价日常生活的标准。在人际交往中，凡事对事不对人，对事情的处理不讲求个人感情，而以效率为基本原则，所以城市人往往给人一种冷漠、计较、滑头的印象。美国乡村人常称城市人为"城市里的滑头"（City Slicker）。讲求理性与高效率的结果，"使个人主义大行其道，个人对社会及其他团体也就缺乏忠诚，致使团体的精神濒于消失"。②

世俗化是城市社区文化特质的另一重要方面。世俗化是指一种文化和社会体制脱离神学和玄学的导引和控制而转变为容易相处、比较随和的平民社会的文化和观念的过程，它包括两个方面，一是讲求实效，二是讲求实惠。西方称前者为实用主义（Pragmatism），后者为凡俗性（Profanity）。讲求实效的态度和精神与科层制组织中的理性主义（Rationlism）相配合，使得城市社区文化变成以目标取向为主、以实用为主的体系。讲求实惠则使城市社区的人只对现世的、当前的利益感兴趣，而对未来的和精神的东西毫无反应，从而造成城市社区居民性格上的孤独化和冷漠化。

三、城市社区的分类

城市社区因其起源基础、产业和职能的不同，呈现出不同的社区人文区位布局和结构特征。按照其特点，可以划出不同的城市社区类型。划分城市社区类型的标准有很多，根据不同的标准可以划分出许多不同的城市社区。

日本城市专家高野史男在《世界大都市》一书中，曾把世界城市分成五大类型：（1）欧罗巴型；（2）阿美利加型；（3）亚细亚型；（4）中东型；（5）其他类型。欧洲的传统城市是"城墙包围城市，在市中心有市民集会的广场、大教堂以及工商组合的事务所（即后来的市政厅），城市由这些工商业市民管理"。而在美洲，由于没有经过中世纪，自诞生之日起，城市便是现代或现代化的产物。因而"城市既没有欧洲城市中常见的城墙，也没有中心广场和大教堂、市政厅等，代之而起的是耸入高空的摩天大楼，水泥建筑鳞次栉比的商业中心"。③ 在亚洲，"城市在形成过程中起作用者主要不是市民，而

---

① 转引自潘允康：《家庭社会学》，重庆出版社 1986 年版，第 309 页。

② 蔡勇美、郭文雄：《都市社会学》，台湾巨流图书公司 1984 年版，第 110 页。

③ 王立杰、汪向东摘译：《世界城市的类型与本质》，转引自黎熙元主编、何肇发副主编：《现代社区概论》，中山大学出版社 1998 年版，第 234 页。

是政治上的统治者、皇帝、国王或封建领主”,① 城市的盛衰变迁多与王朝的兴亡有关，尤其是在多年封闭的封建国度，如早期的日本、中国等。到近代，中国、东南亚和南亚一些国家的城市社区是由于一些欧美列强的侵略而变为殖民地过程中形成的，因而不可避免地刻上了殖民者的印迹。例如印度的加尔各答、孟买和中国的上海、南京、广州、武汉等城市中，就有些街区是英国或法国殖民者所建的，留下了异国文化的烙印。不过，在亚洲，无论是按君王、封建主统治者还是按殖民主义者的意志和需要兴建的城市，无论是都城、封邑或各类市镇，都是以政治势力为主导、权力结构作支架、社会分工为辅助的模式。至于干旱地带的中东城市，则是以伊斯兰教和游牧民族的需要而建立的。“城市是必须有伊斯兰教大清真寺和为游牧民、商队等设置的集市和商场”。②由于不少中东城市是游牧民的村落演变而成，伸向四面八方的道路纵横交错，其最大的特征是迷宫式的道路网。综上所述，高野史男依据城市起源的不同背景动力和所呈现的不同人文生态布局划分城市类型，以独特的观察角度及生动详尽的描述对城市社区研究有一定的启迪意义。

城市社区还有一些其他划分标准：第一，按人口和面积划分，可分为小城市、中等城市、大城市。第二，按行政隶属关系划分，可分为中央直辖市、省直辖市、地区直辖市。第三，按城市社区历史发展进程划分，可分为原始集市、城市、都会、都会带、丑恶都会、衰亡都会。第四，按功能的不同划分，可分为制造业都市、零售都市、批发都市、运输都市、矿冶都市、教育都市、旅游都市，其他都市如首都、金融都市、宗教都市、军事都市等。第五，按城市社区的发展程度划分，可分为前工业城市（preindustrial city)、后工业城市(postindustrial city)。第六，按区位划分，可分为内围城市（internal city）、外围城市（external city）、卫星城（satellitic city)。

第四节 城 市 化

一、城市化的概念

学术界对城市化的研究已有几十年的历史，但城市化的定义还是一个有争议的问题，缺乏一个统一完整的解释。人们研究的领域不同，角度不同，给城市化的界定也五花八门。大体上，城市化可以从人口学、经济学、地理学和社

---

①② 王立杰、汪向东摘译：《世界城市的类型与本质》，转引自黎熙元主编、何肇发副主编：《现代社区概论》，中山大学出版社 1998 年版，第 234 页。

会学等四个方面去理解。人口学意义上的城市化是指农村人口变成城市人口，即人口由农村向城市集中的过程；地理学意义上的城市化是指农村地域向城市地域的变化，即地域中城市性因素逐渐扩大的过程；经济学意义上的城市化强调农村经济向城市经济转化的过程和结果；社会学对城市化的研究，是从城市与社会的相互作用中探讨人口集中、地域转化的深层社会原因。城市化过程包括相互联系、相互作用的四个方面：

1. 人口集中

城市化首先表现为人口由农村向城市集中的过程。人口城市化按两种方式进行，一是人口集中场所的扩大，一是每个场所人口集中的过程强化。城市化作为一种人口集中的空间过程，包含两个方面的内容：一是农村人口向城市集中，导致城市人口数量增加，城市人口占总人口的比例不断上升；二是城市人口的自然增长与机械增长。作为城市化的表征，人口集中的速度与比例从数量上反映了城市化的水平。

2. 地域转化

城市化最直观的表现就是地域的变化。城市内高楼林立、工厂密布、人口稠密。我们可以轻而易举地从地域外貌上判断出哪是城市、哪是农村。城市化使地域景观出现了差异，使地域性质发生了变化。城市化是一个地域转化的过程。作为城市化过程的结果，地域转化的速度和规模从形态、景观上表达了城市化的水平。

3. 产业转型

从经济地理的角度看，城市是第二、第三产业构成的特有经济空间，城市化是第二、第三产业生成、集聚和发展的过程。第二、第三产业的发展带来了人口的聚集，加强了生产的社会化和专业化，改变了地域景观，造就城市性聚落的面貌。在城市内部（市区），经济区位的空间配置不断向更高效率的形态发展；在它的外围（郊区），农业区位或者被取代，或者向更集约化的方向发展。因此产业转型从经济角度反映了城市化的水平。

4. 生活方式变革

从社会发展的角度看，城市化的过程是新的生产方式和生活方式产生、聚集、扩散的过程。城市是先进的生产方式和生活方式的发源地。随着社会的发展，人们产生了向城市集中的观念和行为。受城市内在拉力和农村外在推力的双重影响，人口不断向城市集中，由此产生了新的社会结构、社会关系，产生了新的社会观念和社会行为，形成了与农村相对应的城市社会。同时，城市生活方式扩展到农村，导致农村生产方式和生活方式变质、社会生活向城市性状态转变。

综上所述，城市化是人口、地域、社会经济关系、生活方式由农村型向城市型转化的自然历史过程。

这里我们特别强调城市化是一个自然历史过程，有两个方面的意义。首先，我们强调城市化是一个复杂的、动态的社会过程。有人认为，城市化是人口数量达到某些城市指标的状态，也有人认为，城市化只是一种结果。如果城市化只是一种结果，那么，城市化本身的发展，城市现代化以及城市内部一般地域向更繁华地域的转化就不能纳入城市的范畴。

我们认为城市化是一个过程。城市处于不断运动变化之中，城市化的过程本身就包含着这个过程所达到的全部结果。事实上，城市化是农村性状态向城市性状态转变的过程。城市本身的发展与现代化从属于农村性向城市化的总过程。这是因为，城市与农村在时间上和空间上是衔接的、渐变的和连续的，即使进入了城市性状态，城市也在不断地发展变化。城市是先进的生产方式和生活方式的发源地，先进的生产方式和生活方式总是从城市产生，然后逐渐向周围地域辐射、扩展和推移。从这个意义上讲，城市化不仅仅是对城市状态的静态描述，也是对城市发展的动态考察。城市化是一个不断运动、变化的过程，城市本身的发展以及城市的现代化属于城市化的总过程，而且是城市化过程的扩展源。

其次，我们认为城市化是社会发展的必然趋势。城市化有自身的规律，人们既不能阻挡城市的发展，也不能人为地使城市超越某个必经的发展阶段。认识城市发展的规律，就能避免或减少主观随意性，把握城市发展的本质，并在此基础上发挥人的主观能动性，更好地规划和建设城市。

二、城市化的起源和发展

城市化是一个历史现象，它必然有一个起点。城市化到底是从什么时候开始的呢？对此有两种观点，一种观点认为，自从产生了城市就开始了城市化运动，城市产生之日就是城市化开始之时；另一种观点认为，城市化是近现代化城市的成长过程，城市化始于工业革命。

我们认为，城市化作为一种社会历史现象，与城市的历史过程不是同一个概念。城市化是指城市从数量、规模、形态、内容和性质等方面发生急剧变化，导致人口集中、地域转化、社会转型、生产方式和生活方式变革的过程。这种变化是人类由农业社会进入工业社会时开始的。进入工业社会，城市才成为主要的、占统治地位的社会聚落形式。在工业革命之前，城市虽然已经有四千多年的历史，但发展速度相当迟缓，直到1800年，全世界城市人口占总人口的比例只有3%左右。产业革命冲破了自给自足的自然经济的桎梏，以集中的、现代化的大生产代替了以手工业为主要形式的分散的小商品生产，促进了社会生产力的高度发展，城市从数量、规模、布局、形态等方面发生了根本性变化，得到了空前发展。因此，城市化是以产业革命引起的世界城市数量和性质的根本性变化为开端，不断向深度和广度推进的。

城市化作为人口向城市或城市地区集中的过程，其产生可以追溯到奴隶社会前期，但是，作为现代意义的城市化，其发展是与工业革命与时俱进的。18世纪末19世纪初首先在英国兴起的工业革命，揭开了世界城市化运动的序幕。机器大工业的产生使得工业对劳动力的需求急剧增加，同时也加速了小农的破产过程。在这种历史条件下，人们开始了历史上第一次劳动力大转移——劳动力由农业转向工业。在工业革命的推动下，英国的城市人口早在1900年就达到了全国总人口的75%。继英国之后，法国从1800年到1980年，城市人口的比例由10%增至73%。美国是在1860年到1920年间达到高度城市化水平的。1860年，美国城市人口不到总人口的20%，1920年，城市人口已达到75%。日本在1920年到1975年的55年间城镇人口的比重由18%增长到了76%，城市数目由83个增加到了644个。第二次世界大战以后，世界人口城市化进程大大加快，城市化水平也达到了很高程度。1950年到1980年的30年中，世界城市人口以每年3%的速度持续增长，至今世界上有40%以上的人住在城镇，总数超过19亿。①

中国是世界城市最早的发源地之一，但是城市化作为一种社会进程却迟迟未在中国出现。当19世纪城市化在西方迅猛发展的时候，中国的城镇居民却只占全国总人口的6%。与世界许多国家相比，中国往往被看做是一个城市化程度很低的国家。新中国成立40多年来，中国城市化走过了一段曲折的道路。解放初，中国开展大规模经济建设，开始了国家工业化的进程，与此相应的城市化进程也加快起来。城市居民人口比例由1949年的10.6%上升到1960年的19.7%，其中，1955年出现下滑（13.5%，小于1954年的13.7%）。20世纪60年代和70年代，城市人口比率一直徘徊于17.5%左右②。改革开放以后，中国的城市化得到了迅速发展。据民政部1997年公布的数字，中国已设市622个（不包括台湾），其中直辖市4个，地级市205个，县级市413个。从1987年到1994年，中国地级市增长了1.8倍；县级市增长了3.5倍。大中小

① 转引自宋超英、曹孟勤主编：《社会学原理》，警官教育出版社1991年版，第258页。

② 依据1987年《中国统计年鉴·中国总人口和城市人口的比较》（1949~1986）计算得出。

城市比例由1988年的1∶1.5∶2.4变为1∶2.34∶5.04。这个比例反映出中国基本形成了以大城市为中心、大中小相结合的比较合理的城市结构体系。这些新城市的设置基本适应了中国改革开放和经济、社会发展的需要。据《中国城市预测与规划》总报告提出的设市规划方案，到2010年，中国城市占市县总数的比重将由1994年的26.3%上升到42.6%。在中国实现社会主义现代化过程中，城市化已成为推动社会经济发展的强大动力。

三、中国城市化的特征及发展道路

1. 中国城市化的特征

城市化涉及社会、经济、文化等各方面，是一种复杂的地域社会经济现象，其形成、发展具有自身特征。随着生产力的发展，产业结构的变化而导致人口区域空间的改变和思想、文化及生活方式的变化，同时改变了生存环境。城市化是人类发展的普遍现象，中国城市化既具有城市化的普遍性又具有自己的特点。

（1）城市化的连续性与不稳定性。中国的现代城市化是从新中国成立开始的，经历了一段连续而不稳定的发展时期。这一时期可分为四个阶段：第一，1949～1957年的城市恢复和城市化迅速发展时期；第二，1958～1965年的波动发展阶段；第三，1966～1977年城市缓慢发展和城市化停滞阶段；第四，1978年至今，城市蓬勃发展时期。

（2）城市化的区域性。宏观上，中国城市化区域差异明显。城市化从现象上看，就是作为区域“点”的城市产生、发展的过程。中国地域广阔，城市化基础不同，城市化动力因素存在着明显的地区差异，因而表现出城市化的区域性，不同经济地带的城市化速度和城市化空间发展模式不同。从实际情况看，中国城市化速度，东部快于西部，西部又快于中部。东部大都市连绵带的发展趋势日趋明显，如长江三角洲、珠江三角洲、京津唐地区、辽中南等；西部地区城市群带的发展趋势不明显，新兴城镇多以“飞地”的形式出现于广大农村聚落之中。微观上，城市区域发展有别。现代城市都有一个较大的区域，即城市区域包括市辖区与市辖县，城市区域总是在历史发展中形成不同的风格与特点。由于城市区域微观特征差异，使城市中心再开发、城市边缘区开发、城市规模的扩大因地而异，表现出城市区域发展的多样性。

（3）城市化的综合性。城市化作为一个复杂的地域社会经济发展过程，应包括三个方面的涵义：一是物化了的城市化，主要表现为人口集中、空间形态改变和社会经济结构的变化，它是人的物质生产活动的城市化；二是无形的城市化，即精神和意识上的城市化，是人的精神世界的城市化；三是以人为主体的生态环境的城市化。现代城市化过程使城乡建设、经济开发、精神文明建设、环境保护协调发展、同步进行，与物质文明、精神文明两手抓的政策相一致，与可持续发展战略相一致。城市化现象涉及范围广泛，城市化水平的测度指标具有综合性，仅用一两个指标不能准确反映城市化水平。虽然人口、土地、产业的变化可用量化指标反应，但也只是比较直观地反应了城市化速度与城市生产生活方式的社会化程度。而生态环境指标，如著名的区域科学家瓦·艾萨德所称的“生态商品”指标，从区域可持续发展角度看也是衡量城市化质量的重要指标之一，在分析城市化时，应给予重视。

2. 中国城市化道路

有关中国城市化道路问题，学术界有以下观点：一是控制大城市，合理发展中等城市，积极发展小城市；二是以大城市为主体的城市化模式；三是中等城市的发展应放在推动城市化的首位；四是小城市是实现中国城市化的重要途径；五是以区域综合功能为中心，建立专业化明显的、城市职能分工明确、结构布局合理的城镇体系。①

我们认为，中国的城市化进程中，建设规划布局合理、配套设施齐全、利于工作、方便生活、环境与居住条件舒适的居住区是城市化的重要内容，经济发展与生态平衡既是城市化的保障手段也是其限制条件。中国城市化必须坚持三条原则：一是城市化既要注重速度又要重视效益；二是城市化以经济效益为中心，兼顾社会效益与生态效益，但经济发展是城市化的基础；三是城市(群) 规划不超过区域生物圈的生态限制。

在这三条原则的规定下，《中国21世纪议程》作为中国可持续发展战略的纲领与蓝图的推出，对城市化提出了新的目标：“适当控制大城市人口增长过快的势头，发展大城市的卫星城市；积极适当发展中小城市；大力发展小城镇。并同时进行完善城市基础设施和组织城乡综合开发与建设。”②

所以，我们认为中国的城市化应形成可持续发展的城市化模式。所谓可持续发展的城市化是指在社会、经济、生态可持续发展基础之上的城市化进程。它是从区域实际出发，在现有生产力水平下，有利于生产力发展，有利于人们生活质量与生存环境质量提高的城市化过程。即城市化道路是以经济为中心，兼顾区域整体发展与环境质量的要求，达到“人口—城市化—资源与环境”系统的协调发展，兼顾经济效益、生态效益、社会效益的统一，取得区域整体发展。从中国的实际情况看，实行可持续发展的城市化道路有下面几个内容：

---

① 郭力君：《对中国城市化道路的思考》，《人文地理》，1989年第3期。

② 参见《中国21世纪议程》，中国环境科学出版社1994年版。

(1) 健全城市经济功能。城市是地域经济、社会空间组织的主要依托中心，健全城市经济功能，才能充分发挥城市对区域的辐射作用。人们有意识的加强城市的生产、流通、金融、人才、科技、文教、贸易、交通、服务与信息功能便促进了城市的辐射作用，促进了城市生态经济系统的良性循环，使城市区域得到发展。

(2) 完善城镇体系。完善城镇体系的过程是向完美的城镇体系的过渡过程，是通过调整内部与外部某种因素所造成的紊乱现象，提高体系的组织程度实现的。它可以使城镇体系内部各城镇间、城镇与体系之间及体系与体系之间的各种经济、社会联系协调发展，从而强化体系与外界的物质、能量与信息循环，促使体系向有序化转化。在完善城镇体系过程中，大城市的卫星城镇建设往往占有重要地位。卫星城镇建设具有显著的社会、经济和环境效益，一是控制大城市的重要措施，可以减轻和防止由于工业或人口过分集中带来的矛盾和问题；二是可以借助大城市的区位优势进行区域经济开发，扩大城市中心作用，带动区域经济发展；三是有利于大城市科技与文化的辐射，适应科技改革与进步，取得高效经济成果；四是有利于保护和改善城市环境，如工业卫星城的建设。

(3) 城乡一体化趋势。城乡一体化是城市化道路的必然趋势，也是与可持续发展理论相一致的。日本学者岸根卓郎先生在《迈向21世纪的国土规划——城乡融合系统设计》中提出了城乡融合系统设计理论。地理学者杰弗逊在很久以前就注意到，城市与乡村是一体的，而不是两回事，如果说一个比另一个更重要那就是自然环境，而不是人工环境在它之上的堆砌。然而城乡一体化不是追求纯粹的田园城市或绿色城市，而是把城镇建设成为综合的多功能的人类居住区，并与周围区域之间保持基本的动态的统一性。在中国实施城乡一体化，主要目的是注重因地制宜，把农村人文生态城市化和解决城市问题如城市污染、拥挤等相结合，把城市再开发与农村城镇化相结合，把非农业产业增长及培育与城市文明扩散相结合，把区域规划与城镇体系规划相结合，特别是把县级中心城镇或条件优越的小城镇建设与区域经济发展、大量剩余农村劳动力安置及大城市卫星城建设相结合，有利于提高全民的物质、文化生活水平，特别是减小城乡差别，达到使城市化、区域开发、经济发展、环境保护四者协调发展，做到经济效益、社会效益、环境生态效益统一，促进区域整体发展。城乡一体化是实施可持续发展的城市化的重要途径。

本章小结

1. 社区是从西方引进的概念，在词义上有多种表达。在现实生活层面，人们往往从组织、地理空间、功能和感情等方面去理解。我们认为，社区是以一定地理区域为基础的具有共同意识、利益和归属感的人类生活共同体。

2. 社区从其内部构成来看，有地域、人口、文化制度和生活方式、居民的凝聚力和归属感以及为社区服务的公共设施等五大要素。

3. 社区的分类是根据一定的标准将社区划分为不同的类型。从历史发展的角度可以把社区划分为流动性社区、村舍式社区、农村社区、城市社区。根据空间特征可以把社区划分为居住社区（又称生态社区）和精神社区。根据社区的结构和特点可以把社区划分为农村社区、城市社区和集镇社区。

4. 社区研究起源于西方，代表性研究有滕尼斯的社区——社会理论、芝加哥学派的研究、林德夫妇以小镇为对象的综合研究、社区权力研究。

5. 农村社区是人类社会发展到一定历史阶段的产物。在起源途径上可以分为自然起源、社会组合和农村建设三种。对于农村社区的界定也是见仁见智，所有关于农村社区的定义，所涵盖的内容与社区一般包含的基本要素是一致的，如聚居在一定地域内的人口；特定的社会组织、社会制度和行为规范；共同意识和归属感等。

6. 人口密度低、规模小、流动少，人口同质、社会结构简单，文化水平低下、生活方式落后，人际关系密切、感情色彩浓厚是农村社区的主要特征。

7. 农村社区的社会控制是指社会及其组织、群体运用社会规范以及与之相应的手段和方式，对农村社区社会成员的社会行为及价值观念进行指导和约束，对农村社会关系进行调节和制约的过程。具体表现在：引导农民实现充分社会化；维持农村社区的良好秩序；促进农村社区的社会进步。

8. 城市社区是随着社会生产力的发展而发展的，“防御说”、“地理说”、“市场说”是城市社区起源的三大理论解释。

9. 人口密度高、异质性强；组织结构复杂、且功能专业化；家庭规模缩小，家庭、邻里的传统作用削弱；社区文化呈现理性化和世俗化特征是城市社区的主要特征。

10. 不同的学科对城市化有不同的理解，社会学对城市化的研究，是从城市与社会的相互作用中探讨人口集中、地域转化的深层社会原因。城市化过程包括人口集中、地域转化、产业转型和生活方式变革等相互联系、相互作用的四个方面。

11. 中国城市化的特征表现在城市化的连续性与不稳定性，城市化的区域性，城市化的综合性等三个方面。

12. 中国的城市化应形成可持续发展的城市化模式。所谓可持续发展的城市化是指在社会、经济、生态可持续发展基础之上的城市化进程。它是从区域实际出发，在现有生产力水平下，有利于生产力发展，有利于人们生活质量与生存环境质量提高的城市化过程。即城市化道路是以经济为中心，兼顾区域整体发展与环境质量的要求，达到“人口—城市化—资源与环境”系统的协调发展，兼顾经济效益、生态效益、社会效益的统一，取得区域整体发展。

思考题

1. 什么是社区？社区的构成要素是什么？
2. 简述社区研究的发展。
3. 社区的分类是什么？人们是如何划分社区的？
4. 简述农村社区起源的途径。
5. 什么是农村社区？农村社区的特点是什么？
6. 什么是农村社区的社会控制？它对维护农村社区良性运行和协调发展起着什么样的作用？
7. 城市社区起源的理论解释有哪些？城市社区的特点是什么？
8. 什么叫城市化？中国城市化的特点是什么？
9. 结合实际，谈谈中国的城市化道路。

第十四章 社会变迁

学习目的与要求： 社会变迁是社会学研究的中心议题之一，在当今飞速变化的时代，社会变迁无时无刻不在影响人们的生活方式与社会行为。从社会学作为一门独立学科创立伊始，众多社会学大师就从不同角度阐释了社会变迁的内涵。通过本章的学习，首先从概念出发，把握社会变迁的实质与主旨，对引起社会变迁的各种因素进行具体分析；其次将社会变迁引入纵深研究，对进步的社会变迁——社会发展进行深入的动态分析，并从理论层面上领会古典社会变迁理论和社会发展理论的精华。

21 世纪人类步入了一个飞速发展的新纪元。当我们体验着生活方式的全新变化，感受着精神世界纷繁复杂的观念冲击时，社会变迁已经悄无声息地改变了人类的生存状态与思维方式。在这样一个世纪交替的时代，它似乎更容易成为人们解释一切社会变化和新鲜事物的最终答案。

第一节 社会变迁的内涵

一、社会变迁的经典解释

社会变迁是社会学研究领域中的一个经久不衰的话题，自社会学创立伊始，就以其独特的魅力吸引着社会学家的视野，社会学的理论想像力也在关注其话题的过程中迸发。社会变迁一词作为社会学的术语广泛地确立起来，始于威廉·奥格本的同名著作。但从 19 世纪开始，人们就已经使用了种种相当于社会变迁的词语。例如在法国被公认为社会学鼻祖的孔德就使用过社会动力学、社会进步、社会发展等说法。同时在英国受孔德影响创立了社会进化论的斯宾塞则使用了社会成长、结构分化、社会进化等词。而在德、法先后出版的齐美尔的《社会分化论》和迪尔凯姆的《社会分工论》，都占有这个研究领域的经典地位。①

作为一种事实陈述而非价值判断，社会变迁无时无刻不在发生，然而社会学意义上的社会变迁内涵是什么呢？《社会学简明词典》指出社会变迁是指社会生产力与生产关系的矛盾运动所引起的社会结构方面的变动。它既表现在经济基础方面，也表现在上层建筑方面；既表现为不同社会形态质的变化，也表现为同一社会形态各个方面量的变迁。这种从社会结构的角度进行的界定也为德国社会学家查普夫所认同。他认为社会变迁是社会学中一个最常用的基本概念，如果借助另外一个比较复杂的概念，即社会结构的概念，就很容易定义社会变迁。“社会结构可以理解为社会生活和社会秩序的一种不易改变的相对稳定状态。这样，社会变迁即可称为：社会结构的变化，社会制度的变化。”②

当然由社会结构变化引起的社会系统的功能变化也包含在社会变迁的内涵中，因此《中国大百科全书·社会学卷》给社会变迁界定了一个更为宽泛的定义：一切社会现象发生变化的动态过程及其结果。在社会学中，社会变迁这一概念比社会发展、社会进化具有更广泛的涵义，包括一切方面和各种意义上的变化。社会学在研究整个人类社会变迁的同时，着重于某一特定的社会整体结构的变化、特定社会结构要素或社会局部变化的研究。这种广义的内涵将社会变迁的外延拓展为一切社会现象发生的动态过程及其结果。

日本学者富永健一则认为：“所谓社会变迁，从字面上看，显然就是社会在变迁。但仅仅这样说，还过于含糊，不成其为对这个词的定义……因此，我要选择的社会变迁定义，就是社会结构的变迁。这样说的理由在于，要回答什么在变迁的问题，只需反过来看看，在没有发生变迁时，是什么东西未变，而这种相对稳定的东西，即是我们所讲的社会结构。换言之，社会变迁这个概念，指的是较长期地看，短期内较稳定的东西发生变化的过程……所谓社会变迁，就是通常难变的东西发生变化。”③ 这就意味着被富永健一称为社会变迁的，是特别根本性的变迁，它蕴含的意义是从社会结构变迁这一范式推导出的狭义定义。

社会变迁是一个中性概念，它既不一定代表社会进步，也不必然预示社会

---

① ［日］富永健一著，董兴华译：《社会结构与社会变迁——现代化理论》，云南人民出版社 1988 年 12 月第 1 版，第 89 页。

② ［德］沃尔夫冈·查普夫著，陆宏成、陈黎译：《现代化与社会转型》，社会科学文献出版社 1998 年版，第 1 页。

③ ［日］富永健一著，董兴华译：《社会结构与社会变迁——现代化理论》，云南人民出版社 1988 年 12 月第 1 版，第 87 页。

退化，它可能是一种有益的社会变化，也可能是一种有害的社会变化。在我们生活的这个世界中，人们时刻都在感受着社会变迁带来的日新月异的变化，可能会产生各种不同的感性认识，但要从理性高度把握社会变迁的内涵，则需从众多社会现象中进行抽象与概括。社会结构的研究范式为理解社会变迁提供了有益的分析框架，通过上述不同观点的介绍即可看出，虽然见仁见智，但都力图从社会结构的角度把握社会变迁的实质与主旨。

二、社会变迁的因素分析

任何特定的社会体系一经确立，就会形成比较稳定的结构关系。但是社会体系是一个开放的系统，它的存在与发展有赖于和外界不断地进行物质、能量和信息的交换，需要不断吸收新的因素。同时社会体系作为一个复杂的系统，各个组成要素都具有自我组织和不断完善的特性，有可能出现各要素发展的不平衡。为了适应新需要和不平衡的出现，就要不断调整原有的结构关系。这种适应和调整先是局部的、缓慢的，积累到一定程度就有可能导致原有体系结构的整体改组，直至采取社会革命的形式。在影响社会变迁的诸因素中，社会的经济变迁是最根本的原因。物质生产力是生产方式内部最活跃、最革命的因素。物质生产力的变化造成生产方式的不断更新，社会生活、政治生活和精神生活也随之发生变化，最终导致整个社会结构体系的变化。社会变迁除了最终取决于社会生产力的发展之外，还取决于自然环境、人口、社会结构、社会价值观念、生活方式、文化乃至科学技术等多方面因素的影响，是多种因素相互作用的结果。

1. 自然环境变迁

社会变迁的过程总是在一定的自然环境中进行，自然环境为社会的生存和发展提供自然资源和物质条件。自然环境依其自身规律演变，影响社会的变迁。人类作用于自然环境引起自然环境的变化，也会影响社会的变迁。自然环境的变动对社会变迁的影响可以表现为两个方面：一方面是自然界自然的变化，即人类不能控制的自然力，主要是指自然灾害对人类社会变迁的影响；另一方面则是由于人类活动所引起的生态环境的变化，也会对社会变迁产生很大影响。

2. 人口变迁

人口变迁主要指人口数量、质量、构成及人口流动和分布的变化。一定的人口是社会存在和发展的基本前提，人是社会生活和社会活动的主体。人口的变化对社会变迁也会产生不可忽视的影响。人口变动包括自然变动与社会变动两个方面。人口的自然增长如果过快，会导致社会资源紧张，人口密度增加，生活空间拥挤，既影响生活水平和生活质量的提高，也影响社会发展。人口的社会变动主要表现在人口迁移方面，盲目的人口迁移会导致社会动荡不安，而有计划的人口变动则有利于社区的规划与社会的有序发展。

3. 经济变迁

包括生产力的变化、生产关系的变化、生产量的增长和生产质量的提高。社会经济的变化与发展是社会变迁的主要内容之一，对整个社会变迁起决定性影响，其中社会生产力是社会变迁的最终决定力量。恩格斯曾经指出："一切社会变迁和政治变革的终极原因，不应当在人们的头脑中，到人们对永恒的真理和正义的日益增进的认识中去寻找，而应当到生产方式和交换方式的变更中去寻找。"① 马克思也曾说过："社会的物质生产力发展到一定阶段，便同它们一直在其中活动的现存生产关系或财产关系（这只是生产关系的法律用语）发生矛盾。于是这些关系便由生产力的发展形式变成生产力的桎梏。那时社会变革的时代就到来了。随着经济基础的变更，全部庞大的上层建筑也或慢或快地发生变革。"② 由此可见，社会变迁的根本动力是生产力的发展以及生产力与生产关系的矛盾运动。

4. 社会结构变迁

主要体现在两个方面：一是社会功能性结构的变化，表现为人们为了满足生存和发展的需要，将经济、政治、组织、制度等结构要素进行分化和组合；二是社会成员地位结构的变化，表现为社会成员由于其经济地位、职业、教育水准、权力、社会声望等的不同和变化，所造成的社会阶级和阶层关系的变化。

5. 社会价值观念和生活方式的变迁

社会价值观念的变迁主要是通过人们的行为规范和思想体系表现出来。人们的社会活动在不同程度上都受到价值观念的指导，社会价值观念的变化往往成为整个社会变迁的先声。

6. 文化变迁

文化是人类创造的一切物质产品和非物质产品的总和，是社会的基础，没有文化也就没有社会。文化变迁是分析社会变迁内容的一种综合视角，主要是指文化内容或结构的变化，包括因文化的积累、传递、传播、融合与冲突引起的新文化的增长和旧文化的改变。美国社会学家奥格本认为社会变迁就是文化的变迁，最先变化的是物质文化，非物质文化的变迁次之，但最终都会引起社会的整体变迁。

---

① 《马克思恩格斯选集》第3卷，人民出版社1995年6月第2版，第741页。
② 《马克思恩格斯选集》第2卷，人民出版社1972年版，第82~83页。

7. 科学技术的变迁

科学技术作为社会结构体系中独立存在的知识系统，对现代社会的变迁起着越来越大的推动作用。无论是发明创造还是发现的新成果一旦应用于人类认识自然和社会以及改造自然和社会的实践活动之中，都必将对社会发展产生不可估量的影响。科学技术、发明创造的变化和研究规模、组织形式的变化，一方面直接影响到社会经济、政治、观念和生活方式的变化，另一方面则促使现代社会变迁日益加速。

三、社会变迁的类型分析

1. 整体的社会变迁和局部的社会变迁

按社会变迁的规模，社会变迁可划分为整体变迁和局部变迁，但两者是相对而言的。整体的社会变迁是整个社会体系的变化，是各个社会要素变化合力的结果，从各个构成要素相互联系的有机变迁中演化而来。局部变迁是各个社会体系要素自身及它们之间部分关系的变化，如人口变迁、家庭变迁、组织变迁、生活方式变迁等，不一定与社会整体变迁的方向和速度一致，有时可能成为整体变迁的障碍，有时又可能超前于社会整体的变迁。局部变迁是一个量变的过程，当能量积累到一定程度时会引起社会的整体变迁；反之社会整体变迁也会影响社会系统各个要素的发展变化，从而促进局部变迁。两者之间相辅相成。

2. 进步的社会变迁和倒退的社会变迁

按社会变迁的方向，可划分为进步的社会变迁和倒退的社会变迁。进步的社会变迁是指符合社会发展的客观规律，带来社会物质生活的丰富和生活水准的提高，有利于每一个社会成员全面发展的社会变迁；反之则是倒退的社会变迁。倒退的社会变迁往往表现为社会发展停滞不前，一般而言不利于社会的良性运行与协调发展。倒退的社会变迁主要由于诸如社会结构的生成条件不复存在或被破坏，社会结构的解组或受到摧毁，社会分化加剧而整合错误，社会结构失调或功能障碍等因素所致。① 在社会变迁的实际过程中，二者往往是同时发生的。尽管人们对“进步”有着种种不同的理解和评判标准，但促进社会进步一直是人们研究社会变迁的主要目的。

3. 进化的社会变迁和革命的社会变迁

按社会变迁的性质，可划分为进化的社会变迁和革命的社会变迁。进化的社会变迁主要表现在量的方面。它是一种渐进的部分质变的社会变化过程，是社会有秩序的、缓慢的和持续的变迁，如社会改良、社会改革等都是采取进化

① 陆学艺主编：《社会学》，知识出版社 1996 年版，第 365~366 页。

的社会变迁方式。进化的社会变迁从根本上说是社会变迁的量的积累过程，它不会带来社会系统的震荡，能够在比较平稳的发展过程中实现社会的改变。革命的社会变迁即社会革命，是社会渐进过程的中断和质的飞跃。在社会革命时期，全部社会系统和社会结构解体、改造和重组，社会由一种形态迅速过渡到另一种形态。社会革命主要包括三个层次的涵义：一是特指以暴力革命为典型标志的社会制度的变革，是一个阶级推翻另一个阶级的暴力行动；二是指社会基本结构的根本性改变，既可以表现为暴力革命，也可以表现为和平过渡；三是指社会生活的各个领域所发生的重大变革。① 无论从哪一个层次上去理解社会革命，都意味着整体社会或社会生活某个方面发生了根本性的变革。

4. 自发的社会变迁和有计划的社会变迁

按人们对社会变迁的参与和控制的程度，可划分为自发的社会变迁和有计划的社会变迁。自发的社会变迁指人类在很多方面对于社会变化的方向、目标和后果没有理性的认识，只是盲目地参与和顺从。有计划的社会变迁指人们对社会变迁的过程、方向、速度、目标和后果实行有计划的指导和管理。在现代社会中，绝大多数社会变迁都是有计划的社会变迁。从自发的社会变迁到自觉的有计划的社会变迁是人类认识自然和社会发展规律的能力不断提高的过程，也是人类对社会控制的参与程度逐渐深入的过程。

第二节　社会发展

社会发展研究是社会变迁研究的延伸，是对社会进行动态分析的一个重要方面。正如前文所述社会变迁是一个中性概念，它并不必然代表着社会的进步或者倒退。如果仅以社会变迁来描述社会结构发生的变化，还不足以确定是从何种结构状态向何种结构状态的变化。社会发展的概念指明了社会变迁的方向，是对进步的社会变迁的界定。

一、社会发展的内涵及沿革

1. 社会发展的涵义

(1) 狭义的社会发展（social development）

狭义的社会发展指的只是经济领域的发展，其目标是产值和利润的增长、物质财富的增加。为了实现经济增长，还必须进行一定的社会经济改革，然而

① 刘祖云著：《从传统到现代——当代中国社会转型研究》，湖北人民出版社 2000 年版，第 18~19 页。

这种改革也只是实现经济增长的手段。联合国第一个发展十年（1960~1970）开始时，当时的联合国秘书长吴丹概括地提出了“发展=经济增长+社会变革”① 这一广为流行的公式，反映了第二次世界大战之后近20年间人们对于社会发展的理解和认识。在这种发展观的支配下，为了追求最大的经济效益，人们尚不认识因而也不承认环境本身也具有价值，却采取了以损害环境为代价来换取经济增长的发展模式，其结果是在全球范围内造成了严重的环境问题。

（2）社会发展内涵的延伸

随着认识的提高，人们注意到社会发展并非是纯经济性的，而应是超脱于经济、技术和行政管理的现象。社会发展是一个广泛的概念，它不仅表现在经济的增长，国民生产总值的提高，人民生活水平的改善，还表现在文学、艺术、科学的昌盛，道德水平的提高，社会秩序的和谐，国民素质的改进等方面。总之，既要经济繁荣，也要社会进步。发展除了生产数量的增加，还包括社会状况的改善和政治行政体制的进步；不仅有量的增长，还有质的提高。

社会发展不应当狭义地被理解为经济增长。经济增长一般定义为人均国民生产总值的提高，有时也看作是人均实际消费水平的提高。经济增长是发展的必要条件，但并不是充分条件。一种经济增长如果随着时间的推移不断地使人均实际收入提高，却没有使它的社会和经济结构得到改进，就不能视其为发展。社会发展的目的是要改善人们的生活质量，使人们的福利待遇不断提高，因此只有在人们生活的所有方面都得到改善时才能称之为真正的社会发展。

2. 社会发展观的沿革

社会发展是个历史范畴，随着历史进程而变化，大致经历了四个阶段：第一阶段，人们对社会发展的理解是走向工业化社会或技术社会的过程。也就是强调经济增长的过程。这一时期从工业革命延续到20世纪50年代前，人们将追求幸福的生活等同于追求大量的物质财富，物质财富的无限增长似乎成为社会发展的惟一标志。资本主义就是在这种发展观的支配下建立起前所未有的物质文明和社会繁荣。特别是在第二次世界大战之后，物质财富的积累达到了惊人的水平，发达资本主义国家的生活水平有了普遍提高，社会保障也有明显改善。但两极分化更趋严重，实现社会公平的路途遥遥无期。

第二阶段，到20世纪70年代初，随着工业化的进程，人们更加重视经济增长和整个社会发展的协调统一，即伴随着经济结构、政治体制和文化法律变革的经济增长过程，经济增长不再是社会发展的惟一指标。许多学者将社会发展必须解决的问题拓展到消除贫困、改善环境、消除战争的可能性，限制大规

① 王立军等:《现代化：理论、内涵和指标》，《北方论丛》2001年第1期。

模杀伤性武器，限制军备、保障人权等范围。

第三阶段，从 1972 年联合国斯德哥尔摩会议通过《人类环境宣言》以来，人们将社会发展视为追求社会要素（政治、经济、文化、人）和谐平衡的过程，注重人和自然环境的协调发展。人们对社会发展的理解从增长第一转变为综合协调发展。

第四阶段，20 世纪 80 年代后期以来，人们将发展看作是人的基本需求逐步得到满足、人的能力发展和人性自我实现的过程，以可持续发展观念的形成和在全球取得共识为标志。可持续发展概念由挪威首相布伦特兰夫人于 1987 年在《我们共同的未来》中提出，并被 1992 年联合国环境与发展大会采纳，“满足当代人的需求，又不损害子孙后代满足其需求能力的发展”成为人们新的发展共识，涉及经济、社会、文化、技术和自然环境的综合动态分析，从理论上明确了发展经济同保护环境和资源相互联系、互为因果的关系。人类对环境与发展的认识进入一个新阶段：环境保护与社会发展密不可分，必须从根本上转变发展模式和消费模式。由资源型发展模式逐步转变成为技术型发展模式，即依靠科技进步，节约资源与能源，减少废物排放，实施清洁生产和文明消费，建立经济、社会、资源与环境之间的可持续发展新模式。

二、可持续发展

可持续发展概念的提出，是对人类几千年发展经验教训的反思，特别是对工业革命以来发展道路的总结。

1. 可持续发展：从警醒到行动

(1) 古代朴素的可持续发展观念①

可持续的概念源远流长。在中国春秋战国时期（公元前 6 世纪至公元前 3 世纪）就有保护正在怀孕和产卵的鸟兽鱼鳖以利“永续利用”的思想和封山育林定期开禁的法令。著名思想家孔子主张“钓而不纲，弋不射宿”②“山林非时不升斤斧，以成草木之长；川泽非时不入网罟，以成鱼鳖之长。”③ 春秋时在齐国为相的管仲，从发展经济、富国强兵的目标出发，十分注意保护山林川泽及其生物资源，反对过度采伐。他认为：“为人君而不谨守其山林菹泽草莱，不可以为天下王。”④ 战国时期的荀子也把自然资源的保护视作治国安邦

---

① 许晖、邹德秀：《中国古代生态环境与经济社会发展史话》，《生态经济》2000 年第 4 期。

② 《论语·述而》。

③ 《逸周书·文传解》。

④ 《管子·地数》。

之策，特别注重遵从生态学的季节规律时令，重视自然资源的持续保存和永续利用。1975年在湖北云梦睡虎地11号秦墓中发掘出1 100多枚竹简，其中的《田律》清晰地体现了可持续发展的思想。“春二月，毋敢伐树木山林及雍堤水。不夏月，毋敢夜草为灰，取生荔，毋……毒鱼鳖，置阱罔，到七月而纵之。”这是中国和世界最早的环境法律之一。“与天地相参”可以说是中国古代生态意识的目标和理想。

西方的一些经济学家如马尔萨斯、李嘉图和穆勒等人的著作中也较早认识到人类消费的物质限制，即人类的经济活动范围存在着生态边界。

（2）近代可持续发展思想的形成

过去一百年间，人类最深刻的警醒莫过于“可持续发展”思想的形成。20世纪初，以工业电气化、交通运输摩托化两大潮流为代表的第二次工业革命，以及以机械化耕作、大量应用化肥、杀虫剂农药为代表的农业革命相继来临。但是大规模工业化带来了一系列的恶果，整个地球的生态环境由于开发手段的不当而日益恶化。首先是地球生命的基础——大气层受到破坏。从20世纪中叶开始，由于无节制砍伐和刀耕火种式的开发，被喻为地球之肺的森林的面积开始以惊人的速度减少。过度机械化耕作和过量使用化肥、农药造成了土壤质量降低，生命之源——水环境遭受污染。

1962年，美国海洋生物学家卡森推出了一本论述杀虫剂、特别是滴滴涕对鸟类和生态环境毁灭性的危害的著作——《寂静的春天》，标志着人类生态意识的觉醒和“生态学时代”的开端。此书引起了巨大轰动，人们逐渐开始深刻反思掠夺式的发展模式给生态环境和社会发展带来的沉重恶果。1972年，一个名为罗马俱乐部的知识分子组织发表了题为《增长的极限》的报告。报告根据数学模型预言：在未来一个世纪中，人口和经济需求的增长将导致地球资源耗竭、生态破坏和环境污染。除非人类自觉限制人口增长和工业发展，这一悲剧将无法避免。这项报告发出的警告启发了后来者。从20世纪80年代开始，最早见诸卡森《寂静的春天》中的“可持续发展”一词，逐渐成为流行的概念。可持续发展的思想是人类社会近一个世纪高速发展的产物。它体现着对人类社会进步与自然环境关系的反思，也代表了人类与环境达到“和谐”的古老向往和辩证思考。人类终于从警醒开始付诸行动。

2. 可持续发展的定义与内涵

“可持续发展”作为一种发展模式、发展道路或发展理论的名称逐步在世界范围内得到广泛传播，成为各种国际会议上和大众媒介使用频率最高的词汇之一，也成为社会科学研究的一个热点。但是当我们把可持续发展当作一条实践的道路来审视时，却发现汗牛充栋的国际文件并没有给可持续发展一个可操作的科学定义，甚至基本概念都模糊不清、莫衷一是。曾有中国学者精心挑选了一批最有影响的定义，并精细地将这些定义划分为可持续性内涵、可持续性定义、可持续发展定义等类别，即使细分到这种地步，仅在可持续发展定义类别下仍有 11 种定义之多。若将可持续性内涵、可持续性定义等都包含在内，则可持续发展定义总共有 20 多种。不仅中国学者面对如此众多的可持续发展定义感到惑乱，西方学者同样如此。著名的国际环境与发展研究所主任约翰·霍姆博格曾很不满意地评论道："自 1987 年以来，各式各样的政治领导人都在谈论可持续发展，有关这个论题的文章大量出版，流行的定义达 70 多个。可持续发展作为一个概念已经变得贬值了，它现在几乎成了一种陈词滥调。"

一个概念引发出 70 多种定义，也就难怪很多会议上出现越讨论越糊涂的现象。而如此众多定义的最终结果实际上是导致没有定义，"可持续发展"几乎变成随人们的主观愿望任意捏塑的泥人。在此情况下与其追求确凿无疑的定义，还不如把握其内涵特征，以寻求对现实生活的指导意义。

可持续发展鼓励经济增长，因为它体现国家实力和社会财富。可持续发展不但重视增长数量，更追求改善质量、提高效益、节约能源、减少废物，改变传统的生产和消费模式，实施清洁生产和文明消费。可持续发展要以保护自然为基础，与资源和环境的承载能力相协调。因此发展的同时必须保护环境，包括控制环境污染，改善环境质量，保护生命支持系统，保护生物多样性，保持地球生态的完整性，保证以持续的方式使用可再生资源，使人类的发展保持在地球承载能力之内。可持续发展要以改善和提高生活质量为目的，与社会进步相适应。可持续发展的内涵均应包括改善人类生活质量，提高人类健康水平，并创造一个保障人们享有平等、自由、教育、人权和免受暴力的社会环境。可持续可总结为三个特征：生态持续、经济持续和社会持续，它们之间互相关联不可分割。孤立追求经济持续必然导致经济崩溃；孤立追求生态持续则不能遏制全球环境的衰退。生态持续是基础，经济持续是条件，社会持续是目的。人类共同追求的应该是自然和社会复合系统的持续、稳定、健康发展。

第三节 社会变迁理论综述

一、古典社会变迁理论流派

社会变迁一直是社会学经典不衰的研究领域，古今中外，众多学者都对社会变迁进行了深入研究，学术界流行着关于社会变迁的不同理论模式。摩尔曾把社会变迁理论分为四种：进化论、马克思主义、功能学派和冲突理论。史连斯则把社会变迁理论分为六类：古典进化论、奥格本的文化堕距理论、古典文化交流理论、古典功能学派、多方向进化论、兴起与衰落理论。阿玲将社会变迁理论分为：注重内在因素的理论、功能学派、经济及工艺、历史及意识形态。①波普诺曾把社会变迁理论分为四种②：社会文化进化论、循环论、功能论和冲突论。鉴于众说纷纭的不同划分，本节主要采纳《中国大百科全书·社会学卷》中的标准，分别从进化论学派、循环论学派、均衡论学派和冲突论学派四个角度介绍古典社会变迁理论。

1. 进化论学派

进化论学派的主要思想来源于达尔文的“物竞天择、适者生存”，认为人类社会是一个不断发展的渐进的过程，表现为由低级到高级，由简单到复杂，由此及彼地向前发展。代表人物有法国实证主义社会学家孔德和英国社会学家斯宾塞。

早在 1822 年，孔德还在作圣西门的秘书时，就给自己规定了这样一项工作，“发展人类从类人猿一直到今天的欧洲文明所经历的连续不断演变过程”③。在此思路的指引下，他构建了人类进步法则，即三阶段法则——神学阶段或虚构阶段、形而上学阶段或抽象阶段、科学阶段或实证阶段。从进化论的角度，说明人类社会的发展或人类社会政治组织形式的演变最先是神治的社会、政治组织，这是以军事、战争为主的古代；随后神被抽象的原理或概念所取代，出现了诸如以自然法学说为根据的重视人权、法制一类的社会、政治组织，该阶段从 14 世纪文艺复兴到 18 世纪才结束。从英国工业革命开始，整个世界日益卷入工业革命的浪潮当中，工业越来越成为世界经济的主导，这是同实证阶段紧密相连的过程。科学和生产逐渐成为人类社会的主要活动，人类互相了解、联合、取得和平。④

社会学的先驱斯宾塞在一篇题为《发展假设》的论文中，曾阐述有机物的进化过程。他认为，进化是从相对模糊的、松散的和同质的状态向明确的、紧凑的和异质状态转变的普遍的过程。⑤这种思想以后得到进一步发展，他把

① 黄俊杰：《社会变迁》，台湾省中华学术院印行《社会学论集》，华冈出版有限公司 1977 年版，第 130~143 页。

② Popenoe D Sociology 10th ed [M] New Jersey Prentice Hall Inc 1995：499.

③⑤ [美] 科塞著，石人译：《社会学思想名家》，中国社会科学出版社 1990 年版，第 6、102 页。

④ 王养冲著：《西方近代社会学思想的演进》，华东师范大学出版社 1996 年版，第 32~33页。

社会比附为一个类似于生物体的有机体，并认为社会有机体的进化与生物有机体有许多相似之处：（1）在生长过程上，社会的规模发生由小到大的变化；（2）在结构进化上，社会从较简单的结构形式成长为较复杂的结构形式；（3）在功能分化上，社会进化是从同质性社会转变为异质性社会的过程；（4）在社会联系上，结构和功能发生分化的社会各部门之间的相互依赖性增强。①由此他认为，社会发展同生物有机体的进化一样，是一个内部“细胞”不断分化和结构复杂化的自我发展过程。

孔德和斯宾塞是传统进化论的主要代表，随着时代的进步和社会的发展，到20世纪初，传统的进化论观点受到质疑，影响逐渐衰弱。第二次世界大战以后，出现了现代进化论，将研究重点放到了不同社会发展变化的模式上，认为社会变迁是多向性的。社会进步不是必然的，也有可能出现倒退。进化是沿着许多方向发散进行的，没有固定的阶段、路线和方式。进化的模式是多样的，不同水准、不同形态的社会，具有不同的进化或发展形式。

2. 循环论学派

循环论学派的代表人物是史宾格勒、索罗金和汤恩比。他们都强调人类文明的发展、成熟、衰退过程的循环而不是进化，认为文化或文明可以向前发展，也可能会衰退，社会变迁是周期性的重复。

德国历史哲学家史宾格勒在1918年出版的《西方的没落》一书中，认为社会是有生命的有机组织，每个社会都有诞生或开始，经历儿童期、成熟期直至进入衰弱期。社会的变化类似于人的生命循环，在经历一个周期之后，社会历史将返回到最初的起点。大多数文明都必须经历这样的生命周期，世界史并不是理念自我表现的直线发展过程，而是各个独立的文化形态循环相继的反映。

美国社会学家索罗金认为，社会变迁是遵循一种“历史循环模式”进行的。他把文化意识分为三种基本类型：一是理念文化，基础是超验的、非物质的终极现实，是为了满足精神和心灵的需要；二是感觉文化，它的前提是把感官体验的物质世界当做惟一真实的存在，强调感觉经验和物质欲求的价值；三是混合文化，即把超验的东西和现世的东西结合在一起的一种混合文化形态。索罗金认为意识的三种基本类型以循环的方式不断重复出现，遵循理念时期——感觉时期——混合时期的顺序循环往复。

汤恩比提出一种以分析各种文明的循环发展和衰落为基础的历史哲学。他在对世界几大文明的兴衰史进行长期分析研究后指出，由于社会和自然环境的

① 刘祖云著：《从传统到现代——当代中国社会转型研究》，湖北人民出版社2000年版，第8~9页。

压力，历史就是人类不断接受挑战和做出反应的过程，而挑战和反应的多次循环就构成了历史变迁和社会变迁。

3. 均衡论学派

均衡论学派的理论假设认为社会是一个具有自我调节功能的系统，系统的各部门存在着相互依存的功能联系，因而社会系统中某一部分的变迁必然会带来其他部分的相应变迁，其最终结果是整个社会趋于平衡和和谐。在这样一种系统中，变迁是缓慢而有序的，始终朝着均衡和谐的状态运行。

美国社会学家帕森斯是均衡论学派的代表人物。他认为社会系统是组成系统的各个要素之间相互依赖的关系。这种相互依赖的关系由社会一般的规范和价值维持和调整，表现了社会系统各个组成部分的一致性、不矛盾性和稳定性。社会的相互作用体系一旦建立起来，本身就具有一种使原有状态保持不变的倾向。当某一部分因内部或外部力量造成整个社会失调时，社会系统的其他部分就会采取矫正措施，使社会恢复到均衡状态。20世纪60年代以来，帕森斯将进化论与均衡论结合起来，形成进化的结构功能主义。他承认社会历史是一个进化的过程，表现为社会适应力的增强，即社会系统从环境中获取资源并在系统内部分配这些资源的能力增强。社会要保持均衡的进化，最终取决于社会能否发展出一套新的、普遍化的价值体系，容纳与整合新的结构要素。

迪尔凯姆主要是从分析两种社会团结出发来说明社会变迁的过程。在迪尔凯姆看来，社会的分工及其发展推动了社会结构从机械团结向有机团结的转变。机械团结以强烈的共同的“集体意识”为基础，而集体意识指的是“社会成员平均具有的信仰和感情的总和”。① 这是一种依赖于想像中共有规范模式形成的团结形式。因此个性不能得到发展，要求绝对一致的压力不断压制个性，但是由于选择的认识没有得到发展，所以个人不一定体验到这种抑制性的压力。相反有机团结则是随着社会分工的发展而出现的。它基于高度的相互依赖，允许甚至鼓励个人之间差异的发展。人们可以从现代社会中的工业化城市找到这种团结的典型形式。其基本特征是高度的社会分工、高度的异质性、微弱的集体意识、高度的个性化、较强的相互依赖、复原性的法律规范等。迪尔凯姆所言的社会团结与社会整合、社会内聚力的涵义大体相同。他认为社会结构将从机械团结向有机团结转变，实际上是把社会变迁看作社会整合功能的变化，认为社会变迁意味着更有效的社会整合形式的出现。

4. 冲突论学派

---

① ［法］迪尔凯姆著，渠冬译：《社会分工论》，生活·读书·新知三联书店2000年版，第42页。

冲突论的基本观点认为社会是不平等的、紧张的、冲突的，同时这种理论认为社会变迁不仅是必然的、不可抗拒的，而且是急剧的，社会变迁不是维持而是打破现存社会的整合与均衡，变迁的动力就是冲突。社会冲突是普遍存在的客观现实，它既是社会变迁的原因，也是其结果，同样社会变迁也是普遍性的，变迁过程存在于社会的每一个方面。

由于冲突论学派或多或少地受到马克思主义的影响，西方社会学界便一直习惯于把马克思的社会变迁理论归纳为冲突型社会变迁理论。马克思把科学的分析同某一特定阶级即无产阶级的利益直接结合起来，从社会的阶级斗争和经济因素在形成各种社会结构中的优先作用（经济基础决定上层建筑）来解释社会的变迁，认为社会变迁是由社会基本矛盾引起的。“我们判断一个人不能以他对自己的看法为根据，同样，我们判断这样一个变革时代也不能以它的意识为根据；相反，这个意识必须从物质生活的矛盾中，从社会生产力和生产关系之间的现存冲突中去解释”。① 这就是说，生产力与生产关系的统一所形成的生产方式的变更是一切社会变迁的最根本原因。但生产方式并不是社会变迁的惟一原因。“随着经济基础的变更，全部庞大的上层建筑也或慢或快地发生变革”②。经济基础的变化会引起上层建筑发生相应的变化与调整，经济基础决定上层建筑变革的方向。同时由于上层建筑的相对独立性和对经济基础的反作用，使得上层建筑的变化要经历一个过程，因此上层建筑对社会变迁有着巨大的影响作用。马克思的社会变迁理论十分丰富，概括起来主要包括以下几个方面：社会变迁的根源在于生产力的发展；社会变迁的过程是自然历史过程和主体活动过程的辩证统一；社会变迁在阶级社会中直接表现为阶级之间的冲突；社会变迁的模式具有不同的类型，即自然形态、派生形态和超越形态；社会变迁的历时性表现为不同社会形态的演变等。

冲突论的代表德国社会学家达伦多夫和美国社会学家科塞等人认为，应该将社会体系看作是一个各个部分被矛盾地联结在一起的整体。最主要的社会过程不是均衡状态，而是各个社会集团为争夺权力和优越地位所进行的斗争造成的冲突。社会权力的资源是有限的，没有获得权力的人为了自身利益要求获得权力，已经掌握权力的人要防止别人夺走他们的权力并想获得更多的权力。任何社会成员都在为权力的分配与再分配进行斗争，一切复杂的社会组织都建立在权力分配的基础之上。人们对于权力再分配的欲望是无止境的，围绕权力所进行的斗争是持续不断的，由此造成的社会冲突是社会内部固有的现象。这种利益不可调和的冲突是社会生活的基础。社会变迁是必然的、急剧的，后果是

---

①② 《马克思恩格斯选集》第2卷，人民出版社1972年版，第83页。

破坏性的，任何宏观的社会变迁理论只有涉及与权力相联系的冲突时，才是有价值的。20 世纪 70 年代以来，对社会变迁的宏观研究已逐步转向对某一特定阶段、特定社会、具体社区的社会变迁的研究，相继出现了社会发展理论、社区发展理论等。

二、社会发展理论的形成与演变

社会发展理论是在现代发展实践的基础上，于 20 世纪五六十年代产生的。半个世纪以来，与现代发展实践在世界上的推进一样，发展理论本身的发展和演变也是跌宕起伏，一波三折，形成多种理论流派和观点相互辩驳、相互交融的格局，呈现出多样化的发展趋势。其中具有不同知识背景与时代背景的现代化理论、依附理论和世界体系论，在不同的历史时期先后占据了发展理论研究与应用的主导地位。

1. 现代化理论

现代化理论处于社会发展理论的第一阶段，产生于 20 世纪 50 年代，兴盛于 60 年代。现代化理论并非一个统一的理论体系，而是一种基于某种观点的一致性的理论流派。现代化理论在对欧美现代化发展进行概括抽象的基础上，试图将欧美的发展经验推广到发展中国家。它认为，发展中国家由于自身内部原因未能实现从传统到现代的转化，仍处于传统社会阶段；而要实现这种转化，必须引进西方文化价值观。传统社会和现代社会的对立与转化是其分析的基本出发点。现代化理论接受了古典社会学关于社会变革与进化的“两极理论”，认为社会的现代化发展是从传统社会走向现代社会的过程。但对于究竟什么是传统社会与现代社会这一根本性问题，现代化论者却缺乏具体深入的分析，在理论研究中也很少有人去分析前现代社会的各种历史阶段和历史特征。现代化理论往往只是简单地认定西方社会即现代社会，西方社会所具有的特征即现代社会的特征。而对传统社会及其社会特征，现代化理论是从现代社会及其特征的对立面进行理解和定义的。

(1) 理论核心

基于传统社会和现代社会二分法，现代化理论对非西方不发达国家的发展问题进行了分析，提出了自己的一套理论。① 首先，在发展阶段上，现代化理论认为非西方不发达国家仍处在传统社会阶段。在传统社会与现代社会之间有一个“中心点”，只有突破这一中心点，传统社会才能进入现代社会。西方发达社会与非西方不发达社会的发展应是一致的。非西方不发达国家现在所处阶

① 张琢、马福云著：《发展社会学》，中国社会科学出版社 2001 年版，第 69 页。

段，正是西方发达国家以前所经历过的一个阶段，两者间的差异只是发展进程的快慢差异。与西方发达国家一样，现在的非西方不发达国家只要突破传统社会和现代社会之间的临界点，就能进入现代社会。但在现阶段，非西方不发达国家因为各种原因，未能突破这个临界点，仍处于传统社会。

其次，在发展原因上，现代化理论将非西方不发达国家未能实现现代化发展的原因归咎于其社会内部的“传统性”。现代化是传统社会通过不同的发展阶段达到某种稳定成熟状态的“内生性变迁”过程。非西方不发达国家缺乏进步的动力，即缺乏“追求现代化的意志力”，原因在于其本土文化的“传统性”。对于传统性，现代化理论是借助于“现代性”概念的对立面来理解的。

再次，在发展前途上，现代化理论认为，非西方不发达国家要实现现代化发展的惟一途径就是西方化或照搬西方模式。简而言之，现代化就是由传统社会向现代社会的过渡与转化。现代化最早出现于欧洲，因此有人认为现代化就是西方化。例如艾森斯塔德就认为：“从历史上看，现代化是一个朝欧美型的社会、经济和政治系统演变的过程，这一过程于 17 世纪至 19 世纪就在欧美各国完成了。”① 西方发达国家的现代化是由其自身的制度结构和文化传统促成的，它是西方文明在自身文化环境中逐步发展壮大的，是一种文明的自我发展。而对非西方不发达国家来说，其社会内部因素无力促成现代化的发端，只有依靠西方文明的传播与冲击才能够实现现代化发展，即引进西方的政治经济制度和社会文化等西方文明才能够实现现代化发展。对西方文明的引进必须是全盘的，即“全盘西化”或“照抄照搬西方模式”。非西方不发达国家的西方化有两条途径：一条是向西方文明全方位开放，让西方文明自然而然地涌入国内；另一条是引进西方文化丛中的经济因素，以它作为本国文明发展的基础，其他一切文明都由此产生出来，长期坚持必然会带来西方式的文明。

2. 评价与反思

现代化理论强调人们的价值观、行为规范在现代化发展中的重要作用，强调价值观的转变是发展的最重要前提条件，从而影响着人们对于社会变革的反应，认为发展中国家也可以步发达国家之后实现现代化，并指出了发展中国家现代化的理论模式。由于现代化理论的深远影响，大批专家学者被吸纳进入联合国及其他发展机构中，将广大的非西方不发达国家作为理论的试验基地，这对于拓宽发展研究的领域、总结经验教训具有重要意义。但是不可否认现代化理论用欧美社会变迁和社会进化的经典理论来解释和指导广大非西方不发达国家的现代化发展，存在着许多缺陷和不足。现代化理论把千差万别的人类社会

① 王义祥编著：《发展社会学概论》，华东师范大学出版社 1995 年版，第 41 页。

历史强制纳入到“传统社会”与“现代社会”的框架内。这种两极对立的简单化的历史发展观，抹煞了历史发展中许多历时性的和共时性的差别。西方现代化论者所持的历史发展单线论，也不符合实际情况。他们把非西方不发达国家目前所处的状态，简单地等同于西方发达国家实现现代化以前的某一个阶段，认为只要踏着西方发达国家的脚步走，非西方不发达国家就能顺利实现现代化，这完全否认了实际存在的时代、民族、地域的差异和特点。诚然，任何国家的现代化过程都必然存在某些共性的东西，但是由不同地域、不同时代、不同文化所带来的差异更令人瞩目。西方现代化理论还有一个缺陷就是违背了文化多元性原理。西方现代化论者宣称不发达国家自身无法突破传统与现代的界线，只能完全依靠输入西方文明来实现现代化，这是十足的“西方中心主义”和西方文化优越论。任何社会的文化都与特定的自然环境、社会环境及历史传统相联系，因而国与国之间、民族与民族之间，存在着种种差别，每个国家的现代化都只能在自己的文化环境中进行。而且随着现代社会的日益发展和进步，文化环境更加复杂化和多样化，呈现出趋同性与变异性并存，民族性与国际性交融的绚丽景象。西方中心论很显然有悖于历史发展的客观规律。

2. 依附理论

依附理论是发展理论演变的第二个阶段，或者说是第二种学说，它是作为西方现代化理论的对立面出现的。如果说现代化理论主要依据的是西方发达国家的发展实践，那么依附理论则主要根据拉丁美洲等不发达国家的发展实践。

(1) 依附理论的时代背景

依附理论是在西方现代化理论在实践中不断碰壁的情况下，在不发达国家中逐步形成和发展起来的。从20世纪50年代末开始，许多非西方不发达国家根据现代化理论的引导，按照“现代化即西方化”的逻辑，采取了一系列对西方开放、引进外国资本、输入西方科技以及经济增长优先的发展政策。结果不少发展中国家确实实现了国民生产总产值的大幅度增长，国民生产总值的年平均增长率大大高于发达国家，但是国内与国际的经济结构不断恶化，大部分穷国与发达国家间的收入差距越拉越大，发达国家的跨国公司控制了不发达国家的经济命脉，并把经济问题转嫁给后者，使不发达国家经济损失巨大，国际债务危机不断加深，经济和社会活动日益受控于发达国家。这些事实充分证明，如果按照西方现代化理论主张的道路走下去，不发达国家根本无法实现现代化，只能沦为西方发达国家的经济附庸，为发达国家提供发展的物质条件。西方现代化理论受到了越来越多的批评。到了60年代末，现代化理论的问题进一步暴露，它在许多不发达国家人民和领导人中开始破产了。依附理论正是在这种时代背景下产生的，该理论主要是用“中心”和“外围”之间的不平等关系来解释发展中国家落后的原因。

（2）依附理论的研究视角①

依附理论以马克思的社会理论，特别是关于资本剥削与资本扩张的理论以及列宁的帝国主义和殖民地理论为基础，借鉴了发展经济学家，例如默达尔（Gunnar Myrdal）、普雷维什（Raul Prebisch）等人的理论观点而形成。

依附理论在基本理论倾向上，反对现代化理论将发展中国家不发达的原因完全归咎于内部因素，而是从它们对发达国家的依附、发达国家对它们的控制中寻找原因。依附理论指出：以西方发达国家对非西方不发达国家的控制和非西方不发达国家对西方发达国家的依附为本质特征的国际贸易，是西方发达国家剥削非西方不发达国家的一种途径。依附理论中的“依附”一词，专指属于中心地位的西方发达国家通过不平等的世界经济格局和不公正的贸易关系，控制和支配非西方不发达国家，使后者不得不屈居外围地位，成为依附于中心国家并为它们的发展提供条件的国家。同西方现代化理论的“内部因素决定论”相反，依附理论认为，非西方不发达国家之所以不发达，未能实现现代化，并非内部因素所致，而是由这种控制、剥削和依附关系所造成的。

依附理论的分析框架从“传统—现代”的二分法转向“不发达—发达”的二分法。依附理论认为西方发达国家处于“发达”状态，而非西方发展中国家处于“不发达”状态，两者的状态关系不是现代化理论所鼓吹的纵向的或依次进步的关系，而是横向的或并行发展的关系。依附理论认为，西方现代化理论将非西方国家当前的不发达状态完全归咎于自身内部因素是根本错误的。“中心”国家或称“宗主”国家的“发达”状况，同“外围”国家或称“卫星”国家的“不发达”状况，是同一关系所产生出的两个不同结果。前者的“发达”导致了后者的“不发达”，没有前者就没有后者，没有后者也就没有前者，犹如一枚硬币的正反两面一样不可分离。

作为依附理论最激进的代表弗兰克认为，西方发达国家与非西方不发达国家之间的“宗主—卫星”关系，不仅存在于世界的层次，而且存在于每个卫星国家的社会内部。这些国家的金融和出口中心，对于世界体系来说是宗主中心的卫星，而对于国内的生产地区的居民来说则又是宗主中心。西方发达国家正是通过这种连锁关系，将控制力量渗透到不发达国家的任何一个角落，吸取资本和剩余价值。这种关系模式深深根植于拉丁美洲等不发达国家，使之陷入不发达状态。虽然某些拉丁美洲国家在战后实现了经济的较快增长和工业化的

① 周安伯、严翅郡、冯必扬著：《发展理论与中国现代化》，国家行政学院出版社1998年版，第23页。

快速进展，但这决不能使之摆脱对西方发达国家的依附，充其量只能说是一种“不发达的发展”。

（3）评价与反思

依附理论是对现代化理论的一种挑战，促进和丰富了发展社会学对发展中国家发展问题的理论研究，探讨了世界经济的不平等性和低度发展国家对发达国家的依附。但是依附理论把发展中国家不发达的主要原因归结于外部因素作用的结果则不免失之偏颇，并且在世界联系日益密切的情况下，有些激进的学者主张发展中国家与发达国家“脱钩”，这也是一种片面的看法和违背历史发展规律的设想。

3. 世界体系论

世界体系论是发展理论演变的第三阶段，由沃勒斯坦（Immamuel Wallerstein）及其同事在20世纪70年代中期提出，该理论被称为“抓住了新一代社会学家的想像力”。世界体系论用系统观点分析整个世界及其组成部分的发展与变化，它既不像现代化理论那样只注重单个国家的现代化，也不像依附理论那样将世界简单地划分为中心与外围，而是将整个世界视为一个统一的整体，探讨其发展规律，并从总体的发展过程中分析作为部分的国家与社会的发展。

（1）理论背景

作为西方现代化理论对立面的依附理论出现以后，西方现代化理论不仅没有退出历史舞台，而且同它进行了激烈的论战。大到基本的方法论，小到某一个国家经济发展的性质，乃至一个具体的数字，双方都进行着相互辩驳。论战一方面促使双方实际上存在的局限性和不足之处暴露出来，为消除有着广泛影响的错误认识和观念提供了可能性；另一方面又促进完善自己的理论认识。这就为新的理论综合提供了可贵的思想资料和认识前提。当然只有这两种理论的论战，新的理论综合是不可能实现的。这种综合更为根本的理论背景是实践的发展和世界格局的重大变化。20世纪70年代中期，东亚的日本、韩国、中国的香港和台湾、新加坡等国家和地区的经济取得了惊人的发展。这些国家和地区的发展速度甚至超过了西方发达国家同一阶段的发展速度，社会发展也取得了全面进步。而美国在资本主义世界体系中的主导地位因一系列事件遭受挫折，经济滞胀和财政赤字日益严重。这些迫使人们进一步重新审视世界发展的新格局，世界体系论应运而生。

（2）理论观点①

---

① 周安伯、严翅郡、冯必扬著：《发展理论与中国现代化》，国家行政学院出版社1998年版，第30~33页。

“世界体系”概念是由出生于匈牙利的美国社会学家沃勒斯坦在其所著《现代世界体系》一书中提出来的。世界体系论有多方面的内容。

首先，论证世界体系的形成。世界体系论认为世界进入现代史以来，自足系统只有一个，这就是资本主义世界经济体系，而各个国家和社会只是这个体系内部的一个组成部分，即世界体系中的单元或次体系。沃勒斯坦将世界体系的起点一直追溯到1500年前后的西北欧。他从早期资本主义的萌芽及其拓展来分析资本主义经济所具有的扩张性，以此作为世界体系形成的出发点。

其次，说明世界体系的结构和运动。世界体系理论认为，整个世界体系由中心国家、边陲国家和半边陲国家三个部分组成。中心国家是指在世界体系中占主导地位、可以控制其他国家的国家；边陲国家是指受中心国家控制的国家；半边陲国家则是指居于二者之间、既可以在某种程度上控制边陲国家又在某种程度上受控于中心国家的国家。由这一世界体系的结构状况所决定，通过不平等的国际分工和世界贸易，形成剥削与被剥削的相互关系，造成各个国家和地区的地位上升或下降的变动，而社会内部的努力对此是无能为力的。世界体系理论特别强调半边陲国家的双重重要意义，认为它可以发挥中间缓冲作用，避免日趋两极分化的世界体系内部的矛盾过于紧张，以消解经济危机和适应新的发展需要。

再次，论证世界体系的整体发展规律。沃勒斯坦以马克思主义、宏观经济理论、系统论为指导理论，在深入分析16世纪以来资本主义发展史的基础上，提出了关于世界体系整体发展规律的看法：既互不相同又紧密联系的“周期性节律”与“长期趋势”。“周期性节律”认为世界体系的长波是每40年至50年重复一次，每一个周期中的停滞期都创造出重组世界体系生产格局的能力，产生出新的扩张机制，从而为下一个周期的扩张做好准备。“长期趋势”则用来说明世界资本主义经济体系的诞生、发展和死亡。主要包括“外在扩张”和“内在扩张”的形式，商品化的形式，机械化的形式等。

最后，说明世界体系的消亡过程。沃勒斯坦一方面否认不发达国家有退出世界体系的可能性，甚至用“流通决定论”观点论证社会主义国家也必然要遵守资本主义世界经济的运作规则，不可能摆脱这一世界体系而成为另一个体系；另一方面，又认为并非所有的国家都要永远受世界体系的制约，因为世界资本主义经济受到反体系力量和世界体系扩张极限双重因素的影响。他认为世界体系在地理范围上的扩张已经接近极限，要消除反复出现的危机和越来越强大的反体系力量的压力，只有靠进一步的内在扩张。而当这种扩张接近极限时，三个长期趋势中只要有一个无法继续发展，世界体系就不能消除压力，一旦有大的危机来临，世界体系就要崩溃，就会发生革命。资本主义世界经济体系就会被“社会主义世界政权”所取代。由于这种政权建立在社会主义生产方式之上，生产技术的发展可以使产出满足全人类的需要。

(3) 评价与反思

世界体系论不是对世界体系进行简单的二元划分，而是视其为一个内部发生广泛联系的系统；不是把体系的形成看成静态类型的转换，而是看作“边陲化”的动态过程；不是单纯从内因或外因解释发展，而是从体系的整体发展规律解释发展，显示出理论上的独到之处。但是该理论过于强调世界体系结构的决定作用，无视每个具体国家在结构上受到的影响和它对世界体系的影响；而且半边陲的概念界定十分模糊，难以说明实际问题，对不发达国家的发展也没有提出切实可行的操作方案。

本章小结

社会变迁是社会学研究领域中一个经久不衰的话题。自社会学创立伊始，就以其独特的魅力吸引着社会学家的视野，社会学的理论想像力也在关注其话题的过程中迸发。

1. 作为一种事实陈述而非价值判断，社会变迁无时无刻不在发生，社会学意义上的社会变迁内涵十分丰富。它既不一定代表社会进步，也不必然预示社会退化，它可能是一种有益的社会变化，也可能是一种有害的社会变化。从理性高度把握社会变迁的内涵，需要从众多社会现象中进行抽象与概括。社会结构的研究范式为理解社会变迁提供了有益的分析框架。

2. 任何特定的社会体系一经确立，就会形成比较稳定的结构关系。社会体系作为一个复杂的系统，各个组成要素都具有自我组织和不断完善的特性，有可能出现各要素发展的不平衡。为了适应新需要和不平衡的出现，就要不断调整原有的结构关系。在影响社会变迁的诸因素中，社会的经济变迁是最根本的原因。物质生产力是生产方式内部最活跃、最革命的因素。社会变迁除了最终取决于社会生产力的发展之外，还取决于自然环境、人口、社会结构、社会价值观念、生活方式、文化乃至科学技术等多方面因素的影响，是多种因素相互作用的结果。

3. 按社会变迁的规模，社会变迁可划分为整体变迁和局部变迁；按社会变迁的方向，社会变迁可划分为进步的社会变迁和倒退的社会变迁；按社会变迁的性质，社会变迁可划分为进化的社会变迁和革命的社会变迁；按人们对社会变迁的参与和控制的程度，社会变迁可划分为自发的社会变迁和有计划的社会变迁。

4. 社会发展研究是社会变迁研究的延伸，是对社会进行动态分析的一个重要方面。随着认识的提高，人们注意到社会发展并非是纯经济性的，而应是超脱于经济、技术和行政管理的现象，社会发展的内涵与外延在不断拓展。可持续发展观念逐渐形成并在全球取得共识。

5. 古今中外，众多学者都对社会变迁进行了深入研究，学界流行着关于社会变迁的不同理论模式。根据《中国大百科全书·社会学卷》中的标准，进化论学派、循环论学派、均衡论学派和冲突论学派分别是古典社会变迁理论的重要分支。

6. 社会发展理论在现代发展实践的基础上，于20世纪五六十年代产生。半个世纪以来，与现代发展实践在世界上的推进一样，发展理论本身的发展和演变也是跌宕起伏，一波三折，并形成多种理论流派和观点相互辩驳、相互交融的格局，呈现出多样化的发展趋势。其中具有不同知识背景与时代背景的现代化理论、依附理论和世界体系论，在不同的历史时期先后占据了发展理论研究与应用的主导地位。

思 考 题

1. 什么是社会变迁？围绕社会变迁有哪些经典解释？

2. 哪些因素可以引起社会变迁？在影响社会变迁的诸因素中，什么是最根本性 因素？

3. 根据不同的划分标准，社会变迁可以分为哪些类型？

4. 社会发展内涵的不断拓展是否实现了对传统的社会发展意义的升华？

5. 可持续发展观的提出对人类社会的发展将产生何种深远的影响？

6. 古典社会变迁理论包括哪四大分支？分别有哪些学术思想？

7. 随着实践发展，社会发展理论经历了怎样的演变历程？形成了哪几大理论流派？

第十五章　社会现代化

学习目的与要求：现代化是从传统社会向现代社会的转变，是与人类起源的变化和从原始社会向文明社会的变化相比拟的复杂过程，它包含着人类思想和行为的一切领域的变化。通过本章的学习，首先要从理论层面上了解不同学者对现代化内涵与特质的界定，形成对现代化的整体认识，进而以系统的现代化理论体系为参照框架，深入分析现代化的世界历史进程以及中国现代化探索的成败得失。

现代化起源于15世纪和16世纪的欧洲，它以史无前例的深远影响推动着世界历史前进的步伐，它所创造出的全新的现代生产方式和生活方式，不仅在随后数十年中缔造了人类历史上第一个工业化国家，而且以磅礴的气势，迅猛的速度将原先散布在地球上的上百个国家、民族联成一体，共同卷入了一场世界性的现代化大潮。

第一节 现代化的内涵

20世纪，现代化大潮席卷全球，人类新文明走向辉煌。在许多国家和地区，现代化不仅家喻户晓，而且成为奋斗目标。特别是20世纪50年代以来，随着现代化理论的传播，现代化成为一个大众化词语。然而，关于什么是现代化，迄今没有统一的定义，常常是仁者见仁，智者见智。

一、现代化的词源涵义

“现代化”一词在英文中是一个动态的名词：modernization，意为 to make modern，即“成为现代的”之意。它作为一个一般性术语表述人类自科学革命以来的高速变迁过程，还是一个比较新近的事情，而“现代”作为表述当代社会性质的概念可以追溯到6世纪晚期的拉丁语。首先是拉丁语，继而是英语和其他语言用这个词来区别当代与“古代”的作家和作品。到17世纪，“现代性”、“现代派”和“现代化”被用于各种多少有点限定性的和专门性的场合。早先“现代”一词常含有平凡、陈腐等贬义，但后来人们逐渐在比较客观的意义上使用它，欧洲的学者就曾放弃了基于基督教的历史分期，开始使用古代、中世纪和现代的分期法。

二、西方学者对现代化的界定

1. 布莱克的比较历史观

美国的比较史学家布莱克在《现代化的动力：一个比较史的研究》一书中曾指出：“‘现代化’在这里指一种动态形式，对于历史悠久的改革过程来说，它是近世以来知识爆炸性增长所带来的结果。其特殊意义，来自于它的动力特征和对人类事务影响的普遍性。现代化首先起始于渴望变迁的态度，以及社会能够而且应该转变的信念。如果有必要定义，那么‘现代化’或许可以被界定为一个过程，在这一过程中，历史上形成的制度发生着急速的功能变迁——它伴随着科学革命的到来，反映了人类知识的空前增长，从而使人类控制环境成为可能。”① 布莱克主要是运用比较历史的方法来研究现代化的进程，属于结构功能学派关于“现代化”理论的代表观点。他认为在科学和技术革命的影响下，社会正在或已经发生着巨大的转变过程。这一变革过程涉及知识、政治、经济、社会和心理等各方面的变化。这个过程以西欧而言，开始于16世纪和17世纪的科学革命，17世纪英国和18世纪法国的政治革命，以及18世纪后期和19世纪初期的工业革命，由这些引起的变化影响（或冲击）了整个世界，形成世界性转变，影响全人类的相互关系，而且变化的速度越来越快。

2. 亨廷顿的政治发展观

亨廷顿（Samuel P. Huntington）试图从政治发展的角度来描述现代化总体特征的一部分，即提出了政治等级上的现代化进程的概念。他认为政治现代化有三个方面的内容。第一是所谓“权威的合理化”，即以单一的、世俗的、全国的权威取代分散的、宗教的、集团或地域性的权威。“人们可以有秩序而没有自由，但他们不能有自由而没有秩序。必须先有权威，然后才能对它加以限制”。② 因此，亨廷顿指出现代化的先决条件就是建立强大的、为全体人民一致接受的政治权威，即民族的国家。第二，应达到政治职能的区分化，国家官僚机构的出现便是其集中的表现。职能区分化的目标在欧洲大陆发展得很早，专制君主时期就在向这一方向发展。第三，“政治现代化涉及整个社会中

① 布莱克著，景跃进、张静译：《现代化的动力——一个比较史的研究》，浙江人民出版社1989年版，第6页。

② 亨廷顿著：《变动社会的政治秩序》，上海译文出版社1989年版，第8页。

更多集团的参政”，人民的大规模参政是“现代国家与传统国家的最大区别”。在现代化进程中，越来越多的人在政治上变得积极起来，或者积极地通过各种方式向中央政府施加越来越多的压力。这是因为，社会流动性的日趋频繁，使人们产生了在经济发展的早期所不曾有过的企图。经济增长首先会导致不平等的加剧，而这又意味着更多的“政治参与”。如果政治机构无力接受这种越来越多的“参与”要求，就会出现各种形式的动乱，或者导致腐败。因此对于新兴国家来说，尽管面临着各种复杂的需要解决的问题，扩大参政仍然是第一位的任务，它关系到新制度的稳定与否。

3. 马克思的历史演进观

早在一百多年前，马克思在《资本论》第一卷第一版序言中就表述了现代化的思想，“工业较发达的国家向工业较不发达的国家所显示的，只是后者未来的景象”，这一思想被今天西方现代化论者认为是关于落后国家的发展道路和工业化问题的重要提示。美国出版的《国际社会科学百科全书》刊载的“现代化”条目中，一开始就引用马克思的这句话作为阐释现代化涵义的第一条根据。马克思对于现代化所持的标准，与当前社会科学文献中广为流行的标准非常相似，那就是突出具有普遍性的、具体的和成就取向的标准，高度的灵活性，以及基于成就的阶级开放体制。他在《共产党宣言》中对现代世界的兴起做出了经典性的描述。他强调人类活动的普遍化与合理化是资本主义发展的先决条件，肯定了资产阶级社会及其社会关系的非神秘化和合理化，并把这种新的社会形式推向全球，从而支持了他的关于历史发展序列的划分，“大体说来，亚细亚的、古代的、封建的和现代资产阶级的生产方式可以看做是社会经济形态演进的几个时代”。① 马克思、恩格斯把19世纪称之为现代，并非当时时代的泛称，而是指一个特定的历史时代。从16世纪以来欧洲发生的社会巨变，导致了大工业的兴起，带来了现代资本主义生产方式，这种新的生产方式比过去一切时代创造的全部生产力还要多，还要大，产生了以往人类历史上任何一个时代都不能想像的工业和科学的力量，首次开创了世界历史。这个不同于中世纪的“现代生产方式”所引起的一系列革命、变革开辟的新时代，就是马恩著作中的“现代”的涵义。

三、中国学者对现代化的界定

现代化近几十年在中国几乎是一个耳熟能详的名词。众多学者著书立说，为寻求国家的发展不倦探索。政府更是把早日实现四个现代化作为国家发展的

---

① 《马克思恩格斯选集》第2卷，人民出版社1972年版，第83页。

重要目标。其实，现代化研究早在“五四”时期就已经在中国开始，只不过当时并没有明确使用“现代化”一词，而是以“西化”与“欧化”来谈论。因为那时人们普遍认为西方即欧美列强是现代国家中独立富强的典范，中国要走向独立自主，只有向西方国家学习，奋起直追，以达到富国强兵的目的，这便是中国人的早期现代化思想。但是很显然这种说法并不科学。因为西方现代化社会对非西方社会的这种以科技性为主要特征的“同化”过程具有历史的偶然特性。现代化固然发源于西方近代文化并以此为中心向全球扩展，西方社会的发展模式也已经被证实为现代化的典范，但却并不能就此将西化与欧化完全等同于现代化，毕竟前者包含了许多非现代化、非科技性的因素，诸如宗教、文艺、民族等个性的特质，以局部夸大为全部，不免有文化中心主义之嫌。这也就是为什么众多学者热衷于进行现代化的本土研究的原因，以西方国家为借鉴，寻求中国社会发展之道路才是现代化研究的关键所在。

1. 金耀基：科技作用下的现代化

香港中文大学的学者金耀基先生从现代化、工业化、发展这三种现象的比较出发指出现代化是指传统社会利用科技之知识以宰制自然，解决社会与政治问题的过程①；并进一步对现代化的类别加以说明。他认为从现代化的内容来划分可以大致分为心智的现代化，政治的现代化，经济的现代化，社会的现代化和心理的现代化，等等；而按照现代化的源头来划分则有自我本土的发展或内发性的现代化和外力促使而生或外发性的现代化之别。前者是一个社会本身经历长期的创新性发展而形成的自然历史过程，如英、法、美等国的现代化历程；后者则与之相反，是指一个非现代化社会在接受了现代文明的强烈冲击后，“借取”现代化的经验而进行的改革发展过程，德国、前苏联、日本国等则属于此种范畴。概括地讲，内发性的现代化是经由社会内部的创新而形成的，它可以由点点滴滴的积累或某种科技的突破而促成，西方国家一般属于此种发展模式；外发性的现代化则是在受到外力的刺激与挑战时，自愿或不得不进行的一种赶超性的发展过程，非西方国家大多数属于此类情况，例如中国社会的现代化过程。

2. 钱乘旦：全球视野下的现代化

在全球的视野下研究现代化问题，南京大学的钱乘旦认为现代化便是一个全球性的运动，光从字面上来理解现代化是不够准确的。它并不表达明确的时间概念，不可把“现代化”等同于“现代”。同时尤其对于发展中国家来讲不

① 罗荣渠、牛大勇编：《中国现代化历程的探索》，北京大学出版社1992年版，第3页。

能简单地把经济增长与“现代化”之间划等号，把高度发展的经济和高度发达的技术作为现代化的标志。因此他总结道，现代化是一次巨大的社会变动，是人类文明的一次转换，它在工业生产力取代农业生产力的基础上，实现了农业文明向工业文明的转化。换句话说，现代化是一种新的文明形式（工业文明）逐渐确定的过程，它包含着整体的社会变动。旧有的一切将依据能否适应工业文明而决定取舍，不能适应者将消失，能适应者经过改造而融入现代。判断“传统”与“现代”的标志就在于工业文明这个衡量尺度。

3. 殷海光：文化层面的现代化

台湾大学的学者殷海光在深入研究西方近代文化在世界规模上的扩张以及中西文化的接触后，从文化的层面上对现代化的涵义进行了阐释。他认为现代化至少应在两种程序里进行。① 其一是世俗化，其二是革新。从圣化的社会变迁到一个世俗的社会，这一过程叫做世俗化。在圣化的社会里，社会的结构，行为规范，甚至为学致知都以远古时代传承下来的圣典圣则为张本。即使这些圣典圣则已不为实际情况所适用，也得奉为标准不得改变。而世俗化则是消除这种制度思想，办事只问便利与否，不问是否合于古老的章制，说话只求表情达意不必一定合于圣典。简言之，就是从古制圣则中解放出来的过程，而这一过程同时伴随着革新的出现，革新被视为一种比革命更稳妥、实惠的运动。它可以减少不必要的牺牲和浪费。在这两种程序中进行的现代化，可以说就是一种社会文化的变迁。对于这种变迁，社会要想获得进步，只有顺应和因势利导，并需要现代化的文化思想和这一趋势配合。

四、现代化内涵的综合分析

要想一般化地给现代化下定义并不是十分困难，但是寻找明确的、公认的定义却极不容易。从上述介绍的众多观点即可看出，常常见仁见智，人言人殊，但这并不妨碍对此问题的深入认识，恰恰是多层次各方面为我们开拓了研究的视野。在此方面，北京大学的罗荣渠教授作出了富有建设性的贡献，将各种现代化的涵义和概念归纳为四个类型。②

第一，现代化是指近代资本主义兴起后的特定国际关系格局下，经济上落后的国家通过大搞技术革命，在经济和技术上赶上世界先进水平的历史过程。这是中国共产党和中国政府领导人在阐述中国的社会主义现代化方针与政策时

---

① 罗荣渠、牛大勇编：《中国现代化历程的探索》，北京大学出版社 1992 年版，第 364 页。

② 罗荣渠著：《现代化新论》，北京大学出版社 1993 年版，第 98 页。

所一贯表述的思想，其思想源于列宁的著名公式：共产主义就是苏维埃政权加全国电气化。第二，现代化实质上就是工业化，更确切地说，是经济落后国家实现工业化的过程。这种观点与前一种的实质并无区别，只是前者的特殊之点在于它的政治立论，后者的注重之处是工业发展与经济增长。从这种意义上讲现代化就是指人类社会从传统的农业社会向现代工业社会转变的历史过程。第三，现代化是自科学革命以来人类急剧变动的过程的统称。按照此观点，人类社会现阶段发生的史无前例的变化，不仅限于工业领域或经济领域，同时也发生在知识增长、政治发展、社会动员、心理调适等方面，它与上一种观点的不同之处就在于它不是着眼于工业化的纯粹经济属性。第四，现代化主要是一种心理态度、价值观和生活方式的改变过程，即现代化可以看作是代表我们这个历史时代的一种文明的形式。这种观点基本上进行的是一种横向研究，对现代化的过程、现代性的特点及其对社会各方面的作用与影响提出不同的分析模式。

由于现代化是一个包罗宏富、多层次、多阶段的历史过程，很难一言以蔽之，因此从不同角度研究现代化，自然会形成不同观点。而且现代化还是一个正在发展中的进程，新问题新情况的出现，必将进一步丰富拓展现代化研究的内涵与外延。

第二节　现代化的特质

现代化是一个极其复杂的系统过程，涵盖了知识、政治、经济、社会、心理等一切生活过程。虽然每个国家、民族由于历史境遇和客观条件的不同会经历各自相异的现代化历程，但万变不离其宗，现代化的共同特质清晰地体现在社会发展的各个方面。

一、知识特质

12 世纪至 19 世纪短短数百年不过是漫漫历史长河的一瞬，然而知识革命的光辉却迅速照亮了人类前进的行程，创造出比以往任何一个历史阶段都更加辉煌的文明。知识特质直接推动了现代化的世界演进。正如布莱克所言，“现代化最为普遍认可的方面是知识的积累以及获得它的理性解释方法，这一内容处于现代化过程的核心位置，正像灵魂内在于人体那样”。① 知识革命将科学

---

① ［美］布莱克著，景跃进、张静译：《现代化的动力：一个比较史的研究》，浙江人民出版社 1989 年版，第 10 页。

以技术的形式运用于人类实际事务中，给人类社会的发展提供了广阔空间。

第一，知识的理性化：为宇宙万物求取理性的解答。认为自然的、社会的以及心理的现象都受法则的支配，有规律可寻，具有统一性和因果关系，并能被人们认识，可由人们的理性来调节和支配。科学的求知态度还直接影响了人们的生活价值。基于世界本质早期概念上的神学体系和宗教信仰受到了来自科学信仰和理性价值观念的冲击与挑战。

第二，科学的实用化：在价值评估方面，人类的幸福逐渐成为社会的中心议题，科学的实用化为改善人类生存的物质条件挖掘出巨大的潜能。社会的发展正日益专注于经济和社会事务，在经济利益和社会效益的双重刺激下，科学研究的趋向转向实用化和功利化，注重实际问题的解决，为进一步改善人们的物质生活条件提供了技术支持与保障。

第三，科学知识无限扩张：现代化的推进过程伴随着科学知识的无限扩张。无论是在制造、交通、通讯、农业还是医药方面，科学知识改变了人们管理社会事务和经济生活的方式。科学书刊大量印刷发行，公司研究机构或个人积极推进各种研究计划，发表各种研究成果。人们学习知识、获得技能的手段更加多样化、方式更加便捷化。

第四，知识的权威性增加：政治、经济、社会各部门，都由专家主持，即培根所谓的知识即权力。知识的权威性在现代社会空前提高，专家成为社会经济发展的核心倡导者。源于对知识创造生产力的深切认同，整个社会形成崇尚知识、尊重科学的意识氛围。

二、政治特质

第一，中央集权：政府成为国家统治的合法集团，国家权力高度集中，中央政府以国家和社会的整体名义直接统治人民，管理各项社会事务，行使统治权利，甚至包办教育、大众传播、交通、社会治安、工业生产等事业。

第二，统治权力的合法化：国家权力建立在对公民承担责任的基础上，不是自然的神意而是来自世俗人民的批准。现代国家从地方权威的统一中兴起，进一步在职能基础上将统治权力以合法的形式扩大到更多活动领域，甚至是某些在封建时代从属于私人或地方管辖的范围。家庭、村落、教会以及各种其他机构所发挥的功能在现代社会全部通过法律认可的方式集中到国家手中。

第三，法治精神：由法律代替世俗裁决，如果没有通过高度有机的科层体制维持的法律章程，没有国家同社会每一个成员的密切联系，现代国家职能的集中化和管理化几乎是不可能实现的。以法治精神统治社会代替个人独断专行是政治领域现代化的重要标志。法律规章一致，应用方法一样，适用对象相同。法律面前人人平等。现代社会逐渐从追求法律形式上的平等转变到强调实质的平等一致。

第四，官僚制度：在现代社会行政中承担着重要的社会职责，凭借合法的制度体系保证国家机关的高效运行。由于行政机构的日益庞大，需要终身从事行政工作的人员来分层负责。从事行政工作的人必须服从上级的裁决。广泛适用于各种官僚组织的组织原则获得了充分发展，现代治理方法和管理技术成为复杂的官僚统治的有效工具。

第五，公民对公共事务的大量参与：现代社会高度依赖公民各种形式的承认和合作，以至于国家的结构在很大程度上取决于获得这种承认的能力。为此，社会与每一个社会成员之间保持了密切联系。如果没有公民的普遍理解并接受统治，国家便不可能在税收、对外政策、教育、社会治安以及无数其他事务中顺利行使自己的职能。反之，公民为获得自身的最大利益，对各种社会事务的参与热情也在提高。在现代民主社会中，全体公民可以在一定程度上参与选择政治领袖和公共政策，并且个人的选择权也可以通过有效的公民参政权得到保障。即使在政治控制很严厉的国家，也需要依靠宣传和经济刺激赢得公民必要的政治承认和合作，通过思想控制、公民投票和计划代议体制获得公众的支持与参与。

第六，福利国家：由于公民对社会事务的大量参与，政府没有办法仅用武力来统治，必须注意人民的福利，通过推行福利政策、改善公共设施和社会环境赢得公民对现有统治的认同感和归属感，以增进与公民间的关系，维持统治的稳定性与持久性。

三、经济特质

现代化的经济特质十分引人注目，以致许多人把它看做是现代化过程决定性的中心力量。然而事实上经济发展在很大程度上依赖于现代化过程的知识和政治方面，特别是知识的积累增长。

第一，机械化：从瓦特发明蒸汽机以及珍妮纺纱机的广泛使用开始，非生物性动力替代劳力的机械化浪潮逐渐成为第一次工业革命的强大推动力，促进了生产、分配、运输和通讯的各个领域的发展。在18世纪80年代英国纺织机革命率先达到了高潮。在英国的机械化过程中，第一个先导部门是棉纺织业，其后是冶铁业、铁路业和机械制造业。用机器生产取代手工劳动，以工厂制取代手工作坊，英国正是依靠一系列的重要的技术发明进入了工业化。

第二，专业化：现在的发达国家在两个或三个世纪以前处于高速的经济发展时期，在人均农业土地及人均利润方面都有较高的发展水平。这主要得益于专业化程度的提高，使西欧社会的经济发展处于世界领先地位。即使时至今日，从整体上看，它们的发展水平也数倍于今天的不发达国家。伴随着经济增长的过程，严密的社会分工使经济领域的专业化程度逐渐加深，促进了生产的精细化。

第三，国内外贸易的扩大：与专业化过程并进的是国内外贸易的扩大，能够把广泛的人力物力资源整合成一个相对密切合作的经济体系。传统农业社区事实上是自给自足的，它利用本地的现有资源生产大多数的食物、衣物和用具，仅仅是偶然从流动商贩那里购买商品。而现代社会则尽力生产某些产品，并从外地获得大部分必需品。生产能力的扩张，人口的不断膨胀，为现代社会国内外贸易的扩大奠定了物质基础与需求基础。

第四，产业部门的增多：作为专业化发展的结果，地区商品和服务的交换也在扩大，国内外旅行和贸易的屏障逐渐打破，这又促进了供应大众商品的大众市场的形成。需求的多元化促进了第二产业及第三产业的迅猛发展，在数量意义上超过第一产业。农业在国民经济中的比重有所下降。

第五，技术科学化：即不断以科学新知识提高工业、商业、农业、交通、运输等部门的技术水平。科学技术成为经济增长的源泉，通过劳动机械化使生产的巨大增长成为可能。科学技术转换成现实生产力的周期不断缩短，生产效率呈几何级数提高。

四、社会特质

第一，城市化：从传统的农业社会向现代工业社会转变的过程伴随着深刻的社会变迁。那些世世代代主要由农民构成，从事管理、制造与贸易的人也许超不过10%的社会，在短短数百年当中发生了迅速的变化，从土地束缚中脱离出来的农村人口开始大量向城市转移。随着社会职业结构的变化，更多人口定居于城市，生活在都市。城市化浪潮席卷了每一个现代化国家。

第二，小家庭制度：城市化常常使家庭结构发生重大变化，一般与农业生活相连的大家族逐渐转变为只包括夫妇和未成年子女的核心家庭。家庭规模小型化、家庭功能社会化的趋势同时存在于现代家庭结构的演化当中。

第三，人口的流动性增大：现代化过程还伴随着人口的大规模地理性流动。在发达国家每年约有1/5的人口由于职业需要从一地迁往另一地。人们的工作性质和工作地点都不再固定不变，由乡村到城市，由此城到彼城，职业的变动率很高。

第四，社会分层的变化：知识、政治和经济的现代化趋向使人们在收入、教育和机会方面的差别不断缩小。虽然这并不意味着人们在社会和政治方面的作用也能达到基本一致，但至少相对于传统社会的钢性社会结构，人们有了更多社会流动的机会。社会地位升降变化很快，不再终身固定于某一个阶层。

第五，普遍主义：现代化也是文化普及的过程，由传统社会的少数人拥有文化转变为普遍具备读写能力。与之相连的教育发展达到了相当程度，某些社会全部居民实际上都接受了中等教育，同时有 1/3 的适龄者接受高水平的正规教育①。这一切导致了传播信息的革命，使每个人获得了机会均等、教育平等、男女平等、接触大众传播的机会，个人在社会上的地位由其成就决定。

五、心理特质

心理现代化的重要性具有基础的性质，因为归根结底，所有事情都依赖于人类个体的感知。个体适应环境的方式受早期家庭教育环境和氛围的深刻影响，后者将潜移默化地对个体思维模式的形成起作用。

第一，在一个典型稳定的经济社会中，儿童自己能模仿成人们所合理预知的行为模式，孩子们在地方社区内学习他们今后生活中可能遇到的一系列问题以及解决这些问题的现成方法。长大成人后，多数人就会按照既定模式去应对各种生活问题。环境会严格限制人们的主动性和创造性行为。尤其在传统社会中，刻板的社会结构会倾向于抑制个人主义，大多数农民从不指望改变自己的职业，相对少数的大地主、商人、武士和统治者们在社会中构成了狭小的阶层，他们极力维持自己的统治地位，结果使超越或获得新权力的愿望及成就感受到了限制。当社会进行现代化的时候，人类本性未曾改变，但处理各种问题的社会环境已经不同以前。由于社会条件的改变和外来生活方式的影响，人们的思维意识也在不断改变。适应性、主动性、创造性特别是成就欲望的增强渐渐成为获得成功的必要条件。

第二，知识更新换代的频率大大加快，年轻人不再重视信服长辈的意见，他们更倾向于模仿同辈而不是双亲，行为方式也在不断改变，愿意接受新经验，乐于更新与变迁，以更大的能力去适应日益宽广的社会范围的种种特征与特性，对未来充满信心。

第三，在传统社会中，个人一般主要与家庭、地方社区以及所属的职能团体发生联系，倾向于用狭隘的观点看待他人，人人生活在一个熟悉的圈内，由此得到人身安全感，几乎没有能力了解其他观点或评价不同的行为方式。现代社会恰恰相反，社会的流动性和互动的日益频繁使人与人之间的交流变得十分

---

① ［美］布莱克著，景跃进、张静译：《现代化的动力：一个比较史的研究》，浙江人民出版社 1989 年版，第 19 页。

重要，社会成员间的依赖性增强，人们必须在相互合作中实现自己的社会角色。由此培养起尊重他人，顾及他人尊严，关切同胞尊严的共同社会情感。

第四，强调个性发展的价值观，增强对自我发展和变动能力的评价。个人见解具有比较民主的倾向，对周围各种不同的态度和观点有较多的了解。承认观念的差异性，但不会就此轻易动摇个人的世界观和价值观。既不会自发地接受在权力层次上比自己高的人的观点，也不会明显拒绝在他之下的人的观点，对不同观点可以做出积极的评价。

第三节　现代化理论①

现代化理论是关于现代化研究成果的集成。现代化研究历时50余年，形成了庞大的现代化理论体系。大体上说，包括经典现代化理论、后现代化理论和第二次现代化理论等三大体系。

一、经典现代化理论

1. 现代化研究的兴起与发展

20世纪50年代，美国一批社会学家、经济学家和政治学家相继开展了现代化研究。1951年6月，在美国社会科学研究会经济增长委员会主办的学术刊物《文化变迁》杂志编辑部举办的学术讨论会上，大家讨论了贫困、经济发展不平衡等问题。与会者认为，使用"现代化"一词来说明从农业社会向工业社会的转变是比较合适的。到60年代西方陆续出版了一批有影响的现代化研究专著，现代化理论基本形成。例如，《经济成长的阶段：非共产主义宣言》（罗斯托，1960），《日本和土耳其的政治现代化》（沃德和拉斯托，1964），《现代化和社会结构》（列维，1966），《现代化的动力：比较历史研究》（布莱克，1966），《现代化：抗拒与变迁》（艾森斯塔德，1966），《现代化：增长的动力》（维纳，1966），《变化社会中的政治秩序》（亨廷顿，1968）等。在20世纪70~80年代，现代化理论面临诸多挑战，同时也得到全面发展，形成了五光十色的现代化理论。

西方学者开展现代化研究，历时50年（20世纪50~90年代），最终形成了经典现代化理论体系。尽管这种理论存在许多固有缺陷，受到种种批评，例如，不能解释发达工业国家70年代以来的发展等，但是它仍然被认为是用来

① 参见何传启：《什么是现代化》，中国科学院中国现代化研究中心，http：//www.cas.ac.cn/

阐述工业革命以来人类文明的革命性变化的有力理论，其他任何一种社会科学理论都不可能完全取代它，因此可以称之为经典现代化理论。

2. 经典现代化理论的六大分支学派

经典现代化理论并不是一个单一的理论，而是不同领域、不同学者关于现代化研究的理论成果的统称。在不同学科领域，根据研究侧重点的不同，形成了六大分支学派，可以从下表中清晰地把握研究脉络。①

经典现代化理论研究的六个学派

学　派	主要观点或特点	代表人物
结构学派	结构—功能主义。现代化是从传统社会向现代社会的转变。重点研究现代性和传统性的比较和转换。	帕森斯、列维、穆尔等
过程学派	现代化是从农业社会向工业社会转变的过程，这个过程包括一系列阶段和深刻的变化。重点研究转变过程的特点和规律。	罗斯托等
行为学派	现代化必然涉及个人心理和行为的改变，强调人的现代化。	英克尔斯等
实证学派	各国的现代化具有不同特点。开展现代化的实证研究。	亨廷顿、格尔申克隆等
综合学派	现代化涉及人类生活方方面面的深刻变化。比较研究、发展模式研究、定量指标研究等。	布莱克等
未来学派	研究未来的发展趋势，重点研究发达国家的发展趋势。	贝尔、托夫勒等

虽然在经典现代化理论中，不同领域和不同学者对现代化的解释不尽相同，但是，大家普遍接受现代化的两个基本内涵，它们与现代化的基本词义大体一致：(1) 指发达国家16世纪特别是工业革命以来发生的深刻变化；(2) 指发展中国家在不同领域追赶世界先进水平的发展过程。

现代化是一个历史过程，包括从传统经济向现代经济、传统社会向现代社会、传统政治向现代政治、传统文明向现代文明的转变等。在20世纪40~60年代，欧美发达国家已经完成工业化进程，步入高度发达的现代工业社会；发展中国家没有完成工业化进程，仍然处于传统农业社会，有些地区甚至处于原

① 参见何传启：《现代化理论》，中国现代化网中的部分内容。

始社会。因此在经典现代化理论中，现代化可以被概括为一句话：从农业经济向工业经济、农业社会向工业社会、农业文明向工业文明转变的历史过程就是现代化。

二、后现代化理论

几乎与现代化理论研究同步，西方学者对发达工业国家未来的发展进行研究，并提出了许多种新理论。例如，后资本主义社会（达伦多夫，1959）、后工业社会（贝尔，1973）、后现代主义（Lyotard，1984；Rose，1991；格里芬，1997）、后现代化理论（Crook，1992；Inglehart，1997）、知识社会（莱恩，1966）、信息社会、网络社会和数字化社会等。其中，后工业社会和后现代主义是与经典现代化理论紧密相关的，后现代化理论则与经典现代化理论相对应。

1. 后工业社会理论

在20世纪50年代末，美国社会学家丹尼尔·贝尔就产生了后工业社会的思想，1973年正式出版《后工业社会的来临》一书。他认为，人类社会的发展分为前工业社会、工业社会和后工业社会三个阶段。在今后30年至50年间，发达工业国家将进入后工业社会。后工业社会不同于由前工业农村社会发展来的传统工业社会。它涉及的是劳务生产而不是货物生产，它的大多数劳动力是从事白领工作而不是体力劳动的职业，这些工人中的许多人都是从事专业管理或技术工作的雇员。原来的工人阶级正在消失，工业社会的许多阶级冲突也随之消失了。以地位和消费为基础的新组合正在代替以工作和生产为基础的旧组合。

后工业社会是一个教育程度很高的社会，知识真正成为它的中心资源，但这是一种特殊意义上的知识。工业社会依靠的是实践知识，即来自实际工作而不是纯研究的知识，它的代表人物是像瓦特和爱迪生这样的发明家。后工业社会依靠的是理论知识，通过支持高等教育、研究和开发活动的形式把国家资源中越来越多的部分用于发展这样的知识。这种重点的转移在“知识机构”（诸如大学）的重要性的提高中反映了出来。新的阶级和机构最终将取代实业家和实业组织成为社会的统治复合体。

贝尔对后工业社会的阐述已成为最有影响的说法。它主要以对美国经验的概括为基础，但是许多欧洲社会学家发现自己所在的社会同时发生的情况与之十分相似：图雷纳的《后工业社会》（Post-Industrial Society）（1971）即为一例，虽然他比贝尔更强调新社会里的冲突将与旧社会里的冲突一样激烈。贝尔的思想尤其为东西方的未来学家所接受，他们已把后工业社会的概念作为他们思想的中心。

然而后工业的概念有多少合理性呢？贝尔所指出的经济和职业结构方面的许多变化无可怀疑地正在发生。工业社会现在在很大程度上是白领和服务的社会，但是这主要是因为他们已把制造业输出到第三世界国家，而并没有以任何方式放弃控制。为了廉价和政治上的方便等明显意图，跨国公司把它们的指挥部门设在“后工业”世界的城市里，而把工厂建立在工业化世界，并在那里吸纳劳动力。因此后工业社会延续着工业主义的道德和社会目的。在许多情况下，这种道德和社会目的阻挡了后工业伦理的发展。同样特征在被认为是很重要的白领和专业工作领域里也是很清楚的。许多专业工作已经由于科技化和计算机技术的应用而被“工业化”了，因此，专业工人越来越像工业社会中的无产者了。大学、工业和政府的研究开发部门将大量研究着眼于为现存产品和生产过程的扩大和改进服务，诸如更新颖的汽车设计或具有更高分辨率的电视机。此外，还有许多研究是直接针对进行战争或控制人口的更新和更有效的方法。在这些情况的综合作用下，我们很难清晰地识别出一个明显标志着新社会秩序即将来临的社会原理。

2. *后现代化理论*

后现代主义起源于西方发达国家。根据韦氏辞典，后现代（postmodern）指20世纪中叶在西方艺术、建筑和文化等领域兴起的思潮，它分析现代社会的种种问题和危机，反对现代化运动的哲学和实践，主张复兴传统要素和技术。有些后现代主义者倾向于对现代思想的否定和解构，有些后现代主义者比较重视后现代社会的建设和创造，有些后现代主义者把社会发展分成三个阶段，即传统社会、现代社会和后现代社会，但是他们关于“后现代”的时间涵义，没有形成一致的意见。有些学者认为，后现代是一种文化思潮，不是一个时间概念；有些学者把第二次世界大战结束后的历史阶段称为“后现代阶段”，有些学者提出“后现代时代”。后现代思潮在政治、经济、社会、科技等领域都有反映。

后现代化理论是西方学者提出的一种社会发展理论。它认为，社会经济的发展不是直线的，20世纪70年代以来，发达国家社会发展方向发生了根本转变，已经从现代化阶段进入后现代化阶段。美国密执根大学教授殷格哈特（Inglehart）把1970年以来先进工业国家发生的变化称为后现代化。他认为，后现代化的核心社会目标，不是加快经济增长，而是增加人类幸福，提高生活质量。殷格哈特教授是世界价值观念调查项目（World Values Surveys）委员会的执行主席，参加该项目的80名专家对43个国家进行了问卷调查，该项调查覆盖全球70%的人口。世界价值观念调查共进行了三次，分别是1981～1982

年，1990~1991 年，最近的一次调查是在 1995~1998 年完成的。最近的调查结果显示，有些国家如尼日利亚，刚刚开始现代化；有些国家如中国，正加速进行现代化；有些国家如韩国，接近于从现代化向后现代化的转折点；有些国家如英国、德国和美国，已经进入后现代化；北欧国家（瑞典、挪威、丹麦、芬兰等）和荷兰基本是后现代社会。

后工业社会理论和后工业化理论均被看做是现代化理论体系的发展延续，是现代化理论在社会经济发展和思想变化领域的最新研究成果，但是在其吸引众多学者研究热情的同时，人们也不禁产生了很多困惑。因为根据韦氏辞典，“现代”指大约公元 1500 年到当前的这段历史时间，没有明确时间下限，当前的时代就是“现代”。如果“后现代”具有时间涵义，那么，“后现代”是什么时候？当前的时代是不是“后现代”？如果当前的时代是“后现代”，那么，“现代”和“后现代”在时间上就是交叉的。“后现代”就变成了一个自相矛盾的概念，必然影响后现代化理论的传播和应用。在某种意义上，后现代化理论是以经典现代化理论为参照的，没有完全超越经典现代化理论的束缚，不能解释发展中国家的情况。正是这样一些局限的存在促使发展中国家的学者积极地探寻现代化理论发展的突破口。

三、第二次现代化理论

1998 年，中国学者何传启发表了《知识经济与第二次现代化》一文，随后出版《第二次现代化：人类文明进程的启示》一书，全面提出第二次现代化理论。第二次现代化理论认为，从人类诞生到 2100 年，人类文明的发展可以分为工具时代、农业时代、工业时代和知识时代等 4 个时代，每一个时代都包括起步期、发展期、成熟期和过渡期等四个阶段，人类文明进程包括 4 个时代 16 个阶段。从农业时代向工业时代、农业经济向工业经济、农业社会向工业社会、农业文明向工业文明的转变过程是第一次现代化；从工业时代向知识时代、工业经济向知识经济、工业社会向知识社会、工业文明向知识文明的转变过程是第二次现代化；文明发展具有周期性和加速性，知识时代不是文明进程的终结，而是驿站，将来还会有新的现代化等。

对于主要发达国家，第一次现代化大致经历 210 年（1763~1970），第二次现代化将大致经历 130 年（1971~2100）。第二次现代化的时间分界，与美国密执根大学政治学教授殷格哈特（Inglehart，1997）把 1970 年作为发达国家后现代化的起点基本一致，与经济合作与发展组织（OECD）著名经济学家麦迪森把 1973 年作为工业革命以来第五个经济发展阶段的起点基本一致。麦迪森的经济发展五个阶段分别是：1820~1870 年，1870~1913 年，1913~1950

年，1950~1973年，1973~1992年。1994年德国社会学家查普夫教授在《现代化与社会转型》中曾提出“持续现代化”的观点；1991年美国学者E. Triyakian教授曾提出“新现代化”和“第二种现代化”的观点。

第二次现代化理论是一种新现代化理论。在第二次现代化理论中，现代化被赋予三种新涵义。其一，第一次现代化指从农业时代向工业时代、农业经济向工业经济、农业社会向工业社会、农业文明向工业文明的转变。其实就是经典现代化理论描述的现代化。其二，第二次现代化指从工业时代向知识时代、工业经济向知识经济、工业社会向知识社会、工业文明向知识文明的转变。它是一种新现代化，不仅覆盖了后工业社会理论、后现代主义、后现代化理论等内容，而且还有全新的、更加丰富的内涵。20世纪70年代以来学者们关于新经济（知识经济、信息经济、网络经济、数字化经济等）、新社会（知识社会、信息社会、网络社会、学习社会等）和新文明（知识文明、非物质文明等）等的研究成果，都可以纳入它的范畴。其三，未来的现代化指完成第二次现代化后，人类社会进行的新的现代化。

第二次现代化理论，解决了经典现代化理论面临的困难（经典现代化理论不能解释发达工业国家70年代以来的发展），同时化解了后现代化理论的困境（现代与后现代的时间矛盾），而且对人类文明发展规律提出了全新的解释，预测了人类社会未来的发展。第二次现代化涉及人类生活的方方面面。在第二次现代化过程中，政治、经济、社会、个人、文化等领域的变化将是新现代化，不同于第一次现代化过程中发生的经典现代化。尤其是在社会、经济和文化等领域，第二次现代化在很大程度上是对第一次现代化的淘汰，甚至是否定。如果说第一次现代化的主要社会经济目标是加快经济增长，那么第二次现代化的主要社会经济目标是提高生活质量。

第四节 现代化的世界历史进程

一、现代化的准备与起动

现代化源起西欧，并不断向全球扩展，到19世纪末，已经历了四百年的时间。但此时真正走上现代化道路并取得一定成效的国家主要局限在欧洲、北美和东方的日本，处于亚、非、拉地区的绝大多数国家的现代化却尚未起动。是什么条件使西欧地区形成这种内在的自发的变革动力，而在世界其他地区，包括具有高度古典农业文明的东亚，却未形成这种内在动力呢？研究现代化的准备与起动，是探索现代化的世界历史进程首先遇到的一个大问题。中世纪的西欧并不是绝对统一的社会结构，在主体的封建农业社会中还伴随着一个近于独立的市民社会。这个工商业的市民社会尽管十分弱小，却很早就从农业主体结构中分离出来。市民可以不受封建领主管辖，不以农业为生，拥有自己的经济和政治组织，可以自由地发展自己的生存方式和价值取向。多元型的封建主义社会经济结构具有更大的适应变迁的弹性、社会流动性和开放性，为内在的新兴经济力量突破封建外壳提供了较为有利的前提条件。

以英国的现代化起动为例，工业文明最早在英国形成，它的标志是工业革命及其引起的巨大社会变动。中世纪的欧洲是一个缺乏创造力的社会，停滞不前，缺乏活力，压抑人性。正是英国率先打破了这种沉重的发展束缚，走上了民族国家的道路，从而摆脱了中世纪的混乱状态，继而又推翻了专政制度，为整个社会争取了相当大的自由度。到18世纪，英国已经形成了很宽松的社会环境和相当开放的政治制度，逐渐走到了历史发展的前列，并积累了一系列发展的优势：（1）内战后国家政治稳定，行政统一，较早地形成了全国市场；（2）农业革命先行，土地、劳动力的商品化程度较高，并在农村最早出现了农业手工区；（3）自然条件得天独厚，资源丰富；（4）社会分化程度较高，地主和商人阶层关系融洽；（5）传统结构多元化，王权受到限制；（6）宗教世俗化较早；（7）科学革命先行，技术领先；（8）国家独立自主，经济上不依赖外国。这些初始优势形成了最早通向现代化的新机遇。

二、现代化在全球范围内的兴起

最早发轫于英国的这场两百多年前的工业革命标志着迄今为止人类发展的最大分水岭，它迅速地改变了历史前进的方向，把人类由农业文明时代引入崭新的工业文明时代，引发了社会的一系列深层次变革。工业文明比以往任何一种文明形态都更具有扩张渗透的本性，从它诞生的那一刻起，仅仅在两百多年的时间里就将触角伸向世界各地，从而促使现代化在全球范围内展开。

1. 第一次现代化的浪潮

第一次现代化的浪潮是由第一次工业革命推动的，时间从18世纪后期到19世纪中叶（大约1780~1860），是由英国开始然后向西欧扩散的过程。这一时期以英国资产阶级革命、法国大革命和北美独立革命为代表，在此之前现代天文学和力学的创立为第一次现代化浪潮的兴起起到了推波助澜的历史贡献。17世纪末，牛顿力学体系的最终完成，成为现代机械、土木建筑、交通运输等工程技术的理论基础。

2. 第二次现代化的浪潮

19世纪下半叶至20世纪初，工业化和现代化在欧洲核心地区取得巨大成就，并向周围地区扩散，越出欧洲向异质文化地区传播，形成推动现代化的第二次大潮，使“西化”或“欧化”成为鲜明的历史发展潮流。在第一次现代化大潮中形成的工业技术和世界市场都为以后的工业化提供了有利条件。那些同属于基督教文明世界的北美和欧洲的一些国家相继走上了现代化的道路。蒸汽机车使陆上交通革命化，蒸汽轮船使海上交通革命化。国内市场的整合，国际商业和贸易的扩大，为现代化的发展提供了新机遇。以英国、法国、美国的工业化经历为参照系，德国、日本和俄国成为第二次现代化大潮中的后起之秀。

3. 第三次现代化的浪潮

在第二次现代化大潮之后，世界经济出现了30年的停滞与徘徊。但其间两次世界大战的爆发和人类历史上第一个社会主义国家苏联的诞生，对后来国家现代化道路的选择与新探索产生了深远的影响。人类历史在经历了短暂的调整之后，终于在20世纪下半叶迎来了新的发展曙光。第三次现代化大潮的出现引发了全球性的大变革，成为了现代化的全面加速期。科学技术革命突飞猛进，工业化国家经济繁荣经历了“第二个黄金时代”（1945~1975），相继进入了现代化的高级阶段。第二产业向第三产业迅速转换；生产的高科技化、专业化与多样化同时提高；并已形成以资本密集、技术密集、资源浪费、劳力节省、大众消费、福利主义为特征的发达资本主义工业文明。美国成为战后西方世界发展的新中心。原先处在欧、美、澳边缘资本主义地区的国家，随着经济的持续增长，工业化和现代化也向更高阶段升级。战后已初步实现工业化的苏联也在错综复杂的进程中探索进行结构改革和转换发展机制，向发达社会过渡。在这一时期，随着战后殖民体系的瓦解和洲际性的民族解放运动的爆发，发展中国家纷纷走上独立，开始自主工业化、现代化的进程。社会主义体制也从前苏联的一枝独秀成为多国的实践，中国、东欧等一批社会主义国家的兴起，突破了单一的资本主义发展格局，成为和西方工业化国家相抗衡的一大阵营。

三、中国现代化的百年探索

1. 中国现代化的早期阶段

鸦片战争的隆隆炮声打破了沉睡千年的古老的中华民族。西方挑战的持续冲击，民族危机的强大压力，使无数士绅精英、黎民大众终于认识到我们已经远远地落伍于正在新兴发达的工业文明。伴随着天朝上国的美梦被粉碎所带来的彻骨阵痛与变革图强的辛酸历程，中国揭开了通往现代化的艰难探索之路。

“就建设而言，以10 735 454平方公里之疆域，而全国铁道仅有12 335公里，公路仅有51 210公里，航线仅有12 988公里，有线电仅有91 130公里，电报局仅有 1 105 所，货弃于地，不知取用，宝藏遍野，不知开发，生活必需，都仰人而给。就工业而言，一切规模为宏大之工业，大抵为资本主义先进国家所操持，其他落后的手工业，如土布、如丝织、如磁器，无不江河日下，破落不堪，渐归于淘汰。就农业而言，人已使用电力汽力，自耕种播种以至收获，无不使用机器，我则仍死守中古时代之技术，犁锄仍为主要之生产之工具……农业之凋敝没落，宁尚堪问？就教育而言……仅有大学 34 所，专门学校 16 所，大学生仅 12 285 人，专门学生 2 168 人……全国人民几于十分之八九为文盲，教育之落后如此，文化之低落，由可想见。”① 这就是原载于《申报月刊》杨幸之于 20 世纪 30 年代所描绘的当时中国社会状况的真实写照。中国这样一个在世界上曾经是盛极一时的富饶帝国，及至世界文明迈向现代化的初端时，却成为了破败凋敝、贫穷落后、任人宰欺的弱小国家，陷入了现代化低度发展的窘境之中。

究其原因既有外来的西方资本主义渗透和帝国主义侵略，又有中国传统文明的落后性，制度的独特性以及历史发展的停滞性等内在弱点。自从鸦片战争开始，资本主义列强便加紧了侵略中国的步伐，凭借其船坚炮利发动侵略战争，然后强迫清政府签订一系列不平等条约。根据这些不平等条约，列强从政治上取得种种侵略特权，从经济上获得掠夺剥削的权益，从文化上得以渗透，使中国由一个主权独立、领土完整的主权国家，一步步地沦为半殖民地半封建社会，现代化发展的社会基础遭到了严重的破坏。重农抑商的传统国策历来根基深厚，封建专制统治者无非是要把农民束缚在土地上，以维系其封建统治的政治秩序和剥削秩序，但却严重抑制了民间工商业的兴起。加之长期的闭关锁国政策，更使中国孤立于资本主义世界之外，限制了与国外经济、文化的交流。

随着中国早期现代化的逐渐展开，现代化的推动者们越来越意识到要想摆脱低度发展的窘境，只有变革图新，积极寻求救亡图存的现代化之路，才能挽救中华民族于水深火热之中。因此中国早期的现代化探索从一开始便与国家的存亡问题密不可分，政治上的领导人物自然而然地处于战略性的主导地位。在某种程度上讲中国的早期现代化是一个具有浓厚的政治性与文化性的自上而下的运动。从曾国藩、李鸿章和张之洞最初倡导的洋务运动，到中国共产党领导下的一系列社会政治、经济、文化的变革，中国社会历经沧桑巨变，最终为现代化的全面发展彻底扫清了各种障碍，走上了快速发展的轨道。

---

① 罗荣渠主编：《从“西化”到“现代化”》，北京大学出版社 1990 年版，第 248 页。

2. 中国现代化的试步时期

1949~1978年这30年成为中国现代化的试步时期。这一时期，人们从事现代化建设的行为明显带有探索的色彩，现代化的模式尚未明确下来，各种具体发展战略的变换过于频繁。

中国现代化进程在这一时期的突出特征表现为经济现代化建设不规则的高速推进。新中国建立后，实现了从新民主主义革命向社会主义革命的转变，从而确立了一个经济不发达国家走上社会主义现代化道路的起点，并开始了真正意义上的中国现代化启动发展。以工业化为核心的经济现代化方案的实施，不仅使中国现代工业从无到有实现了零的突破，而且建立起了比较完备的工业体系和国民经济体系，开始了从农业大国向工业大国的过渡。按照可比价格计算，社会总产值和国民收入的指数以1952年为100，1978年则分别为726.3和453.3。1953~1978年，中国的社会总产值增长率为7.9%，国民收入增长率为6.0%，国内生产总值增长率为6.0%，和同期世界上其他主要国家的经济增长速度相比确实居于前列。

但是纵观这30年的经济现代化建设，基本上是靠外延型的发展方式而非内涵型的发展方式推进的，不可避免地造成了发展过程的低效性，高投入低产出，高成本低效益。物质消耗占社会总产值的比重逐渐增高，而全民所有制单位每百元资金实现的税金和利润却逐渐减少。劳动生产率缓慢提高，无法同社会总产值、国民收入以及国民生产总值的增幅相提并论。经济的现代化建设具有明显的起伏性，表现为一种比较固定的轮回周期，即高速增长——经济滑坡、善后处理——再高速增长——再经济滑坡、再善后处理，在这种连绵不断的起伏周期中，经济螺旋似地向前发展。

3. 中国现代化的改革与辉煌时期

1978年对于中国现代化的发展来说，是具有转折意义的一年，从此中国的经济、社会、文化建设渐渐走出困境，步入良性发展的轨道。十一届三中全会党的工作中心的转移和改革开放战略的实施，使中国的现代化发展再次焕发青春。

20世纪80~90年代，邓小平在深入总结国内外社会主义实践的基础上，审时度势，根据世纪末的时代格局和中国的现实国情，对中国的现代化建设模式进行了集中的探索。邓小平的突出贡献之一就是他卓有成效地进行了中国现代化模式问题的思考，初步回答了经济文化落后的国家如何建设社会主义的问题。从1980年提出“什么叫社会主义这个问题也要解放思想”到1992年春的视察南方，邓小平对社会主义根本任务、发展动力和道路、战略布局以及本质等许多方面，作出了深刻的思考、详细的阐述和创造性的探索。

社会主义市场经济的最终确立使中国在计划经济体制下建立的工业体系大大扩展了，国民经济的各个门类更加齐全，产业结构更加合理，整个经济运行正在逐步与国际惯例接轨，特别是第三产业中现代信息产业的发展，标志着中国现代化进程正处在工业社会、信息社会的双重跨越中。市场经济推动着社会经济成分的多元化，推进着现代企业制度的形成及其全要素市场机制的完善。这不仅使工业组织结构和经济运行更加合理，而且使社会分层、社会流动从封闭型转向开放型，社会结构的异质性特征增加，各类社会主体的自主权与利益在扩大，以职业为标志的身份系列正取代以往城乡二元对立状态下的各种身份系列。市场经济的发展也推动了中国新一轮的城市化建设。不仅城市作为多种中心的辐射作用更加显著，布局更为合理，现代城市生活方式也在逐渐形成，城市生活更加世俗化。特别是市场经济带动了中国小城镇和乡镇企业的发展，大大改善了城乡二元格局的对立状况，走出了一条工业化、城市化的新路。市场经济的发展还将开辟法制化经济的轨道，为政治民主化进程提供最有力的经济推动力，从而形成适应市场经济需要的全面创新局面。20 世纪末，邓小平建设有中国特色的社会主义理论最终形成，是整整一个世纪中华民族艰难探索的伟大成就，标志着中国的现代化建设步入了快速、健康发展的轨道。

本章小结

1. 现代化是从传统社会向现代社会的转变、与人类起源的变化和从原始社会向文明社会的变化相比拟的复杂过程，它包含着人类思想和行为一切领域的变化。现代化起源于 15 世纪和 16 世纪的欧洲，以其史无前例的深远影响推动着世界历史前进的步伐。

2. 随着现代化理论的传播，现代化成为一个大众化词语。然而，关于什么是现代化，迄今没有统一的定义。根据众说纷纭的现代化的涵义和概念，罗荣渠将其归纳为四个类型。(1) 现代化是指近代资本主义兴起后的特定国际关系格局下，经济上落后的国家通过大搞技术革命，在经济和技术上赶上世界先进水平的历史过程。(2) 现代化实质上就是工业化，更确切地说，是经济落后国家实现工业化的过程。(3) 现代化是自科学革命以来人类急剧变动的过程的统称。(4) 现代化主要是一种心理态度、价值观和生活方式的改变过程。

3. 现代化是一个极其复杂的系统过程，涵盖了知识、政治、经济、社会、心理等一切生活过程。虽然每个国家、民族由于历史境遇和客观条件的不同会经历各自相异的现代化历程，但现代化的共同特质存在于社会发展的各个方面。

4. 现代化理论是关于现代化研究成果的集成。现代化研究历时50余年，形成了庞大的现代化理论体系。大体上说，包括经典现代化理论、后现代化理论和第二次现代化理论等三大体系。

5. 现代化源起西欧。工业文明比以往任何一种文明形态都更具有扩张渗透的本性，从它诞生的那一刻起，仅仅在两百多年的时间里就将触角伸向世界各地，从而促使现代化在全球范围内的展开。在经历了三次波澜壮阔的发展浪潮之后，现代化步入了全面加速期，引发了全球性的大变革。

6. 鸦片战争的隆隆炮声打破了沉睡千年的中华民族。伴随着西方挑战的持续冲击，民族危机的强大压力以及天朝上国的美梦被粉碎所带来的彻骨阵痛，中国揭开了通往现代化的艰难探索之路。从曾国藩、李鸿章和张之洞最初倡导的洋务运动，到中国共产党领导下的一系列社会政治、经济、文化的变革，中国社会历经沧桑巨变，最终为现代化的全面发展彻底扫清了各种障碍，步入了快速发展的轨道。

思考题

1. 什么是现代化？现代化有哪些不同定义？
2. 现代化的共同特质有哪些？
3. 现代化理论包括哪几个理论体系？不同理论体系之间有怎样的扬弃与发展？
4. 如何评价现代化理论体系的现实解释力？
5. 为什么现代化首先兴起于西欧诸国？
6. 现代化的世界历史进程经历了哪几次发展浪潮？
7. 分析中国的现代化探索历程有哪些启迪意义。

第十六章 社会问题

学习目的与要求：社会问题是任何社会都普遍存在的客观社会现象，由于社会问题自身的某些特性，它往往成为人们生活中密切关注的焦点与热点。但是公众大多是以常识或者自以为是的经验来认识、评价所谓的社会问题，容易引起各种误解和偏见，为此迫切需要对社会问题进行系统的理论研究。通过本章学习，首先要从理论分析出发，了解不同学者、不同流派对社会问题的科学研究，形成理性的分析框架，进而深入分析社会问题的成因、认定与解决条件，对转型期中国社会问题的有效解决提供参考性意见。

社会学从某种意义上说，就是一门试图解释社会矛盾乃至整体社会问题的学科，它诞生的时代正是近代社会中各种社会矛盾大量产生的时代。实践的迫切需要为社会问题的理论研究提供了源源不断的推动力量，使社会问题逐渐成为社会学研究的一个专门领域。

第一节 社会问题概述

一、社会问题的性质

1. 社会问题的学术研究

社会问题在欧美国家称作社会病态、社会解组、社会反常或社会失调。关于社会问题最简洁的定义莫过于美国社会学家米尔斯的论述，社会问题也即公众的问题，即不是个人的困扰，而是社会中许多人遇到的公共麻烦。他在定义社会问题时是这样说的："社会的公众问题常常包含着制度上、结构上的危机，也常常包含着马克思所说的'矛盾'和'斗争'。"① 较有代表性的观点还有：

美国社会学家米弗认为："一个社会问题，是一种社会情况或情景，以引

① 米尔斯等著：《社会学与社会组织》，浙江人民出版社 1986 年版，第 10 页。

起社会的困苦，紧张，冲突或失败，有加以干涉的必要。”① 谢泼德和沃斯认为：“一个社会的大部分成员和社会一部分有影响的人物认为不理想，不可取，因而需要社会给予关注并设法加以改变的那些社会情况即为社会问题。”② 温伯格认为：“所谓社会问题，指的是一种公认的状况，它在价值观念上偏离了引人注目的人的认识标准，这些人要求采取行动来改变这种状况。”

中国社会学者孙本文先生认为：“社会问题就是社会全体或一部分人的共同生活或进步发生障碍的问题。”③ 北京大学袁方教授主编的《社会学科辞典》中对社会问题是这样定义的：“社会中的一种综合现象，即社会环境失调，影响社会全体成员的共同生活，破坏社会正常运行，妨碍社会协调发展的社会现象。”在王康教授主编的《社会学词典》中将社会问题定义为：“在社会变迁过程中，某些社会活动和社会关系发生了与现实的社会环境失调（即相异或发生矛盾)，并引起人们普遍注意，需要以社会力量来解决的现象。”由北京大学编写的《社会学教程》则把社会问题定义为：“是社会中发生的被多数人认为是不合需要或不能容忍的事件或情况，这些事件或情况，影响到多数人的生活，而必须以社会群体的力量才能进行改革的问题。”陆学艺主编的《社会学》一书将社会问题定义为：“凡是影响社会进步与发展，妨碍社会大部分成员的正常生活的公共问题就是社会问题。它是由社会结构本身的缺陷或社会变迁过程中社会结构内出现功能障碍，关系失调和整合错位等原因造成的；它为社会上相当多的人所共识，需要运用社会力量才能消除和解决。”

郑杭生主编的《社会学概论新修》将社会问题分为广义和狭义：“广义的社会问题泛指一切与社会生活有关的问题，狭义的社会问题特指社会的病态或失调现象，”“指的是在社会运行过程中，由于存在某些使社会结构和社会环境失调的障碍因素，影响社会全体成员或部分成员的共同生活，对社会正常秩序甚至社会运行安全构成一定威胁，需要动员社会力量进行干预的社会现象。”

2. 社会问题的界定

在众多的定义中，我们可以发现人们通常是从三个方面定义社会问题：(1) 是否妨碍社会的正常运行；(2) 是否破坏多数人的利益；(3) 是否符合社会的主导价值标准。社会问题的界定，受到这个国家或地区的社会发展水平、文化背景、社会观念以及研究者本人的理论素养、兴趣、研究视角的影响，因学派的差异有所不同。

---

① 参见 J. F. Nordskog 等：《社会问题分析》，纽约，1956 年。

② 谢泼德、沃斯：《美国社会问题》，山西人民出版社 1987 年版，第 1 页。

③ 孙本文：《社会学原理》下册，商务印书馆 1945 年版，第 167 页。

社会学研究的"社会问题"是一个科学范畴，是指超越个别或特殊环境及其内在条件而存在的普遍性社会偏离现象，既不同于常识水平的社会问题，也不能将其简单地理解为"毛病"和"弊端"。社会问题的构成有以下四个要素：

(1) 其表现超越局部与常规，这是指社会问题产生、存在影响的伸张性，即社会问题现象的地域空间和社会空间。社会问题的产生有一个时间和空间过程，只有其表现超越了局部与常规，方称之为社会问题。

(2) 影响波及整体与大众，这是指社会问题的社会功能。社会问题对社会生活及至社会各方面的影响是普遍的或影响到大多数人的，而不是只影响个别人或少数人的现象。社会功能失调所表现出的普遍性决定了其社会影响是普遍的或影响到大多数人；而且任何一种具体的社会失调，其影响不仅仅在失调现象的范围或领域；往往波及到其他更为广泛的领域。

(3) 被社会普遍认识，指人们对社会功能失调的关注是普遍的。社会失调及其社会影响必然引起普遍的或大多数人的关注，并且期望予以消除或解决。

4. 依靠社会力量才能解决，社会问题产生的原因、影响、责任都是社会性的，由此社会问题解决的条件和过程必然也是社会性的，即依赖社会力量解决。事实上，任何个体都无法单独解决社会问题，只有充分动员全社会力量才有助于社会问题的最终解决，从一定的性质上，社会问题解决的可能性程度，与动员和调动社会力量的可能性程度成正比。

3. 社会问题的主要特征

(1) 社会性。社会问题产生的原因具有社会性。任何社会问题的出现，都不是个人造成的，而是大多数人或其行为、观念或一定的社会结构导致的。例如中国的住房问题、环境污染问题、人口问题，等等。社会问题的实质是社会功能的失调，即社会某一方面的不正常、不和谐的现象，这就表明了社会问题并非个别的失调现象，而是表现为社会整体的观念或行动的异常，绝非个体的表现。另外，社会问题的后果还具有社会性。社会问题对社会整体产生影响的普遍性，决定了其后果必然对社会整体功能产生影响，即影响社会结构、社会功能、社会生活、社会变迁，等等。社会问题的社会性证明了社会问题是具有普遍性的现象，认识到社会问题的社会性是解决社会问题的前提。

(2) 普遍性。无论在什么时间或在什么地方只要具备类似的条件，就可能出现类似的社会问题。社会问题具有超时性和可重复性。社会问题在任何社会、任何民族或地区总是存在的。社会问题无时不有，是时间上普遍性的表现，即从人类社会诞生时起，社会问题就始终伴随社会的运行与发展，一刻也没有消失过。社会问题对社会功能、社会生活的影响是全方位的，目前被社会学者所研究的百余种社会问题，存在于社会的方方面面，对于全面了解社会大有裨益。

（3）历史性。① 人类社会不同的或特殊的历史阶段中，其生产力和生产关系、经济基础和上层建筑，经济、政治、文化、社会意识等均处于不同的发展水平，并有着特殊的内在构成和变迁的不同特征及时代的气息。任何一个国家、民族在一定的历史时期都处于一定的发展条件、发展环境和状态，从而构成一定的社会历史环境和特征。中国目前正处于社会的转型时期，一定时期中的社会现象，都与这一时期中的社会历史环境或特征有关，从某种意义上讲，都是这一时期特有的历史环境的产物。肯定了社会问题的普遍性，也就是一定程度上承认了社会问题是一定的历史时期、历史环境的产物。虽然一定历史时期的社会中存在着内容、形式、影响各异的多种社会问题，但所有社会问题都会打上这一特定历史时期的烙印，这就是社会问题的社会历史特征。正确把握社会问题的历史性，对于了解社会问题的原因、具体表现，不同类型、解决方式，都大有裨益。

（4）复合性。任何一个社会问题的复合性是指社会问题的产生原因、表现形式及社会后果等方面的复杂性质，即社会问题是多种因素复合而成的。通常是几种社会问题同时存在，互为因果，紧密相联，引起一系列的破坏性社会后果。其表现在社会问题由各种复杂的因素复合构成，这使分析和解决社会问题变得更加困难。郑杭生教授认为，复合性源于社会矛盾相互冲突而保持动态平衡的过程②。在这一过程中，各种社会力量和社会矛盾既有相互协调的一面，也有相互冲突的一面，前者是推动社会运行的力量，后者是妨碍社会运行的因素，也是导致社会问题的根源。如果能有效地调解这种冲突，则有可能将阻碍社会运行转化为推动社会运行。因此，解决社会问题的实质就是调解社会冲突，化不利社会运行因素为有利社会运行因素的过程。而雷洪教授认为，社会问题的复合性表现在以下几个方面，即社会问题产生的复杂性；社会问题解决条件的复杂性；认识社会问题的社会关注的复杂性。

4. 社会问题的构成要件

美国社会学家富勒曾提出社会问题有客观和主观两种因素。前者表现为威胁社会运行安全的一种或数种情况；后者表现为社会上多数人公认这种危害，并有组织起来消除这种危害的愿望。米尔斯在其代表作《社会学的想像力》一书中，提出要注意区别个人麻烦与公共问题这两个方面。他认为，在社会上流行一时，同时又是个人深感其危害的不一定构成社会问题。只有超出个人特

① 雷洪著：《社会问题》，社会科学文献出版社1999年版，第56页。

② 郑杭生主编：《社会学概论新修》，中国人民大学出版社1998年第2版，第435页。

殊生活环境，与人类社会生活、制度或历史有关的，威胁社会多数成员价值观、利益或生存条件的公共问题，才构成社会问题。

20世纪60年代以来，一些社会学家认为社会问题的核心是破坏性或紊乱性，而不在于何种主观和客观条件。因此，社会问题的构成要件包括三条：社会性、紊乱性和破坏性。中国社会学家大多从四个方面来考虑社会问题的构成。有的学者认为，应从发生情境、失调现象、产生缘由和解决方式等四个方面来判定一种社会现象是否成为社会问题；有的学者主张社会问题的构成应考虑它的形成原因、影响范围、问题性质和社会后果等四个方面。一般认为，社会问题的构成要件包括以下几个方面：

(1) 客观要件：社会问题有客观的事实依据。它是社会生活中确实存在的某种具体的客观事实，而不是从人们的主观观念中产生的。例如，贫困问题是基于还有5 900万人生活在年均不足540元的贫困线以下这一事实。一般而言，社会问题对广大社会成员来说，是一种消极性的社会事实。

(2) 数量要件：引起社会问题的现象通常是一种“公共问题”而非“个人烦恼”。米尔斯认为，“个人烦恼”产生于个人性格，也同别人的直接接触有关，但它发生在有限生活领域内，烦恼属于个人的私事。“公共问题”往往是由社会结构失调，行为规范失范和社会运行失控引起的。它的产生并不是少数人的责任，它的解决需要通过广大社会成员集体努力，因而具有群体性。例如，一个国家中只有几个或几十个人找不到工作，这仅仅是少数个人的烦恼，与绝大多数人无关，要解决只要从提高个人素质入手即可。但若这个国家有成千上万人找不到工作，那就由“个人烦恼”上升为“公共问题”了，其原因可能是某些社会因素，如产业结构调整、经济萧条、制度弊病等引起的。

(3) 主观要件：将某种社会现象或社会行为定义为社会问题，是因为社会上绝大多数的社会成员认为这种现象或行为有悖于社会的主导价值和主导规范。例如女性平等问题、种族歧视问题，在奴隶社会或封建社会中人们并不将其视为社会问题。随着社会的不断进步，人类文明程度的不断提高，对人的基本权利观念的日益重视，这些问题才成为社会问题。

(4) 能动性要件：社会问题需要并且也只有通过社会力量的交汇合作，才可能改善和解决。例如，自然界的地震、水灾等，还有人的死亡至今仍是不可抗拒的，但谁也没有把死亡作为一个社会问题。

二、社会问题的分类

1. 划分类型的不同见解

社会问题涉及的社会领域非常广泛，因而很难以简单的社会现象作为科学的类型划分的基础，对社会问题的本质分类也难以找到统一的标准。但是对社会问题进行分类研究仍然有着重要的理论与现实意义，可以从不同角度提出科学认识社会问题的理论和方法，发现其发生和发展变化的规律性，寻找背后隐藏的社会根源，以制定解决社会问题的有效对策。

默顿与尼斯特在1978年合编的《当代社会问题》中将社会问题分为两大类：偏差行为（包括犯罪、青少年犯罪、精神病、吸毒、自杀、娼妓）和社会解组（包括世界人口危机、种族关系、家庭解组、社区解组、都市交通问题、灾难等）。

斯卡皮蒂在其所著的《美国社会问题》中，将社会问题分为：(1) 社会无组织状态，如都市化、家庭、偏见与歧视、贫穷、人口、教育、保健；(2) 异端行为，如精神错乱、麻醉品与犯罪、暴力、性行为；(3) 技术与社会变迁。

富勒在《价值冲突》一文中把社会问题分为：（1）自然问题 physical problem，如一些自然灾难：地震、飓风、水灾、旱灾等，是人类无法控制的自然力量；（2）修正过的问题 ameliorative problem，如抢劫、谋杀、强奸、小偷等，它是一种人为的情境；（3）道德问题 moral problem，不管任何时期，道德问题的情况对于整个社会而言是绝对令人讨厌的。

奥杜姆在《了解社会》一书中，针对第二次世界大战后出现的各社会病态现象，将社会问题分为：（1）个人病态问题，如酗酒、自杀、个人解组、心理缺陷等；（2）社会病态问题，如离婚、遗弃、私生子、娼妓等；（3）经济病态问题，如贫穷、事业、分配不均等；（4）社会制度病态问题，如政治腐败、宗教中的病态等。

孙本文在《现代中国社会问题》一书中的分类是家庭问题、人口问题、农村问题、劳资问题四种。还有的学者针对实际情况将中国的社会问题分为四大类：(1) 由制度性、政策性因素引起的结构性社会问题，如人口膨胀、社会公平问题、贫困问题、就业问题、腐败问题，等等；（2）在社会发展不可逾越的阶段中出现的变迁性社会问题，如城乡二元社会结构问题、农村剩余劳动力转移问题、环境污染问题、家庭解体问题等；（3）基于个人因素的越轨性社会问题，如卖淫嫖娼、赌博、吸毒、自杀、精神失常、拐卖人口、封建迷信，等等；(4) 偏离社会主义道德规范的道德性社会问题，如关系网与走后门、集体性坐视不救等。

一般来讲，社会问题分类研究的标准必须具有如下特征①：（1）目的性，能够体现基于一定认识内容和目的的分类角度，可以达到对社会问题现象的某

① 雷洪著：《社会问题》，社会科学文献出版社1999年版，第60页。

种具体和深入的认识。(2) 操作性，是依一定分类角度经操作化形成的，可以区分社会问题现象的一些概念及可行的方法，而且能够进一步操作化为若干可以测量的指标。(3) 社会性，是一种社会因素，并依此得以表现社会问题现象的社会特征与社会的关系。(4) 清晰性，具有确定的内涵或意义，由此可以准确区分和说明不同类型社会问题的某些特征。(5) 对应性，可将社会问题现象区分为至少两种及以上具有一定特征的类型。

2. 社会问题的类型

(1) 结构性偏差行为问题。根据社会问题的表现形态，可把社会问题分为两类。一类是结构失调问题，表现为社会各方面的关系，偏离社会常规和社会模式。另一类是行为偏离问题，表现为大众的偏差行为，也称越轨行为，是一种偏离常规的大众行为。

社会失调的产生和存在由一定的社会结构所导致，或与一定的社会结构本身直接相关。因此解决这类社会问题，将需要改变或涉及结构的一些方面。如中国的城乡二元结构，在目前中国社会转型的条件下，结构性问题尤为明显。社会结构变动直接引发的一些社会问题，往往带有全局性或普遍性，不以个人意志为转移。社会结构发生重大变动时必然产生众多的社会问题，不仅包括广义的社会发展过程中通常会出现的婚姻、妇女、老人、儿童、环境保护等问题，还包括较少出现的危害、骚乱、大量失业、贫富不均等影响社会良性运行与发展的社会问题。

从一定意义上讲，偏差、越轨、犯罪等行为是界定的结果，是社会中优势团体依其规范而定的。在社会转型期，社会结构复合，功能不断调整，原有的某些行为规范与社会发展不协调，出现社会控制弱化的情势，而新的规范又尚未建立，处于一个规范真空的时期。由此造成个人行为方式与选择缺乏制度化的约束与控制，大众的越轨偏差问题便会出现。

(2) 条件恶化与标准变更问题。根据社会问题的成因，可以将社会问题分为条件恶化问题和标准变化问题。社会问题无论属于结构失调还是偏差行为，就成因而言，无非条件恶化和标准变更两个方面。凡主要因条件恶化而产生的社会问题，均可归纳为条件恶化类，凡主要因标准变更而出现的社会问题均可归纳为标准变更类。

社会总处于不断的变化之中，但是社会发生比较广泛、较急剧的社会变革、社会变迁时，特别是社会制度、社会结构、社会功能发生变革时，由于社会各方面的变革、变迁速度的不同步性，社会变革、变迁过程和形式的波浪性，以及社会变革、变迁的具体动力，社会承受能力的差异性等原因，不可避免会出现条件恶化、标准变更。

（3）病态问题与发展问题。根据对社会问题的社会评价，可以将其分为病态和发展两种类型。所谓病态问题，是指对人们的共同生活和社会进步发生不良影响的问题，而发展问题则是有助于人们的共同生活和推进社会进步的问题。

（4）两种不同性质的社会问题。根据社会制度与社会问题的关系，可以将社会问题分为社会主义与资本主义两种类型。由于不同社会中出现的社会问题都受到该制度的影响，因而解决的办法和前景也不相同，这是社会问题的政治性差异。

三、社会问题的形成过程

从过程的角度来探讨社会问题，我们关注的中心不是已经作为社会问题存在的某些客观现实状况，而是客观现实状况如何作为社会问题而存在。这不仅仅是一个主观对客观简单的认定过程，同时也是一个社会主体对社会客体复杂的行为建构过程。

第一，三阶段模型：富勒和迈尔斯最早探讨了社会问题发展阶段的特征。他们提出社会问题表现为有几个不同的活动阶段组成的连续发展过程，每一活动阶段前后相继又相互区别。这种过程称之为社会问题的自然史（the natural history）。它分为三个阶段，即社会问题首先要被察觉（awareness），其次是针对该问题相应政策和措施的确立（policy determination），最后是实施具体的改革行动（reform）。

第二，五阶段模型：美国社会学家贝克尔对上述模型进行了加工深化，提出了社会问题演化的五阶段模型。（1）社会某些人或群体把某种客观存在的情境认定为有问题，有危害，或者将来会产生出麻烦；（2）仅有某些人觉察是不够的，还必须得到更多的人广泛的关注；（3）引起关注后，还需要有相关机构或组织的出现加以推动，使其最终被认定为社会问题；（4）一旦问题被有关机构所接纳，曾经给予关注和推动的群体，对该问题将渐渐失去兴趣；（5）在社会问题存在期间，有关机构致力于问题的解决，已成为他们所从事职业活动的一项重要内容。

阿里纳在贝克尔理论框架的基础上，从社会运动的角度分析了社会问题演化的历程。他认为一项社会问题的出现、形成，到最后获得其应有的社会地位，都是借助于特定的社会运动来实现或推动的。这一周期性的循环过程要经历五个阶段，如下所示①：

---

① 引自杨国枢、叶启政：《台湾的社会问题》，台湾巨流图书公司1984年版，第217~223页。

（1）发端期（incipiency），即某种社会现象一开始有少数人察觉和关注。

（2）集结期（coalescence），经过传播媒体的渲染，社会舆论的烘托，有关专家学者的论证，人们对这种社会现象的“问题性”越来越取得共识，对其“问题感”也越来越强烈。

（3）制度化（institutionlization），政府部门开始调拨人力财力物力，创设专门机构，制定有关法律法规，将对该项社会问题的调查、研究和解决纳入政府活动的职责范围内。如果缺乏制度化，即使已成为公众的热点问题，也可能因不成为“社会”问题而途中夭折。

（4）消弱期（fragmentation），当社会问题被制度化为政府的行政业务活动时，社会公众对该问题关注的热情就会减弱。

（5）消失期（demise），如果没有其他社会因素的激发，社会问题的运动生涯也就步入下坡阶段，直至消失。

第二节 社会问题的成因

一、社会问题研究的经典理论①

社会问题是由多种因素造成的，因而人们常常从不同角度研究社会问题的成因，形成了有关社会问题的一般理论，研究分析社会问题产生的社会原因及其发生、发展的一般规律。

1. 社会整合理论

社会整合是指社会不同的因素、部分结合成为一个协调统一的社会整体的过程，亦称社会一体化。最先提出社会整合思想并致力于研究社会整合的是法国社会学家杜尔克姆，后来美国社会学家帕森斯进一步发挥了社会整合概念并纳入了自己的结构——功能主义的理论体系。社会学常论及的社会整合有文化整合、制度整合、规范整合和功能整合。杜尔克姆的社会整合理论主要分析了社会整合形成的原因、社会整合与个人是什么关系、团体意识对社会和个人起什么作用等三个问题。他认为社会整合有两种基本类型，一是“机械团结”，二是“有机团结”。传统力量统治的社会靠机械团结来维系，“机械”一词的意思是说互不相干的群体彼此非常相似，他们遵守同样的传统规范，有着相同的信仰，因此传统社会是所谓“同质”的社会。随着社会劳动分工的日臻完

① 部分参见郑杭生主编：《社会学概论新修》，中国人民大学出版社 1998 年第 2 版，第 438～441 页。

善和复杂，人们之间的相互依存性日益增加，社会逐步分化，人们逐渐建立起特殊的社会组织去满足社会的各种需求，现代社会便由此产生了。现代社会的整合方式是“异质”的有机团结，其整合要求要比传统社会更高。

迪尔凯姆认为，社会问题的产生与社会整合程度的高低有密切关系。他在《自杀论》（1897）一书中，运用社会整合理论对自杀这一社会病态现象做了精辟的分析，认为自杀的原因在于社会整合程度的不同，社会整合程度过高或过低都容易引起自杀，只有适度的社会整合才是有利于社会生活的。

2. 文化失调理论

美国社会学家奥格本在研究社会变迁时提出了文化理论。在《社会变迁：关于文化和本性》（1992）一书中，奥格本指出社会变迁是一种文化现象，应该从人的文化方面而不是人的生物本性中去寻求社会变迁的原因。他认为，当一种文化具备了必要的思维能力，并存在一定的需求时，就会通过组合现存的物质文化和非物质文化要素，产生新的要素，这就是发明。社会变迁即是社会在一种发明打破旧均衡状态后做出调节以寻求新的均衡的过程。由于调节并不是迅即发生的，因此常常会产生文化失调现象。一般地说，文化中的物质部分首先变迁，其次是文化的精神部分，最后是文化中的习俗、习惯发生变迁，这种现象称为“文化滞后”或“文化堕距”。文化失调理论认为，现代的许多社会问题都是由于道德观念不能与技术发展相适应引起的。例如，我们已经进入现代社会却还用封建社会的道德文化来约束社会成员，这种文化失调现象是现代社会问题产生的主要根源。

3. 社会解体理论

社会解体是与社会整合相对应的一个概念，最先由美国社会学家托马斯提出，它是指社会规范对社会成员的约束减弱、社会凝聚力降低，使原有的社会秩序无法维持和继续下去，而逐渐被新的社会制度所代替的过程。社会解体是最严重的一种社会秩序，一般并不常见。最常见的是虽然社会中出现松散、离崩的现象，但仍然保持在原有的社会制度结构、社会体系之内，这种社会状态称之为社会解组。社会解组有三种形式：一是失范，即社会生活中没有一套现存的社会规则和规范指导人们应该如何行动；二是文化冲突，即社会生活中相互对立的价值规范和行为方式同时并存，使人们无所适从；三是价值崩溃，即价值规范与行为方式完全紊乱，人们各行其是。

社会解体理论认为，社会问题源于社会解组，社会解组则源于社会变迁。在社会急剧变迁时，快速发展的城市化、日益增加的人口流动以及社区的异质性不断增加等，都会破坏社会原有的动态平衡，使传统社会的权威、约束和控制日益减弱，从而导致社会重组。因此，对社会问题最有效的解决方法，就在于要尽快重建社会规范和秩序，重建社会的均衡体系。

4. 价值冲突理论

价值冲突理论是冲突学派的学者运用冲突理论的基本原理分析研究现代社会问题产生的原因的一种理论观点。该理论认为，由于所处的社会地位和经济利益不同，人们对同一问题会有完全不同的价值评判标准和不同的立场、态度等，因而在采取某种措施改变某一社会现象时，常常会引起群体间无休止的冲突。该理论提倡研究社会利益，主张以价值冲突观点来研究社会问题，认为冲突不仅是社会生活中的一个主要事实，而且也是许多社会问题的主要成分之一，所有的社会问题都是源于"文化价值上的冲突"。正是由于在社会生活中存在着群体之间价值观念的差异，才导致一系列社会问题的产生。

价值冲突理论主张以三种方法来解决社会问题中存在的利益与价值分裂的情况，这三种方法是：交涉、达成协议和使用权力。交涉即对立双方就发生冲突问题进行接触和磋商；达成协议即对立双方各自进行一些让步和妥协，做出有利于双方的决定；使用权力即拥有权力较多的一方运用权力掌握解决问题的控制权，使问题的解决有利于自己这一方。

5. 其他理论模式

(1) 偏差行为理论

偏差行为不是指社会角色地位在安排和运作上的缺陷，而是指社会成员的行为偏离了某地位所规定的角色行为，违反了社会所期望的规范。偏离行为理论将社会问题的研究重点放在偏差行为产生的原因、偏差行为的系统以及对偏差行为的社会控制方面。

对偏差行为产生的原因以及解决偏差行为的办法主要有两种观点：一种观点认为社会问题的产生不完全是因为价值冲突的结果，而是社会提供给人的机会不均等，使得一部分人通过合法途径可以顺利达到目标，而另一部分人却不能，只好参与偏差行为；另一种观点认为偏差行为的产生是由于不恰当的社会化的结果。

(2) 标签理论

标签理论认为，社会问题就是对违反社会规范或社会期望的行为、意识所产生的社会反应。当个人或某种社会状况被贴上"有问题"或"偏差"的标签，就会导致人类关系的重新组合，往往促成更多的"问题与偏差"。一个曾经犯过罪的人，出狱后如果被原生活环境的人们贴上"犯罪"的标签，很难获得一般的工作机会，最终为了生计只有再次走上犯罪的道路。因此不仅要改变定义，以宽容的态度对待某些原本贴上"社会问题"标签的人与状况，减少社会问题的出现，而且还要为那些已经向好的方向转化的人或状况，除去社会问题的标签。

二、社会问题形成的一般原因

1. 自然环境的变化

近代工业化和都市化带来的环境污染，使人工环境与自然环境产生冲突。人类在开发利用自然资源以及优化生活、延长寿命等方面，取得了难以想像的成就，但正是这些成就使人类的认识进入了误区。

人类的科学价值观发生了偏差，人们把科学技术与自然界对立起来，不是首先用科学技术来认识自然，然后遵循客观规律，运用科学技术来改造自然、控制自然，在管好自然环境的过程中提高人类的物质文化水平，而是盲目地把科学技术作为侵占、掠夺自然的武器。人造的文化世界靠剥削自然界而繁荣，它们之间不是互相协调，而是相互对立。

如果人类在进一步发展经济的过程中，在生产出愈来愈多的物质财富的同时，继续听任自然资源的问题、环境污染问题、生态失衡问题和人口问题的恶化而得不到控制，那么势必导致局部甚至整个生物圈结构和功能的破坏，从而威胁到人类的生存，出现生态危机、生存危机，引发社会问题。

2. 社会条件的变化

社会条件分必要条件与助长条件，导致社会问题发生的必要条件一般表现为社会经济制度和政治制度方面。由于中国几十年来计划经济体制的封闭，传统社会中的不平衡、不同步产生的社会问题，并不因向市场经济体制的开放社会的转化而立即消失，仍遗留在转型社会中，因此这些社会问题的存在是必然的。另一方面，由于社会发展中不平衡、不同步因素的积聚沉淀，到一定阶段必然会产生社会问题。在目前的转型期，新旧社会因素同时存在，由此不可避免地造成一些社会失调。由于社会结构、社会体制、社会制度、社会规范、社会集团等其间新旧社会因素之间的矛盾和冲突，转轨传统社会及社会缓慢发展的时期，必然产生较多的社会问题。例如计划经济体制向市场经济体制转轨的过程中，价格、税收等一系列政策、法规、改革不同步，由此进行的社会资源重新组合和分配，给腐败问题的滋生提供了温床，产生权力行政制度的真空。社会条件的变更，直接导致社会问题的产生。

3. 价值观念的变化

社会问题是客观的，但它只有得到多数人的共识和社会认定，才有可能被当作社会问题对待并加以解决，因而价值观念的变化也是社会问题形成的一般原因。价值观念是人们对现实生活中的万千事物和各类现象的价值进行认识评价，决定取舍时所指的基本观点和态度。价值观念是思想意识的核心，由于社会的急剧转型，面对不断发展与进步的社会事实，人们的价值观念也在发生日新月异的变化，由此导致对社会问题认识的不断变迁。

三、当代社会问题产生的主要原因

当代社会问题产生的具体原因具有鲜明的时代特征，主要表现为：

1. 工业化与都市化的过程

工业化惊人地改变着生产与生活方式，使生产不断增长，生产率日益提高，非农业人口比重大大增长，城市人口剧烈增加。城市化与工业化互为因果，城市化汇集了巨大的人力、物力、财力，拥有先进的科技以及较完善的基础设施，具有“空间聚集效应”，为社会化生产提供必要的与充分的条件，从而取得最大的社会效益。

欧美的城市化是由工业化带动而发展的，在那里工业化与城市化是孪生姐妹，发展中国家的情况却非如此。亚、非、拉等广大发展中国家注重发展工业，工业化水平逐年提高，但作为城市化的动力尚不充分。农村人口大量涌入城市，城市旧有的临时居住区和拥挤的贸易区不断扩大，不同群体之间交往几乎不存在。因此，与工业化、城市化相伴而来的大量问题层出不穷。这种畸形的城市化道路带来了比发达国家更为严重的问题，给本国乃至世界的进步造成了严重的后果。

2. 市场经济

市场经济作为促进社会资源的有效配置与合理利用的一种方式，其运作以来极大推动了生产力的发展。我们实施这一新的经济体制，就是要使市场价值规律的要求适应供求关系变化，优化配置资源，给企业以压力和动力，实现优胜劣汰。运用市场对各种经济信号反应比较灵敏的优点，促进生产和需求的及时协调。但无须讳言，市场经济的追利性容易诱发拜金主义；市场经济的自主性导致了人们过分看重个人利益而淡漠社会利益和公共责任；市场经济的不充分性会促发一些不义之徒不惜以假冒伪劣、坑蒙拐骗手段来取胜；市场经济的开放性，客观上为各种道德行为的沉沦和腐败思想文化的侵入提供了条件。

3. 新旧体制交替的冲突

转型社会的主要特征就是新旧体制同时存在并发生作用，使整个社会都带有新旧体制交替的矛盾性和冲突性。从某种意义上说许多社会问题的根本原因就是这种矛盾与冲突。雷洪教授认为，这种矛盾与冲突表现为两种情况：一是原有的、旧的社会规范将要和正在被废除、中止；改革的、新的社会规范将要和正在制定、颁布或试行，但新的社会规范尚不完善，其间使社会某些方面出现规范真空，人们只能依照各自的理解、利益及其他因素各行其是，从而导致社会失调。二是某些原有的、旧的社会规范尚未完全废除、中止，某些改革的、新的社会规范已经部分建立、颁布，其间一些领域、某些方面和工作的相关规范中新、旧规范并存和正在交替，但新、旧规范交替的方式不明确、不具体，导致社会问题的出现。

4. 大众传播

大众传播工具是现代社会发展中的重要因素，往往与文化结合在一起，对社会发展起着定向的作用。大众传播使社会中信息不对称的现象逐步减少；信息以更快地速度传播，传播工具对人的思想行为影响也越来越深刻。但大众传播的内容在现代社会的条件下良莠不齐，有的媒体片面追求商业利益，违背人的本性，宣传不健康的思想，社会风气极易被破坏，社会问题的产生也就不足为奇。

5. 偏差行为

偏差行为与个人社会化过程有直接关系。个人在所属的初级群体学习社会规范，如果这个群体的行为模式偏离社会期望，个人在社会化过程中就会不知不觉地学会偏差行为，而解决偏差行为的方法是再社会化。通过改变再社会化对象原有的社会规范、价值观念和行为方式，让他们接受社会规定的符合大多数人利益的思维模式和行为模式。

四、社会转型与中国社会问题

1. 转型时期中国社会问题的产生根源

(1) 经济根源

社会是由经济、政治、文化等因素构成的有机体，其中经济无疑是社会发展的前提和基础。中国是一个发展中国家，正处于逐步摆脱不发达状态，实现现代化的社会主义初级阶段。

第一，经济再生产落后。经济发展起点低：和发达国家工业化进程相比，中国直到1950年才真正步入现代经济发展时期，比前者晚了100~150年。从人均收入水平看，各工业化国家在进入现代经济增长时，人均国民生产总值（GNP）均在200~250美元，而中国1950年人均GNP不过50美元，到1985也仅为310美元，远落后于发达国家11 810美元的水平。改革开放以来，中国生产力水平有了极大提高，但和发达国家相比，仍然存在巨大差距。1996年中国人均GNP为5 569元人民币，仍处于人均收入800美元以下的低收入国家行列。总的说来，社会生产力发展水平仍十分低下，国民财富仍比较有限。发展不平衡日渐突出：1979~1995年的17年间，东、中、西三个经济地区的国民生产总值（GDP）增长速度之比为12.8∶9.3∶8.7。速度差异的积累使地区经济差距进一步拉大，1995 年各地区 GDP 之比为 57.7 : 27.2 : 14。其中东部为西部的 4.12 倍。与此同时，城乡差距也日渐扩大，1996 年中国城镇居民可支配收入为 4 839 元，为农村居民人均纯收入 1 926 元的 2.6 倍。考虑到城乡生活包括衣食住行、社会保障、科教文卫等各个方面的较大差距，城乡差别实际上比单纯的收入大得多。

第二，人口再生产失衡。人口数量过剩：中国在 20 世纪 50 年代，人口增长进入有史以来基数最大，幅度最高，增长最快的阶段。据国家统计局统计，1996 年全国人口已达 122 389 万，占世界人口 22%左右。人口数量大大超过了社会经济和自然环境的合理承载量。在人口增长的惯性运动下，劳动年龄人口相对于生产发展过剩的矛盾尖锐起来。有限的固定资产规模已不足以满足吸纳劳动力增长的需要。人口素质低下：1995 年，中国 15 岁以上文盲人口为 1.5 亿，成人文盲率为 16.48%。到 1996 年，全国文盲率已下降到 12%。全国文盲人口不断减少，公民文化素质有了普遍提高。然而，和发达国家已基本消灭文盲的情况相比，数以亿计的文盲半文盲对中国政治、经济、科学的发展仍是重大障碍。

第三，自然再生产出现危机。中国属于资源大国，但人均占有量却远在贫困线之下：人均矿产资源、耕地面积、水资源、森林蓄积量分别为世界人均占有水平的 1/2、1/5、1/4、1/10，且在不断下降。据中国科学院估算：1998 年中国土地资源生产力的合理承载人口为 9.5 亿，超载 1.5 亿，2000 年土地资源生产力合理承载人口为 11.6 亿，超载约 1.4 亿。此外，有限的资源分布也极不平衡，地区间土地生产力和资源承载力差异很大，其中条件较好的东部为 225 人/平方公里。甘肃省的面积有两个江苏省大，然而绿地面积仅占该省总面积的 4%，生存环境恶劣只能养活相当于江苏省 1/10 的人口。

（2）体制根源

第一，政治体制根源。权力的监督、约束机制严重滞后。权力下放过程中，由于相应的监督机制没有跟上，从而导致了权力运行失调的现象。权力缺乏制度化、规范化的约束机制，社会主义民主监督体系尚待发展。干部人事管理制度亟待改革。中国干部人事管理制度改革起步较晚，国家公务员制度刚刚建立，与党政职能分开、体现平等、公平、竞争、择优、注重效率、依法管理的现代行政管理体制的要求还有很大差距，不利于一个优化、精干、廉洁的政府行政队伍的形成。基层政权建设薄弱。改革开放以来农村基层政权从原来经济、行政、社会组织三种功能的复合体，转变为协调农业生产和为农业生产服务的行政组织。这一组织结构功能的转变，由于缺少配套的组织化、规范化的法规制度作为保障，致使一些农村基层组织处于瘫痪、半瘫痪状态，导致部分农村地区从严密控制到放任自流，引发了当地社会秩序混乱的现象。

第二，经济体制根源。传统经济体制及其影响仍然存在，权力对经济资源的配置在某些领域中仍有相当的影响力。现有企业制度存在重大缺陷，政府对企业的外部监督与管理和企业内部的民主管理与制约机制都没有得到有效的制度保证。体制转轨所带来的阵痛，如国有企业的不适应和失业现象不可避免。

(3) 价值观根源

社会转型期价值观体系建设面临一系列新问题。首先，公平竞争是市场经济的基本前提，这和旧有价值观体系对社会个体利益的贬斥是矛盾的；其次，市场经济的引入和实施，为社会注入了新的价值观要求；再次，市场经济体制的引入必然导致个体利益多元化和利益群体的产生。从社会整体协调运行的角度看，要求用法制去规范社会个体追求利益的行为，协调不同利益群体间的冲突。这时旧有价值观体系不足以整合由利益冲突引发的矛盾。

当前价值观体系建设中出现了暂时混乱及局部失序的现象。某些消极的旧价值观念使部分社会公众产生了不适应市场经济生活的现象。首先，由于长期受封闭落后自然经济的影响，等级特权、家长作风、裙带关系等封建道德观念仍然有所残存，这成为当前某些政府部门的个别领导为政不廉、以权压法、任人惟亲的思想根源。其次，因循守旧、不求进取、平均主义的思想与市场经济自主、自强、创业、竞争等新道德要求产生了尖锐矛盾。

价值观体系出现错位，其消极影响不可忽视。为了个人能力得到充分发挥，必须创造一个相对宽松的社会环境。这种环境创造了经济文化的繁荣，同时，个人自由、个人利益至上的价值观念也泛滥起来，表现为价值取向物欲化、无责任化和粗俗化。

2. 转型时期中国社会问题的特点①

(1) 发生发展的必然性

社会问题依其发生发展的趋势而言有必然性和偶然性两类，目前中国存在的社会问题中，诸多属于必然性。这是因为中国正处在转型时期，旧体制本身存在的社会问题不因为市场经济体制转变而立即消失，仍遗留在转型社会中。而新旧社会因素之间的矛盾和冲突，不可避免地会产生一些社会失调。同时，经济、社会改革的非同步性，某些不成熟性甚至失误性也不可避免地产生社会失调。

(2) 表现形态的潜在性

中国目前存在的许多社会失调现象是隐形状态的，产生了与已确立的社会

---

① 参见雷洪著：《社会问题》，社会科学文献出版社 1999 年版。

规范相悖的、但在人们中被迫默认了的"第二社会规范"，导致社会规范出现二元形态，出现暗含和潜在的反向或消极性的社会合力及形式有序下的内在无序问题。虽然这些社会失调客观存在，但由于诸种原因，其失调现象并未清晰、充分表现出来，或这样那样地被掩盖了。

(3) 相互关联性

目前中国存在的社会问题，不论数量，还是社会领域、空间地域，都是空前的，而且诸种社会问题之间相互关联，呈现交织在一起的状态。一是表现为有共同原因致使各种社会失调现象同时产生；二是表现为各种社会失调现象之间互为因果。

(4) 社会问题的发展趋势与改革的速度、成效成正比

中国现存的社会问题，既有结构性，也有非结构性。不论是结构性还是非结构性的社会问题，新旧社会因素的矛盾性、冲突性对它们产生的影响是一致的，只是新旧社会因素的具体内容及其对诸社会问题的具体影响作用有所不同。从某种意义上说，新旧社会因素的相互消长及矛盾和冲突，都与改革开放息息相关。改革的速度越快，各方面的改革越有成效，社会问题的解决越快，社会问题的发展趋势与改革的速度和成效成正比。

(5) 社会问题中蕴含着积极、进步的社会意义

虽然任何社会问题对旧的社会因素可能的冲击、震荡作用是有限的，甚至是微弱的或潜在的，但从暴露社会矛盾、弊端，从冲击破坏旧的不合理的社会状况，从某种角度提出改革的迫切性，从某种意义上引导和推动改革，以及对经济、社会发展的促进而言，中国现存社会问题所蕴含的积极、进步的社会意义是不可忽视的。

(6) 社会问题的解决困难重重

分析目前中国社会问题的状况，类型繁多，有社会自然环境、自然资源方面的、经济领域的、政治领域的、人口方面的、教育方面的、治安方面的、生产方面的、生活方面的等。毫无疑问不同类型的社会问题，必须以不同的策略和方法来解决，社会问题的类型繁多无疑增加了策略和方法的复杂程度，降低了解决的可能性。

第三节 社会问题的认定与解决

一、社会问题的主观性与客观性

任何社会问题都有主观和客观两个方面。社会问题的发生是客观的，不以

人的意志为转移，而对社会问题的认定却与社会的道德价值、观念和利益相关联，因而具有主观性。社会问题有潜性和显性两种状态。所谓潜性社会问题，是指尚未被多数人认识的客观存在的社会偏差状态，显性社会问题则是已被大众和社会认定并引起了普遍关注与行动的社会偏离状态。

社会中并不是所有的社会事实都是社会问题现象，社会问题现象只可能是某些特殊的社会事实，否则社会现象与社会问题便无法加以区分，导致社会问题无法认定。所谓社会问题只是社会中所有原生现象的一部分，具有一定特征的非一般、非常态的社会现象。对社会问题现象的特征及与非社会问题的区分，是对具有某些特征的原生社会现象的发现、感觉、态度、评价，即主观的分析认识，乃至采取一定主观认识支配的行为。无论这些行为是感性的还是理性的，它们都是大脑主观活动的结果，因而是社会主观的印象。

特殊的原生社会事实、社会客观因素是社会反应产生的客观基础，是社会问题现象产生的客观基础，也是区别社会问题与非社会问题的基础，若无这一客观基础，社会问题现象就不存在。社会问题现象的双重性质在社会问题中的地位、意义是不相同的，原生社会事实、社会客观因素是其主体内容，因而是更为重要的方面。① 从某种意义上说，客观性与主观性是社会问题一般特征中的最重要特征，这一特征不仅对于认识社会问题现象及与其他社会问题的区别有着重要作用，而且对于社会问题的理论与实践具有重要作用。

二、社会问题的认定过程

1. 客观到主观

这是认定的第一阶段，一般是由个别或少数人首肯。对社会问题的确定、认定，分析产生原因、表现、类型等一系列认识过程，本质上是一种社会实践过程。由于人们认识能力、认识条件的差异、思维方面可能出现的缺陷和偏差，认识主观不可能完全符合社会的事实，甚至发生相互背离的现象。另外，由于人们对具体社会现象的观察兴趣、出发点的差异，他们对社会问题现象的实际指向也必然具有差异性，对社会问题研究的选择也不尽相同。所以说，在社会问题认定的第一个阶段，只能得到个别或少数人的首肯。

2. 个别到共识

这一阶段的形成要通过传播甚至言论，最后成为共识。这是一个艰难的认定过程，有时会有反复和失误，由于事物、现象出现的原因及自身的结构状况不同，有些事物、现象单一、简单，有些事物、现象比较复杂、多样，社会问

① 雷洪著：《社会问题》，社会科学文献出版社 1999 年版，第 52 页。

题作为一类社会现象属于比较复杂的现象，导致了社会问题在认定过程中由个别到共识这一阶段。另外，在社会上还存在着代表不同群体利益的集团，可能由于维护自身经济利益、政治利益的需要，而阻挠或破坏社会问题的认定，在一定条件下，这种因素成为了社会问题达成共识的最大障碍。

3. 共识到认定

共识并不一定意味着认定，认定的标志是立法或权力机构的肯定，并建立专门机构提出解决办法或通过立法推进问题的解决。由于社会问题解决的社会性，必须要通过权力机关动员全社会的力量来解决，所以，权力机关的首肯是解决社会问题的重要条件。

三、社会问题的解决条件

确定和分析社会问题的最终目的，无非是为了解决社会问题。任何社会现象的消失、消除或解决与其产生、发生一样，都有一个过程。社会问题的多因性、复杂性等特征，决定了其消除或解决也是一个复杂的过程。一般来讲，社会问题的解决，应具备四个方面的条件。

1. 理性的认识

人的任何客观世界的活动都必须建立在理性的基础上，这是人类发展史的一般规律，也是人类改造客观世界的基础。只有运用科学的理论，才能达到对社会问题完整的、本质的、理性的认识。因此，任何具体社会问题的解决，都必须对其进行科学的研究，进行科学的解释，在研究成果的指导下，找到可以解释社会问题的规律性理论。对社会问题的理性认识，是解决社会问题的先导，没有这一条件，任何社会问题都不可能得到真正的解决。

2. 获得大众的共识

所谓获得大众的共识不是社会大多数人对特定社会问题的感受、认识、评价，寻求解决的期望具有相当的普遍性，而且是社会各群体、各集团与特定社会问题具有不同关系的各种人，对特定社会问题的认识、态度达到相当程度的一致性。这种相当一致的态度是比较科学和正确的，至少克服了大部分偏见和误解，对解决社会问题的期望具有迫切性，准备用自己的力量去实现这一期望，并且将这种愿望公开表达出来，形成一定的社会力量。获得大众的共识，是动员解决社会问题的重要社会性条件。

3. 足够的社会力量

社会问题必须用社会力量来解决，其社会力量是指用于解决社会问题的资源和能量。资源是指消除社会失调可利用的因素，包括物质资源和非物质资源，能量是指资源可能被利用于解决社会失调的程序和具体作用。

值得注意的是，任何社会现象的消灭，从某种意义上说都是社会力量、社会能量相互制约、相互作用和发生消长的结果，各种社会力量、社会能量之间的比较和作用发生变化，才引起相应的社会现象消长发生变化。社会问题的解决过程即是对控制或消除社会力量与社会失调所固有的力量之间比较和作用的过程。

4. 科学的方法

社会问题的解决，还需要科学的方法，包括解决对策的思路、出发点、基本原则、具体时间、具体措施、具体程序等方面的科学性，即解决社会问题一系列活动的正确性、可行性及合理性。

四、社会问题的负效应及其解决对策

1. 负效应

(1) 直接降低了民众的实际生活水平和质量。发展就其本意来说是要不断地满足人们的各项需要。这些需要包括生理、安全、归属、尊严和自我实现等多个方面。而各种社会问题的滋长恰恰是对人们基本生存需要形成极为不利的影响，降低了满足程度。

(2) 削弱了现代化进程的后续推动力。从宏观上看，社会动员的难度增大。社会动员是后发国家尤其是中国现代化建设的一种非常重要的推动力量，而中国目前存在的特有社会问题对于社会动员的形成非常不利。

(3) 增大了现代化进程的不稳定因素。社会中心的弱化，价值体系的紊乱以及社会焦虑的加重等社会解组现象造成了变异性社会问题的存在，使解决社会问题处于两难处境。反过来，后者又再次加重了上述问题的解决难度，对正常的社会分化与整合起着十分有害的诱导作用，使社会中的不稳定因素更为严重。

2. 解决对策

为了有效解决社会问题，使社会保持良性运行与健康发展的态势，必须强化社会问题的对策性研究，以科学的理论、方法指导社会实践。

(1) 强化政府系统的权威与效力。“一个欠发达国家要想获得经济高增长率，它不得不接受一个致力于发展的权威主义政府。民主政府免不了太软弱，不能调动资源，压缩消费和鼓励投资，以此争取高增长率"，中国社会正是如此。在现代化的早中期，强有力的政府，不但可以使中国经济的发展保持一个良好的势头，更为重要的是，还可以有效缓解与抑制由经济的较高增长率带来的社会问题，降低社会解组的危险程度，为经济的持续发展营造一个较好的社会环境。

(2) 保证人民基本生活需求的满足和基本生活水平的持续提高。中国现阶段的社会问题非常明显地集中在与民众基本生计有直接关联的部位，因此，要想从总体上缓解社会问题，必须从此入手。现代化建设固然需要社会成员付出一定的代价，但是这种代价不应超过一定的限度，不能将社会成员视为被动之物，一味地让社会成员承受各种损失。

(3) 渐进型的现代化模式。中国现代化进程中社会问题的种种具体表现，决定了激进型现代化模式在中国实施的不可行性。相反，渐进型的现代化模式更符合中国的客观发展情况。激进型现代化模式脱离了特有的社会土壤，强行改革的一揽子计划，四面出击，多管齐下，试图一步到位。这种做法很可能会造成这样一种情形，旧的体制被破坏了，而新的体制却没有建立起来，于是社会便陷入了无序的状态中，加重了社会问题的负效应。

(4) 建立起社会问题的预警系统。基于现代化实际进程同社会问题之间的相关性，基于先发国家以及其他后发国家有关社会问题的经验教训，社会问题的许多可能性前景在一定程度上和一定范围内是可以被预测和把握的。在这种情况下，中国建立起社会问题的预警系统，不但是可行的，也是必要的。它的要素包括：居民最低生活线、物价指数、社会治安情况、贫富差距水准(基尼系数)、失业率、社会公众期望值的满足程度、城乡之间的贫富差距和民众对于改革的承受力等。

本章小结

社会问题是任何社会都普遍存在的客观社会现象，由于社会问题自身的某些特性，它往往成为人们生活中密切关注的焦点与热点，但是公众大多数是以常识或者自以为是的经验来认识、评价所谓的社会问题，容易引起各种误解和偏见，为此迫切需要对社会问题进行系统的理论研究。

1. 社会问题在欧美国家称作社会病态、社会解组、社会反常或社会失调。在众多的定义中，我们可以发现人们通常是从三个方面去定义社会问题：(1) 是否妨碍社会的正常运行；(2) 是否破坏多数人的利益；(3) 是否符合社会的主导价值标准。

社会问题的界定，受到这个国家或地区的社会发展水平、文化背景、社会观念以及研究者本人的理论素养、兴趣、研究视角的影响，因学派的差异有所不同。社会学研究“社会问题”是一个科学范畴，是指超越个别或特殊环境及其内在条件而存在的普遍性社会偏离现象，既不同于常识水平的社会问题，也不能将其简单理解为“毛病”和“弊端”。

2. 一般认为社会问题的构成要件包括以下几个方面：（1）客观要件：社会问题有客观的事实依据。它是社会生活中确实存在的某种具体的客观事实，而不是从人们的主观观念中产生的。（2）数量要件：引起社会问题的现象通常是一种“公共问题”而非“个人烦恼”。（3）主观要件：将某种社会现象或社会行为定义为社会问题，是因为社会上绝大多数的社会成员认为这种现象或行为有悖于社会的主导价值和主导规范。（4）能动性要件：社会问题需要并且也只有通过社会力量的交汇合作，才可能改善和解决。

3. 根据社会问题的表现形态，可把社会问题分为两类：一类是结构失调问题；另一类是行为偏离问题，也称越轨行为，是一种偏离常规的大众行为。根据社会问题的成因，可以将社会问题分为条件恶化问题和标准变化问题。根据对社会问题的社会评价，可以将其分为病态和发展两种类型。根据社会制度与社会问题的关系，可以将社会问题分为社会主义与资本主义两种类型。

4. 社会问题是由多种因素造成的，因而人们常常从不同角度研究社会问题的成因，形成了有关社会问题的经典理论，研究分析社会问题产生的社会原因及其发生、发展的一般规律。

5. 社会问题形成的一般原因有：自然环境的变化、社会条件的变化和价值观念的变化。当代社会问题产生的具体原因具有鲜明的时代特征，主要表现为：工业化与都市化的过程、市场经济、新旧体制交替的冲突、大众传播和偏差行为。

6. 任何社会问题都有主观和客观两个方面。社会问题的发生是客观的，不以人的意志为转移，而对社会问题的认定却与社会的道德价值、观念和利益相关联，因而具有主观性。

7. 社会问题的认定经历了从客观到主观、从个别到共识、从共识到认定的过程。社会问题的解决，应具备四个方面的条件：理性的认识、获得大众的共识、足够的社会力量、科学的方法。

8. 社会是由经济，政治、文化等因素构成的有机体，其中经济无疑是社会发展的前提和基础。中国是一个发展中国家，正处于逐步摆脱不发达状态，实现现代化的社会主义初级阶段。社会的急剧转型引发了一系列深层次的社会问题，呈现出错综复杂的时代特点。为了有效解决社会问题，使社会保持良性运行与健康发展的态势，必须强化政府系统的权威与效力，保证人民基本生活需求的满足和基本生活水平的持续提高，推行渐进型的现代化模式，建立起社会问题的预警系统。

思　考　题

1. 什么是社会问题？社会问题由哪几个部分构成？特征是什么？

2. 社会问题有哪些不同的分类标准？可以具体分为几种类型？

3. 社会问题的经典研究主要包括哪几个理论流派？

4. 社会问题形成的一般原因是什么？当代社会问题又具有哪些不同的时代特征？

5. 转型期中国社会问题的产生具有哪些深刻的社会根源？呈现出何种特点？

6. 社会问题会衍生什么负效应？可以采取什么措施积极防治？

第十七章 社会控制

学习目的与要求：探求社会良性发展的奥秘以实现个人社会价值的最大化是人类亘古不变的话题。社会控制从理论到实践的日臻成熟使人类实现这一夙愿成为可能。无数先哲以智慧的思维从不同角度、借助不同的语言媒介对社会控制进行了深入研究，形成了丰富的社会控制思想。通过本章的学习，要深入理解社会控制的丰富内涵，在此基础上形成系统的社会控制思想，并以特定的历史时期——社会转型期为背景，对中国社会控制模式的重新选择作出理性的分析与判断。

自从进入文明时代，人类社会对自身发展的探求就不曾停止，渴望超越传统的羁绊与束缚，谋求社会的良性运行与协调发展，人类非凡的创造力在历史前进的轨迹中不断迸发。古希腊著名悲剧家索福克勒斯在《安提歌妮》中就曾说道："世间奇妙多，人类居其首。"人类之所以能够摆脱动物性的特质、赋予社会的属性，原因之一就在于行之有效的自我控制。

第一节 社会控制的内涵

一、社会控制的经典解释

1. 社会控制的理论研究

控制一词本意是指有组织的系统根据内外部的变化而进行调整，使自身保持某种特定状态的活动。控制有一定的方向和目标，其作用在于使事物之间、系统之间、部门之间相互作用、相互制约、克服随机因素。①控制的过程充分体现了人类的主观能动性与创造性。从控制理论的发展来看，它最初是用来表示一门对人对国家管理的艺术。如法国物理学家安培1834年在研究科学分类时，曾将管理国家的科学称为控制论并把它列入政治科学类。随着研究的深

① 《辞海》(缩印本)，上海辞书出版社1989年版，第794页。

入，越来越多的学者从不同学科领域对控制进行了全新的阐释。社会控制的字眼开始频繁出现在各种学术研究成果中，社会控制的内容、性质及社会控制的模式手段等一系列问题成为学者研究探讨的热门话题。社会控制的思想日趋成熟和完整，并逐渐走向理论化和系统化。

社会控制的概念被系统引入社会学领域虽然始于 1901 年罗斯出版的《社会控制》论文集，但是早期的社会学家也对社会控制问题予以了充分关注。英国社会学家斯宾塞把社会控制与生物系统进行了类比，认为国家像生物系统一样具有控制和协调各部分的"管理系统"。它在社会进化初期主要处理国家与外部的关系，执行"防御侵略"的任务。后来，当随着各种功能的复杂性阻碍了各部分之间完全自发的调适时，管理系统就担负起内部调节和社会控制的工作，侧重于协调社会内部的关系。斯宾塞将社会控制看作是社会功能复杂化的产物，他认为控制与管理是同义的。

法国社会学家迪尔凯姆主要研究了社会控制的对象。他提出了"社会事实"的概念，并把它当作自己理论体系中的核心范畴。他认为社会事实独立于个人之外并制约着个人行为，"它们是存在于人们身体以外的行为方式、思维方式和感觉方式，同时通过一种强制力，施以每个人"。① 这种社会事实一方面通过司法条例、道德、教规、规章等制度化的信仰和习惯控制着人们的行为和情感，受控的对象是能够感受到"社会事实"作用的个体；另一方面以影响人们情感的"社会潮流"的方式而存在。迪尔凯姆认为社会事实，特别是道德规范，只有转变为个人内在意识之后才能有效地指导和控制个人的行为。因此他把社会事实定义为："无论固定与否，只要是由外界的强制力作用于个人而使个人感受的；或者说，一种强制力，普遍存在于团体中，不仅有它独立于个人固有的存在性，而且作用于个人，使个人感受的事实，叫做社会事实。"②通过社会事实这一范畴，我们看到迪尔凯姆对社会控制的理解有两个特点，一是社会控制一定是被受控客体所感受到的，二是受控的客体是个人。③

在社会学层面全面而系统研究社会控制并创立了社会控制论的是美国社会学家罗斯。1901 年罗斯出版了名为《社会控制》的论文集，以其对人性的假设，以当时美国的社会状况为背景，阐述了有关社会控制的问题。罗斯认为，社会秩序的破坏，是由于人们缺乏自我约束和相互约束。要维持社会秩序必须诉诸一种新的机制——社会控制。在他看来，社会控制是指社会对人的动物本性的控制，限制人们发生不利于社会的行为。他认为在人的天性中存在一种

①② 迪尔凯姆：《社会学研究方法论》，华夏出版社 1988 年版，第 5、12 页。
③ 杨桂华著：《转型社会控制论》，山西教育出版社 1998 年版，第 120 页。

"自然秩序"，包括同情心、互助性和正义感三个组成部分。人性的这些"自然秩序"成分，使人类社会处于自然秩序的状态，人人互相同情、互相帮助、互相约束，自行调节个人的行为，避免出现因人与人的争夺、战争引起的社会混乱。但是，罗斯为美国社会设想的这种自然状态被19世纪末20世纪初高速发展的城市化和大规模移民所否定。在现代的美国社会，初级群体和社区迅速解体，人们不得不生活在完全陌生的社会环境中，社会交往的匿名性大为提高，人性中的自然秩序难以再对人的行为起约束作用，离轨、犯罪等社会问题大量出现，所以罗斯认为必须用社会控制这种新的机制来维持社会秩序，即社会对个人或集团的行为进行约束。他还认为舆论、法律、信仰、社会暗示、宗教、个人理想、礼仪、艺术乃至社会评价等都是社会控制的手段，是达到社会和谐与稳定的必要措施。社会控制不是一成不变的秩序体系，它会随着人的需要、阶级的出现、文化习惯等因素的变化而变迁。从罗斯系统诠释社会控制这一概念以来，社会控制始终成为社会学研究的重要领域，尤其是受到现代控制论的影响，社会控制理论不断丰富完善，逐渐形成既融合了现代控制论的基本原理，又具有社会学特色的社会控制理论体系。

2. 社会控制的社会学界定

在现代社会学中，社会控制是指社会组织体系运用社会规范以及与之相应的手段和方法，对社会成员（包括社会个体、社会群体及社会组织）的社会行为及价值观念进行指导和约束，对各类社会关系进行调节和制约的过程。①其基本目的是维持社会秩序的稳定，促进社会整合程度的提高。社会控制有广义和狭义之分，广义的社会控制，泛指对一切社会行为的控制；狭义的社会控制，特指对偏离行为或越轨行为的控制。

社会控制是一个复杂而系统的概念，要想全面理解社会控制必须把握好以下几个方面：

(1) 社会控制既包括对现成社会秩序的维护，也包括社会秩序的建立。社会控制是一个双向的运作过程，一方面社会为调整个人和群体的行为使之符合公认的规范而对其施以约束，以维持正常的社会秩序，实现对社会通行价值规范的认同，为此社会控制的方式和手段也就围绕着"施以约束"而展开；而另一方面社会控制的过程并非一成不变，当社会发生剧烈的振荡，由于经济发展水平的变化而引起人们价值观念、生活方式、思维方式发生一系列变迁时，社会控制应显示出积极的建构能力，为不断适应变化了的社会情况，建立新的社会秩序。

① 郑杭生主编：《社会学概论新修》，中国人民大学出版社1998年版，第457页。

（2）社会控制既包括对越轨行为的惩罚这种消极的控制方式，也包括对遵从社会规范的行为予以奖励这种积极的控制方式。通过外在强制的控制，主要手段是权力控制，包括法律控制、纪律控制和行政控制，控制反社会行为和各种越轨行为，以达到维护社会秩序的目的；与此同时通过内在教育疏导的控制，主要是习俗控制、道德控制以及宗教控制和舆论控制等，并借助对社会制度合理化和社会崇尚德行目标的理论论证，以达到惩恶扬善、使社会成员“自觉遵守”社会规范进而控制自己行为的目的。

（3）社会控制既包括社会的领导机关和管理者对一般社会成员的控制，也包括社会成员之间的互相控制以及一般社会成员对领导机关和管理者的监督。社会控制的主体与客体之间可以相互转换，不存在绝对的等级之分，这与社会控制的手段和方式多样性密切相关。社会权力的操控者借助法律和政权赋予的特权对社会成员的行为予以监督和约束，惩戒犯罪分子的社会越轨行为，引导树立符合价值规范的社会行为模式；而社会成员借助社会舆论、风俗习惯、社会暗示等社会控制手段实现对当权者和社会管理阶层的行为约束，同时又作为独立存在的个体，彼此之间相互约束，在社会生活中遵照“心照不宣”的社会规则行为处事。

（4）社会化与社会控制的关系：社会控制是与社会化同时开始的，社会化过程要使每一个社会成员在潜移默化中接受共同的社会行为规范，并将社会规范内化到人格结构当中，成为个体自觉接受的社会信仰和价值观念，以维护既有的社会秩序，而社会控制就是保证社会化过程得以顺利进行的有效手段。社会控制不但可以通过道德、风俗、习惯、伦理对社会成员的价值观念和行为方式实施控制，而且可以通过法律、政权、纪律等硬性控制实现对社会成员社会化过程的强制性影响。

二、社会控制的基本特点

1. 从社会控制的本质来看，它具有明显的集中性和超个人性。良好的社会秩序是社会协调有序运行的前提，而社会秩序的产生与维持有赖于高效的社会控制体系。社会控制总是集中地反映了特定社会组织的利益和意志，不管它具有什么具体内容和采取什么具体手段，都服务于社会组织的总体利益和最高意志。超个人性，是指社会控制总是以某种社会名义，代表某个社会组织施行控制。正是这种凌驾于个人之上的超个人性，使它更有力地控制个体，使个体遵从社会整体利益的要求。

2. 从社会控制的作用来看，它具有明显的依赖性和互动性。依赖性指社会控制只有依赖于社会实体才能起作用。这些实体包括社会组织、社会个人和传递社会规范内容的信息媒介。互动性是指社会控制通过社会行为之间的相互影响而起作用。

3. 从社会控制发挥作用的过程来看，它具有多向性和交叉性。多向性指控制主体多方面地将各种信息发射出去，而作为中间环节的多种信息传递媒介，又把各种社会精神因素和众多的社会个体相互联系起来，从而使社会控制成为一个多向交叉和多层连结的复杂过程。

三、社会控制的基本功能

社会控制，本质上是指社会对其成员的思想和行为的规范，是对社会运行中出现的各种矛盾、各种关系的疏导、协调与管理，其目的是形成良好的社会环境和社会秩序，促进社会的良性运行。全方位的社会控制既包括对人们的心理、生理方面的疏导、咨询、解惑，也包括对人际关系、新的群体关系、新的利益集团关系的协调，还包括对社会的动态管理（诸如流动人口、社会问题、社会思潮）、对社会发展的预测等，因此具有十分重要的功能。

1. 社会控制可以通过重建社会公平，平衡人们的社会心理。社会控制通过对社会利益关系的协调，重建合理的社会利益格局，形成公平的社会环境，以平衡人们的社会心理。社会控制还可以通过对人们的心理进行咨询、疏导，向人们提供应有的社会服务等方式，实现疏导与平衡人们心理的目标。

2. 社会控制可以通过协调各种利益关系，以实现利益的新平衡。在当今日益分化的社会中，不同利益群体由于获取资源的能力和机会的不同，表现为不同的生活境遇和社会地位，由此引发一系列的利益纷争和矛盾困扰，严重时甚至会引起整个社会的动荡不安。良好的社会控制体系的存在有利于协调不同利益群体之间的相互关系，修正他们的社会运行轨道，促使社会稳定发展。

3. 社会控制可以通过道德评价与舆论监督，强化道德控制机制，形成稳定的道德秩序。一个社会要形成稳定的道德秩序，保证精神文明的健康发展，必须建立高能有效的道德控制机制。社会的变迁与发展，导致双重的或多元的价值标准的存在，缺乏统一的权威性的道德理论，使社会道德控制系统难以发挥其功能。在这种情况下，社会道德控制就要善于辅之以文学、艺术和法律的手段，以此来弘扬新的道德精神，谴责不良行为。

4. 社会控制可以通过对健康生活方式的倡导，扬弃世俗的文化消费及生活方式，形成良好的社会风气。对诸如搞特权、谋私利、讲排场、比阔气、令不行、禁不止的旧官场习气；赌博风、吃喝风、请客送礼风；贪污受贿、不讲信誉、坑蒙拐骗、敲诈勒索的旧社会诈骗投机习气等，一方面要通过加强政策法令，严肃政纪法纪进行控制，另一方面又要通过社会舆论，教育、示范、大力倡导科学文明健康的生活方式和行为方式，破除陈规陋习，提倡移风易俗，促使文明健康的社会风气成为民风民俗建设的主旋律，形成新习惯、新风尚。

5. 社会控制可以通过对社会成员的社会行为和价值观念的指导和约束，对各类社会关系进行调节和制约，保持社会的积极稳定。稳定是社会存在和发展的前提，诸多社会关系和行为主体正是通过稳定的社会规则作用和关系调节而获得了规范性约束。社会的理想状态是积极的稳定状态。积极稳定是根本性、长期性的，它建立在社会矛盾比较缓和、社会关系比较融洽的基础上；消极稳定是应急性、短期性的，它主要靠高压的、欺骗性的手段来维持。保持社会的积极稳定是一项大的系统工程，它既需要在发展中摸索，也需要在社会控制中完善。社会控制以适度为宜。适度的社会控制，既保证了社会成员有相当的活动空间，又有效地规范了社会越轨行为，是社会控制的最佳状态，有利于积极稳定局面的形成。

四、社会控制的类型

社会学家按照不同的标准，将社会控制区分为不同的类型：

1. 正式控制和非正式控制。根据社会控制有无明文规定即形式化程度的高低来划分。政权、法律、纪律、各种社会制度、社会中有组织的宗教，均有明文规定，向社会成员明确表明了“什么可为”、“什么不可为”，因此属于正式控制的范畴；而风俗、习惯等则是非正式控制，虽然没有明确规定每一个生活在其中的社会成员具体的行为方式或生活方式，但经过社会化之后，潜移默化的影响着人们的言行举止。

2. 积极控制和消极控制。按使用奖励手段还是惩罚手段来划分。积极控制是指运用舆论、宣传、教育等措施引导社会成员的价值观和行为方式，预防社会越轨行为的产生；消极控制是指运用惩罚性手段对已经产生的社会越轨行为进行制裁。前者如奖状、奖金、奖章、记功、晋升等；后者如记过、开除、降级、判刑等。无论正式控制还是非正式控制，都既可以采取积极控制的手段，也可以采取消极控制的手段。

3. 硬控制和软控制。按使用强制手段和非强制手段来划分。硬控制是指运用强制性控制手段对社会成员的行为方式、价值观念实行控制，如政权、法律、纪律都依赖强制性控制力发生作用，属于硬控制范畴；软控制是指运用非强制性手段对社会成员的价值观和行为方式实行控制，如依赖社会舆论、风俗习惯、伦理道德、社会心理进行控制。

4. 外在控制和内在控制。按控制是否依靠外部力量来划分。外在控制是依靠社会力量促使社会成员遵从社会规范的社会控制类型，它以社会力量的强制性作为发挥作用的基础。内在控制即自我控制，指社会成员自觉地把社会规范内化，用以约束和检点自己的行为方式和价值观念。外在控制与内在控制的界限是相对的，两者相互渗透和转化。

5. 宏观控制和微观控制。根据社会控制层次来划分，宏观控制是指社会运用政权、法律、纪律、政策、条令等控制手段对全体社会成员及整个社会关系进行调控与制约；微观控制是某个具体的社会组织运用组织规章、组织文化等控制手段对其组织成员实施指导与约束。

第二节　社会控制系统

社会控制系统是通过控制主体、客体的相互作用，借助一定的控制手段，实现对整个社会或社会中的群体、组织及其社会成员的行为方式和价值观念的引导、约束与制裁，从而有利于社会的稳定发展。

一、社会控制的主体

在社会控制理论的研究中，控制主体的讨论并不被学者们津津乐道。即使在社会控制论的创始人罗斯的研究著作《控制论》中，对控制主体的问题也避而不谈，只是涉及了社会控制的八个辐射点。罗斯认为："我们能够称之为社会的控制的，实际上深藏于整个社会力量背后。但这种控制通常从某些中心涌现并扩展开来，这个中心我们可以称之为社会控制的辐射点……现在我们的任务是选择能够决定社会控制基本方针的中心。坦率地说，我们所面临的问题是：什么是至高无上权力的中心？调节社会活动的意愿来自何处？谁来掌握住社会控制系统运转的杠杆或使人进退的动力？"① 罗斯虽然没有明确提出社会控制主体的概念，却从侧面迂回回答了这一个问题。学者们对社会控制主体的关注热情远没有对控制的手段、类型、实现方式高，这大概是由社会控制系统发生作用的内在机制所决定。因为许多社会控制现象并非由确定的主体来完成，如宗教、习惯、社会舆论等，所以社会控制常常给人们造成主体不明的印象。但社会控制系统中除了自发形成的控制内容外，还包括许多群体自觉形成的控制活动，是人们主动建立起来控制社会的系统，因而存在明确的控制主体。

社会控制是通过社会力量使社会成员遵从社会规范、社会秩序的过程。社

① ［美］罗斯著，秦志勇等译：《二十世纪文库　社会控制》，华夏出版社 1998 年版，第 59 页。

会控制过程主要表现为权力拥有者对非权力拥有者的控制，因此权力也就成为社会控制主体地位的象征与基础，成为社会控制的核心。社会控制的权力并不仅仅由某一个人或某一类人操控，而是掌握在由统治阶级及其代表组成的社会组织中。统治阶级为了维护自己的统治利益，必然会建立起强制性的法律制度、完整的观念体系和规范的经济关系，即与经济基础相对应的社会结构，并选出本阶级的精英代表参与到社会结构派生的各类社会组织中，行使对整个社会的控制功能。因此在国家政治统治领域里，社会控制的主体是各类组织，包括立法组织、各级行政组织和司法组织等。

在意识形态领域里，社会控制的主体主要由统治阶级利益的代言人和由其组成的各类文化组织构成，如教会、教育机构、宣传组织、文艺团体、学术协会、出版中介机构中那些直接或间接为统治阶级的统治提供智力支持的组织或个人。① 在由各种文化意识因素综合形成的社会环境中，社会场的存在能对社会成员造成无形的压力，迫使人们遵从社会规范，发挥社会控制的功能。统治阶级的代言人和各类文化组织必然会充分利用大众传播媒介、强化社会舆论的制约功能，以实现自己的利益要求。

在经济领域里，社会控制的主体主要是生产资料的占有者②，在历史上具体表现为奴隶主、地主、资本家等在经济上占统治地位的阶级。他们占有生产资料，也就占有了经济活动的控制手段。经济活动的控制目标是维护现存的财产关系。在前市场经济社会，经济活动的控制主要是通过各种超经济的手段（主要是政治手段）来实现的。随着市场经济社会的建立以及社会领域和社会结构的日益分化，经济活动的独立性相对增强，经济活动的组织性越来越强。产业资本之间的联合、商业资本之间的联姻、金融资本之间的携手以及它们之间的结合形成了各种各样的经济组织，在统辖经济关系和控制经济活动中发挥着越来越强的辐射作用。

二、社会控制的客体

在西方一些社会学家看来，社会控制的客体或者对象主要是个人行为，特别是个人的越轨行为或反社会行为。社会越轨亦称越轨行为、离轨行为或偏差行为，是指社会成员（包括社会个体、社会群体和社会组织）偏离或违反社会规范的行为。③ 社会规范具有制约社会行为、调节社会关系和规定社会活动空间的功能，它体现了一定的历史性与阶级性。由于社会的发展变迁，人们社

①② 杨桂华著：《转型社会控制论》，山西教育出版社 1998 年版，第 157 页。

③ 郑杭生主编：《社会学概论新修》，中国人民大学出版社 1998 年版，第 474 页。

会行为的复杂多样、社会成员自身素质及阶级地位的差异性，在实际的社会生活中，不可避免的会出现各种社会越轨行为。广义的社会越轨行为包括了三层涵义，除了消极的社会越轨行为即对社会共同生活和社会发展起阻碍作用的越轨行为之外，还包括积极的社会越轨和中性的社会越轨。前者是打破因循守旧的固有制度，推进社会发展的动力，后者则是介于积极与消极之间的社会越轨行为，对社会的运行与发展的影响作用并不十分明显。作为不同意义的客体对象，在实施社会控制时应该具体问题具体分析，把握适当的控制力度。对于严重破坏正常社会秩序，引起社会发展停滞甚至倒退的消极社会越轨行为，应该严格加以控制，打击嚣张气焰，使其不足以危害社会安全与正常秩序，以维持社会的安定发展；对于积极的社会越轨行为，社会控制体系可以通过宣传、舆论导向，鼓励破除阻碍社会发展的陈规陋习，积极倡导健康良好的社会发展氛围；而对于介于两者之间的中性社会越轨行为，诸如追求时髦、需求刺激等行为，社会控制可以将其限制在社会许可的范围之内，不必过分的强加干涉。

大部分学者对社会控制的客体持上述观点，但也有少数学者从不同层次上进行了划分。例如在郑杭生、李强等著的《社会运行导论》中，社会控制的客体被划分为宏观、中观、微观三个层次。宏观层次是社会各运行系统的关系；中观层次是社会群体间的关系；微观层次是社会成员的价值观念和社会行为。研究的深入反映了社会学视野的不断开阔。

三、社会控制的手段

社会学研究中关于控制手段的分析不胜枚举。例如罗斯在《社会控制》中认为：“我们可以把它划分为两类。诸如舆论、暗示、个人理想、社会宗教、艺术和社会评价之类的控制工具，从原始的道德情感中吸取大部分力量。它们的形成与其说是由于功利的原因，不如说是由于感情的力量。它们在许多与被认为是团体的社会福利很少有关的事情上控制人们。它们的目的不只在于社会秩序方面，而且在于或许称为道德秩序的东西方面。我们把它们称为伦理的……另一方面，法律、信仰、礼仪、教育和幻想全然不需来自道德情感。它们常常是为了达到某种目的而被精心选择的手段。它们很可能受少数组织的控制，被用作为政策的工具（不管是为全体的利益还是为阶级的利益）。我们称之为政治的。”① 舆论、暗示、个人理想、社会宗教、艺术和社会评价等被罗斯称为伦理的控制手段。一方面含有社会自发形成的对社会控制目标和功能进

① ［美］罗斯著，秦志勇等译：《二十世纪文库 社会控制》，华夏出版社 1998 年版，第 313 页。

行建构的作用，另一方面又可以通过其控制主体的自觉引导、灌输来促使控制功能的最终实现。而以法律等为代表的政治性控制手段，通常以强制性力量为依托，作为伦理性控制手段的后盾而存在。

社会控制系统在运行过程中，通过上述不同手段的相互渗透、综合作用，最终实现对社会成员价值观念和行为方式的规范与约束，但权衡各种控制手段的实现方式和作用效力，道德、宗教和法律可称为最主要的控制手段。正如庞德所言："在文明的最早阶段，宗教和道德是实行社会控制的基本手段，但是从16世纪以来，法律已成为社会控制的首要工具。"①

1. 道德

道德是调整人们之间以及个人与社会之间的关系，用善恶标准评价，依靠人们内心信念、传统习惯、社会舆论维系的价值观和行为规范的总和。② 道德最初是人们在共同的生活中约定俗成的价值标准体系，在没有国家和阶级的社会中，道德是调节人们社会关系，维持社会秩序的根本控制手段。随着阶级和国家的出现，原始的道德体系逐渐被统治阶级提炼和整理，成为渗透统治阶级社会控制思想、教化人们自觉遵守社会规范的标准原则。

在软控制手段当中，道德对社会行为的约束力最强。它不同于风俗，风俗习惯的适用范围较广而且在一定范围内人们可以稍有灵活变通的余地；道德也不同于法律由国家制定和强制执行，而是依靠社会舆论、信仰信念、习惯和教育示范等力量来维持，因此人们的善恶是非、正义和非正义、公正和偏私、诚实和虚伪等概念成为道德评判的标准。人们以此来调整社会关系，形成社会判断。当行为方式或言谈举止违背了社会公认的道德标准时，内心会产生强烈的不安与负罪感，并且受到社会舆论的谴责与唾弃。

2. 宗教

宗教是人们对超自然力量信仰、解释的产物，其本质是对现实生活虚幻的、颠倒的反映。宗教的社会控制机制是人们对虚幻神灵的臣服和恐惧，以及对超脱现实、追求心灵宁静的向往，因此宗教信仰有着强烈的感情和意志倾向性，它将爱憎之感、对威胁力量和邪恶的憎恨以及对救世主的崇敬之情融为一体，一经产生便有着强烈的控制力，但是这种力量往往只对信仰它的人才能产生效力。宗教在历史发展的长河中曾经发挥过强大的影响力，中世纪的欧洲一些国家就曾出现过政教合一的现象，宗教对当时社会秩序的维护和控制具有十

---

① 张宏生、谷春德主编：《西方法律思想史》，北京大学出版社1990年版，第409页。

② 贺培育：《社会主义精神文明的社会控制功能》，《江西社会科学》1995年第8期。

分重要的意义。即使在科学技术日益发达的今天，其社会控制的影响力依然不可小视。以韦伯为代表的某些西方学者甚至将资本主义精神归结于当年宗教控制——基督教信仰的产物。由此一斑足可见宗教在社会发展当中的控制影响力。

3. 法律

法律是对社会成员最具威慑力的一种社会控制手段。法律由国家制定并认可，体现了统治阶级的意志，以国家的强制力为基础，以暴力机关为制裁机构，具有广泛性、阶级性、强制性和稳定性的特征。对社会实行法律控制，是人类发展的一大进步。在摆脱了神权与宗族特权的统治束缚后，法律控制逐渐显露出不可或缺的社会价值。由于其特殊的控制力量和控制效力，在阶级矛盾和社会矛盾纷繁复杂的社会中，“国无法不治、民无法不立”，有效地维护了统治阶级的统治安全。即使在社会主义国家，剥削阶级的消亡并没有必然导致社会矛盾的消失，为了维护社会的正常秩序与良性运行，法律仍然是必不可少的控制手段。

法律控制不只是对违法行为的防范和制裁，还包括调节、发展和建立新的法律关系的过程。总体而言，法律控制具有三个方面的社会功能。①

(1) 在指示人们行为方面，法律规定了可以做什么，必须做什么的行为尺度，对人们起着指引、规范行为的作用，使每个社会成员都能了解法律的基本要求、预期到自己行为的后果，自觉实行符合法律要求的行为。同时人们还会以法律规定评价他人的行为，从而影响人们的行为方式。合法的典型示范行为会成为人们效法的楷模，受到否定的越轨行为会有所收敛或停止，过激的违法行为则得到法律的严厉制裁。

(2) 在调整社会关系方面，法律控制规定了政治关系、经济关系以及社会交往中人际关系的基本原则，并赋予人们在各种社会关系中平等的地位以及相适应的权利和义务。法律的实施要求各阶级、阶层及社会成员在认同法律的基础上，正确地行使这些权利并责无旁贷地履行应尽义务，扮演好独立的社会角色，从而形成健康有序的社会结构。

(3) 就法律本身的社会功能而言，以明确的条文形式规定了法律责任、法律制裁以及诉讼程序，并处理惩治违法行为。法律规定了违法行为的界限及条件，一方面具有适用的作用，对违法行为依法追究法律责任，适用法律制裁，另一方面则具有警戒和防范作用。

综合上述三种社会控制手段，“当我们生活在地上世界里，如果法律在今

---

① 卢利平：《谈谈法律的社会控制功能》，《益阳师专学报》1998 年第 2 期。

天是社会控制的主要手段，那么它就需要宗教、道德和教育的支持；而如果它不能再得到有组织的宗教和家庭的支持的话，那么它就更加需要这些方面的支持了”①。在肯定法律控制主导地位的同时，并不能忽视或否定其他社会控制手段的作用。为维护社会文明，对社会实行有效控制，道德、宗教、法律这三种主要手段在社会控制中应互相配合和补充，综合为治。通过正面引导、对偏离行为的限制、教育和借助舆论工具和宗教组织等各种方式，实现社会控制由外在控制向内在控制的转变，最终达到维护稳定的政治环境和良好的社会秩序的目的。

第三节 转型期的社会控制

转型是指事物从一种运动形式向另一种运动形式转变的过渡过程。社会转型顾名思义是指社会从一种类型向另一种类型转变的过渡过程，在社会学的研究中它通常具有特定的涵义，是指从传统社会向现代社会转变的过渡过程。伴随着这一过程，社会结构的分化与整合、秩序的失范与重建，冲击震荡着整个社会系统，带来机遇与挑战并存的社会控制状态。

当今中国社会正经历着一次前所未有的全面、强烈而深刻的社会转型。社会全面转型期的社会控制带有许多社会转型的特点，有众多不可控因素存在，会不断产生超出既定社会控制视野之外的社会现象和社会问题，具有比非转型时期更多的复杂性和艰巨性。

一、从传统社会控制向现代社会控制的历史转型

中国社会自鸦片战争起至今经历了波澜壮阔的社会变革与转型，历时长久、进程艰巨，社会控制也呈现出从传统社会控制向现代社会控制的深刻转型。②

1. 依附型社会控制向自主型社会控制转型。传统社会是以家庭控制为基础和基本运作机制的伦理社会，社会控制基本上依附于家庭控制，某一社会控制体系瓦解的重要根源往往在于家庭控制的无力。许多贫民无法从家庭中获取生活资源，必然会打破传统家庭（地主）的控制，寻求自己的生存权利。一

---

① ［美］庞德著，沈宗灵等译：《通过法律的社会控制：法律的任务》，商务印书馆1984年版，第33页。

② 鲍宗豪、李振著：《社会控制模式：理论与现实的选择》，《上海行政学院学报》2000年第4期。

个控制秩序稳定的社会局面的获得很大程度上就取决于社会控制主体（朝廷）对家庭（地主）控制的引导、制约和重视程度。现代社会控制则是一种自主型的强调个体充分发展的社会控制，个体对血缘群体和地缘群体的依附性逐渐减弱，社会控制的运行机制所依赖的组织控制也表现出一定的局限性，社会控制空间日益复杂化、多样化、个性化。

2. 封闭型社会控制向开放型社会控制转型。传统社会控制视野局限于居住空间和活动空间的封闭圈层中，固守传统社会的价值传播体系，依赖狭隘的人际关系和社会联系来实现社会控制的功能。一旦封闭的环境、条件被打破，新鲜的空气必然要求传统社会控制与外界进行各种控制能量、方式的交换，不断扩大生存、生活空间及空间中活动主体的相互关系。这样，控制观念和方式为适应开放性、全球化社会关系的需求，必然从封闭型的社会控制向开放型的社会控制转变。

3. 强调稳定型的社会控制向强调发展型的社会控制转型。传统社会控制适应的是一个节奏缓慢、世代缺少变异的社会，整个社会的存在方式是安于过太平日子，缺乏革新和创造精神，强调稳定而忽视发展。而现代社会人们的生存方式和价值观念不是以守旧而是以求新为价值取向，发展是一种常态，而稳定也被界定为发展中的稳定，僵化的静止的稳定反而被认为是异态，是发展型社会控制的阻碍力量。

4. 非竞争型社会控制向竞争型社会控制转型。传统社会控制不能说不存在竞争性的社会控制机制，如科举制、奖励军功等，不过这些社会竞争的范围及其规则受到很大限制，社会竞争的结果也从属于僵化、封闭的社会控制目的，所以仍可归属于非竞争型社会控制范畴。而竞争型的社会控制则强调通过竞争规则来释放社会能量、缓和社会矛盾，而不是对社会积聚的社会能量严加约束；强调通过强化竞争的秩序和竞争的公平性、公正性来使社会冲突制度化、规范化。中国选择市场经济的艰难历程实质上就是从非竞争型社会控制向竞争型社会控制转型的过程。

综上所述，中国社会控制转型的根本依据在于社会发展中经济基础的转变。发展观念和社会生活方式的深刻变化，使得传统的社会控制方式不再适应新时代发展的需求，必然产生形成新的社会控制观念和运作机制的客观要求。

二、改革开放前的社会控制模式与结构性矛盾

在从传统社会控制向现代社会控制的深刻转型中，面临着西方外来文明的持续冲击，自身谋求发展的强烈愿望促使中国社会艰难的探求着社会控制的有效模式。新中国建立后，摆脱三座大山压迫的新中国逐步建立起一套具有自己

特点的社会控制体系，使社会秩序在20世纪50年代呈现出前所未有的良好态势，促使政治经济步入健康快速的发展轨道。毫无疑问，新中国社会控制体系的先进性是以往任何社会形态所不能比拟的，但是这种以高度集中的计划经济为基础的控制体系随着社会经济发展步伐的调整，逐渐显露出各种弊端。

1. 改革开放前社会控制的模式特征

与高度集中的计划体制相适应，中国形成并强化了国家高度集权的社会控制体系，呈现出以下几方面的模式特征。①

(1) 国家与社会合而为一，高度一体化。国家不仅是惟一的社会控制力量，而且是惟一有能力实现社会改造和社会发展目标的力量，在社会控制体系中处于至高无上的地位，行使一切社会控制权力。

(2) 社会控制的权力和手段高度集中于国家各级行政权力机构，对整个社会施行统一控制。各类民间社团、自治组织发育极不健全，起不到上传下达的中介作用。

(3) 集中型的权力结构将政治控制扩大到社会的每一个角落。按照马克思主义关于社会系统是由三个独立的子系统组成的观点看，这种权力结构实际上就是把政治上层建筑子系统置于支配经济基础和意识形态子系统的地位，也即是把行政命令置于支配经济活动和意识形态活动的地位。行政权力的行使权限无限膨胀，渗透到社会控制体系的每一个角落。

(4) 在整个国家的控制体系中，权限等级明确森严。一个下级只有一个上级，反之每一个上级都管辖一定数量的下级。上下级关系是控制与被控制的关系。因此，社会控制的路线也呈现出一种单方向、单指向、纵向垂直、自上而下的形态。

(5) 经济基础系统和意识形态系统随行政区划被分割为一层层、一块块，层与层、块与块之间相互封闭，整个社会控制体系的能量流动与交换处于停滞僵化状态。

实事求是的分析，新中国建立之初，这种国家强力主导下的社会控制体系曾发挥过重要的历史意义，有效抵制了西方列强的破坏渗透，对防止和平演变的国际阴谋起到了关键的安全保障作用，维护了安定团结的社会局面。然而，一旦国家的工作中心由防御外来侵略转移到开展国民经济建设，促进国家繁荣富强的轨道上来，高度集中的控制模式与社会发展的不适应性便凸现出来，由此衍生出一系列结构性矛盾。

---

① 黄家滨：《试析改革前中国的社会控制体制》，《湛江师范学院学报》1997年第3期。

2. 社会控制体系衍生的结构性矛盾

(1) 集中型控制模式在强化国家对社会总体性控制的同时，不可避免地导致国家与社会的高度一体化。国家权力的集中固然具有统领全局、高效统一的效力，赋予国家强有力的社会动员能力，但与此同时，也就使本来不甚发达、成熟的社会肌体更加萎缩。社会发展空间遭遇国家强力控制体系的蚕食，社会自组织功能不断衰弱，难以形成自我良性运行与发展的有效机制。一切社会细胞都成为依附于国家意志行动的僵硬肌体。

(2) 政治权力或行政权力的强势控制，削弱了其他社会控制力量的影响力，造成政府政治整合负担过重，控制效果不尽如人意。单一政治控制在很大程度上是以政治控制替代社会控制，其优越性之一就是消除了政治整合与社会整合之间的紧张状态，使两者高度统一。但是在中国这样一个家国（广义可理解为社会与国家）高度合二为一的社会中，社会发展的空间十分狭小，不足以产生诸如西方社会的职业群体、法人群体等民间性的自治团体，以促进社会层面的整合。因此国家的政治整合负担大为加重，社会各子系统的整合和控制职能直接处于国家政治系统控制之下，政府事无巨细，甚至越俎代庖行使控制权力，不但难以做到面面俱到，连自身的运行效率都大打折扣。

(3) 法律制度和法治机制的不健全。社会控制的主要手段不是法律，而是靠纪律、政策等行政手段。即使在有限的法律控制空间中，法治机制也不完善。法律的制定与修改不能适应社会政治经济发展的要求，以权代法、枉法裁判的例子不胜枚举。法律的作用力时时被人治左右，没有权威人士的干预，某些正常的法律要求甚至不能伸张。法律控制的威慑力在强势政权的影响下大打折扣，很难发挥应有的效力。这种以人治为原动力的社会控制系统难以维持社会的长治久安，最终导致社会动荡不安，"文化大革命"的爆发就是最好的佐证。

(4) 僵硬的集中型社会控制体系缺乏发展取向。社会控制主要依靠严格的城乡分离户籍制度、单位制度和政治运动来实现党对社会生活的全能控制。个人的原子化，社会的行政化、透明化和社会作为一个自主实体的消灭成为当时社会状态的典型特征。不可否认这种以稳定性为导向的社会控制对于扭转新中国成立初期的混乱局面起到了重要作用，但僵化的控制机制却造成了社会资源流动的匮乏。社会成员被人为地限制在固定的生活空间和工作空间当中，不但导致人才的大量积压与浪费，而且引发了不合理的社会竞争，无形中助长了歪风邪气的蔓延。

改革开放前中国的社会控制模式及其衍生的结构性矛盾并非空穴来风，它与计划经济体制有着一脉相承的历史渊源。在以中央集权为主、集中统一的计划经济时代，各种经济成分和经济部门被纳入国家计划的轨道，实行统一的管理与管制。政府代表国家成为资源动员与调配的惟一合法机构，由此政治的控制力远远超越了自身应有的管辖范围，成为一切经济问题、社会问题、文化问题的解决力量。但是随着计划经济逐渐退出历史舞台，政治控制的排他性失去了存在的社会依据，高度集中的社会控制模式与日益崛起的市场经济存在严重的背离倾向，社会政治经济的发展迫切需要对社会控制模式进行重新选择。

三、市场经济条件下社会控制模式的重新选择

1. 控制模式重新选择的社会状态

市场经济大潮对中国社会发展造成的深远影响，远非经济领域的飞速变化可以一言概之，社会结构、组织和个人的观念与心理都在经历着空前的变化。社会发展的结果，一方面适应了市场经济的需要，促进了经济的发展；另一方面则对原有的各种社会控制机制产生了一定的冲击，使其防范功能受到削弱。由于新的社会控制模式尚未建立健全，新旧体制转轨带来的“真空地带”给大量不法之徒以可乘之机，社会结构的转化与价值取向的多元化又难以及时形成社会公认的行为模式与评判标准，由此一定程度上带来了社会的无组织化，导致各种无序、失范状态层出不穷，社会越轨行为屡禁不止。

主要表现为：社会治安形势严峻，各种违法犯罪现象大量增加，特别是重大恶性案件不断上升；权钱交易，以权谋私，谋取个人和小团体非法利益的各种消极腐败现象较为严重。在经济领域里，一方面表现为损公肥私，化公为私，鲸吞国家财产；另一方面一些人为了牟取暴利，不择手段，不讲信用，不讲质量，假冒伪劣，坑蒙拐骗，巧取豪夺，搀杂使假，给消费者的生命财产带来了严重的损失，甚至败坏了国家的声誉。这些现象已给社会的稳定和正常的社会秩序带来了严重威胁。① 因此为了充分发挥社会控制的积极功能，维护社会的良性运行，必须重新选择、建构与市场经济发展相适应的社会控制模式。

2. 法治与德治

目前与社会控制模式有关的探讨主要集中在法治与德治孰优孰劣的问题上。一种较为普遍的看法是，法律在社会控制中的作用日益加强是现代社会发展进程中的总趋势，法治不需要人的主动性，依靠制度机制的健全就可实现。因此建立完备的市场经济法律体系，使社会生活的各个方面都纳入法律调整的范围，强化法律手段，应是中国社会控制模式的选择。依法治国口号的提出是

---

① 蒋传光：《对中国社会控制模式选择的法社会学思考》，《政法论坛》1997 年第 5 期。

吸取过去轻视法治的经验教训，强化法律控制功能的集中体现。建设法治国家被提高到未来国家发展的基本方向的高度，立法活动空前活跃，司法改革在朝专业化、独立化、大规模化的方向积极进展，依靠法律来解决冲突、规范社会行为已经成为共识。加强法律在社会调整中的作用，这毫无疑问是正确的，但是法律不是包治百病的灵丹妙药，不可能寄希望用单一的方式解决所有的现实问题。而且法治建设的发展对人的活动提出了更高要求，尤其是执行和适用规则的主体在整个控制实践活动中起着关键性的作用。执法者群体作为人治与法治之间的关键环节对于社会控制功能的实现起着至关重要的作用。

另一种观点则认为，法律不是万能的良药。社会转型期，市场经济引发的诸多社会问题，不能单纯依靠法律的强制力进行控制。社会组织、社会规范甚至市场本身都是社会控制的重要方面。发达的社会组织体系，如普遍、独立的工会、非政府组织等，能够有效的起到民众与政府之间社会中介和桥梁的作用，协商各层次、不同群体间的利益冲突，促进社会团结。社会规范如道德，作为一种非正式制度，如果被普遍接受和遵守，也将有力保障法律的实行和法律规范的约束，大大降低法律制度的运行成本，促进经济和政治系统的良性运作。反之，如果片面倚重行政和技术手段，迷信法家式的法治及“乱世用重典”，放弃社会福利、社会组织、宗教、道德等社会控制的非正式制度，必然导致忽略社会控制的终极目标，有舍本逐末的危险。

3. 法治与德治并行的社会控制模式

法律与道德同是调整社会关系的控制手段，治理国家既要依靠法律的硬性控制，又要依靠道德等软控制，降低社会控制成本，实现社会效益最大化，任何类型的国家和地区莫不如此。以战后日本和亚洲“四小龙”的社会控制模式为例，这些国家和地区的政治与法律制度都经历了重大变革，仿照西方国家建立起比较完善的政治与法律制度。在社会秩序建立的过程中，它们对法律的控制作用都非常重视。其保障社会秩序、规范行为准则、界定权利责任、调节经济活动、监督官员廉政、管理公共交通、维护安全卫生等无不依法依规治理。重视法律在社会控制中作用的结果为日本和亚洲“四小龙”的经济发展与繁荣稳定起到了有力的保障作用。但这些国家和地区在重视“法治”的同时，也非常重视维护民族精神和国民素质的提高，重视儒家传统道德在社会发展中的作用。“在诸多探讨日本与亚洲‘四小龙’现代工业文明崛起原因的论著中，无不承认儒家伦理精神是重要因素之一”。① 东方的儒教文明与西方的基督教文明在这里相互碰撞、渗透、融合，焕发出新鲜的生命力，促进了社会

① 李书有著：《儒学与社会文明》，江苏教育出版社 1995 年版，第 5 页。

最大范围的整合。

中国是一个历史悠久的国家，历来具有重视法与道德教化综合为治的优良传统。古代思想家孟子在《孟子·里娄上》就说过“徒善不足以为政，结法不足以自行”①。意思是说，徒有好心并不足以处理政务，单用法律而不与“善政”、“仁政”、“德政”相结合，法也得不到贯彻执行。孟子这两句话，正好说明了法律与道德应相辅而行，不能顾此失彼。为维护社会统治秩序，采用法与道德教化综合为治的模式是古代中国治国理政驭民的重要经验。

时至今日市场经济的确立，为“法治”与“德治”并行的社会控制模式的重新建立提供了实践基础。“法治”与“德治”并重是市场经济建设的客观要求。在市场经济宏观调控的非经济手段中，道德是一个重要的调节手段。当前由于种种原因，法律、行政和经济调节手段都还很不健全。道德控制与法律控制相互补充，不但能调节法律、行政和经济手段所能涉及的那些经济活动和经济关系，而且还可以调节这些手段不能涉及或暂时没有涉及的那些经济活动和经济关系。从经济控制论的角度看，运用道德调节手段也是非常重要的。法律行政和经济调节这些外在的调节手段并非万能，而且具有明显的后滞性；道德则是一种内在的自我调节，无需外部的强制力量，且通过积极的方式发挥作用，有着法律和行政等外在调节手段不可比拟的优越性。

实行“法治”与“德治”并重的社会控制模式既是社会主义市场经济的必然选择，又是对中国优良文化传统的继承发扬以及对国外先进经验的科学借鉴。我们应该充分吸取以往的经验教训，将两者有机地结合起来，取长补短，真正发挥综合为治的社会控制效力。

本章小结

人类社会追求发展的强烈愿望从不曾停息，渴望超越传统的羁绊与束缚，谋求社会的良性运行与协调发展，非凡的创造力在历史前进的轨迹中不断迸发。而人类之所以能够摆脱动物性的特质、赋予社会的属性，原因之一就在于行之有效的自我控制。

1. 无数先哲以智慧的思维从不同角度、借助不同的语言媒介对社会控制进行了深入研究，形成了丰富的社会控制思想。控制一词本意是指有组织的系统根据内外部的变化而进行调整，使自身保持某种特定状态的活动。早期的社

---

① 温克勤：《我国历史上的“德治”和“法治”思想》，《道德与文明》2001年第3期。

会学家对社会控制问题予以了充分关注，但直到1901年罗斯才将其正式引入社会学的语言系统，社会控制从此成为社会学研究的重要领域。

2. 在现代社会学中，社会控制是指社会组织体系运用社会规范以及与之相应的手段和方法，对社会成员（包括社会个体、社会群体及社会组织）的社会行为及价值观念进行指导和约束，对各类社会关系进行调节和制约的过程①。其基本目的是维持社会秩序的稳定，促进社会整合程度的提高。社会控制具有明显的集中性和超个人性、依赖性和互动性、多项性和交叉性。

3. 社会控制可以通过重建社会公平，平衡人们的社会心理；可以通过协调各种利益关系，以实现利益的新平衡；可以通过道德评价与舆论监督，强化道德控制机制，形成稳定的道德秩序；可以通过对健康生活方式的倡导，扬弃世俗的文化消费及生活方式，形成良好的社会风气；社会控制可以通过对社会成员的社会行为和价值观念的指导和约束，对各类社会关系进行调节和制约，保持社会的积极稳定。

4. 按照不同的标准，社会控制可以区分为不同的类型：正式控制和非正式控制；积极控制和消极控制；硬控制和软控制；外在控制和内在控制；宏观控制和微观控制。

5. 社会控制系统通过控制主体、客体的相互作用，借助一定的控制手段，实现对整个社会或社会中的群体、组织及其社会成员的行为方式和价值观念的引导、约束与制裁，从而有利于社会的稳定发展。

6. 当今中国社会正经历着一次前所未有的全面、强烈而深刻的社会转型。全面转型期的社会控制带有许多社会转型的特点，有众多不可控因素存在，会不断产生超出既定社会控制视野之外的社会现象和社会问题，具有比非转型时期更多的复杂性和艰巨性。

7. 在从传统社会控制向现代社会控制的深刻转型中，自身谋求发展的强烈愿望促使中国不断探求社会控制的有效模式，从高度集中的以政治控制手段为主的社会控制模式逐渐向市场经济条件下法治与德治并重的社会控制模式转变。

思考题

1. 什么是社会控制？怎样理解社会控制的内涵？
2. 社会控制的特点是什么？

---

① 郑杭生主编：《社会学概论新修》，中国人民大学出版社1998年版，第457页。

3. 社会控制有哪些社会功能？

4. 依据不同的分类标准，社会控制分别具有哪些类型？

5. 社会控制是怎样通过控制主体与客体的相互作用，实现社会稳定运行的终极目标？

6. 在众多社会控制手段当中，哪几种控制手段最具社会影响力？

7. 转型期中国社会控制经历了怎样深刻的变革？

8. 为什么说“法治”与“德治”并重的社会控制模式是市场经济的必然选择？

第十八章　社会学的经典应用

学习目的与要求：本章主要从以下三个方面来介绍社会学的理论和方法在经济、政治、法律、知识和宗教领域里的应用：一是总体上介绍社会学研究这些领域的独特视角和方法；二是从社会学在这些领域里应用的发展和演进过程纵向把握其理论视角和方法；三是具体介绍社会学应用的经典理论。社会学不仅向人们提供科学的社会知识，而且通过提供社会学的视角、方法帮助人们获得新的社会知识。因此，在学习本章的过程中不仅要吸收社会学在这些领域里的经典理论观点、领悟社会学观察社会现象独特的视角和方法，更重要的是要能够融会贯通，提出在这些领域或其他领域里更有创新性的观点，从而推动社会学应用的发展。

社会学是一门综合性的学科，它从社会整体的角度来考察、研究社会关系及其变化发展规律。社会关系表现在社会生活的各个领域，也反映在社会过程的各个方面，因此社会学的研究领域十分广泛，经济、政治、教育、文化、宗教、法律、科学等都在它的研究领域内，由此形成了各个分支社会学。社会学研究这些领域具有综合性，不像经济学、政治学、法学等具体社会科学只涉及各有关子系统内部的规律。本章主要从经济、政治、法律、知识、宗教五个分支来介绍社会学在这些分支领域的经典理论。

第一节　社会学与经济

一、经济社会学的历史发展①

经济学为了说明经济行为及经济体系，往往回避非经济因素的影响。经济

① 参见徐延辉：《经济社会学百年历程简述》，《国外社会科学》2001年第3期，第11页。

社会学则是用社会学理论和方法来分析经济现象，把经济行为及经济体系分别看作是社会行为及体系的一种形态或下属部门，依据社会行为理论及社会体系理论，从经济领域之外说明经济行为及经济体系。人类的经济行为从根本上讲是社会行为，排除了非经济因素变量的经济理论，无法认识到经济性行为中作为社会行为的一面。

在现代西方经济学研究领域中，出现了经济学的“社会学化”趋势，具体地说，就是把社会学的视角引入经济学，重视社会体系、经济结构、社会制度、人际关系、文化与意识形态等社会因素与经济的相互作用。

斯韦德伯格把经济社会学的发展划分为三个阶段①。第一阶段是在 19 世纪末 20 世纪初，以韦伯、迪尔凯姆和齐美尔为代表；第二阶段是 20 世纪 50 年代，以帕森斯、斯梅尔瑟和波兰尼为代表；第三阶段是 20 世纪 80 年代以后，被称为新经济社会学时期，代表人物有怀特、格兰诺维特和泽利泽等人。

韦伯、迪尔凯姆和齐美尔这三位社会学的奠基人中的每一位都在经济学领域做过大量研究。齐美尔在这一领域最重要的成果是于 1900 年问世的《货币哲学》。在这部著作中，齐美尔敏锐地分析了货币在现代文化中的特殊作用。除此之外，齐美尔还以创建各种经济类型而闻名，剖析了挥霍者和守财奴这两种经济类型的行为特征等。迪尔凯姆批判了斯密的分工思想。斯密认为劳动分工的惟一功能是生产财富、便于交换。迪尔凯姆认为斯密忽视了分工的另一重要功能，即分工加深了人们之间的相互依赖，促使人们更加团结，因而提供了“有机团结”的潜力。另一方面，迪尔凯姆发现现代经济的某些力量可能会破坏社会的内聚力，因而出现“社会的反常状态”或者是缺乏行为规则。韦伯是为建立经济社会学作出最持久努力和最出色贡献的社会学家。韦伯把经济社会学视为主流经济学的一个补充。《经济与社会》一般被视为经济社会学的经典之作，在本书中的第一部分第二章中，韦伯勾画了经济社会学的基本轮廓。韦伯首先从个人开始讨论“经济行为”及“行为的经济取向”，然后探讨了“经济组织及其分类”、“经济的形式合理性和实际合理性”，最后分析了“政治组织”、“意识形态”和各种“国家制度”对经济发展尤其是资本主义企业经营所产生的影响。《经济与社会》是经济社会学初步建立的标志性成果。

1956 年，帕森斯与其学生斯梅尔瑟合著出版了一部重量级理论著作《经济与社会》，标志着经济社会学作为一门独立的学科正式创立。在这部著作中，作者运用结构-功能主义分析手法，把社会定义为一个由许多子系统组成的大系

---

① Swedberg. R. “Economic Sociology” in The Handbook of Economic Methodology, edited by Davis John B, Edewar Elgar Publishing Limited 1998, p. 135.

统，经济只是其中一个子系统。经济系统与其他系统相互作用，所有子系统在维持社会大系统运行过程中都发挥重要功能。斯梅尔瑟随后用同样的方法研究了英格兰的工业革命，并出版了经济社会学的第一部教科书《经济社会学》。

20世纪70年代末80年代初是经济社会学发展的第三阶段，也是新经济社会学诞生和发展壮大的关键时期①。在这一时期，把社会学应用于市场研究的先驱是哈佛的怀特。到20世纪80年代中期，怀特的许多学生开始发表经济社会学著作，尤其是借助于在他指导下所使用的网络研究方法，波特、贝克和格兰诺维特等人的成果尤为引人注目。其中格兰诺维特关于经济社会学的纲领性文章《经济行为与社会结构：嵌入性问题》，开创了利用社会结构或社会网络分析经济行为和经济秩序的经济社会学新纪元。格兰诺维特认为所有的经济制度都是"社会建构"，经济制度是通过网络而产生的，然后被凝结到更坚固的社会结构当中。

二、经济社会学研究的理论主题②

无论过去和现在，经济社会学都认为文化、社会因素和经济现象是彼此深入地相互渗透而不是彼此分开的。一般说来，社会学主要研究经济的三个重要方面：(1) 变化中的制度和文化模式如何影响经济，(2) 经济过程和经济制度的社会学分析，(3) 经济领域与其他社会领域关系的分析。

1. 经济生活中文化和制度的作用

经济社会学研究的一个主题是经济生活中文化和制度的作用。不是把偏好看成既定的和各自地形成的，社会学和人类学把偏好看成是可变的，并且研究这些偏好的形成。他们认为经济行为不能惟一地依据理性的和自主的个人来认识。增加社会学和文化因素能够更好地理解经济现象。例如，文化因素可以解释路径依赖（path dependence）、个人选择和个人需求。

斯梅尔瑟在他的《经济社会学》中论述了经济与文化的关系。他认为经济是一种制度，不可避免地受到能够影响社会上各种制度的社会因素和心理因素的影响。他讨论了经济与四个社会文化环境之间的关系：文化层次、政治层次、整合层次、社会阶层层次。在谈到文化层次与经济活动的相互影响时，特别强调价值观和意识形态对经济的影响，他认为文化价值观——无论是宗教的

① 参见董才生：《西方经济社会学历史演化的具体过程》[J]，《内蒙古民族大学学报（社会科学版）》2001年第3期，第36页。

② 参见马迎贤：《经济社会学的方法论、理论和政策》[J]，《国外社会科学》1997年第1期，第38~39页。

还是世俗的——不仅会影响人们的经济行为，也会影响其他的行为和社会结构。他还论及了思想意识对经济活动的功能——支持、攻击、减缓压力。他认为要研究思想意识的转变及其与经济活动的关系，最简便的办法是找出社会群体地位的转变。①

韦伯强调合理的“制度”（包括完全的财产权、自由的企业经营、自由的劳动市场、自由的市场交换、合理的和可计算的生产技术、形式合理的法律和行政管理等制度性条件）在资本主义理性经济活动中的作用。韦伯是一个强调制度与文化相互配合的综合论者，其著作《世界经济通史》（1981）展示了一幅资本主义的历史画面，即强调物质的、制度的和文化的因素的相互关联和配置在西方理性资本主义发展中的“历史”意义。在他的历史学的因果分析中，资本主义精神已不再是“首要”的因素，而是被降格为“必要的辅助因素”。这种思想结构的安排，既反映了韦伯研究方法的转变，也体现了韦伯对制度因素的关注。事实上，在《世界经济通史》中，韦伯已将主要精力放在对资本主义经济制度（农业制度、财产制度、工业组织制度、商业和货币制度）的变迁、市民阶级的产生、合理的法律、国家和经济政策的形成的历史分析上。另外，韦伯将对资本主义精神演进和作用的分析与市民阶级的形成和作用的分析结合起来。

近十年来，一些经济学研究者意识到过去经济学家们之所以不能够充分解释经济增长，关键是由于第四个要素——制度——受到忽略②。他们证明，制度的影响是相当大的；制度建立的基本规则支配着所有公共的和私人的行动，即从个人财产权到社会处理公共物品的方式，以及影响着收入的分配、资源配置的效率和人力资源的发展。经济力量与社会中存在的制度和政治安排是相互作用的。在社会学者看来，新制度经济学的要害，在于使制度分析偏离了社会学的、历史的和法律的论证，而认为制度的出现是对经济问题的有效解决。

2. 企业的性质和行为

企业的性质和行为是经济社会学研究的另一主题。正统的微观经济学理论关于企业的观点是狭窄的和有限的，社会学有助于扩展这一观点。经济社会学揭示了企业是如何实际运作的。

迈耶（Meyer）指出，大多数组织（非赢利性企业和家庭企业）并不一定

---

① 参见：斯梅尔瑟著，方明、折晓叶译：《经济社会学》，华夏出版社 1989 年版，第 23 页。

② 宋林飞：《经济社会学研究的最新发展》［J］，《江苏社会科学》2000 年第 3 期，第 39 页。

追求最大获利能力（maximum profitability）。这些企业为他们自己或为他们的生存价值而受到评价，而不是为他们生产的结果而受到评价。富永健一在分析企业行为时主要从它们满足整个社会体系的功能需要这一观点出发，认为在古典式企业中企业行为的动机在于最大限度的追求利润，而现代企业要承担一定的社会责任，“企业的社会性功能和政治性功能本身已基本独立化，并不从属于经济性功能”①。

社会学不是把企业看成单向度的利润最大化者。进化理论预言，企业内部的文化和习惯刚性将引导某些企业适应变化中的经济环境，与此同时，另一些企业将无法适应这一变化。

另外，鲍威尔和多尔试图运用社会学观点解释为什么网络取代传统的公司等级制度成为组织企业的一种方式。但是，他们过分依赖合理性和利润最大化的经济学假定来解释组织结构上的这一转变。而且，他们没有提出工人们面对公司结构中他们的新位置时无所适从的问题和忧虑，而这恰好是人们期望从社会学观点中得到的见识。然而，这些问题和忧虑在诺赫里亚（Nohria）和格拉蒂（Gulati）关于企业雇员的非经济需求研究中得到关注。

3. 企业家

追随熊彼特和柯斯纳（Kirzner）的路线，社会学家倾向于把企业家不仅仅看成只是组合各种生产要素的经济中间人（economic middlemen）或理性的、利润最大化的机器。马蒂尔利指出，社会学家倾向于提出关于适合具有创新精神的企业家出现及兴旺的社会条件和制度环境的深层问题。马蒂尔利（Martinelli）认为研究企业家，无论是哪门学科都必须从两个基本的维度来研究：一是系统与行动者变量（也称宏观模式与微观模式）；一是所谓的结构与文化变量。马蒂尔利分析了企业家形成的三个方面。他把研究企业家的产生背景分为心理学方法的“特征模式”（trait modles），社会心理学方法的“成就动机理论”（need for achievement theory）和社会学方法的“地位退出”理论（status withdrawl）。马蒂尔利从文化和结构两个方面论及了企业家的社会边际性。马蒂尔利还分析了企业家在既定的环境下如何行动，也就是企业家如何充分利用现存的机会。对于这个问题有两种态度，一种是强调结构要素超过社会行为；另一种是认为社会行为比结构因素更为重要。认为结构因素重要的提倡者强调企业家的形成与个人所遇环境以及与之相连的社会群体有关，正是企业家与其特殊的社会背景和参照群体的互动产生了他们独特的抱负和行为。强调社会行为重要者认为行为者在一定的社会环境下作出选择和决定。在这种社会环境

① 富永健一著，孙日明、杨栋梁译：《经济社会学》，南开大学出版社 1984 年版。

内，机会结构随时间而变化，企业家就是能辨别新的机会的人，是比其他人更能充分利用这些机会的人。持这种观点的人强调在给定文化情形下的个人选择和转化形式。

伯恩斯（Burns）则对一般意义上的企业家概念加以拓展。他认为企业家不仅存在于私营部门，企业家和创新也可能发生在公共部门。主要的区别是公共部门制度和限制与市场制度相比，可能为创新努力提供了不同的渠道。在公共部门的革新意味着政策的改变，公共企业家必须在某种程度上获得许可，以新的方法使用公共资源。

4. 权力和市场①

社会学趋向于在经济行为中广泛地研究权力，而且权力的分析在经济社会学中显得十分重要。韦伯认为，“在经济行为的社会学概念中，经济权力是一个基本的概念”。他把经济权力的分析方法用于对资本主义的经济分析。微观经济学一直认为经济行为不过是一种等价间的交换，显然，根据这一观点，经济学家在分析经济行为时忽视了对经济行为权力的分析。经济学家认为在完全竞争中，买卖双方都无权影响价格和产量，这是市场经济的基本观点。“限制产品销售的数量或者提高产品价格的权力（在市场经济中）会被有效地剥夺，假若这种权力在庞大的市场经济体系中被一千个人瓜分时，那么这种权力犹如一加仑的水洒在一千亩的土地上一样。”事实上，经济学家有分析不完全竞争的传统，在分析不完全竞争时，控制价格和产量的权力则是分析的重要内容。

斯梅尔瑟和斯韦德伯格指出，社会学家使用的经济权力概念扩展超越了大多数经济学家所使用的市场权力概念的狭窄定义。对大多数经济学家来说，交换发生在相同的人之间，没有考虑权力概念的余地。而对社会学家来说，权力包括施加政治权力、阶级权力和社会权力的能力。美国社会学家明兹（Mintz）和施瓦兹（Schwartz）最近分析了美国银行系统的权力，研究了银行和工业如何互动的问题，在他们的研究中，着重于探索银行为了自己的经济政策得以实施而如何干预和控制公司的。近期，社会学家们一直在研究公司领导构成整个社会中的“权力精英”（Power elite）的程度。

经济学理论认为市场是一个无结构的整体，只是通过“无形的手”自发地产生作用。个人和市场都被看成是理性的，抽象于具体的社会条件，超越社会与文化。社会学家伯恩斯对经济学的市场理论提出了批评，伯恩斯强调市场的社会秩序是由一系列规则构成的，这些规则包括法律与规范，社会关系与角

---

① 参见周长城、伯恩斯：《当代欧洲经济社会学：现状与研究主题》，《社会学研究》1998 年第 2 期，第 26~27 页。

色规则。伯恩斯认为市场具有鲜明的社会性，市场是嵌入社会的构建，它不仅取决于社会政治构成，而且还取决于文化环境、社会价值、社会规范、法律原则和市场外部的社会关系。一句话，市场部分地是一种规范与道德秩序具体化的反映。因此伯恩斯主张用社会经济的分析方法来研究社会和社会过程的构建，将权力分析与交换分析联系在一起。

斯韦德伯格也跳出了经济学理论那种只把市场作为价格机制的限制，而把市场作为社会结构来考查。这里的社会结构，斯韦德伯格认为是代理行动者之间的一种互动，这种互动是某种再现的和模式化的，同时通过奖赏得以维持。斯韦德伯格认为市场现象的核心在于市场不仅仅是由交换这一个要素构成，而是由两个重要的要素组织，即竞争与交换，换句话说，是与竞争结合的交换。他指出，市场并不是由简单的买卖双方进入交换的同质性的空间，而是一种独特的互动网络。他进一步指出，市场的竞争是一种"间接的冲突"。

法国巴黎大学经济社会学家杜伯斯（Pierre Dubois）通过对市场与组织的研究，得出一个著名的结论：组织中的市场和市场的组织。他认为市场是被组织的，而且市场变得越来越有组织性，尤其是生产市场和劳动力市场。市场可以用组织理论来分析：即市场是由具有理性的、具有行动和协调原则与机制、具有规则、具有评价和奖惩制度的行动者构成的。

怀特也尝试用社会学的观点来解释市场。在经济学者看来市场是供求关系，但供求关系是怎么联系起来的？交易是怎么发生的？"社会网是经济交易发生的基础"，怀特认为市场是社会网，首先是社会关系。他对作为角色结构的市场的分析是一种开拓性的社会学研究。在1981年的研究中他把注意力集中于有少量参与者的"生产者市场"，并推断：参与公司通过相互间的观望，然后采取行动的策略创造了市场。

5. 行为者和经济行为①

经济社会学以群体、制度和社会作为分析的基点，在讨论个人时注重作为社会构造本体的行为者，社会主动的行为者，或者社会中的行为者。因此，经济社会学家把群体和社会结构中的地位作为一种特殊现象，而不考虑个人行为者。

韦伯在《经济与社会》中强调经济社会学假定行为者与其他行为者相互联系，相互影响。他指出经济行为有三种可能形式，即理性的、传统的和情感的。在理性行为的范围问题上经济社会学有不同的理解。传统上，经济学家认

---

① 参见周长城：《主流经济学与经济社会学的比较》，《社会学研究》1998年第2期，第47页。

为理性行为与稀缺资源的有效使用是一致的；然而，对社会学家来讲，理性行为的概念比经济学家的理性概念宽泛得多。在稀缺的前提下，韦伯称效用最大化为“有效理性”，他认为“实质理性”是在其他原理指导下的分配，这些其他原理指人与人之间的相互尊重以及神圣的价值等。社会学家把理性当作一个变量，有些个人或者有些群体的行为比另外一些个人或群体更合理。帕森斯认为经济理性是规范系统，而不是一个心理命题。

经济学认为经济行为的涵义既可从偏好和价格的关系中揣测而出，又可从物品和服务的数量中反映出来；韦伯则认为社会学中的经济行为的定义必须使下面的论述明朗化，即所有“经济的”过程和目标都具有人类行为的意义。根据这种观点，经济行为的涵义具有历史意义，而且经济行为的涵义必须经实践检验，而不能简单地从假设和外部环境中推断出来。在主流经济学中，行为一般由稀缺资源、偏好和技术所限制，原则上，一旦我们了解了这一点便可以预测行为者的行动，因为他或她在经济活动中是以获得最大效用或最大利益为宗旨的。建立在此基础上的行为将不顾其他群体和其他个人的主动影响，也不顾及制度结构上的影响。社会学家在对经济行为的分析中，直接考虑上述影响，其他行为者对市场中的个人行为分别起着便利、偏好或者约束作用。文化对“合理”选择的影响也不容忽视，一般来说，一个人的经济活动取决于他在社会结构中所处的地位，斯廷施凯姆用默顿的社会结构概念解释了结构约束求职选择的原理。

第二节　社会学与政治

一、政治社会学的历史演进

政治社会学是用社会学的观点和方法来研究政治系统与社会环境的相互关系，探讨政治系统在社会结构中的存在条件等。社会学的整体原则、交换原则、互动原则和结构功能原则以及经济研究法、定量研究法、团体分析法等在政治社会学中都有所体现。

政治社会学的研究视野主要是以社会为基础的社会政治的互动关系。这层关系可以从三个具有递进关系的基本层面来把握：（1）这两个领域存在着简单的交流；（2）政治和社会之间存在着双边的因果机制，如社会和政治、政治和政治、政治和社会之间的相互影响；（3）两者之间存在着错综复杂的关系，这些关系源自社会，被政治过程改变，再作用于社会。这三种模式反映了政治社会学在研究政治与社会关系时的基本方式。正是为了研究政治与社会的错综复杂的关系，政治社会学的分析涉及下述主要范畴：（1）政治的社会根源，（2）共同体权力，（3）社会结构和政治，（4）社会和政治变革，（5）政治结构，（6）政治发展，（7）政治精英和政治体系，（8）政治体系的类型，（9）政治对社会的作用。①

政治社会学的发展可以分为三个阶段，即思想形成时期（古希腊时期到19世纪末）、系统化时期（19世纪末到20世纪初）和学科化独立发展时期（第二次世界大战以后至今）②。社会学家为政治社会学的发展作出了很大贡献。

19世纪是政治社会学系统思想基本确立的时期。在这一时期，不仅社会政治思想循着其原有的思路继续在国家观、政府论方面取得长足进展，出现了边沁、约翰·密尔等著名政治思想家，更重要的是出现了以孔德、斯宾塞为代表的实证主义思想家，他们以社会改革为目的，试图把人类社会当作一个整体加以研究，并首倡运用科学方法，通过观察和实证来进行研究的新思路。这种把社会学方法和政治问题研究结合起来的趋向创造了政治社会学这一新的学科体系的理论雏形，即从种种社会因素的研究出发，系统探讨社会因素与政治活动的相互作用及其规律性，以实现社会的良性运行和协调发展。从这种意义上说，孔德和斯宾塞也应归入政治社会学的开拓者之列。

19世纪末，政治社会学向学科化转变。作为政治社会学独立性的表现，莫斯卡、帕累托和韦伯等经典社会学家将政治社会学和他们的著作紧密结成一体。意大利政治及社会学家莫斯卡在其政治方面的第一部著作《政府理论和议会政府》（1884）中即已谈到了"政治阶级"的概念，这一概念最终成为现代西方政治社会学重要组成部分的政治精英论的初版。他在其分别于1896年和1923年出版的二卷本《政治学概要》中发展了这一概念。从方法论上讲，莫斯卡强调政治科学的进步要扎根于研究社会事实，他认为历史方法是政治科学的基本方法，"广博的准确的历史知识"是完善运用历史方法的必要条件。帕累托在其1916年出版的《论普通社会学》与《精英和社会》等书中同样论述了自己的精英理论。从1920年开始，他最关注的一个问题是：什么因素使人们从事政治活动？政治活动的深刻动因如何？政治权力是怎样兴亡的？正因为如此，熊彼特认定帕累托后来的著作为"政治进程的社会学"。韦伯虽然稍后于莫斯卡和帕累托，但在政治社会学思想方面较他们丰富。韦伯曾深入研究了政治理性化、政治领袖作用、政治权力等主要问题，并在其《政治学是一

① 王沪宁：《当代西方政治学分析》，四川人民出版社1988年版，第259~263页。
② 韩强：《论政治社会学的历史演进》，《文史哲》2001年第2期，第75~80页。

种职业》、《经济和社会》（1921）等著作中对此进行了广泛阐述。尽管韦伯的政治思想存在着两面性，其民主主义因素受到纳粹理论家们的攻击，而其集权主义、反民主主义的一面又为资产阶级自由主义者所不满，但其政治理论中也不乏合理因素，尤其对完善政治社会学有突出价值。此外，韦伯在政治权力研究方面的基本方法论思想在很多方面亦决定着现代资产阶级政治社会学的方向和内容。

第二次世界大战后，行为主义已经成为政治社会学研究中一种带有普遍意义的倾向，在此背景下，一批很有意义的研究成果问世了，其中主要有戴维·杜鲁门论利益集团和群体的理论，塞缪尔·埃尔德维尔德的政党论，保罗·拉扎尔斯费尔德、安格斯·坎贝尔等人的论选举行为的著作，伊斯顿、道森等人关于政治社会化的理论等。

二、社会学家的经典政治理论

从政治社会学的历史发展可以看出社会学家丰富而系统的关于政治的思想，对政治社会学的发展起了极大的推动作用。在此我们只介绍经典的理论。

1. 权力精英理论①

这种理论认为，社会权力分配的结果总是使权力为少数能力极强的精英人物所控制。帕累托、莫斯卡、米歇尔斯等人是精英理论的代表人物。其理论要点如下：

（1）精英的分类。帕累托把精英分为两类：一类是执政的精英，另一类是非执政的精英。20世纪30年代以后，精英的概念扩展到了政治以外的其他领域。如凯勒把精英划分为四种类型：政治精英，经济、军事、外文和科技精英，道德精英，文化精英等。

（2）精英的地位。精英论强调，权力为精英所垄断，乃是一切社会的必然现象。莫斯卡的“政治公式”以及米歇尔斯的“寡头铁律”都充分表达了这一看法。莫斯卡说：“在一切社会里，从很不开化而刚刚达到文明黎明时期的社会，直至最发达和强有力的社会，人类总会有两个阶级：一个是统治阶级，另一个是被统治阶级。”莫斯卡认为这是“永恒不变的事实和趋势”。米歇尔斯认为，权力必须掌握在少数精英手中，这样才能使组织有效地运转下去。

（3）精英的标准。精英论认为，精英之所以成为精英是因为他们具备了非凡的品质和才能，凡是精英都是最有能力的人。帕累托说，“假设在人类的

---

① 参见赵磊：《多元论·精英论·阶级论——权力分配理论的比较研究》，《社会科学研究》1994年第4期，第71页。

各种活动中，我们给予每个人一个可以标明能力的指数"，凡是"那些在他们所从事的各项活动中得到最高指数的人"，就是精英人物。

(4) 精英的流动。精英论者虽然并不否认门第出身使有些人容易成为精英之一部分，但他们声称，竞争使出身于高贵门第但缺乏才能的人无法留在精英队伍中，出身贫寒但才华横溢的人终将上升为精英。这就是帕累托所谓的"精英流动"。

2. 韦伯的政治权威理论和官僚制度理论

(1) 政治权威理论。韦伯认为任何组织都必须有某种形式的权威做基础。适当的权威能消除混乱，带来秩序，没有这种权威的组织就无法实现组织目标。政治权威是通过发布命令而使别人服从的。他把政治权威分为三种类型："合理—合法的权威"、"传统权威"和"卡里斯玛权威"。

"合理—合法的权威"（Rational—Legal authority）是以组织内部各种规则作为权威的基础，相信政策、规章必须合乎法律，以及拥有权威的人在法律规则下有发布命令的权力。依据合理—合法的权威而实现的支配行为其实是以对组织规则的服从和对法律的遵守为特征的。因此，领导者与被领导者之间在法律地位上是平等的，各自都要受到组织规则的约束。与合理—合法权威基础上的支配行为方式不同，建立在"传统权威"（Traditional authority）基础上的社会支配行为方式是以对传统文化的信仰与尊重为基础的，相信传统因源远流长而神圣不可侵犯，相信拥有权力者按照传统实施的统治具有合法性。再一种权威是被韦伯称作"卡里斯玛权威"（Charisatic authority）的东西，它以对个人超凡能力、英雄主义精神、典范品格的崇拜、迷信为基础。

通过对这三种权威基础上的组织及其社会支配方式的综合比较，韦伯得出，以传统权威为基础的支配方式是为了保存过去的传统而行事，对领导人的挑选不是按能力而进行的，因而效率是低下的；以"卡里斯玛权威"为基础的支配方式则更多地带有感情色彩，他认为建立在"卡里斯玛权威"基础上的个人魅力型支配行为方式是一种短暂的、不稳定的支配形式。经过一段时间后，这种权威形式必然会例行化（routinized），或者转变为传统型权威，或者转变为理性的与法制的权威。所以这两种权威，以及建立在这两种权威基础上的组织和依据这两种权威而作出的支配行为都属于非理性的范畴，都不宜作为现代官僚组织及其行为的基础，只有理性—法律的权威才能作为现代官僚制组织及其行为的基础。

(2) 官僚制度理论。韦伯把官僚制度当作中性词看待，他认为官僚制度是现代社会为维持其生存所不可或缺的组织手段。现代资本主义的出现是与官僚制不可分离的，尽管企业家占有生产手段、市场的自由、理性的技术、可预测的法律、自由劳动力、经济生活的商业化等资本主义存在和发展的必要条件，但在这些条件中，官僚制的意义是最为关键的，只有官僚制才是使经济行为得以收到预期效果的基本前提。

韦伯对传统的官僚制是持否定态度的，他所极力构建的是合理性的现代官僚制。在对传统官僚制的比较研究中，他找到了现代官僚制合理性的内容。韦伯认为，合理性的官僚制只能发生在选择了法理型统治的理性国家之中，只有拥有了理性的法律，建立起了普遍法制观念，并有着货币经济、通讯和运输手段、先进的科学技术和专门的文职阶层，才能建立起合理性的官僚制。他在合理性的前提下来描绘现代官僚制的模型，认为现代官僚制由于其明确的技术化、理性化和非人格化而表现出了它的合理性。官僚制度的基本要素有三个：一是劳动的专门化与分工，二是为社会所公认的合理合法的权威以及负责的下级的表层结构，三是精确、稳定而严格的对事不对人的法律与规章制度。

3. 托克维尔的民主理论

托克维尔以美国的民主为考察对象，通过分析民主的后果和有利于维护民主共和制度的基本因素来阐发他的民主理论。托克维尔所言的民主，意指“身份平等”，或者说是“一种平等被普遍接受的根本社会价值社会”。① 他是在社会层面上使用民主一词的。虽然托克维尔有时也把“民主”与“政治”或“制度”结合起来使用，但其意是指以平等为社会基础的一种统治或制度形式，而并不必然包含代议制、分权制衡等现代民主在制度上的要求。

他认为身份平等的实现对社会政治生活的影响是全面而又深刻的。在《论美国的民主》下卷中，他从智力活动、情感、民情和政治社会四个大的方面论述了民主的影响。托克维尔从以下六个层次论述了民主的后果：大量孤立的、平等的个人的出现；它能够照顾大多数人而不是少数权贵的利益；个人主义的流行造成了一个唯物主义与平庸化的社会②；个人变得日益渺小和无力，最终使个人完全丧失自己独立的判断能力而依附于社会大众的见解；公众的意见以全体精神大力压服个人智力，将公众的意见强加于和渗透于人们的头脑，从而“把个人的理性限制在与人类的伟大和幸福很不相称的极小范围内”③；一旦多数的权威与政治权力结合起来就会导致一种新的专制形式：多数的暴政。④

托克维尔认为，有助于美国维护民主共和制度的原因，可以归结为这样三项：上帝为美国安排的独特的、幸运的地理环境，法制，生活习惯和民情。托

① 布莱克维尔：《政治学百科全书》，中国政法大学出版社 1992 年版，第 764 页。

②③④ 托克维尔：《论美国的民主》，商务印书馆 1988 年版，第 266、257、287 页。

克维尔着墨最多的是论述民情对于维护政治制度的重要性。所谓民情，托克维尔指的是“一个民族的整个道德和精神面貌”，它“不仅指通常所说的心理习惯方面的东西，而且包括人们拥有的各种见解和社会上流行的不同观点，以及人们的生活习惯所遵循的全部思想”①。托克维尔认为，美国是特别幸运的一个民族，他们在自己的母国已经养成参与公共事务的习惯，他们享有言论自由、出版自由和人身自由；他们从英国的贵族那里取来了关于个人权利的思想和地方自由的爱好。美国民情当中对于克服民主弊端起了重要作用的另一个因素是美国人对“正确理解的利益”原则的承认，所谓“正确理解的利益”是指“不反对每个人可以追求自己的利益”，“但个人的利益应当来自诚实”②。

4. 艾森斯塔德的现代化理论

艾森斯塔德通过分析现代化社会的主要特征与问题，试图对现代化和政治现代化问题进行社会学的探究。他重点指出，急需产生一种能不断容纳各种内在于现代化过程之中的社会变迁的制度结构，以及在各种社会都能发现的形成这一结构的各个方面的能力。他极为注重对比产生现代化“崩溃”或“倒退”的状况来了解现代化和现代化产生上述那一制度结构的条件。

艾森斯塔德提出现代化的基本特征：社会动员与社会分化、广泛的社会群体向社会中心冲击、持续的结构分化与变迁、模糊的身份系统的形成、现代社会的大众趋同等。为了具体说明论述他在政治与教育两个方面稍加详尽地阐述了广大的群体被纳入中心领域的过程（即迈入现代化的过程），他认为，现代化过程从一开始就不局限于个别的民族共同体或国家之内，而是带有国际性的。

艾森斯塔德一再强调的中心概念之一是“容纳变迁的制度结构”。他指出，“社会逐步孕育出一些方法和机制，用以处理这些不断变化着的问题和随之而来的协调、调节和整合的复杂问题。这一些调节机制具有如下两个基本类别。一类是建立某些比较有效的制度框架和能够调节它们的组织，并提供充分的行政服务与指令来调节群体间日益增长的冲突。另一类是拟定出维护产生于这个制度框架之中的各种规章与指令的大多数人所能接受的价值与象征……它们共同发展的程度，构成所有现代化和现代社会所面临的一个关键问题”。③他分析了现代化的若干主要模式，以便了解造成现代化多样性的原因，尤其是对比倒退和崩溃的状况，来研讨有助于持续增长的条件。而且在模式分析中考察了主要的现代化精英们的性质和取向、主要阶层的态度和中心结构怎样影响

①② 托克维尔：《论美国的民主》，商务印书馆 1988 年版，第 332、652 页。

③ 艾森斯塔德著，张旅平等译：《现代化：抗拒与变迁》，人民大学出版社 1966 年版，第 43 页。

现代化进程及其影响新兴的制度结构应付持续变化的社会问题和抗拒取向的能力。他认为“持续增长”的条件就是阻止“崩溃”的条件。①

第三节　社会学与法律

一、法律社会学的历史演进②

社会学家认为法律首先是一种社会现象，而不是一门专业性的业务技能。法律结构与社会条件和社会变化是紧密相连的。社会学家在寻求社会结构合理和社会秩序稳定发展这一思想指导下确认法律是社会的工具，具有平衡和缓冲社会各阶层各方面在欲望、需要和利益等方面的矛盾的功能。法律社会学用社会学的原理与方法研究法律与人类社会活动的联系，以社会行为者的主观意义来理解社会现象，侧重研究法律所产生的实际社会效果与潜在效果。

社会学家对法律问题的介入是因为法律天然具有的社会秩序形成和控制功能，对社会学研究来说是一个绕不开的问题。1908 年，韦伯开始写作《经济与社会》，其中的《经济与社会中的法律》成为法律社会学研究的重要起点。英国社会学家马林诺夫斯基在其 1926 年出版的《野蛮社会的法律与习惯》一书中，对他作为人类学家考察的“原始法”作了研究，将法律的范围扩展到政治国家产生以前的制定法之外的领域。此后，霍贝尔（F. A. Hoebel）、鲍斯皮希尔（L. Pospisil）、波哈纳（P. Bohanan）、格里菲斯（J. Grifiths）等人类学家先后对原始法、习惯法等前现代社会的社会控制与秩序的形成规范进行了考察研究，将社会与法律的互动过程作为特定社会形态中法律研究的主要对象。他们在研究中大都通过对部落、社群秩序的形成与运作考察，得出了法律的存在不以国家的强制力量的存在作为必要条件的结论。马林诺夫斯基甚至指出，法律的存在不以强制性作为必要特征，原始法的有效性以那个社会所固有的相互性和公开性的特殊机制，即成员间对规则的一致认同来维系。但是，其他人承认，法律是通过某种形式的强制力量的存在而得以有效运作的，这种强制以独立于个体之外的某种社会共同体的共同意志来保障，个人一旦违反法，就会受到共同体其他成员的惩罚，而这种惩罚必定带有共同体的意志。实际

---

① 艾森斯塔德著，张旅平等译：《现代化：抗拒与变迁》，人民大学出版社 1966 年版，第 170~171 页。

② 参见吴长城：《法律社会学研究的进路》，《上海第二工业大学学报》2002 年第 1 期，第 58~63 页。

上，马林诺夫斯基的“相互性和公开性”也是以他所研究群体的微型化而得出的结论，这种公开性和相互性代表了公共群体之内的相互监督与可能的制裁的显明易知性①。

不同于人类学家对原始法律的兴趣，更多的法社会学家和社会法学家从现代社会中来发现法律与社会的互动。从埃利希（E. Ehrlich）对国家法与社会秩序本身即活法（living law）的区分到庞德（Roscoe Pound）对书本上的法和行动中的法（law in paper & law in action）的分别，从霍尔姆斯“法律的生命不是逻辑而是经验”到卢埃林（K. N. Llewellyn）“法律是法官关于纠纷的行为”的观点，从弗兰克（J. N. Frank）关于法律是法官的判决或对判决的预测到赛尔兹尼可（P. Selznick）从现代经济组织对美国发展的作用着手进行的法律社会价值的规范性分析，都以制定法（statute）、纸上的法（law in paper）与社会中实际运行的法律生活的二元分立作为前提，对实际的法律运作过程重点研究，对国家的制定法采取了或多或少忽视的态度。这样，他们从法律生活本身来研究法律，方法上是一种经验研究的归纳法。

第二次世界大战结束以后，尤其是最近二十年以来，由经济全球化所引发的法律全球化现象日益普遍。法律规范也由部落与地方的法、国家法演进出了超越民族国家的地区法和国际法。其实，国际法的出现并非现代的事，以其超越政治国家而言，中世纪的教会法、地中海沿岸的商人法和依然存在的伊斯兰法也可以称之为国际法。全球化背景下的法律社会学研究开始关注超越民族国家的法律规范（国际法研究是以国际组织制定法的法律实证主义为起点的。这不同于在非国际法研究中对包含习惯法等在内的法律规范的范围）在国际交往中的运行和作用问题。马考利（S. Macaulay）对“私人政府”的法的研究以现代经济组织中的内部规则制定与适用以及制度和机构保障作为研究的对象。尽管这些经济组织不一定具有跨国公司的特征，但与政府的政治机构功能截然不同，其内部秩序和组织功能具有超越政治国家的共同性。图伯纳（G. Teuber）从多元主义的视角认为，全球化的浪潮中兴起的经济领域的“商人法”超越了国家的主权，又处在自发的形成中，因此必定是多重的、相互交错和相互冲突的。这实际上提出了一个当今世界各个领域共同面临的难题：如何在经济、文化、社会联系日益紧密的背景下既能保持各个地方的独特性又能够彼此和谐相处、共同发展。尽管法律社会学是以法律和社会的两个方面作为出发点的，但它不是关于法的本质的一种新理论，实际的研究中仍然以自然法

① 马林诺夫斯基著：《野蛮社会的犯罪和习惯》，转引自朱景文著：《比较法社会学的框架和方法》，中国人民大学出版社 2001 年版。

或实证法学作为研究的逻辑前提。

二、法律社会学经典理论

1. 孟德斯鸠法律社会学理论

孟德斯鸠是近代资产阶级法理学和社会学的主要奠基人，他在《论法的精神》中从探讨法的精神这一问题入手阐发了其政治社会学、法律社会学和社会学理论。

孟德斯鸠认为法首先是泛指事物富有的法则、规律，其次才是指人们制定的法律。每一事物都受其自身固有的法所支配。在他看来，在自然状态中人们遵循和平、设法养活自己、爱慕他人和追求社会生活这四条自然法则，过着和平、自由和平等的生活。但当人类过渡到社会状态以后，尽管人类仍受故意的法即理性的支配，但人们常常凭自己的独立性来行动，这样就使人民陷入了普遍的战争状态之中。为了恢复平等的社会关系人们就只有制定法律，通过法律调整社会关系。但法律并不是一贯独立的社会现象，它受许多其他因素的制约。①

首先，法律与政体有着密切的关系，"法律应同已建立或将要建立的政体的性质和原则有关系；不论这些法律是组成政体的政治法律或是维持政体的民事法律"②。孟德斯鸠还分析了社会成员与政治制度的关系。他认为三种类型的政体：民主政体、君主政体和专制政体都对应着不同的社会成员。此外，他指出社会总是由不同的社会力量组成，因而稳定的社会秩序只能是不同社会力量的一种均衡作用或社会各集团在作用或反作用中的和睦相处。所以他极力主张均衡地分配国家权力，即立法权授予议会，行政权赋予君主，司法权由民选的法官独立行使。只有这样，社会才能保证协调一致地运转，才能保证其稳定。

在孟德斯鸠看来，一个民族的法律与其所处的自然条件和各种社会现象有着密切的关系。他还认为"法律和法律之间也有关系，法律和它们的渊源和立法者的目的以及和作为法律建立的基础的事物的秩序也有关系"③。

在《论法的精神》中，孟德斯鸠从广泛的社会背景上探讨了法律、政治、礼仪、风俗等社会现象，创立了法律社会学的理论，对社会学的发展有着深刻的影响。

---

①②③　孟德斯鸠著，张雁深译：《论法的精神》，商务印书馆1961年版，第1、6~7、7页。

2. 布莱尔的法律社会学理论①

布莱尔认为法律社会学是社会学的新领域，这一新领域需要一种完全不同于法学模式的法律模式，因为法学模式把法律描绘成一系列规则，这些规则的符合逻辑的运用决定了案件的处理结果。现代法学忽视了当事人的社会特征。例如，如果发生了一起杀人案，“谁杀害了谁”在法学上是个不相干的问题。无论受害人和被告是富人还是穷人，白人还是黑人，一方是政府官员而另一方是个流浪汉，一方是社区领袖而另一方是个隐士，无论他们是夫妻、朋友、邻居还是完全不相识的陌生人，都无关紧要。这些问题从法律上说都是不相关的；有关刑法的著作和文章都未提及这些问题。这些问题也不会出现在法庭辩论当中。然而，在社会学模式中，这些因素处于核心地位。谁杀害了谁，这是案件将被如何处理的重要预示。

另外，社会差异不仅仅取决于当事人的特征，它们还产生自其他诉讼参与人的特征，无论他们是作为第三方的法官和陪审员还是律师和证人等支持者。例如，法官和陪审员的判决的明确性和严厉程度取决于他们的社会地位以及他们与当事人及其支持者的社会距离。律师的介入在一定程度上可以补足当事人自己处理的失当之处，于是也就会缩小或者扩大他们之间的社会距离，改变冲突的结果。作证时的措词方式也很重要，因为它反映了证人的社会特征，并影响其说服力。无论规则和证据以及逻辑推理本身看来应当说明些什么，要想理解案件是如何处理的，我们还必须考察案件的社会结构。对法律案件的任何分析，如果是在社会真空中进行而不考虑它在社会空间中的位置和方向，都是不完全的和不充分的。

为什么法学家们和律师们忽视了法的社会学方面？布莱尔认为原因在于法律的形式主义。法学与法律社会学的最大差别在于，它认为法实质上是一系列规则。即认为法律形式主义是法学传统的核心原则。尤其是它认为对案件的判决都是通过将规则合乎逻辑地适用于证据而作出的。然而，对规则的关注在社会上并不普遍。援引和适用规则是在能确定说明的各种条件下进行的，这些条件包括社会不平等和社会距离。

他认为规则的重要性正在下降，如果规则不能预示和解释案件的审理结果，那么什么可以起这个作用呢？他认为应当从社会学的角度来回答这个问题。法律社会学之所以能够提供一种对法律生活的新的理解，是因为它研究被法学所忽视的东西：案件的社会结构。它开始于法学教育结束的地方，在法律形式主义感觉混乱的地方发现了秩序。法律社会学以大量事实材料证明了社会

---

① 唐纳德·布莱克、韩旭译：《论法律社会学》，《外国法译评》1997年第2期。

多样性的重要意义，详细阐明了它对案件审理的影响。而且，它的产生和盛行正是基于与法律形式主义所以被削弱的相同的条件：案件的日益多样化。它证明了法律与社会的相关性。法律社会学也反映了法学研究的社会结构中的一个新位置。它在很大程度上是由那些法学家以外的学者、法律研究领域的新手和法律制定过程的局外人创造出来的。由于在社会上摆脱了大量的律师、法官和法学教授们的影响，社会学家们掌握了一种不同的法律模式，它强调法律现实的另一些方面。法律知识是由社会所决定的。

布莱尔认为社会学对社会公正的本质不断地提出新的涵义。例如，密切的关系，有助于免除法律责任，而它在社会生活的其他领域中也产生了大量结果。阶级、人种和种族方面的歧视早已被承认，但是亲密的关系所导致的优势还未受到同样的重视。社会学使一定的社会关系会被人区别对待这一事实暴露得显而易见，使这种区别对待成为现代道德可能要研究的新领域。它引起了对关系的意识，以及对任何一种有社会意义的事物的意识。

3. 科特威尔的法律独立性理论①

科特威尔通过否认法律独立性的存在，非常鲜明地指出了法律社会学与实证法学及自然法学的区别。这也可能是他对法律社会学最深刻的体验之一。

科特威尔所讲的法是“作为一种法律原则的法和作为法律制度具体体现的法”。由于科特威尔坚持用社会学的方法研究法律问题，所以，坚持认为法律是与其他社会现象交织在一起的，不是独立存在的。他说：“法律是如此重要的社会现象，因而人们不能离开社会的其他方面而孤立地分析法律，如果孤立地研究法律，就不能理解法律的特征、法律与其他社会关系的复杂性，也不能理解法律是社会生活的一部分，而不只是专业性业务的一门技术这种实在性。”② 科特威尔从三个方面论述了法律不能独立存在的原因。

第一，法律的意义存在于与社会的广泛联系中。他认为法律的社会意义不是既定的，而是依赖于社会状况而变化，这种变化在不同社会的不同发展阶段变化万千，而法律本身对此几乎是无能为力的；当一个国家对社会规则的自然演变视而不见，即致力于把法律原理凝固为一个综合性的概念体系时，这个自然演化的过程就会衰萎。因而，如果不对法律赖以存在的社会历史领域加以观察，那么，法律作为一种社会现象是难以理解的。一切有关法律制度和法律概念的特征问题都需要与产生法律的社会条件相联系加以领会。所以，在他看

---

① 参见陈金钊：《论法律的独立性及其意义——评罗杰·科特威尔的〈法律社会学导论〉》，《山东大学学报》（社会科学版）2000 年第 5 期，第 113~116 页。

② 科特威尔：《法律社会学导论》，华夏出版社 1989 年版，第 2 页。

来，法律应被看成是社会生活的一个方面，而不是社会生活的独立部分。

第二，法学理论是社会学理论的组成部分。科特威尔说："只要法被视为社会的一个方面——即社会生活整体的某个方面——法就不能既脱离社会，在某种意义上而又作用于社会。"① 法律是一种社会现象，是整个社会领域的一部分，因此法学理论应是社会学理论的一个组成部分。法律的独立性是法学家观念和实证主义哲学的特征。这种理论假设忽视了一个重要问题，即法律作用的文化和社会基础。实证主义法学把人类的活动排除在研究范围之外，而把法律体系、规范性结构等看成是法律的独立性之所在。但他们没有看到，"社会关系、规范性结构及它们所具有的特定涵义，都是由社会成员在不断地相互交往过程中亲手建立起来的，体系也好，结构也好，这不是铁板一块的社会构件，而是始终处于消长、流动状态，始终反映着组成社会的人的不可估计的各种观念、期望、见解和信仰"②。

第三,不存在独立的法律职业和专门的法律知识体系。由于法律不能离开社会而释放其意义,因而,科特威尔认为,法律职业不存在独立性。依照传统的观点,法律职业有共同的经验、共同的利益、基本相同的思维方式、共同的专业知识体系,并且在英、美国家,法律职业基本上独立于国家的控制,属于自由职业。但是,随着法律学说特征的变化以及随之出现的其他职业团体在行政控制、社会控制、政策执行、权利保护等作用方面与律师竞争,法律职业者的自治越来越令人置疑了。也不存在独立的专门法律知识体系,律师和法官们在处理案件时,还需要大量的非法律的专门知识,这是法律业务不可缺少的组成部分。

科特威尔认为，法律的独立性表现在四个方面：法律作为一种控制社会自主机构的能力，其功能的实现并不完全依赖于道德和习惯的支持；法律机构（包括立法、解释和司法所构成的法律体系）独立于其他行业；科特威尔看到了马克思主义者关于经济基础与上层建筑关系的论述，认为上层建筑的诸现象如法律也具有相对独立性，它既可以落后于经济基础，也可以超越经济基础；独立的司法制度。

第四节 社会学与知识

一、知识社会学的历史发展

不同于哲学领域把知识仅仅看作是一种认识现象从认识论上考察知识现

---

①② 科特威尔：《法律社会学导论》，华夏出版社 1989 年版，第 53、88 页。

象，社会学领域里形成的知识论或知识学是专门从知识与社会的关系来研究知识的。知识社会学把知识作为研究对象，这是社会学研究知识的一个良好开端和起点，这为社会学对知识的认识和研究开辟了新的道路，也为社会学更好地服务知识社会的发展提供了工具。

知识社会学划分为古典知识社会学、科学社会学、科学知识社会学三种范式或三个阶段。① 每一个阶段或者每一种范式都有自己的特点和发展演进过程。

1. 古典知识社会学

古典知识社会学的出发点是把知识当作一种精神现象（精神生产）、认识活动、思想方式来研究。这种知识社会学把精神活动及其成果即思想范畴及知识体系归结为某种社会存在基础（社会基础指社会地位、阶级、社会集团或文化基础即价值标准、精神气质和文化类型等）。古典知识社会学仅仅研究社会知识或者说是知识的社会存在。

在舍勒（Max Scheler）和曼海姆（Katl Manheim）正式提出知识社会学这个概念之前，历史主义者狄尔泰、实证主义者孔德、辩证唯物主义者马克思成为知识社会学思想之父。在这些知识社会学思想的基础上，吸取了迪尔凯姆、布留尔（Levy Bruhl）、韦伯等人思想的情况下，舍勒和曼海姆正式提出了知识社会学概念和创建了知识社会学理论学科。

社会学的创始人之一孔德把社会发展的阶段与知识发展的阶段对应起来加以考察，开辟了知识与社会之关系研究的先河，为知识社会学孕育了模式。真正意义上的知识社会学研究是由法国社会学家迪尔凯姆开始的。他从19世纪90年代中期开始了知识社会学的研究工作。他在知识进化和知识功能方面的贡献为知识社会学的最终形成提供了丰富的思想材料。韦伯是同迪尔凯姆一个时期的德国社会学大师，他的知识价值的观点比如价值关联与价值中立的思想对知识社会学的研究产生了长远的影响。

舍勒在20世纪20年代与曼海姆一起提出知识社会学的名称并讨论和研究了知识社会学的有关问题。在舍勒看来全部知识的内容甚至全部知识的客观有效性是由社会利益支配的思想所决定，并且获得知识的思想“形式”也必然由社会结构共同决定。舍勒不仅把知识看作是一般社会现象，还把知识看作是

① 参见郭强：《知识社会学范式的发展历程》，《江海学刊》1995年第5期，第47~50页；郭强：《古典知识社会学范式建构的知识线索》，《江苏社会科学》2000年第6期，第96页；郭强：《论古典知识社会学理论范式的建构》，《社会学研究》2000年第5期，第3~6页。

一种具体的文化现象，因此他被公认为是“文化知识社会学”的创始人。知识社会学的集大成者是德国社会学家曼海姆。他以《认识论的结构分析》(1922）和《意识形态和乌托邦》（1924）创建了知识社会学。由于曼海姆深受德国思辨哲学的影响，他对知识的研究是从认识论开始的，但后来他对知识的研究从哲学转向社会学。曼海姆用案例分析的方法对知识社会学的出现作了详细说明。

美国社会学家默顿是知识社会学发展的推动者。他在1945年发表的《知识社会学范式》中列举了知识社会学的一些研究命题，比如精神生产的基础、人们如何对精神生产进行社会学分析、精神生产与存在基础的关系等。对知识社会学做出贡献的社会学家还有维伯伦、兹纳尼茨基和索罗金等人。波兰社会学家兹纳尼茨基在20世纪20年代初发表了《论知识科学最主要的课题和任务》一文，提出要建立专门研究知识的科学，探讨认识活动产生以及认识成果和环境的关系，探讨社会环境怎样通过社会集体对个人的认识活动发生影响。

2. 科学社会学

从宽泛的知识社会学（传统知识社会学）到比较狭窄的科学社会学经历了几十年的时间，其中最重要的环节是把科学当作社会职业的研究以及科学的历史社会学的出现，这可以看作是科学社会学的起点。韦伯在1919年所发表的《作为一种职业的科学》中明确指出科学已经成为一种社会职业。他对于科学这种学术职业的外部条件进行了分析。波兰社会学家兹纳尼茨基1939年在美期间发表的讲座《知识分子的社会角色》，认为社会学研究的重点应是知识的起源问题。他分析了知识活动的具体的社会角色形式（typology）以及支配这些社会角色行为规范的样式（pattern）。他还提出了社会圈（socialcircle）概念并把它作为分析科学社会学的概念工具。1938年默顿发表了他的博士论文《十六世纪英国的科学、技术与社会》，重点指明作为一种社会建制是怎样受到以新教为标志的特殊价值关系的培育而出现的，以及说明科学对于当时社会利益的应答。默顿利用经验的分析方法论证他的理论假说，成为科学社会学的纲领性文件。1939年英国科学家贝尔纳发表了《科学的社会功能》。他以分析科学和社会变革的关系为出发点，既分析了科学的历史概况又研究了科学的社会功能，为科学社会学的发展开辟了新天地。

3. 科学知识社会学

科学知识社会学进行了很多案例研究。通过科学的案例研究说明了科学内容与社会存在诸方面并不存在任何系统的联系，意识形态的偏见影响科学发展并不是普遍的现象。只有研究科学与其他信仰形式联系才能提供一些积极的东西。不同知识体系之间的界限是流动的，这增进了对非科学体系的理解和与科学体系之间转换的理解。巴恩斯从解释学维度积极构建其“利益模型”，认为传统知识社会学将数学及自然科学知识拒之于研究门外是错误的，科学知识也应置于社会学研究之下，服从社会学的因果分析。

科学知识社会学的哲学回归使其发展遇到了很多困难。比如抛弃实证主义的研究方法受到了来自实证主义的许多责难和攻击。劳丹认为以科学概念和理论内容为解释对象的社会学其发展前景是有限的，它的失败是因为科学信念本质上不受社会影响，因而也不接受社会学解释。布鲁尔的科学知识社会学研究的强纲领，由于内容和方法的局限受到攻击，不得不把它修改为弱纲领。

二、知识社会学经典理论

1. 舍勒的古典知识社会学理论

舍勒的知识社会学虽然以哲学为基础，但其内涵到处充满了社会学的创意性①。舍勒认为“全部思想、知识、知觉和认识的全部形式具有社会学的特性”。因为在他看来，全部知识的内容甚至全部知识的客观有效性不是由社会利益的思想决定，而是由社会利益支配的思想决定并且获得知识的思想“形式”也必然由社会结构共同决定。舍勒把知识形态做了详细的划分，并认为在知识结构中，人为的程度愈高，变化则越快，如形而上学知识比宗教变化快，比实证知识变化慢，实证知识每小时都在改变。

20 世纪 20 年代，舍勒在他的《知识社会学问题》一文中正式提出了“知识社会学”这一概念。舍勒首先特别强调，无论任何社会形态、任何社群、任何社会年代、任何时期的文明，都必然拥有属于它自己的价值与法则以及大家共同接受或建立的特殊实体秩序。这个事实说明了社会事实的复杂性与变化性，并由此形成了知识社会学的两大特色：第一，社会学知识的类别日益趋向多元化；第二，社会实体与知识类别之间，带有不同密度的关联性。故此，对舍勒而言知识本身永远是集体的产物。由此可以看出舍勒的观点很明显地是非常社会学的。②

舍勒对韦伯的知识社会学观点进行了批判，③尽管这种批判是在哲学领域，但是舍勒对韦伯知识论思想的哲学批判形成了他自己的知识社会学理论。舍勒还认为值得知识社会学研究者重视的问题则是，不同时代与相异的社会，就会产生不同等级的知识。譬如，文艺复兴后的欧洲社会，尤其工业革命后更为明显，乃至于成为科技知识占优势或居高峰的社会；相反地，一直到 20 世纪初

①②③　陈秉璋：《社会学知识论》，台湾唐山出版社图书公司 1995 年版，第 99、199、206~209 页。

期，亚洲社会则以解放知识或神学知识为主流。至于早期的希腊社会一直都是哲学知识的天下。此外，舍勒指出，不同社群也会产生相异的次文化或知识。其中，政治社群所产生的优势次文化，成为一般所谓的政治意识形态，舍勒将它称之为“部分意识形态”。依照舍勒的看法，任何次文化或知识，都带有“主观独断性”与偶像崇拜的特征。故此，如何依照其产生的社会实体背景，将这些次文化或知识转化成客观性与普遍性文化或知识，则属于社会精英所应扮演的重要角色。

舍勒的三种知识类型观，既肯定了实证型知识的正当性，又指出了它的边界，这一点与韦伯是一致的。同样重要的是，知识类型论抵制了孔德式或黑格尔式的知识演进论，否定了由此演进论引导出的某种知识（实证知识或绝对精神知识）的历史优越性，马克思的阶级知识优越论不过是这两种知识演进论的变种。舍勒的“共契主义”社会论述并不是无可争议的，但其知识类型论毕竟提供了一个恰当的知识社会学原则，有助于到位地审理个体信念与社会制度的正当论证及知识类型的关系究竟是怎样的。由于世界观是任何知识类型的预设，在舍勒那里，世界观理论就进一步转换成知识社会学的问题。

2. 曼海姆的古典知识社会学理论①

曼海姆立足于“知识的社会决定”这一立场，对人类知识与人类不同社会群体之间的关系做出了社会学分析。曼海姆认为，知识的过程在历史上实际的发展并不是由于内在的定律，不只是由于事物本身性质或“纯乎逻辑的可能”。事实上在许多举足轻重的方面，都是被极其繁复的理论以外的因素所影响，这些因素与纯理论的因素相区别，可以叫做“生活条件”的因素，即社会因素。如果不充分地研究这些因素，那么科学知识就会被蒙上一层笼统而不着边际的相对论色彩，从而导致人类认识论的危机。知识社会学要解决知识怎样被社会因素所支配的问题，解决的办法是承认这些支配关系并科学地考察、利用这些关系来修正研究的结果。

曼海姆论述了知识过程的社会过程。他认为在知识过程背后有种种社会力量的作用，例如在各种经济活动、政治事件甚至对于世界的种种不同解释的背后均隐含着不同的、互争势力的社会群体的竞争作用。社会背景在知识背后具有无形的势力，思想与意识不是某某天才偶尔所致或突如其来的结果，一定有一个群体集合的历史经验作为他不加思索而视为当然的东西。在日常生活中对于共同的对象却产生了矛盾的解释，这一现象的原因不在于对象本身而在于有

① 曼海姆著，张名贵译：《知识社会学导论》，台湾风云论坛出版社有限公司 1998 年版。

不同经验为背景的个人有不同的期望、目的和冲动。同样，如果在社会领域内讨论之所以存在相互矛盾的意识形态理论，其原因不在于“纯理论的分野”，而在于利害相反的利益集团之间由于敌对与竞争而造成的结果。所以不同的知识形态乃起源于不同利益的社会群体对世界作了不同的解释而已。

他认为要把不同的思想观点与不同的社会集团联系起来，进而再联系到它们背后的社会结构。在此基础上他提出了知识社会学的研究步骤：第一，“凭着现存的思想残片，重新整理出其中隐含的整个思想系统（即思潮）”，即建立一个理论上的研究框架来概括各单个的思想观点、目的是建立一个较高层次的解释框架。第二，如果一个时代有几个思潮并存，那么就应考察诸思潮间的关系。第三，要分析社会集团间的关系（或社会阶层的结构）以及某个集团（或阶层）的利益和旨趣，以便使思想观念落实到社会存在的基础之上。第四，分析社会集团与社会思潮的“投注”关系。曼海姆通过区分“社会阶层与知识阶层”使这种投注关系具体化。

3. 贝尔纳的科学社会学理论①

贝尔纳《科学的社会功能》一书，是公认的科学学经典之作。在贝尔纳科学学的论著中，包含着丰富的科学社会学思想。他从科学观、科学与社会相互关系、科学的社会规范、科学增长模式和科研管理等5个方面阐述了他的科学社会学思想。

贝尔纳突破了对科学认识上的狭隘的认识论阈限和静态模式，从更加广阔的视野上，从科学与社会的相互作用上，对科学的社会地位和角色做出了新的界定。首先，他把科学看作是一种社会建制，即科学是一种体制化的社会活动。其次，科学又是一种特殊的生产手段，是维持和发展生产的主要因素。贝尔纳并不否定科学是一种知识体系，但贝尔纳更为强调的是科学知识的创新性。②

根据贝尔纳的概括，科学对社会的作用表现在三个方面：消除可以预防的人类祸患；开辟可以满足社会需要的种种新的活动领域；然而更重要的，“它是变革社会的主要力量”③。但他同时也清醒地看到了科学对社会发展的负面影响。科学带来新的生产方法，反而引起失业和生产过剩，丝毫也没有减轻普

---

① 参见涂德均：《贝尔纳的科学社会学思想》，《科学技术与辩证法》1997年第5期，第57~60页。

② 贝尔纳：《科学的社会功能》，商务印书馆1982年版，第513~514、443页。

③ 贝尔纳：《科学的科学》，戈德密斯等：《二十五年以后》，科学出版社1985年版，第6页。

遍存在的贫困；科学造就新的武器，却使战争变得比任何时候都可怕，甚至从根本上威胁到人类的生存。科学的这些消极影响，并不是科学自身的罪责，而是由对科学的不合理的社会利用造成的。要使科学充分发挥作用，实现技术和社会的全面进步，造福人类，就要有一个合理的社会制度，并通过科学的科学政策对科学的发展进行有效的社会控制。他提出，科学的政治化与社会的科学化两个命题，集中概括了他关于科学与社会相互关系的思想精粹。前者明白地揭示了社会对科学的制约或科学对政治的从属，后者则集中表现了科学的社会功能。

在科学管理方面，贝尔纳论述中的以下几个方面特别值得引起我们的重视：贝尔纳认为有必要在世界范围内合理规划科学，通过国际合作使所有国家都受益；贝尔纳大力倡导科学发展战略学，通过制定长期的科学规划，来推动科学的全面进步。

4. 布洛尔的科学知识社会学理论①

1976年布洛尔出版的《知识和社会造型》(1991年再版）对科学知识作了社会学的考察，对科学哲学提出了全面的批评。他认为，科学知识本身并不存在绝对的先验本质，也不存在合理性、有效性、真理性或客观性等特殊本质。布洛尔把知识或信念看做是一种自然现象，认为科学社会学是一门科学而不是一门哲学。他的科学知识的社会学有四个基本信条，即因果性、对等性、对称性、自反性。布洛尔有两条重要结论引起了激烈的争论：第一，由于不存在上一级的或先验合理性、客观性、有效性标准，以建立和提供这些标准为核心的哲学是科学的累赘，多数时候对于科学不仅无益，反而有害；第二，"真"和"假"等是一定的社会利益和社会制度的。

在《知识与社会造型》中，布洛尔提出了科学知识社会学的强纲领。他认为，科学知识并不存在绝对的先验本质，也不存在合理性、有效性、真理性或客观性等特殊本质。所有知识，不管是经验科学中的知识还是数学中的知识，都将被完全作为社会学研究的资料来处理。强纲领的主要立场是，在说明为什么某人或某群体持有某个具体信念、为什么某一信念发生转变这个过程中，那些信念是真还是假、是有道理还是没有道理等考虑是无关紧要的。布洛尔的强纲领有四个信条：（1）因果性。对信念和信念变化的说明是因果说明，这要求我们考虑导致信念或知识状态形成的条件是什么。信念形成的原因有社会原因，也有其他原因。（2）对等性。我们常常拿合理与不合理、真和假、

① 参见周超：《科学哲学的终结——评布洛尔的科学知识社会学》，《武汉大学学报》(人文社会科学版）1997年第2期，第66、69页。

成功和失败来评价我们的信念或知识，科学社会学必然对它们做出对等的说明。(3) 对称性。科学社会学的说明必须是对称的，比如说，同一种原因要既能说明真信念，又能说明假信念。(4) 自反性。科学社会学必然是自反的，它的说明模式必须适用于它自己，否则，科学社会学将是对自己的反驳。布洛尔是比较接近自然主义的哲学家，他把信念看成是一种自然现象，他的计划对信念作出因果说明，就像物理学说明运动现象一样。

布洛尔认为哲学只不过是加强了那些来自自然实在论的不良习惯。因此，鼓吹合理性和真理，不管说起来多么有理，其实是鼓励他们的自然倾向，似乎认为对他们最清楚的东西（makemost-sense）应该对于每一个人都是最清楚的。他提出以自然主义方式取消哲学这门学科。

第五节　社会学与宗教

一、宗教社会学的历史发展①

社会学把宗教作为一种社会现象，把宗教组织视为一种社会组织，把宗教行为视为一种社会行为，用社会学的方法、从社会系统的角度研究宗教的本质属性，宗教现象产生、形成、存在的社会条件、原因和变化规律，宗教的功能，宗教同其他社会因素、现象以及与不同社会成员的相互关系。宗教社会学从总体的角度，即从宗教与社会其他各个方面、各种因素相互联系相互作用的角度来说明一切宗教现象与宗教活动，具有别的宗教学科常常欠缺的社会整体观，能引导和帮助人们从社会整体的角度去认识和分析他们所面临的宗教现象与问题。

宗教社会学是以研究宗教为宗旨的社会学分支之一。迪尔凯姆和韦伯被认为是西方宗教社会学的奠基人。来自迪尔凯姆的传统是从功能上对宗教这种"集体观念"进行的研究。迪尔凯姆认为宗教是团结社会、建立个人与社会整体相联系的主要手段。来自韦伯的传统则是将宗教首先解释为社会行为的动因，揭示它在某些社会变迁中的作用。在西方宗教社会学中可划分出两种水平的宗教现象研究派别：一是理论学派，他们把宗教视为完整的子系统并阐明它与其他社会结构的相互作用；二是经验学派，他们侧重研究社会群体和人口群体及某些个人的宗教性。

理论宗教社会学中存在几个流派，功能学派的代表人物奥戴（Thomas

① 参见《宗教社会学》，《世界宗教研究》1994 年第 3 期，第 19 页。

O’Dea)、施奈德（Louis Schneider)、英格尔（Milton Yinger)，以帕森斯和默顿提出的功能主义一般理论前提为出发点，试图将这些前提运用于宗教研究。在他们看来，宗教在创造着一个用以团结社会成员并保证社会完整统一的信仰、规范和价值体系，宗教是整合社会的最重要因素。在20世纪60年代末至70年代初，现象学派的代表人物在西方宗教社会学中开始占据越来越明显的地位。这类代表人物首先是美国社会学家贝格尔（Peter Berger）和德国学者鲁克曼（Tbomas. Luckrnann)。他们根据德国哲学家、现象学奠基人胡塞尔(Edmund Husserl）的某些哲学论点把社会和社会机构看做是许多人能了解的人们意识的产物。他们提出“社会实在”的多元论，同时宣称日常生活的实在是主要的社会实在，在其上面耸立着各种“符号宇宙”系统，即科学、艺术、宗教、哲学。此外还广泛利用意识的“意向性”原则，即意识倾向于会离开有关实在的问题或宗教信仰物的虚幻性的一定物体。鲁克曼根据这些一般前提，在《无形的宗教》一书中表达了自己对宗教的理解。他把信教的教会形式同宗教的“非专门的”形式即宗教的普遍社会形式区别开来。鲁克曼认为，这后一种形式因“超越”人的生物学本性和人掌握社会中所具有的不同意义系统而存在。这样一来，照鲁克曼的看法，人的人类学本性就成了宗教的根源。

西方社会学家提出的对宗教性的经验研究方法论是饶有趣味的。美国社会学家格洛克所提出的对宗教性的多维测定模式为解决这个问题作出了最大贡献。

二、社会学研究宗教的理论主题及经典理论

1. 宗教本质研究①

社会学关于宗教本质的见解可以上推到它的最早的创立人孔德创建社会学之时。孔德认为人类社会经历了三个阶段：神学阶段、形而上学阶段、实证阶段。宗教被视为人类智力处于最初（神学）阶段的必然产物和具体体现。因为在这一阶段人们还只能普遍地用虚构和神的观点看待事物，用超自然的力量去解释宇宙间一切貌似反常的现象，把它们视为神的意志的体现。

斯宾塞主要从社会功能和认识论两种角度看待宗教的本质。根据前一角度他把宗教视为社会保持其自身相应的同一性的一种连续原则，根据后一角度他把宗教视为人们思索其经验知识范围之外的现象和事物的产物及手段。

在孔德和斯宾塞之后的社会学的学者们对宗教的本质继续探索。迪尔凯姆以其见解和立论的独特性为人们从社会学的角度去揭示宗教的本质开辟了新的

① 参见戴康生、彭耀主编：《宗教社会学》，社会科学文献出版社2000年版。

途径，他认为宗教或宗教现象就是一种社会现象。“宗教现象就是与信仰对象相关的强制性信仰和实践”①。宗教同法律、道德一样，始终把维持社会均衡和使社会适应于环境状况的目标作为自己的社会职责。“宗教是一种与神圣事物（即被分离出来的带禁忌性的事物）有关的信仰与实践的统一体，这些信仰和实践把所有的信奉者团结为一个叫做教会的道德团体”②。“在每一个宗教团体内，信徒违反教规会成为被谴责的对象，这是和我们谴责不道德的行为完全相似的。”③这就是说，宗教是一种带强制性的信仰和实践实体。与斯宾塞不同，迪尔凯姆认为宗教并非个人想像和对生活沉思的结果，而“只能在一个已存的社会的中心发现”，“是存在于一定的社会之中，并随着社会的变化而变化”，“社会生活仅为宗教幻想世界的建立提供了公共的形象蓝图”，宗教完全或在很大程度上是一种社会学现象④。他揭示出“社会交往是宗教感情的决定性因素”，但又不是产生于个人与同伴联系起来的“个人间的情感”，而是个人与社会实体联系起来的“社会间的情感”⑤，因为在这种社会交往情感中，个人只能是部分的整体存在并受整体的影响，且表现出一种社会义务观，“只有与集体利益有关的宇宙力量才能被崇拜为神。换句话说，只有社会间的倾向才能产生宗教情感”。他认为，宗教为我们提供的表象不是个体理智的作品（个体理智很不协调），而是集体心智的产物，是集体意识的表象。这些都表明宗教现象具有外在客观性、社会性、集体性。

在社会学领域，迪尔凯姆对宗教本质的探讨迄今是最为详细深入的。他从社会本身去理解宗教本质的观点和若干论述，对于后来的学者有很大的参考价值。但是他的全部立论，都只是从他对原始宗教（图腾崇拜）的考察中得出的，并没有考虑到原始宗教社会之后的情况，并且他过分地强调社会建构与信仰、价值和象征特点之间的联系。

功能主义者帕森斯批判了迪尔凯姆的思想，他认为宗教是文化价值观、信仰和象征领域的主要方面，是人类生活中的普遍现象。而文化模式是在独立于社会结构的不同层次上运转的，它为社会行为体系和个人提供了意义世界和一般道德标准，以及表达的象征和基本的信仰。因此不能像迪尔凯姆那样，把宗教简单地归结为社会本身。后来的功能主义者试图从宗教功能的角度来提示宗教的本质。认为宗教是“人们适应吉凶祸福的最基本‘机制’”，贝格尔认为宗教是人的异化投射的结果，使人的法则变成了神圣的秩序，他把宗教解释为一种“用神圣的方式来进行秩序化的人类活动”。

---

①②③④⑤　迪尔凯姆：《迪尔凯姆论宗教》，华夏出版社 2000 年版，第 84、116、23、22~23、84 页。

2. 宗教的社会功能研究

迪尔凯姆对于宗教在集体意识形成过程中所起作用的分析，是他对宗教社会学的重要贡献。迪尔凯姆的宗教社会学从仪式活动的角度研究了宗教的社会功能。他把宗教仪式分为三大类：消极的、积极的和赎罪的，不管哪一种，都对社会起重要作用。其积极功能在于：第一，个人最初通过宗教仪式加入集体生活，消极仪式的禁忌制度培养个人的自我约束能力，从而为其参加积极仪式做准备；第二，宗教仪式有助于团体的整合，是社会组织借以定期地重新肯定自己的手段；第三，宗教仪式保持并发扬了团体的传统继承性；第四，宗教仪式具有使人振奋的作用。① 宗教也有其消极的一面。迪尔凯姆认为，最伟大的宗教总是和犯罪联系在一起。

在韦伯的系列宗教专著中，韦伯力图证明一个新理论：西方民族经过宗教改革后形成的新教，对西方近代资本主义的发展起了重大作用。而没有经过宗教改革的其他古老民族的宗教伦理精神对这些民族的资本主义发展起了严重的阻碍作用。即宗教伦理和社会经济行为模式间存在着密切相关的整合关系。② 新教禁欲观念带来社会组织或个人的节俭行为，改变了人们的职业观。韦伯认为，正是新教伦理，促使人们面向经济活动和有序的生活，促成了有规律、有理性的职业作风，最终导致现代理性企业精神与经营作风的产生，导致了资本主义精神的兴起。

迪尔凯姆开宗教功能认知先河后，20 世纪 50 年代结构功能主义处于巅峰时期。帕森斯指出宗教有两种功能：首先，它“使道德的价值、情感和行为体系的规范具有了认识上的意义”；其次，它“平衡了合理地期待行为后果与实际能看到的后果之间的差异”。

默顿批评了帕森斯的功能主义，认为任何一个事物或现象对整个体系的作用都是多方面的，既有积极的正功能的一面，又有消极的负功能的一面；既有已被人们意识到的显功能，又有未能认识但却发挥着作用的潜功能。在默顿看来，很多对宗教的分析只看到了宗教对社会（尤其是原始社会）具有统一、整合、内聚的力量，但忽视了宗教对社会有无功能甚至负功能的一面，或者说，宗教的显功能被充分意识到了，但其潜功能却被忽视了。在默顿的思想推动下，许多宗教社会学家开始研究宗教造成社会分裂的作用及宗教的一些价值观和信仰体系对社会的负功能。

---

① 于海：《西方社会思想史》，复旦大学出版社 1993 年版，第 256~257 页。

② 范晶：《试析韦伯宗教伦理和社会经济行为模式整合的或然论》，《新东方》1997 年第 5 期，第 69 页。

冲突论者认为宗教是社会分裂的源泉；宗教也与世俗社会存在冲突，宗教的信仰核心、价值体系、道德准则可能与世俗社会的体系造成冲突；宗教团体内部和各宗教之间也存在冲突。冲突论者修正了功能论者那种表面的、忽略社会特定模式来由的理论，提出了集团自身利益对观念和行为的影响。但是它只看到社会压力、权力分配以及不合谐的一面。

3. 宗教组织的类型研究

宗教组织是一种社会组织，宗教组织是社会系统中的一个子系统。宗教社会学认为宗教生活和宗教组织在其结构和制度表现上完全是社会性的。社会学家主要致力于宗教组织的类型化研究。

韦伯十分关注不同类型的宗教组织与社会变迁的关联。他认为卡里斯玛型领袖具有感召力和变革性，这往往会刺激社会变迁。为了保障卡里斯玛型领袖领导变革具有持久性，组织上的制度化成为必要的方式。韦伯根据宗教组织的成员资格原则（即包容性还是排他性的原则）提出了教派的要领以及教会与教派的区别。韦伯的思想影响了他的学生特勒尔奇。特勒尔奇以宗教组织与社会环境间的相互关系（即拒斥还是妥协）作为区分教会和教派的变量标准。

英格尔围绕韦伯和特勒尔奇设定的变量标准建立了自己的理论模式，1957年提出宗教组织类型的双变量模式，即“宗教组织的包容性或排他性程度和宗教组织在实现其满足个人需求的功能的同时对其社会整合功能的关切程度”。1970年又将其模式扩充为三个变量标准，增加了宗教组织的制度化程度变量。

英国社会学家威尔逊根据神学取向和经济这两个变量分析了教派和宗派，指出有鼓励禁欲生活的神学取向的组织在一定程度上易于顺应社会，从而发展为宗派；而不主张禁欲生活的神学取向的组织则不易于顺应社会而发展为教派。

4. 世俗化研究

韦伯曾说过，我们的时代，是一个“理性化”的时代，是一个“祛除巫魅”的时代，理性化已成为一些社会学家判定现代社会的标准，祛除巫魅也成为现代社会的主要特征。现代社会以理性为特征的科学技术的控制，以追求社会各种组织制度的理智化，最有效地控制自然以及便利人类生活的目标，对传统宗教的教义、价值观念、行为规范、社会功能等方面提出了挑战。在这场关系到社会性质与宗教前途的挑战面前，宗教是固守成规还是调节自身以适应现代化已成为当代宗教社会学的热门话题。学术界一致公认现代化与世俗化携手共进是全球性现象。

在对世俗化的讨论中，美国学者席纳尔的理解最为全面。席纳尔认为世俗化有6种涵义：第一，表示宗教的衰退，即指宗教思想、宗教组织失去它们的社会意义；第二，表示宗教团体的价值取向从彼世向此世的变化，即宗教从内容到形式都变得适合现代社会的市场经济；第三，表示宗教与社会的分离，宗教失去了其公共性与社会职能，变成了纯私人的事务；第四，表示信仰和行为的转变；第五，表示世界渐渐摆脱了其神圣特征；第六，表示“神圣”社会向“世俗”社会的变化。①

宗教社会学家们对世俗化的态度可归结为三类：积极的、消极的、中立的。贝拉为积极乐观型的代表。贝拉认为世俗化是现代工业社会日益增加的复杂性和差异性的一部分。在现代社会，宗教在世俗化的影响下已变成主要是私人的事情了，但这种变化是一种积极的变化。这种具有自主性的宗教是宗教发展的高级阶段，即现代宗教。贝格尔则是消极——悲观类型的代表。他认为世俗化引起了宗教的两极分化，向秩序和制度最公开与最私有的方面，即国家与家庭两个方面分化。世俗化引起政教分离，使国家不再是代表曾占统治地位的宗教制度的强制力量了。他甚至认为产生并成为宗教存在之基础的人类社会也因世俗化而丧失了对其具有神圣性的合理解释。德国宗教社会学家鲁克曼对世俗化持中立态度。他认为宗教是象征性的自我超越，因而一切真正属于人性的东西本身就具有宗教性，因而他认为世俗化不会导致人类宗教性的衰落。

本章小结

1. 社会学研究从社会整体的角度观察经济、政治、法律、知识和宗教现象，其研究具有综合性。社会学把经济行为及经济体系分别看做是社会行为及体系的一种形态或下属部门，依据社会行为理论及社会体系理论，从经济领域之外说明经济行为及经济体系；社会学研究政治系统与社会环境的相互关系，探讨政治系统在社会结构中的存在条件等；社会学研究法律与人类社会活动的联系，以社会行为者的主观意志来理解社会现象，侧重研究法律所产生的实际社会效果与潜在效果；社会学从知识与社会的关系角度研究知识；社会学把宗教作为一种社会现象，把宗教组织视为一种社会组织，把宗教行为视为一种社会行为，从社会系统的角度、从宗教与社会其他各个方面或各种因素相互联系相互作用的角度来说明一切宗教现象与宗教活动。

2. 社会学应用于这些领域，并且形成了分支学科。在各分支学科形成发展的过程中积淀了许多经典理论，比如经济社会学中关于经济生活中文化和制

① 戴康生、彭耀主编：《宗教社会学》，社会科学文献出版社2000年版，第200页。

度的作用的理论、关于企业性质和行为的理论、企业家理论、权力和市场理论、经济行为理论等，政治社会学中的权力精英理论、韦伯的政治权威理论和官僚制度理论、托克威尔的民主理论和艾森斯塔德的现代化理论，孟德斯鸠、布莱尔和科特威尔的法律社会学理论，舍勒和曼海姆的古典知识社会学理论、贝尔纳的科学社会学理论和布洛尔的科学知识社会学理论，宗教社会学中有关宗教本质、功能、宗教组织和宗教世俗化的理论。

思考题

1. 结合经济社会学的主要理论比较社会学和经济学观察经济现象的不同之处。
2. 韦伯认为建立现代官僚制度的必要性和可能性条件是什么？
3. 布莱尔法律社会学理论的核心思想是什么？
4. 知识社会学三个阶段或三种范式的特点是什么？
5. 为什么说曼海姆是知识社会学的集大成者？
6. 分析迪尔凯姆宗教本质观的不足之处。
7. 与经济学、政治学、法学、哲学和宗教学研究经济、政治、法律、知识、宗教现象相比，社会学研究有何独到之处？

参考书目

1. ［法］阿隆:《社会学主要思潮》，华夏出版社 2000 年版。

2. ［日］北川隆吉:《现代社会学》，中国人民大学出版社 1994 年版。

3. ［美］贝利:《现代社会研究方法》，上海人民出版社 1986 年版。

4. ［美］布劳:《社会生活中的交换与权力》，华夏出版社 1988 年版。

5. ［美］波普诺:《社会学》，中国人民大学出版社 2000 年版；美国：Prentice Hall 出版公司 1999 年版。

6. ［法］迪尔凯姆:《社会学方法的规则》，华夏出版社 1999 年版。

7. ［法］迪尔凯姆:《自杀论》，商务印书馆 1996 年版。

8. ［以］戴维:《科学家在社会中的角色》，四川人民出版社 1988 年版。

9. ［德］富克斯：社会学辞典，《社会学原理》，社会科学文献出版社 1992 年版。

10. ［英］弗雷泽：《金枝：巫术与宗教之研究》，大众文艺出版社 1998 年版。

11. 费孝通:《乡土中国》，生活·读书·新知三联书店 1985 年版。

12. ［日］富永健一:《社会学原理》，社会科学文献出版社 1992 年版。

13. ［法］孔德:《论实证精神》，商务印书馆 1996 年版。

14. ［美］科塞:《社会冲突的功能》，华夏出版社 1989 年版。

15. 李沛良:《社会研究的统计应用》，社会科学文献出版社 2001 年版。

16. ［美］默顿:《十七世纪英格兰的科学技术与社会》，商务印书馆 2000 年版。

17. ［法］孟德斯鸠:《论法的精神》，商务印书馆 1961 年版。

18. ［英］马尔萨斯:《人口原理》，商务印书馆 1961 年版。

19. ［英］马林诺夫斯基:《文化论》，中国民间文艺出版社 1987 年版。

20. ［美］米尔斯:《社会学的想像力》，生活·读书·新知三联书店 2001 年版。

21. ［德］马克思:《1844 年经济学哲学手稿》，人民出版社 1985 年版。

22. ［德］马克思、恩格斯:《德意志意识形态》，人民出版社 1960 年版。

23.［德］马克思、恩格斯：《〈政治经济学批判〉导言》，人民出版社1957年版。

24.［意］帕累托：《普通社会学纲要》，生活·读书·新知三联书店2001年版。

25.［美］帕森斯：《现代社会的结构与过程》，光明日报出版社1988年版。

26.［法］斯宾塞：《群学肄言》，商务印书馆1981年版。

27.［美］舒茨：《舒茨文集》第1卷，英文版，马丁努斯·尼伊哈夫出版社（海牙）1962年版。

28.［美］舒茨：《社会实在问题》，华夏出版社2001年版。

29.［美］特纳：《社会学理论的结构》，华夏出版社2001年版。

30.［德］滕尼斯：《共同体与社会》，商务印书馆1999年版。

31.［德］韦伯：《经济与社会》，商务印书馆1997年版。

32.［德］韦伯：《社会科学方法论》，华夏出版社1999年版。

33.［德］韦伯：《新教伦理与资本主义精神》，生活·读书·新知三联书店1987年版。

34.［澳］沃特斯：《现代社会学理论》，华夏出版社2000年版。

编后

书稿住笔，思绪万千。自1980年参加北京社会学讲习班开始，我就渴望主编一本像样的社会学入门教材。20多年过去了，我先后参编了费孝通先生主编的《社会学概论》(试讲本)，刘豪兴教授主编的《社会学概论》(全国自考教材，2003年修订版)，并于1988年主编了一本初级水平的《社会学》(武汉大学出版社出版)。回首20多年的社会学教学生涯，深感一本好教材对学生的价值，更感编写一本好教材的艰难。

我以为，作为一本社会学专业的入门教材，至少应该具有五个方面的品质：1. 代表性，或者说，教材内容应该代表或反映前人和他人的研究成果。2. 前沿性，即教材所述的基本观点和基本理论能够代表本学科的最新研究水平。3. 普遍性，即教材所述的基本观点和基本理论能为同行专家公认。4. 本土性，即教材应该具有中国特色，而不应该照抄照搬西方模式。5. 引导性，即教材内容应该有利于引导学生读原著、学经典，培养专业素质。

鉴于上述考虑，本教材是我的一次全新探索和尝试。书中若有可圈可点之处，全仗前辈社会学家为我们留下的经典之功和同仁学友的不懈努力。书中的不当之处，既望读者批评，又望读者海涵。对于临近退休的我来说，只有结束，没有开始。迄今为止，我教了24年社会学概论课，出版本教材，既是对我1988年版《社会学概论》的新修，也是对我20多年社会学概论教学的一个小结和交待。

社会学能在武汉大学立足并能有较大的发展，全仗一些具有远见卓识的校系领导鼎立襄助、学者同仁卓绝努力。值此出版之机，我首先要向多年来一直支持、关怀武汉大学社会学发展的校系老领导刘道玉、陶德麟、傅建民、裴淑娟、郑永廷、孟宪宏、程振江、夏斌致以诚挚的谢意！同时还要感谢系内外一贯支持和帮助我的老师、同事和朋友，更要感谢现任院系各位领导，特别是刘祖云、周长城、朱炳祥、罗教讲、向德平等教授，没有他们对社会学的理解、支持和兢兢业业，就不会有武汉大学社会学的新发展。

本教材是集体研究和撰写的教学成果，由武汉大学教务部资助。本教材的出版，还要感谢武汉大学出版社的大力支持。

本教材共有18章，邀请参与研究和撰写的主要成员分工如下：汪洋（1）、张宏（2、3、6）、刘莫鲜（4、5）、华平（8、10、12）、曾亚林（11、13）、张蕾（14、15、17）、陈群（18），其余章节由周运清撰写。

周运清

2004年1月30日于珞珈山